Biologie heute S II

Lehrerhandbuch für den Sekundarbereich II

Jaenicke · Miram

Band 2

Fortpflanzung und Entwicklung
Regelung und Steuerung
Verhaltensbiologie
Evolution
Überblick über das System der Lebewesen

Schroedel Schulbuchverlag

Biologie heute S II
Lehrerhandbuch für den Sekundarbereich II
Band 2

Herausgegeben von:
Dr. Joachim Jaenicke
Wolfgang Miram

Bearbeitet von:
Prof. Dr. Lutz Hafner
Peter Hoff
Gerhard Hornung
Dr. Joachim Jaenicke
Dr. Harald Kähler
Wolfgang Miram
Dr. Eckhard Philipp

Unter Mitarbeit
der Verlagsredaktion

Illustrationen
Klaus Roß

ISBN 3-507-**10544**-6

Satz: O&S Satzteam, Hildesheim
Druck: Karl Neef GmbH, Wittingen

925

Inhaltsverzeichnis

Fortpflanzung und Entwicklung

Regelung und Steuerung

Verhaltensbiologie

Evolution

Der Band 1 (Best.-Nr. 10543) enthält folgende Themen:

Vorwort

1. Biologieunterricht heute

Die Strukturen des Biologieunterrichts der Gegenwart werden durch verschiedene Faktoren beeinflußt. Neben fachrelevanten Kriterien (z.B. die zunehmende Fülle fachwissenschaftlicher Fakten) und gesellschaftsrelevanten Aspekten (z.B. Umweltschutz, Ernährungs- und Bevölkerungsproblematik, Gesundheitserziehung, Tier- und Pflanzenzüchtung) führten auch Strömungen innerhalb der allgemeinen Didaktik zu einer fachdidaktischen Neubesinnung. So soll z.B. die Auswahl der Unterrichtsinhalte von den drei Curriculumdeterminanten *Schülerrelevanz, Gesellschaftsrelevanz* und *Fachrelevanz* bestimmt werden.
Diese Relevanzkriterien dienen als Fundament für die Bestimmung von *Lernzielen*. Einen weiteren Einfluß im Rahmen der Curriculumdiskussion übt die Forderung nach einem *Spiralprinzip* aus: Inhalte einer Jahrgangsstufe sollen auf Kenntnisse der vorangegangenen Jahrgangsstufen systematisch aufgebaut werden.
Die Anwendung des *exemplarischen Prinzips* sowie die Forderung nach Vereinfachung und Veranschaulichung, d.h. nach *Elementarisierung* i.S. didaktischer Reduktion, führt u.a. auch zu Konsequenzen im methodischen Bereich. Die Strukturierung von Lernprozessen erfolgt in Lernschritten, wobei eine Phasierung i.S. naturwissenschaftlicher *Erkenntnisgewinnung* bei einem *induktiv-erarbeitenden Unterrichtsverfahren* bevorzugt wird: Beobachtung eines biologischen Phänomens ⟶ Problem ⟶ Bildung von Hypothesen ⟶ Falsifikation bzw. Verifikation der Hypothesen ⟶ Ergebnis ⟶ Vertiefung und Ausweitung ⟶ Erkenntnis.

2. Biologie heute S II – ein Buch für den Schüler

Entsprechend den aufgezeigten didaktisch-methodischen Kriterien erfolgte die Konzeption der Schülerbände. Dabei bieten folgende Elemente die Möglichkeit differenzierter Verwendung:

Abbildungen: Sie sind in der Regel in einer Kopfleiste angeordnet. Dieses durchgängige Anordnungsprinzip fördert durch den gelenkten Blickfang die Motivation. In der Regel wird ein komplexer Sachverhalt in einem Foto durch nebenstehende Schemadarstellungen in elementarisierender Weise veranschaulicht. Zeichnungen sind so gestaltet, daß Übersichtlichkeit, Anschaulichkeit sowie methodische Farbgebung zum Erkennen von Sachzusammenhängen und zur Homologisierung gewährleistet sind.

Text: Inhalte werden in schülerverständlicher Sprache i.S. des exemplarischen Prinzips dargestellt. Durch Fotos, Zeichnungen und Exkurse wird eine Erweiterung und Vertiefung i.S. des Anspruchs der Ganzheitlichkeit sowie allgemein-biologischer Zusammenhänge angestrebt. Innerhalb der Hauptkapitel werden die einzelnen Themen in der Regel in sich abgeschlossen auf wenigen Seiten, meist Doppelseiten (= Aufschlag), behandelt.

Exkurse: Die durch besondere Farbunterlegung (blau) hervorgehobenen Abschnitte, die sogenannten Exkurse, implizieren Inhalte, die eine Erweiterung bzw. Vertiefung der Textinformation darstellen. Sie können zusätzlich zur Differenzierung in Grund- bzw. Leistungskursen herangezogen werden.

3. Das Lehrerhandbuch – ein Buch für die Unterrichtspraxis

Das Lehrerhandbuch ist zu den Schülerbänden *Biologie heute SII – Neubearbeitung* (10540), *Biologie heute – Zellbiologie/Genetik* (76009), *Biologie heute – Zellbiologie/Ökologie* (76226) und *Biologie heute 12/13* (10541, 10542) konzipiert. Es ist in zwei Bänden nach den Kapiteln des Gesamtbandes *Biologie heute SII – Neubearbeitung* gegliedert, wobei **Band 1** die Themenbereiche *Zellbiologie, Stoffwechsel, Ökologie* und *Genetik,* **Band 2** die Themenbereiche *Fortpflanzung und Entwicklung, Regelung und Steuerung, Verhaltensbiologie, Evolution* sowie *Überblick über das System der Lebewesen* umfaßt.
Dieses Lehrerhandbuch soll den Lehrerinnen und den Lehrern der Sekundarstufe II Anregungen und Hilfen für ihre Unterrichtsgestaltung geben i.S. eines zeitgemäßen Biologieunterrichtes, der den o.a. Kriterien gerecht wird. Dabei wurde versucht, den Lehrerinnen und den Lehrern in übersichtlicher, schnell zugänglicher Form die Vorbereitung und Durchführung von Unterricht zu erleichtern. Es wurde auch aus zeitökonomischer Sicht auf didaktische und methodische Begründungen sowie auf Lernzielformulierungen verzichtet, zumal diese Kriterien Gegenstand von Lehrplänen und Richtlinien sind. Ferner wurde bei der Konzeption auf einen konkreten Seitenbezug zu den jeweiligen Schülerbänden verzichtet.
Das Lehrerhandbuch beinhaltet einen Fundus an vielfältigen unterrichtspraktischen Hilfen und Materialien für den Einsatz im Biologieunterricht der Sekundarstufe II. Jeder Themenbereich ist dabei wie folgt gegliedert:

A. Aufgaben und Versuche

Bei den Aufgaben handelt es sich um materialgebundene Aufgaben. Das Material umfaßt Tabellen, Graphiken, Abbildungen oder Texte, das mit konkreten Aufgabenstellungen versehen ist, die in differenzierter Weise verschiedene Anforderungsbereiche berücksichtigen. Den Aufgaben sind entsprechende Lösungshinweise und z.T. sachanalytische Anmerkungen angefügt.

Bei den Versuchen handelt es sich sowohl um Realexperimente als auch um Modellexperimente und Anleitungen zum Bau von Modellen. Die Versuche sind i. S. eines Versuchsprotokolls strukturiert, wobei Beobachtungen und Auswertung über formulierte Aufgabenstellungen erarbeitet werden sollen. Auch zu diesen Aufgaben gehören Lösungshinweise sowie sachanalytische Anmerkungen. Alle Versuche wurden im Hinblick auf die Verwendung gesundheitsschädlicher Stoffe und Verbindungen anhand der Gefahrstoffverordnung überprüft.

B. Literatur

Die Literaturhinweise stellen gezielte Hilfen für die themenspezifische Auswahl vertiefender bzw. erweiternder Darstellungen in Fachzeitschriften und Fachbüchern dar, die weiteres Unterrichtsmaterial für Referate, Aufgaben oder Klausuren bieten. Gängige Lehrbücher und Unterrichtswerke hingegen sind in einem eigenen Literaturverzeichnis (s. Anhang) zusammengestellt.

C. Zusatzinformationen

Bei den Zusatzinformationen handelt es sich um zusätzliche Sachinformationen sowie zusätzliches Material in Form von Texten, Abbildungen, Tabellen, Graphiken, Anweisungen zum Bau von Modellen, Kopiervorlagen und um methodische Hinweise.

D. Lösungshinweise zu den Arbeitsblättern

Arbeitsblätter bilden den deutlichen Akzent des Lehrerhandbuches. Zu jedem Themenbereich sind vielfältige Arbeitsblätter als Kopiervorlagen konzipiert. Dabei entsprechen die Arbeitsblätter in ihrer Struktur den materialgebundenen Aufgaben mit Material wie Abbildungen (z. T. in Anlehnung an Abbildungen aus den Schülerbänden), Graphiken, Tabellen oder Texten. Die Arbeitsblätter sind eine deutliche Erleichterung bei der Unterrichtsvorbereitung. Insbesondere zeitaufwendige Arbeiten bei der Unterrichtsvorbereitung wie z. B. das Anfertigen von Abbildungen, Graphiken oder Tabellen entfallen. Die Spiralheftung erleichtert darüber hinaus das Kopieren und schont die Haltbarkeit des Buches. Das DIN-A4-Format impliziert Anschaulichkeit in der Darstellung. Die Arbeitsblätter – wie auch die unter A. aufgeführten Aufgaben und Versuche – können im Unterricht sowohl in der Erarbeitung, vor allem aber in der Festigung als Bestandteil von schriftlichen Arbeiten sowie als Hausaufgaben verwendet werden. Nicht jedes Arbeitsblatt muß für die Hand der Schülerin und des Schülers kopiert werden. So empfiehlt es sich i. S. methodischer Variabilität, gelegentlich nur ein Arbeitstransparent des Arbeitsblattes für die Arbeitsprojektion anzufertigen, das dann im Unterrichtsgespräch aber auch in anderen Sozialformen bearbeitet werden kann.

4. Die Unterrichtspraxis – ein Beispiel

Entsprechend den unter 1. aufgeführten Kriterien zeigt der Biologieunterricht prinzipiell eine Phasierung i. S. der naturwissenschaftlichen Erkenntnisgewinnung. Dabei sind folgende Phasen zu unterscheiden:

Einstieg: Der Einstieg dient der Motivationsförderung durch Vorstellung biologischer Sachverhalte als originales Objekt, Film, Diapositiv, biologisches Experiment, Tonbandaufnahme, Zeitungsnotiz, Text usw. Die Sachverhalte sollten so ausgewählt und präsentiert werden, daß sie ein Problembewußtsein (= Fragehaltung) durch eine Problemsituation (= *Problem*) bei den Schülerinnen und Schülern wecken.

Lösungsplanung: In dieser Phase sollen die Schülerinnen und Schüler Vermutungen zur Lösung des Problems aufstellen (= Hypothesenbildung). Diese Hypothesen sollten fixiert werden, wobei sich bei der thematischen Behandlung über mehrere Stunden die Fixierung auf einem Leertransparent für die Arbeitsprojektion empfiehlt. Aus den gesammelten Vermutungen sollten dann Lösungsstrategien entwickelt werden, also Vorschläge zur Überprüfung gemacht werden.

Erarbeitung: Diese Phase bildet innerhalb einer Unterrichtsstunde den zeitlichen Schwerpunkt. Durch Überprüfen der Vermutungen in Form von beobachten, untersuchen, vergleichen von Originalobjekten, Experimenten, Filmen, Dias, Modellen, Informationstexten, Lehrbuchtexten usw. kommt es zur Falsifizierung bzw. Verifizierung und damit zur Problemlösung. Die SS-Übungen können in den Sozialformen Gruppen- (arbeitsgleich, arbeitsteilig), Partner- und Einzelarbeit durchgeführt werden.

Ergebnis: Das Ergebnis ist die Zusammenfassung der Teilergebnisse aus der Phase der Erarbeitung und letztlich die Antwort auf die im Einstieg aufgeworfene Problemfrage.

Festigung: Über Arbeitsblätter, Experimente, Aufgaben usw. wird die Lerneffektivität durch Verankerung und Vertiefung bei den Schülerinnen und den Schülern erhöht.

Das folgende Beispiel soll exemplarisch für eine derartige Gestaltung einer Unterrichtseinheit (von etwa 6–8 Unterrichtsstunden) als Anregung stehen:

Unterrichtsvorschlag zur Unterrichtseinheit: Bau und Funktion einer Nervenzelle

Unterrichtsschritte	Unterrichtsmittel
Einstieg: *L-Demonstration:* Lehrer führt Kniescheibensehnenreflex bei Schüler durch ----▸ Lehrer fordert Schüler auf, beim erneuten Hammerschlag willentlich das Vorschnellen des Beines zu verhindern ----▸ *Unterrichtsgespräch:* Beschreibung der Versuche mit Beobachtung, daß Reaktion nicht bewußt verhindert werden kann *Problem:* Wieso kommt es zum unwillkürlichen Vorschnellen des Beines beim Schlag auf die Kniesehne?	– Reflexhammer (ggf. kleiner Gummihammer)
Lösungsplanung: *SS-Vermutungen* (Beispiel): Muskeln im Oberschenkel bewirken Vorschnellen; auf Kniesehne wird Reiz ausgeübt; „Reiz" wird durch Nerven auf Muskeln übertragen; Gehirn beeinflußt Reaktion nicht…	– Leertransparent, Folienstift; Tafel
Erarbeitung: *Unterrichtsgespräch:* Untersuchung von Nerven und Muskeln von Bein und Rückenmark ----▸ *SS-Übung:* Bau einer Nervenzelle ----▸ *L-Information:* GALVANIs Froschschenkelversuch ----▸ *SS-Übung (I):* Diffusionspotential ----▸ *SS-Übung (II):* Membranpotential ----▸ *SS-Übung:* Ionenverteilung an der Nervenzellmembran ----▸ *SS-Übung:* Entstehung des Aktionspotentials ----▸ *L-Demonstration:* Alles-oder-Nichts-Reaktion ----▸ *Unterrichtsgespräch:* Erregungsleitung zwischen sensorischer und motorischer Nervenzelle ----▸ *SS-Übung:* Funktion einer erregenden Synapse ----▸ *Unterrichtsgespräch:* Hemmende Synopsen ----▸ *SS-Übung:* Motorische Endplatte ----▸ *Unterrichtsgespräch:* Muskelkontraktion (ggf. Wiederholung aus dem Themenkreis Stoffwechsel)	– FWU-Diareihen: 100396 (Nr. 3, 7, 9) und 10404 (Nr. 3) (Alternativ: Lehrbuch, Abb. 300.1. und 300.2.) – Arbeitsblatt 1: *Bau einer Nervenzelle* (S. 78) L-Information: *Der italienische Arzt und Naturforscher GALVANI entdeckte 1789, daß an der Auslösung von Muskelkontraktionen elektrische Vorgänge beteiligt sind: Berührte er mit einer Zink-Kupfer-Pinzette die freigelegten Beinnerven oder den Oberschenkelmuskel eines Froschbeines, so zuckte der Froschschenkel.* – V2 *Diffusionspotential* (S. 69) – V3 *Membranpotential* (S. 70) – Arbeitsblatt 2: *Ionenverteilung an der Nervenzellenmembran* (S. 79) – Lehrbuch, Abb. 290.1. – V1 *Alles-oder-nichts-Reaktion* (S. 71) – Arbeitsblatt 5: *Funktion einer erregenden Synapse* (S. 82) – Arbeitsblatt 7: *Motorische Endplatte* (S. 84) – Arbeitstransparent des Arbeitsblattes 15: *Gleitfilamentmodell der Muskelkontraktion* (S. 63, Lehrerhandbuch, Band 1)
Ergebnis: Durch den Schlag auf die Kniesehne wird der Oberschenkelmuskel leicht gestreckt. Muskelspindeln in den Muskeln registrieren die Dehnung (= Reiz). Der Reiz wird in eine Erregung umgewandelt, die über sensorische Nerven an das Rückenmark weitergegeben wird. Die Information läuft über das Spinalganglion in das Hinterhorn der grauen Substanz. Über den Endteil des Neuriten wird sie an das Vorderhorn weitergegeben und auf das motorische Neuron geschaltet, das die Kontraktion des Streckmuskels auslöst (= Kniescheibensehnenreflex).	
Festigung: *SS-Übung:* Der Kniescheibensehnenreflex	– Arbeitsblatt 4: *Der Kniescheibensehnenreflex* (S. 81)

Fortpflanzung und Entwicklung

1. Ungeschlechtliche und geschlechtliche Fortpflanzung

A. Aufgaben und Versuche

A 1 *Verbreitung der Wasserpest*

Die Wasserpest Elodea canadensis ist eine zweihäusige Wasserpflanze. In der Mitte des letzten Jahrhunderts wurde eine weibliche Pflanze aus Nordamerika nach Mitteleuropa eingeschleppt. Obwohl keine männlichen Pflanzen vorkamen, verbreitete sie sich recht schnell („pestartig") in den europäischen Süßgewässern.

Aufgaben: **a.** Geben Sie eine Erklärung für die Ausbreitung der weiblichen Wasserpestpflanzen!
b. Welchen Einfluß hätte die Einführung männlicher Pflanzen auf den Bestand der Wasserpest?

Lösungshinweis: **a.** Die weiblichen Pflanzen müssen sich auf ungeschlechtlichem Wege vermehrt haben. Offensichtlich wuchsen abgerissene Pflanzenteile weiter.
b. Bei der ungeschlechtlichen Vermehrung besitzen alle Pflanzen dasselbe Erbgut. Da die Durchsetzung von Mutationen in solchen Populationen recht schwierig ist (das mutierte Allel muß dominant sein bzw. bei rezessiven Allelen muß dieselbe Mutation zweimal auftreten), kann eine Selektion innerhalb der Individuen einer Art bei instabiler Umwelt nicht erfolgen. Durch die Ansiedlung männlicher Pflanzen könnten durch Rekombination im Rahmen der geschlechtlichen Fortpflanzung Individuen entstehen, die instabilen Umweltverhältnissen besser angepaßt wären.

A 2 *Zellteilung bei Hefepilzen*

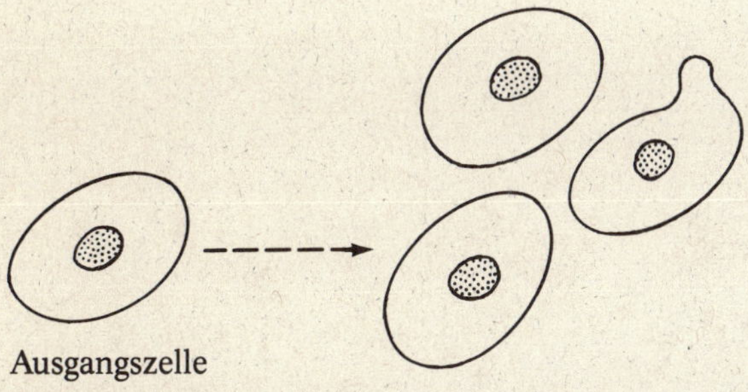

Aufgaben: Beschreiben Sie die Entwicklung der Hefezellen (B) aus einer Ausgangszelle (A)! Veranschaulichen Sie Ihre Darstellung anhand von Schemazeichnungen!

Lösungshinweis: Aus der Ausgangszelle wächst eine kleine Knospe hervor, in die durch Mitose ein Tochterzellkern gelangt. Die Knospe wächst heran und schnürt sich dann als Zelle ab. Diese Form der Zellteilung wird als Sprossung bezeichnet. Bei der Sprossung der Hefepilze handelt es sich um eine ungeschlechtliche Vermehrung.

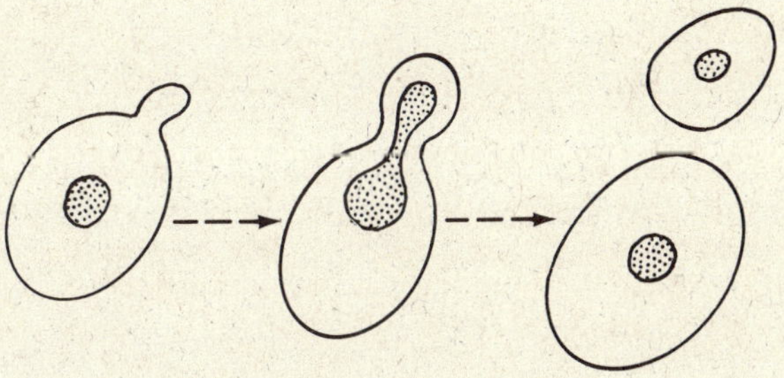

A 3 *Genotypische Geschlechtsbestimmung*

Die genotypische Geschlechtsbestimmung erfolgt bei Säugetieren und Mensch durch Geschlechtsrealisatoren (M für ♂, F für ♀), die auf den Geschlechtschromosomen liegen. Beim Menschen liegt der M-Realisator auf dem Y-Chromosom und ist dominant gegenüber dem F-Realisator auf dem X-Chromosom. Bei diesem XY-Typ enthält das ♂ also XY- und das ♀ XX-Chromosomen. Bei der Wanze Protenor und vielen Fadenwürmern ist zwar das ♂ auch heterogametisch, es hat jedoch nur ein X-Chromosom. Das homologe Chromosom fehlt. Man spricht hier vom XO-Typ. Bei Vögeln, manchen Reptilien, Schmetterlingen und Köcherfliegen sind die ♀ heterogametisch. Um Verwechslungen zu vermeiden, erhält das Geschlechtschromosom mit M-Realisator (hier rezessiv) die Bezeichnung Z, das Geschlechtschromosom mit W-Realisator (hier dominant) die Bezeichnung W. Man spricht in diesen Fällen vom ZW-Typ.

Aufgabe: Zeichnen Sie für jeden Geschlechtsbestimmungs-Typ ein Erbschema!

Lösungshinweis:

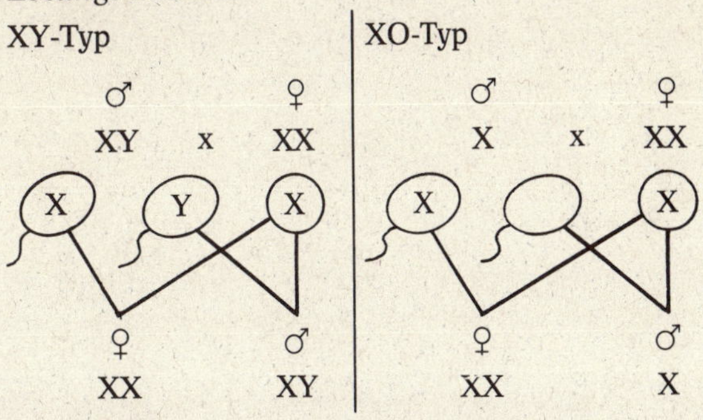

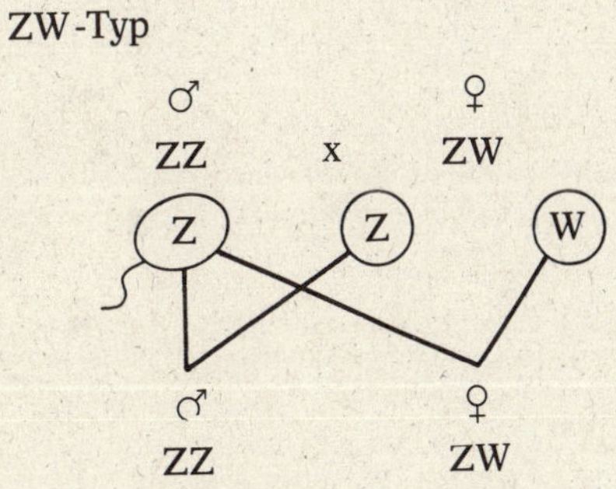

V 4 *Züchtung von Ampelpflanzen*

Material: Tradescantia-Pflanze; Messer; Glasgefäß; 3 Blumentöpfe; Pflanzenerde; Wasser

Durchführung: Schneiden Sie drei beblätterte Sproßstücke von etwa 15 cm Länge von der Ampelpflanze ab. Stellen Sie sie dann für etwa 14 Tage in ein Glasgefäß mit Wasser (Fensterbank, keine direkte Sonne). Pflanzen Sie die bewurzelten Sproßstücke in Blumentöpfe!

Aufgaben: **a.** In der Pflanzenzüchtung ist die vegetative Vermehrung von großer Bedeutung. Geben Sie hierfür eine Erklärung!
b. Nennen Sie weitere Beispiele ungeschlechtlicher Vermehrung aus dem Pflanzenreich!

Lösungshinweis: **a.** Bei der vegetativen Vermehrung sind alle Individuen erbgleich, da sie durch mitotische Zellteilungen aus Elternindividuen hervorgegangen sind. Der Vorteil einer solchen Vermehrung liegt daher in der Aufrechterhaltung und Weitergabe bestimmter züchterisch wertvoller Merkmale.
b. Ausläufer (z. B. Erdbeere, Gänsefingerkraut, Sumpfschraube, Kartoffel); Ableger (z. B. Brutblatt); Brutknospen (z. B. Zahnwurz, Feuerlilie); Brutzwiebeln (z. B. Liliengewächse); Wurzelknollen (z. B. Scharbockskraut); Stecklinge (z. B. Blattstecklinge von Begonien, Usambaraveilchen; Stengelstecklinge von Tradescantia, Weide, Liguster, Wein; Wurzelstecklinge vom Meerrettich).

B. Literatur –

C. Zusatzinformation –

D. Lösungshinweise zu den Arbeitsblättern

Arbeitsblatt 1: Entwicklung bei der Honigbiene

1.

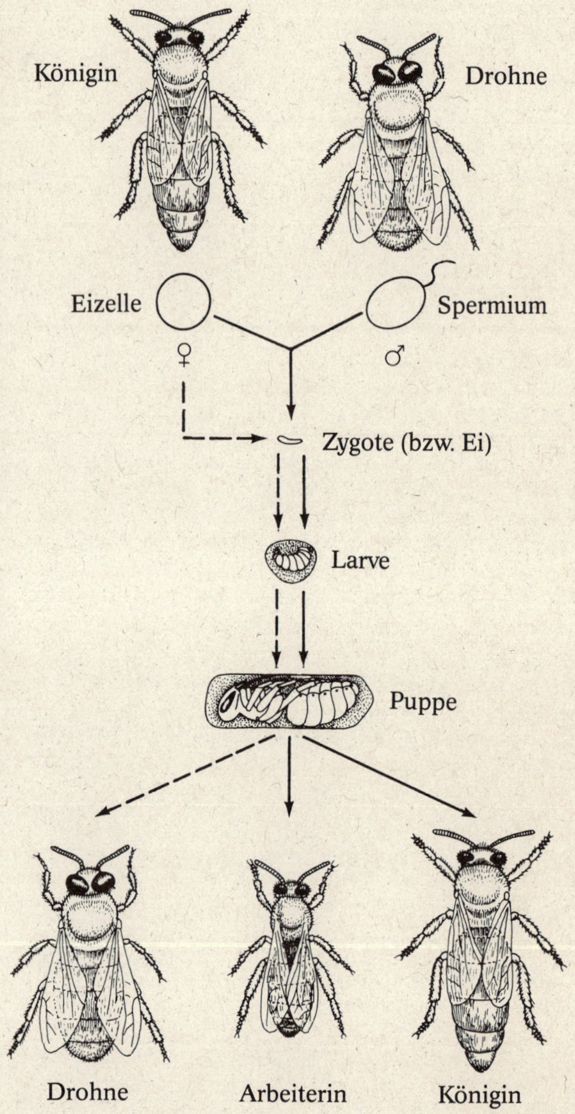

2.

Bienenwesen	Somazellen	Geschlechtszellen
Königin	32	16
Drohne	16*	16
Arbeiterin	32	–

* = s. Anmerkungen auf dem Arbeitsblatt

Arbeitsblatt 2: Bildung von Spermien beim Menschen

1.
① Spermatogonie (2n)
② SERTOLI-Zelle (2n)
③ Spermatocyt I (2n)
④ Spermatocyt II (n)
⑤ Spermatide (n)
⑥ Spermatide in Differenzierung (n)
⑦ Spermatide in Differenzierung (weiter als ⑥, n)
⑧ fast differenziertes Spermium (n)
⑨ Spermatocyt in Teilung (2n)

Ⓐ Akrosom
Ⓑ Kopfstück
Ⓒ Zellkern
Ⓓ Mikrotubuli
Ⓔ Mitochondrium
Ⓕ Mittelstück
Ⓖ Schwanzstück

2.

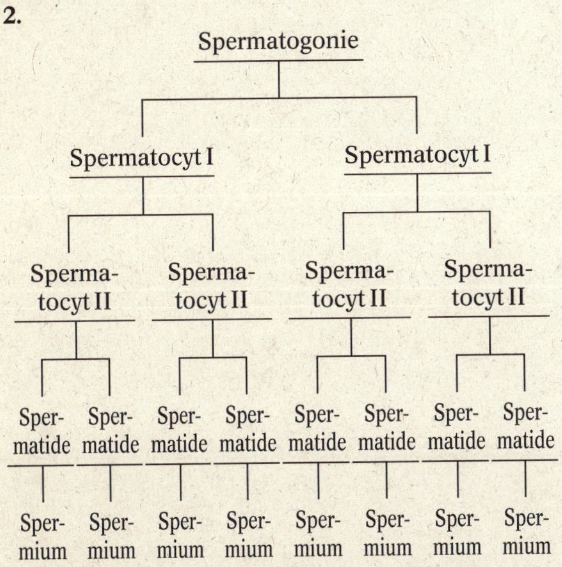

3. Die kugelförmige Spermatide streckt sich unter Ausbildung einer Geißel. Die Mitochondrien verteilen sich entlang der Geißel und umschließen die Mikrotubuli schraubenförmig. Das Chromatin verdichtet sich, und das Akrosom wird gebildet.

Arbeitsblatt 3: Oogamie bei Chlamydomonas

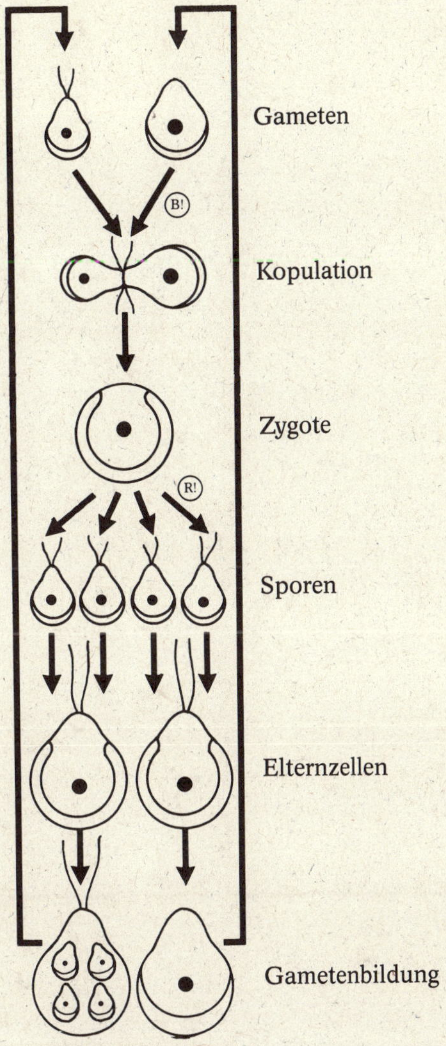

Chlamydomonas ooganum

Arbeitsblatt 4: Generationswechsel bei Grünalgen

1. Ulothrix: ① Isogamet ② Zygote ③ Zygote in R! ④ Spore ⑤ Gametophyt
Cladophora: ⑥ – Gamet ⑦ Zygote ⑧ Sporophyt ⑨ Sporenmutterzelle in R! ⑩ – Spore ⑪ + Spore ⑫ + Gametophyt ⑬ – Gametophyt

2. Bei der Fadenalge Ulothrix handelt es sich um einen isogamen Generationswechsel vom Haplonten-Typ. Die Grünalge Cladophora hingegen zeigt physiologische Anisogamie und isomorphen Generationswechsel vom Diplo-Haplonten-Typ. Die Reduktionsteilung erfolgt bei Ulothrix zwischen ② → ③ unmittelbar im Anschluß an die Zygotenbildung, bei Cladophora zwischen ⑧ → ⑨ nach Ausbildung eines Sporophyten.

Arbeitsblatt 5: Generationswechsel bei Moosfarn und Samenpflanze

1. Moosfarn Selaginella: ① Mikrosporangium ② Megasporangium ③ Mikrospore ④ Megaspore ⑤ Mikroprothallium ⑥ Antheridien ⑦ Spermatozoid ⑧ Megaprothallium ⑨ Archegonium ⑩ Zygote ⑪ Sporophyt ⑫ Megasphorophyll ⑬ Mikrosporophyll

Kernphasenwechsel: Übergang diploid/haploid von ① → ③ sowie von ② → ④ (Kennzeichnung R!); Übergang haploid/diploid von ⑦ → ⑩ (Kennzeichnung B!)

Samenpflanze: Ⓐ Pollensack Ⓑ Fruchtblatt Ⓒ Staubblatt Ⓓ Pollenkorn (einkernig) Ⓔ vegetativer Kern Ⓕ Spermakerne Ⓖ Integument Ⓗ Samenanlage (Nucellus) Ⓘ Embryosackmutterzelle Ⓚ Megasporen Ⓛ primärer Embryosackkern Ⓜ Embryosackzelle Ⓝ Synergide Ⓞ Eizelle Ⓟ sek. Embryosackkern Ⓠ Antipoden Ⓡ Samenschale Ⓢ Embryo Ⓣ beblätterte Samenpflanze

Kernphasenwechsel: Übergang diploid/haploid von Ⓐ → Ⓓ sowie von Ⓘ → Ⓚ (Kennzeichnung R!) Übergang haploid/diploid von Ⓕ → Ⓝ (Kennzeichnung B!)

2.

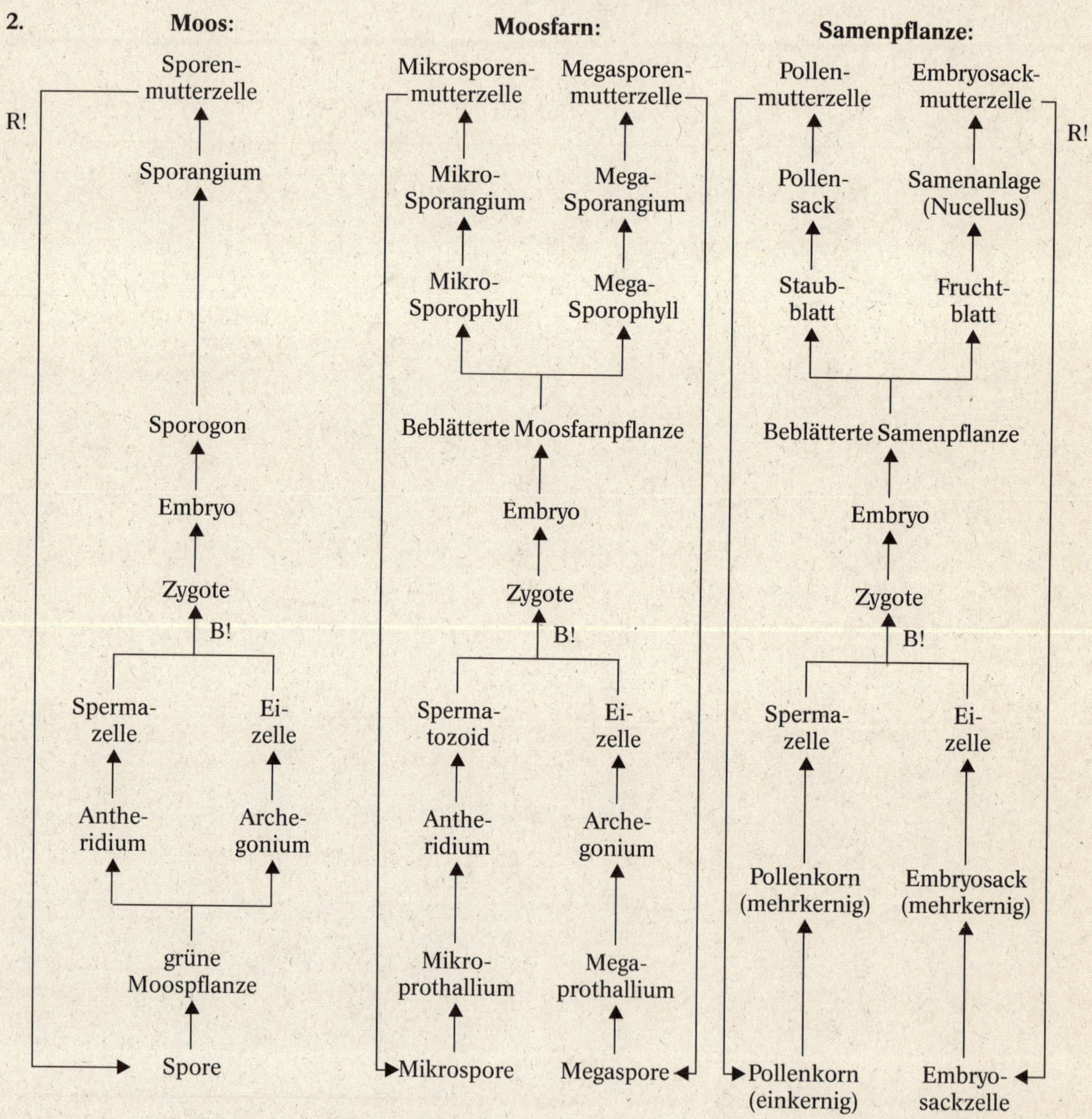

B = Befruchtung R = Reduktionsteilung

3. Zunahme des Sporophyten; Reduktion des Gametophyten; Heterosporie; Reduktion der Anzahl von Megasporen; Lokalisation der Megaspore im Sporangium; Samenbildung.

Arbeitsblatt 1: Entwicklung bei der Honigbiene

Name:	Klasse / Kurs:	Datum:

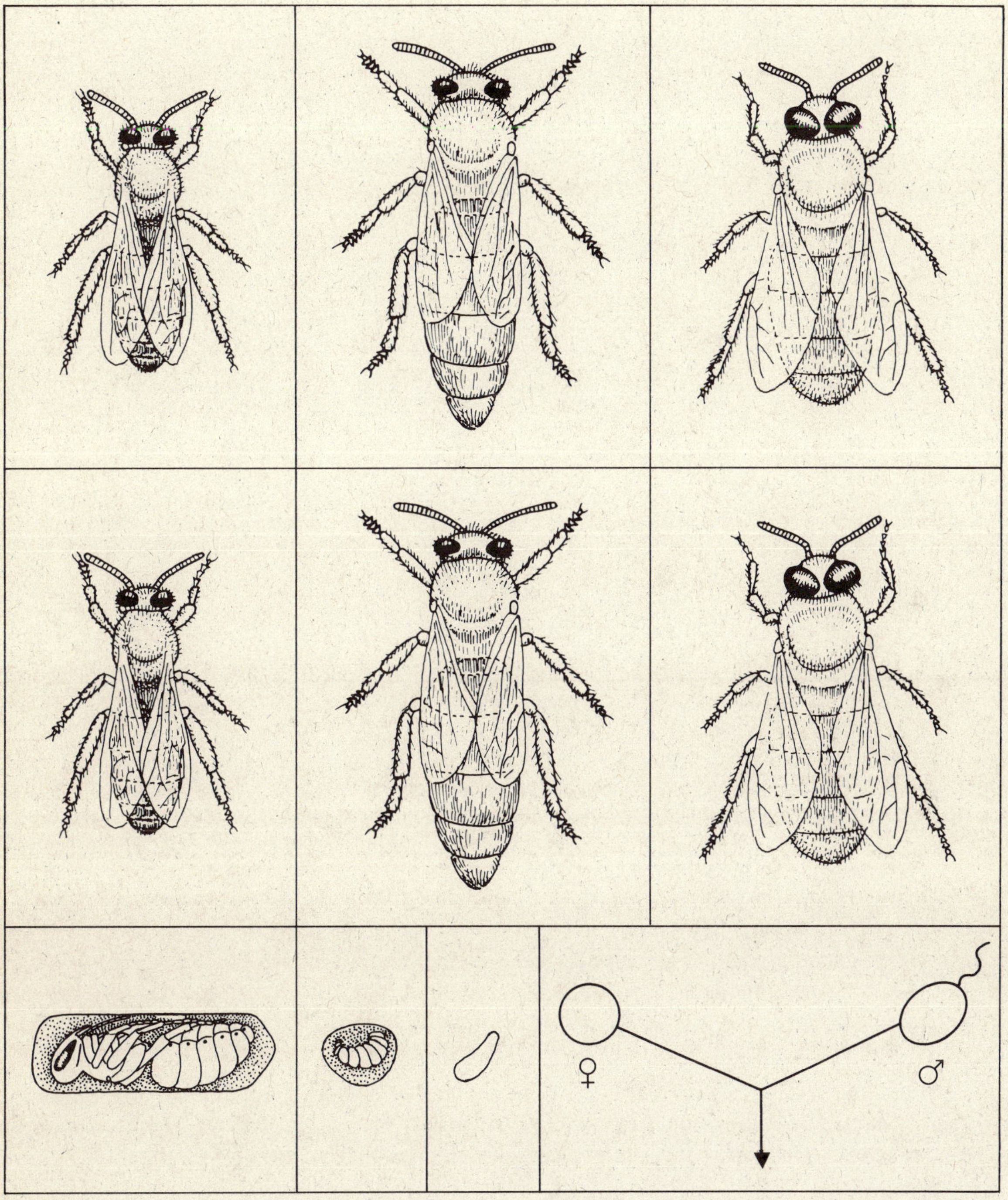

1. Schneiden Sie die Entwicklungsstadien der Bienenwesen aus! Kleben Sie sie dann auf einen DIN-A4-Bogen zu einem Entwicklungsgang auf! Verbinden Sie die einzelnen Stadien durch entsprechende Pfeile! Beschriften Sie Ihre Darstellung!

2. Die Somazellen der Bienenkönigin enthalten 32 Chromosomen bzw. 16 Chromosomenpaare. Wieviele Chromosomen enthalten die Soma- und Geschlechtszellen der Drohnen und Arbeiterinnen?
Anmerkung: Die im zweiten Larvenstadium in bestimmten Geweben einsetzende Polyploidisierung durch Endomitose bei Drohnen soll nicht mit berücksichtigt werden.

Arbeitsblatt 2: Bildung von Spermien beim Menschen

Name:	Klasse / Kurs:	Datum:

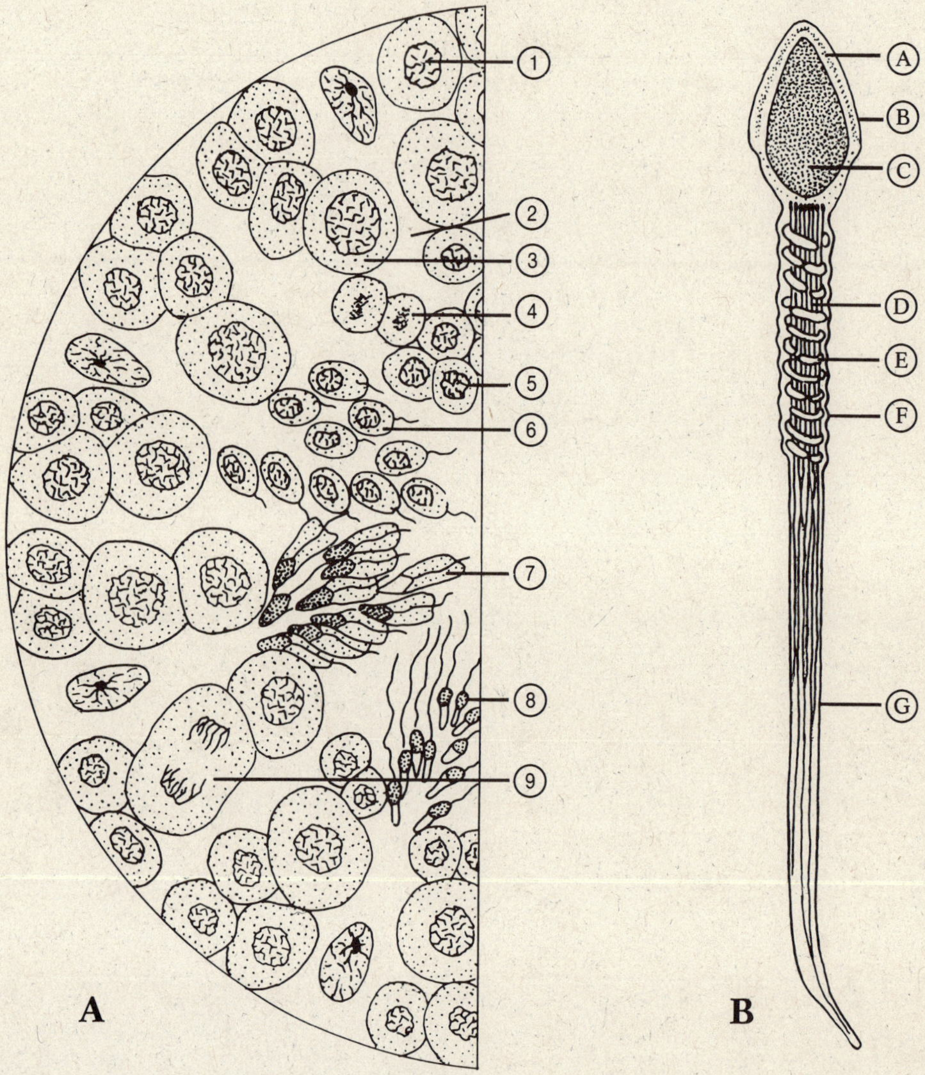

Die Bildung der Spermien erfolgt in den Hodenkanälchen. Aus Stammsamenzellen (Spermatogonien) entstehen und entwickeln sich sowohl Ernährungszellen, die SERTOLI-Zellen, als auch Spermatocyten (= Spermatocyt I). Die Spermatocyten I teilen sich meiotisch in Spermatocyten II und bilden letztlich sogenannte Spermatiden. Die Spermatiden wandeln sich im Verlaufe der Differenzierung zu den Spermien um.
Die obige Abbildung stellt einen Ausschnitt eines Querschnittes durch ein Hodenkanälchen dar (A) und zeigt ein reifes Spermium im Längsschnitt (B).

1. Ordnen Sie den Ziffern und Buchstaben die entsprechenden Begriffe zu! Geben Sie für jede Zelle die Kernphase an!

2. Zeichnen Sie ein einfaches Schema der Entwicklung von Spermien aus einer Spermatogonie!

3. Beschreiben Sie die Differenzierung der Spermatiden zu Spermien!

Arbeitsblatt 3: Oogamie bei Chlamydomonas

Name:	Klasse / Kurs:	Datum:

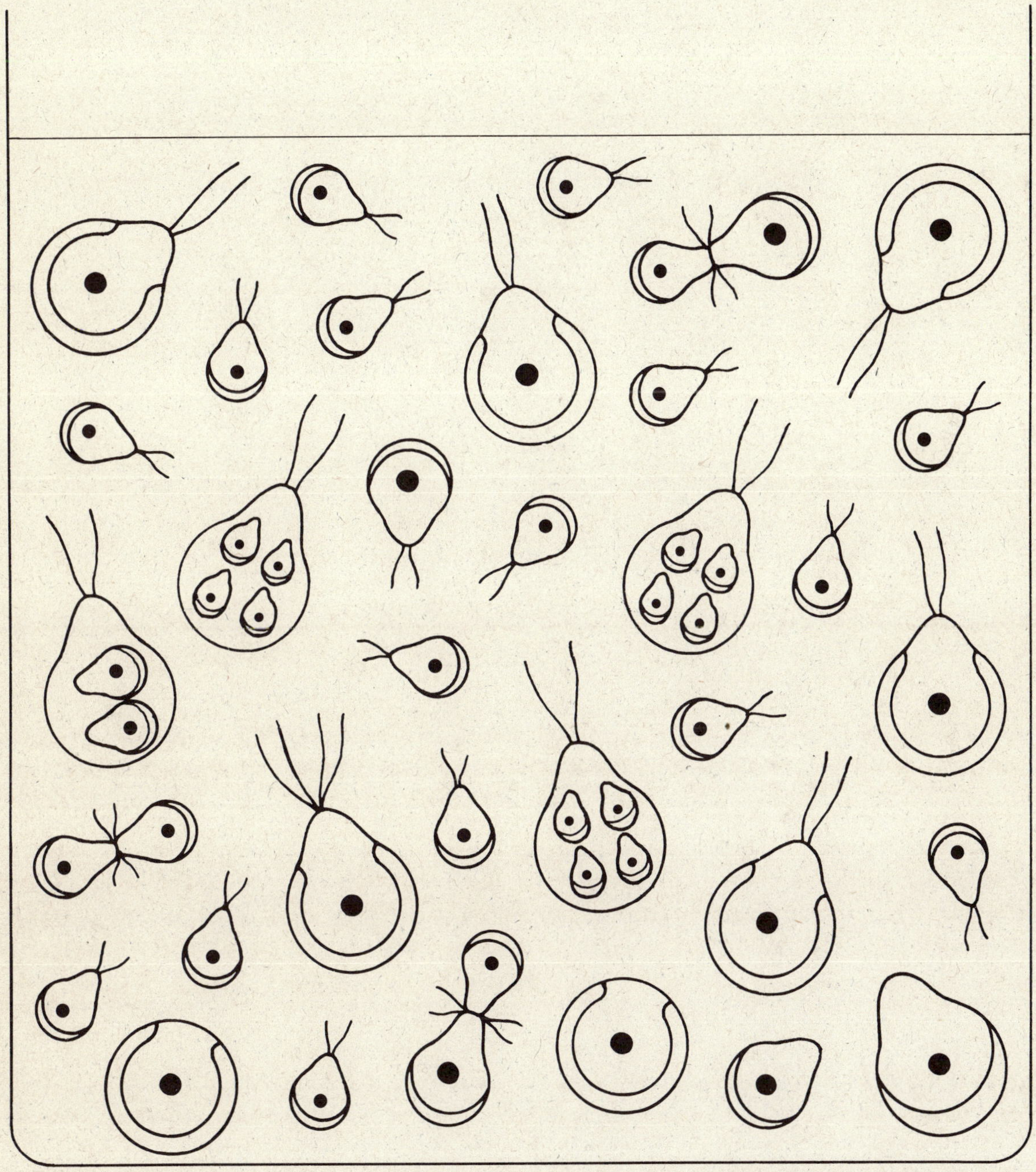

In dem schematisch dargestellten Aquarium befinden sich Entwicklungsstadien verschiedener Arten der einzelligen Grünalge Chlamydomonas.
Schneiden Sie die Entwicklungsstadien der Chlamydomonas-Art aus, die die geschlechtliche Fortpflanzung der Oogamie zeigen!
Ordnen Sie die Stadien zu einem Entwicklungsgang, kleben Sie sie auf und beschriften Sie Ihre Darstellung!

Arbeitsblatt 4: Generationswechsel bei Grünalgen

Name:	Klasse / Kurs:	Datum:

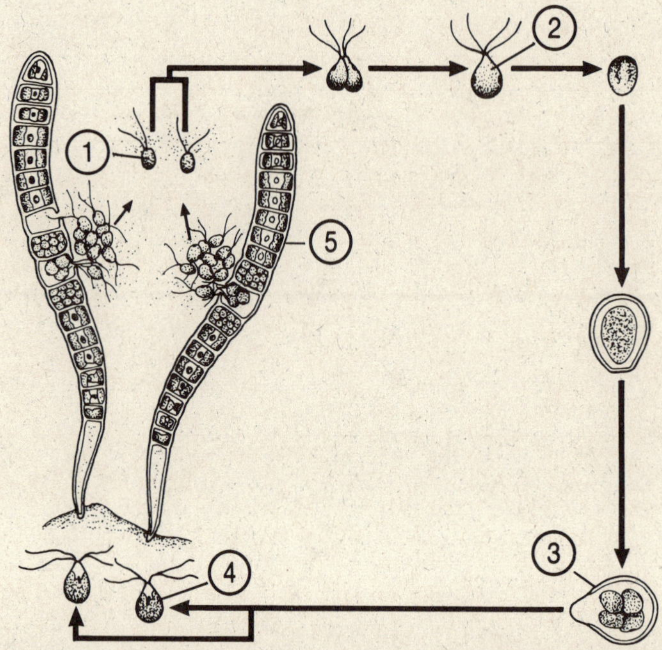

Generationswechsel bei der Grünalge Ulothrix

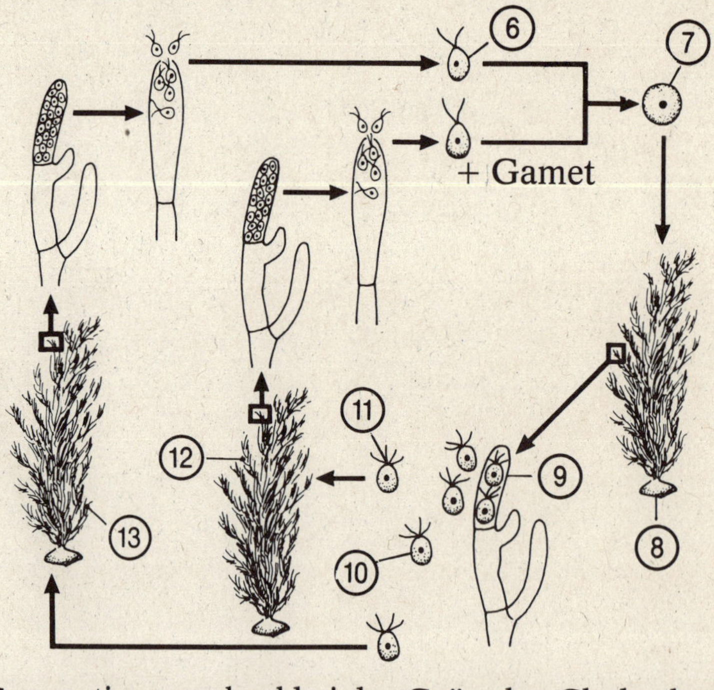

Generationswechsel bei der Grünalge Cladophora

1. Ordnen Sie den Ziffern in den dargestellten Generationswechseln von Grünalgen die richtigen Begriffe zu! Geben Sie für beide Algen an, wann die Reduktionsteilung erfolgt!

2. Nennen Sie die charakteristischen Unterschiede beider Generationswechsel!

Arbeitsblatt 5: Generationswechsel bei Moosfarn und Samenpflanze

Name:	Klasse / Kurs:	Datum:

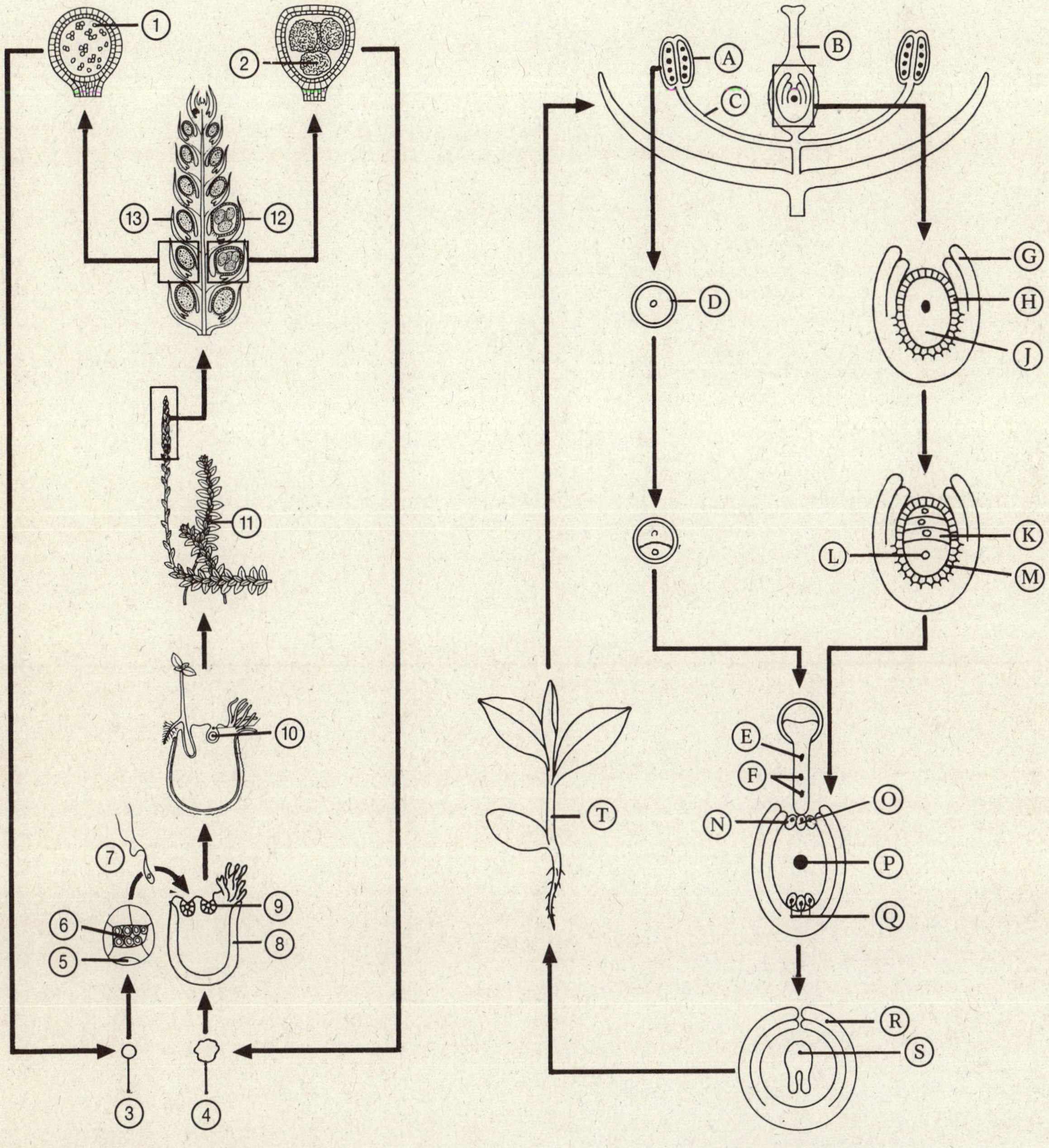

Moosfarn Selaginella

Samenpflanze

1. Ordnen Sie den Ziffern bzw. Buchstaben in den dargestellten Entwicklungsgängen die entsprechende Begriffe zu! Kennzeichnen Sie den jeweiligen Übergang der Kernphasen!

2. Homologisieren Sie die Entwicklungsstadien von Selaginella und einer Samenpflanze! Fertigen Sie eine Übersicht an, in der Sie zusätzlich die Entwicklungsstadien eines Laubmooses aufnehmen!

3. Wodurch ist die Höherentwicklung im Bereich der Entwicklungsgänge von den Moosen bis zu den Samenpflanzen gekennzeichnet?

2. Entwicklung bei Mensch und Tier

A. Aufgaben und Versuche

A 1 *Veränderungen an der Eizelle direkt nach der Befruchtung*

Unmittelbar nach dem Spermieneintritt lassen sich bei Eizellen des Seeigels zwei Reaktionen beobachten. Unter dem Polarisationsmikroskop erkennt man, daß sich von der Spermieneintrittsstelle aus eine Welle von Doppelbrechungen im Kortex ausbreitet (die äußerste Schicht des Cytoplasmas und die Zellmembran der Eizelle bilden zusammen das Rindenplasma bzw. den Kortex). Innerhalb von Sekunden hat sich diese Veränderung über die gesamte Eizelle ausgebreitet. Danach hebt sich eine Befruchtungshülle von der Oberfläche der Eizelle ab. Diese Befruchtungshülle kommt dadurch zustande, daß ultrakleine, dicht unter der Plasmamembran befindliche Vesikel mit der Plasmamembran verschmelzen und ihren Inhalt in den Raum zwischen Plasmamembran und Zona pellucida (Eihülle, die von der Eizelle selbst abgeschieden wurde) entlassen. Dadurch werden Zona pellucida und Plasmamembran auseinandergedrängt. Auf die Zona pellucida werden Stoffe aufgelagert, die den Vesikeln entstammen. Die so durch Auflagerung veränderte und verdichtete Eihülle bezeichnet man als Befruchtungsmembran. In dem Raum zwischen Befruchtungsmembran und Plasmamembran befinden sich Proteasen, die beim Fusionieren der Vesikel freigesetzt werden. Diese Proteasen bauen die Proteine ab, die als Bindungsstellen für Spermien auf der Eihülle sitzen.

Aufgaben: **a.** Erläutern Sie die biologische Bedeutung der beschriebenen Vorgänge an der Eizellenoberfläche nach der Befruchtung!
b. Welche Stoffwechselaktivitäten müßten während der Phase kurz nach der Befruchtung im Innern der Eizelle zu beobachten sein?

Lösungshinweis: **a.** Durch die beschriebenen Vorgänge wird eine Mehrfachbefruchtung verhindert. Die Verdichtung der Zona pellucida erschwert ein Eindringen weiterer Spermien. Der Abbau von Spermienbindungsstellen macht eine Anheftung weiterer Spermien unmöglich.
b. Die Veränderungen im peripheren Bereich sind nur möglich, wenn im zentralen Bereich der Eizelle eine erhöhte Stoffwechselaktivität einsetzt. Es ist mit einer erhöhten Proteinbiosynthese zu rechnen.

A 2 *Dottergehalt von Eizellen und Furchungstyp*

isolecithales Ei	telolecithales Ei	
gleichmäßige Dotterverteilung	Dotteranreicherung am vegetativen Pol	

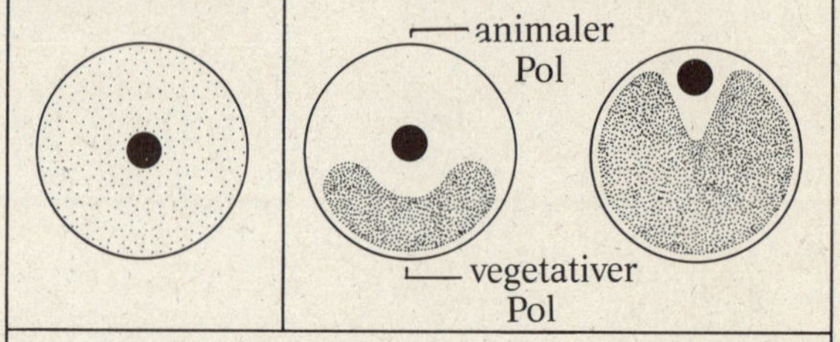

total äqual	total inäqual	discoidal

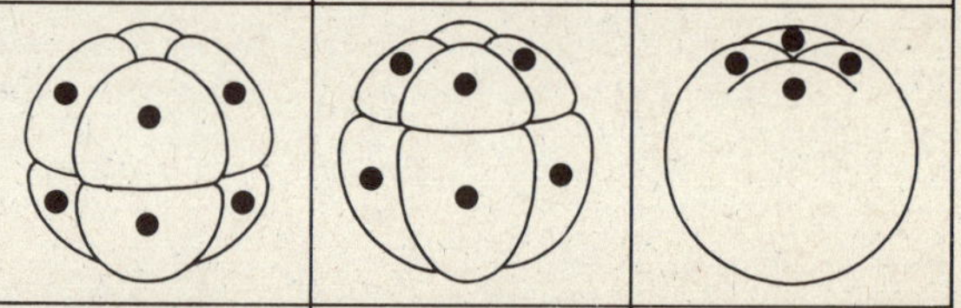

Lanzettfischchen	Frosch	Vogel/Fisch

Aufgaben: **a.** Gibt es einen Zusammenhang zwischen dem Dottergehalt der Eizelle und dem Furchungstyp?
b. Welcher Furchungstyp ist bei der dotterarmen menschlichen Eizelle zu erwarten?

Lösungshinweis: **a.** Dotterarme Eizellen werden total äqual geteilt, d.h., die Furchung umfaßt den gesamten Bereich der Eizelle und liefert weitgehend gleich große Blastomeren. Mit zunehmendem Dottergehalt gehen aus der Furchung ungleich große Blastomeren hervor, am dotterreichen (vegetativen) Pol entstehen größere Blastomeren, am dotterarmen (animalen) Pol kleinere Blastomeren. Diese Form der Teilung wird als inäqual bezeichnet. Kommt es zu einer starken Dotteranhäufung am vegetativen Pol, man spricht von telolecithalen Eizellen. Erfaßt die Furchung nur den Bereich des animalen Pols entsteht eine Keimscheibe. In diesem Fall liegt eine discoidale Furchung vor.
b. Bei der dotterarmen menschlichen Eizelle ist eine totale und weitgehend äquale Furchung zu erwarten.

A 3 *Wachstum des Embryos*

Für das Wachstum des Menschen lassen sich folgende Durchschnittswerte ermitteln:

Stadium	Länge	Gewicht
Befruchtete Eizelle	0,1 mm	1 mg
Embryo nach 2 Monaten	2,5 cm	4,5 g
Neugeborenes Kind	50–55 cm	3,5–4 kg
Mensch im 20. Lebensjahr	165–180 cm	ca. 70 kg

Aufgaben: **a.** Berechnen Sie die Faktoren, mit denen Körperlänge und Körpergewicht für die aufgeführten Stadien sowie für den Zeitraum von der Befruchtung bis zur Geburt zunehmen!
b. Wie lang wäre ein Embryo zum Zeitpunkt der Geburt, wenn er das in den ersten beiden Monaten gezeigte Längenwachstum beibehielte?

Lösungshinweis: **a.** Länge: 250; 20–22; 3–3,5. Gewicht: 4500; etwa 800; etwa 20.
Von der Befruchtung bis zur Geburt vergrößert sich die Länge um den Faktor 5000–5500, das Gewicht um den Faktor 1,75–2 Millionen.
b. Bei einem Vermehrungsfaktor von 250 würde die Körperlänge nach 4 Monaten 625 cm betragen, nach 6 Monaten 156 250 cm, nach 8 Monaten 39 062 500 cm und nach 10 Monaten 9 765 625 000 cm oder 97 656 250 m oder 97 656 km!

A 4 *Mehr Masse durch Muskeln und Fett*

Frauen haben genetisch bedingt einen höheren Gehalt an Fett in der Unterhaut als Männer. Untersucht man den Oberarm- und Oberschenkelumfang in den ersten 20 Lebensjahren getrennt bei beiden Geschlechtern, so erhält man folgendes Ergebnis:

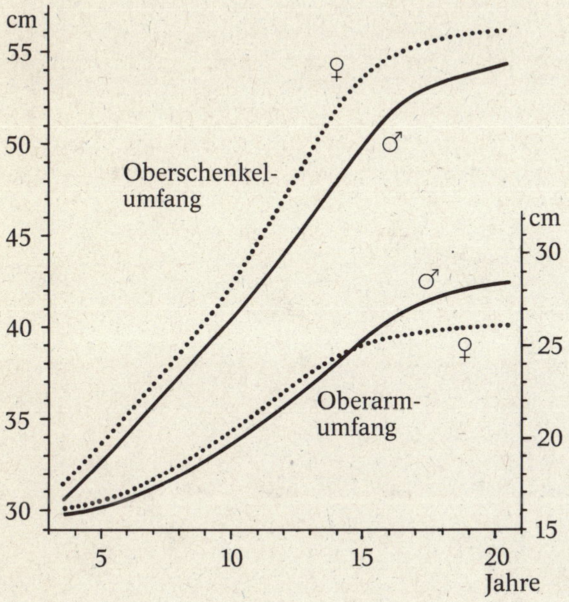

Aufgaben: **a.** Beschreiben Sie die dargestellten Untersuchungsergebnisse!
b. Erklären Sie die Befunde im Hinblick auf mögliche anatomische Unterschiede durch Beteiligung verschiedener Gewebe!
c. Gehen Sie auf mögliche hormonelle Ursachen für die Unterschiede ein!

Lösungshinweis: **a.** Von der Geburt an nimmt der Oberschenkelumfang bei beiden Geschlechtern stärker zu als der Oberarmumfang. Die Zunahme beider Größen verlangsamt sich ab etwa dem 14. Lebensjahr. Der Übergang zur Stagnation ist für beide Größen eindeutiger beim weiblichen Geschlecht. Von der Geburt an ist der Oberschenkelumfang beim weiblichen Geschlecht größer als beim männlichen. Hinsichtlich des Oberarmumfangs weisen zunächst die Mädchen höhere Werte auf; vom 15. Lebensjahr etwa ist der Oberarmumfang der Jungen deutlich größer als der der Mädchen.
b. Die aufgezeigten geschlechtsspezifischen Unterschiede in der Kindheit sind sehr gering und von daher zu vernachlässigen. Mit der Pubertät setzt jedoch eine geschlechtsspezifische Verschiebung der Anteile von Fett- und Muskelgewebe ein. Mädchen lagern verstärkt Fettgewebe in die Unterhaut ein, so bleiben sie mit ihrem Oberschenkelumfang deutlich über dem der Jungen. Diese verstärkte Fetteinlagerung betrifft jedoch weniger den Oberarm, so daß dort die Jungen aufgrund verstärkter Muskelbildung (Bizeps) höhere Umfangswerte aufweisen. Bei beiden Geschlechtern steigt der Oberschenkelumfang in den ersten 15 Jahren stärker an als der Oberarmumfang. Hier ist zu vermuten, daß in frühen Lebensjahren ein verstärkter Muskelzuwachs im Oberschenkelbereich durch Trainingseffekte erreicht wird, die Kinder bzw. Jugendlichen müssen ihre Beinmuskeln beim Gehen und Laufen wiederholt und ausdauernd betätigen; daraus resultiert ein zusätzlicher Muskelzuwachs über den normalen wachstumsbedingten Zuwachs der Muskelmasse hinaus.
c. Mit der Pubertät werden bei Jungen verstärkt männliche Hormone, z. B. Testosteron, ausgeschüttet. Männliche Hormone steigern das Muskelwachstum.

B. Literatur –

C. Zusatzinformation –

D. Lösungshinweise zu den Arbeitsblättern

Arbeitsblatt 1: Entwicklung eines Molchs

1. Reihenfolge: **A – D – F – E – B – C.**

A 2-Zell-Stadium	**E** Blastula
D 4-Zell-Stadium	**B** Neurula
F Morula	**C** Larve

① 1. Teilungsebene ② 2. Teilungsebene
③ Neuralplatte

2. Total äquale Furchung

Arbeitsblatt 2: Gastrulation beim Lanzettfischchen

1. Reihenfolge: **B – C – E – A – D**

2.
① Ektoderm
② Entoderm
③ vegetativer Pol
④ animaler Pol
⑤ dorsale Urmundlippe
⑥ Urmund
⑦ Urdarm
⑧ Blastocoel

3. An der einschichtigen Blastula sind ein großzelliger vegetativer und ein kleinzelliger animaler Pol entstanden. Es kommt zu einer Einstülpung der Wand der Blastula im vegetativen Polbereich, es entsteht eine zweischichtige Gastrula, an der Ektoderm und Entoderm zu unterscheiden sind. Die Einstülpungshöhle vertieft sich, sie bildet den Urdarm. Die Einstülpungsstelle verengt sich zum Urmund (Blastoporus).

Arbeitsblatt 3: Furchung und Keimblattbildung beim Froschei

1.
① Dotter
② Furchungshöhle
③ Urmund
④ Urdarm
⑤ Ektoderm
⑥ Entoderm
⑦ Mesoderm

2.
A: Wenig dotterreiche befruchtete Eizelle
B: Furchung über die ganze Eizelle hinweg, die Tochterzellen im vegetativen Bereich sind jedoch größer als die Tochterzellen am animalen Pol (totale inäquale Teilung).
C: Durch Wasseraufnahme in das Innere der Zellkugel weichen die Zellen auseinander, Entstehung einer Furchungshöhle (Blastocoel); die Hohlkugel wird Blastula genannt.
D: Eine kleine Vertiefung entsteht, der Urmund
E: Der Urmund dehnt sich kreisförmig aus; Zellmaterial von der Blastulaoberfläche wird in das Innere der Hohlkugel gedrückt (Gastrulation), im Ansatz kommt es zur Bildung eines Bechers (Gastrula), der doppelwandig ist.
F: Die innere Wand bildet das Entoderm, es umschließt den Urdarm. Die äußere Wand entspricht dem Ektoderm. Die zwischen Ektoderm und Entoderm befindliche Furchungshöhle (Blastocoel) wird zunehmend verdrängt. Auf dem Dach des Urdarms bildet sich das Mesoderm.

Arbeitsblatt 4: Bildung von Organanlagen nach der Gastrulation (Molch)

1.
① Ektoderm
② Mesoderm
③ Entoderm
④ Neuralrinne
⑤ Chorda
⑥ Darm
⑦ Neuralrohr
⑧ Ursegmente
⑨ Chorda
⑩ Coelom
⑪ Seitenplatten

2. Abbildung A zeigt einen Querschnitt durch eine Gastrula (2–3 Tage nach der Eiablage). Nach außen wird der Keim durch einen Ektodermschlauch abgeschlossen; im Innern ist eine nach oben offene Rinne aus entodermalem Gewebe zu erkennen, eine nach unten offene Rinne mesodermalen Ursprungs liegt wie ein „Deckel" auf der Entodermrinne.

Im Bereich der dorsalen Epidermis wird eine Neuralplatte ausgebildet. Ihre Ränder wölben sich zur Neuralrinne auf (B) und schließen sich dann zum Neuralrohr (C). Dieses löst sich vom übrigen Ektoderm ab und wird in das Innere des Keimes verlagert. Auch das Mesoderm differenziert sich. Der Teil, der über dem Urdarm liegt, bildet einen vielzelligen Stab, der den Keim durchläuft (B, C). Es ist die Chorda, ein embryonales Stützsystem, dessen Funktion später von der Wirbelsäule übernommen wird. Die seitlichen Mesodermreste differenzieren sich in vier Mesodermstränge. Die zwei oberen Mesodermstränge sind in der Längsachse des Keimes regelmäßig unterteilt. Man bezeichnet diese Abschnitte als Ursegmente. Sie umschließen später die Chorda und bilden dann den knöchernen Teil der Wirbelsäule. Die beiden unteren Mesodermstränge sind nicht segmentiert. Sie haben die Form zweier seitlich anliegender Platten, man spricht daher von den Seitenplatten. Aus dem Hohlraum jeder Seitenplatte, dem Coelom, geht dann später die Leibeshöhle (z. B. Bauchhöhle) hervor. Ursegmente und Leibeshöhle sind durch Segmentstiele verbunden. Diese Segmentstiele liefern die späteren Harnorgane des Tieres.

Arbeitsblatt 5: Neurulation beim Bergmolch

1.
① Neuralwulst
② Neuralplatte
③ Epidermis
④ Urdarm
⑤ Neuralwulst
⑥ Chorda
⑦ Urdarm
⑧ Neuralleiste
⑨ Neuralrohr
⑩ Coelom
⑪ Chorda
⑫ Ursegment
⑬ Seitenplatte
⑭ Coelom

2. Es handelt sich um eine zunächst vom Ektoderm einsetzende Gestaltungsbewegung. Beidseitig der Neuralplatte sind Neuralwülste erkennbar (I). Zu diesem Zeitpunkt ist der Urdarm noch nicht geschlossen, die Chorda noch nicht abgeschnürt. Es kommt zu einer stärkeren Anhebung der Neuralwülste, gleichzeitig nähern sich die beiden Wülste einander (II). Der Urdarm ist geschlossen, die Chorda ist abgeschnürt, Ursegmente und Seitenplatten sind ausgebildet. In einer spätere Neurula-Phase (III) sind die Neuralwülste fast ganz geschlossen, das Neuralrohr ist abgeschnürt.

Arbeitsblatt 6: Entwicklung bei Vögeln

1.
① Dotter
② zweischichtige Zellage
③ Subgerminalhöhle
④ Dotter
⑤ Keimscheibe
⑥ Subgerminalhöhle
⑦ Dotter
⑧ Neuralrinne
⑨ Ektoderm
⑩ Mesoderm
⑪ Entoderm
⑫ Dotter
⑬ Chorda
⑭ Dotter
⑮ Neuralrohr
⑯ Amnionfalte
⑰ Amnionhöhle
⑱ Darm
⑲ Dotter

2. Es liegt ein dotterreiches Ei vor, der Zellkern liegt in einer Plasmakappe auf der großen Dotterkugel (A). Von der Furchung ist nur die Plasmakappe betroffen, nicht der Dotter (B). Man spricht daher von einer discoidalen Furchung. Im 64-Zellen-Stadium heben sich die Zellen etwas vom Dotter ab.

Zwischen der abgehobenen Zellschicht und dem Dotter entsteht ein flüssigkeitsgefüllter Hohlraum, die Subgerminalhöhle (C, D). Dieser Vorgang ist etwa 24 Stunden nach der Befruchtung abgeschlossen. Wenig später sind die drei Keimblätter zu erkennen: Ektoderm, Mesoderm und Entoderm (E). Es kommt zu einer Absenkung im Neuroektoderm, es entsteht eine Neuralrinne (E). Die Absenkung des Neuroektoderms setzt sich fort, die beginnende Abschnürung wird deutlich (F). Aus dem Mesoderm wird die Chorda abgeschnürt, das Mesoderm bildet beidseitig Coelomhöhlen aus (F). Nach Abschluß der Neurulation (G) beginnt die Bildung der Embryonalhüllen. Beiderseits der Chorda wölbt sich je eine Ektodermfalte mit innenliegender Mesodermfalte nach oben, um dann später „über dem Rücken des Vogelembryos" zu verwachsen. Diese Amnionfalten schließen die Amnionhöhle ein. Innerhalb der Amnionfalte befindet sich mesodermal eingefaßtes Coelom. Das dem Dotter anliegende Entoderm läßt eine Aufwölbung erkennen, es handelt sich hier um die Darmanlage.

Arbeitsblatt 7: Von der Befruchtung bis zur Einnistung

1.
① GRAAFscher Follikel kurz vor dem Eisprung
② Eizelle kurz nach dem Eisprung
③ Befruchtung nach etwa 12–14 Stunden
④ Zellkerne vor der Verschmelzung
⑤ Beginn der ersten Furchungsteilung
⑥ Zwei-Zellen-Stadium (nach etwa 30 Stunden)
⑦ Morula (12–16-Zellen-Stadium, nach etwa 3 Tagen)
⑧ Morula (nach etwa 4 Tagen)
⑨ Blastocyste
⑩ Blastocyste (nach etwa 6 Tagen), die sich in die Gebärmutter einnistet

2. Bis zur Befruchtung (14. Tag) ist der Zyklus im wesentlichen bestimmt durch Östrogen, das den Neuaufbau der Gebärmutterschleimhaut in Gang setzt (Proliferationsphase). Das nachfolgend ausgeschüttete Gelbkörperhormon Progesteron sorgt u.a. für einen Umbau der Gebärmutterschleimhaut: Aktivierung der Drüsentätigkeit und Verstärkung der Durchblutung (Sekretionsphase). Im Falle der Nichtbefruchtung stellt der Gelbkörper seine Hormonabgabe ein, unter Blutaustritt wird die Schleimhaut abgestoßen (Menstruationsblutung). Kommt es zur Befruchtung, so entwickelt sich die Zygote zur Blastocyste. Der Trophoblast der Blastocyste gibt Humanchoriongonadotropin (HCG) ab (s. Anstieg der relativen Konzentration in B. 2.). Dieses verhindert die Rückbildung des Gelbkörpers. Somit wird die im Falle der Nichtbefruchtung zu beobachtende Reduzierung der Gelbkörperhormonabgabe verhindert (s. Graph in B. 2., der die diesbezügliche relative Konzentration wiedergibt).

Arbeitsblatt 8: Embryonalentwicklung des Menschen

1.
① Dottersack
② Entoderm
③ Amnionhöhle
④ Ektoderm
⑤ Haftstiel
⑥ Somiten
⑦ Dottersack
⑧ Chorda
⑨ Amnionhöhle
⑩ Ektoderm
⑪ Neuralrohr
⑫ Amnionhöhle
⑬ Embryo
⑭ Allantois
⑮ Dottersack
⑯ Darmrohr
⑰ Embryo
⑱ Dottersack
⑲ Allantois

2. **A:** 14 Tage **B:** 20 Tage **C:** 24 Tage **D:** 30 Tage

3. Die Keimscheibe (A) besteht aus zwei Schichten, dem Ektoderm und dem Entoderm. Über dem Ektoderm befindet sich ein flüssigkeitsgefüllter Hohlraum, die Amnionhöhle; unter der Keimscheibe liegt der Dottersack. Die gesamte Embryonalanlage hängt an einem Haftstiel, der sich später zur Nabelschnur entwickelt. Die gesamte Blastocyste ist sehr tief in die Gebärmutterschleimhaut eingebettet.
Nach drei Wochen (B) ist das zwischen den beiden Keimblättern liegende Mesoderm zu erkennen. Zur Bildung des Mesoderms ist es durch Einwandern ektodermaler Zellen zwischen die beiden Keimblätter gekommen, man spricht folglich auch von einer Gastrulation. Es hat sich eine Chorda gebildet, ein primitives embryonales Stützorgan. Zu beiden Seiten werden Somiten abgegliedert, die Ausdruck einer segmentalen Gliederung des Körpers sind. Diese segmentale Gliederung manifestiert sich später z.B. in dem Aufbau der Wirbelsäule und des Nervensystems. Die Versorgung des Embryos wird zunehmend durch ein Kapillarnetz ermöglicht, das mit der Plazenta Kontakt aufnimmt.
Die gesamte Keimanlage tritt aus der Gebärmutterschleimhaut heraus und steht mit dieser über einen scheibenförmigen Verwachsungsbereich in Kontakt. Das Entoderm bildet die Allantois, einen embryonalen Speicher für Stoffwechselendprodukte. Der ebenfalls von Entoderm ummantelte Dottersack verliert deutlich an Größe, die Dottervorräte werden verbraucht. Man kann am Embryo verstärkt (C, D) Gestaltbildungen beobachten.

Arbeitsblatt 9: Menschliche Embryonalentwicklung in der 5. – 8. Woche

1. D – B – A – C

2.
(1) Nackenbeuge
(2) äußeres Ohr
(3) Ellenbogenregion
(4) Furchen zwischen den Fingerstrahlen
(5) Zehenstrahlen
(6) Nackenbeuge
(7) äußeres Ohr
(8) äußerer Gehörgang
(9) Fingerstrahlen
(10) Augenanlage
(11) Herzwulst
(12) Nabelstrang
(13) Fußplatte
(14) Ohr
(15) getrennte Zehen
(16) Augenanlage
(17) Amnionhöhle
(18) Somiten
(19) Handanlage
(20) Herzanlage
(21) Nabelstrang
(22) Ellenbeuge
(23) Schwanz
(24) Fußanlage

Arbeitsblatt 10: Wachstum und Proportionen

Seit der frühen Fetalzeit nimmt der Anteil der Länge des Kopfes an der Gesamtlänge stark ab (von ca. 32 % auf ca. 13 %). Dagegen nimmt die relative Beinlänge zum Erwachsenenalter hin deutlich zu (von ca. 24 % auf 45 %). Die relative Rumpflänge nimmt ebenso wie die relative Kopflänge im Verlaufe des Wachstums ab.

Arbeitsblatt 1: Entwicklung eines Molchs

Name:	Klasse / Kurs:	Datum:

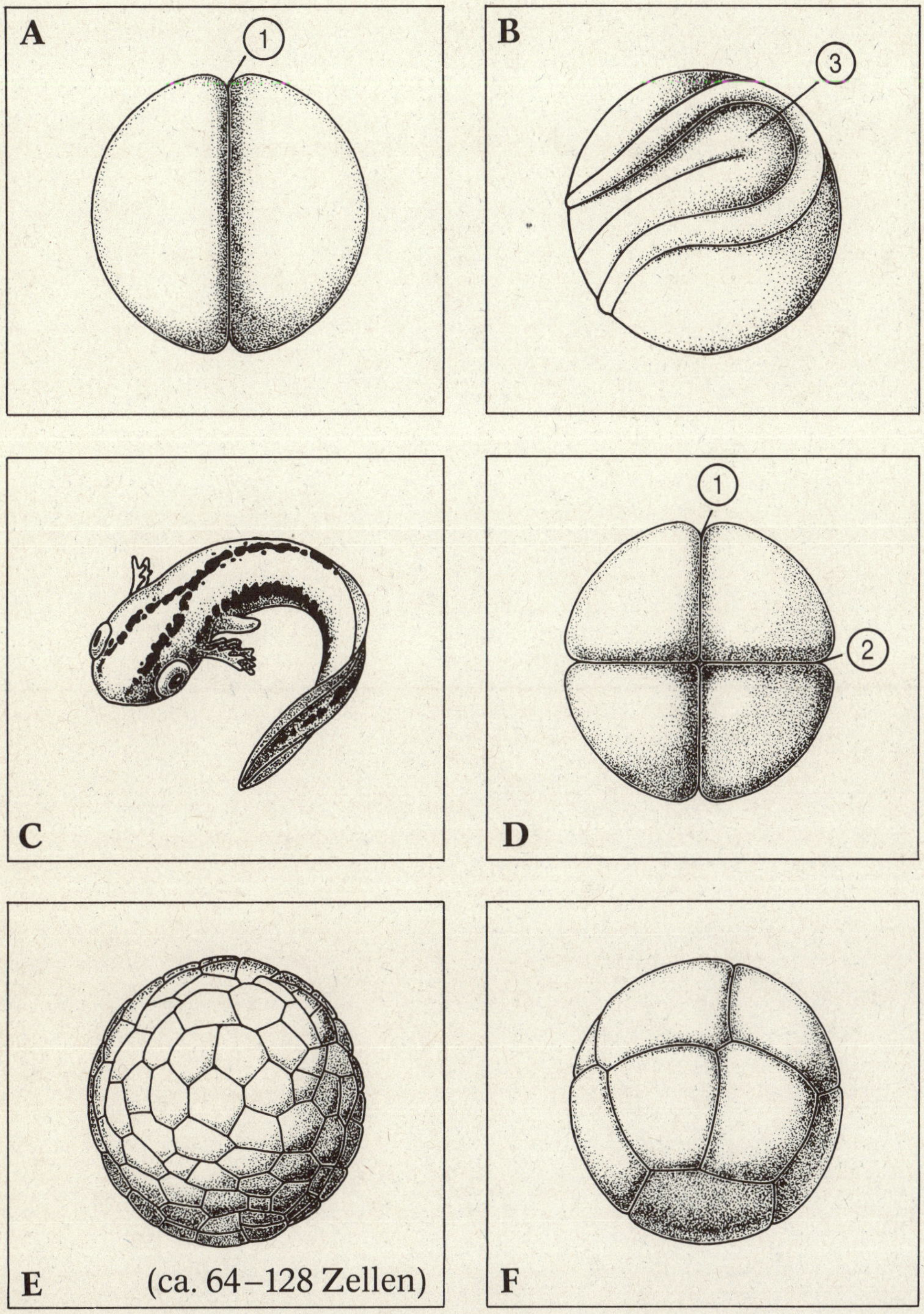

Die Abbildungen zeigen Stadien der Entwicklung eines Molchs.

1. Geben Sie die richtige Reihenfolge der dargestellten Stadien an! Nennen Sie den Fachbegriff für das jeweilige Stadium, und ordnen Sie den Zahlen die entsprechenden Begriffe zu!

2. Welcher Furchungstyp liegt beim Molch vor?

Arbeitsblatt 2: Gastrulation beim Lanzettfischchen

Name:	Klasse / Kurs:	Datum:

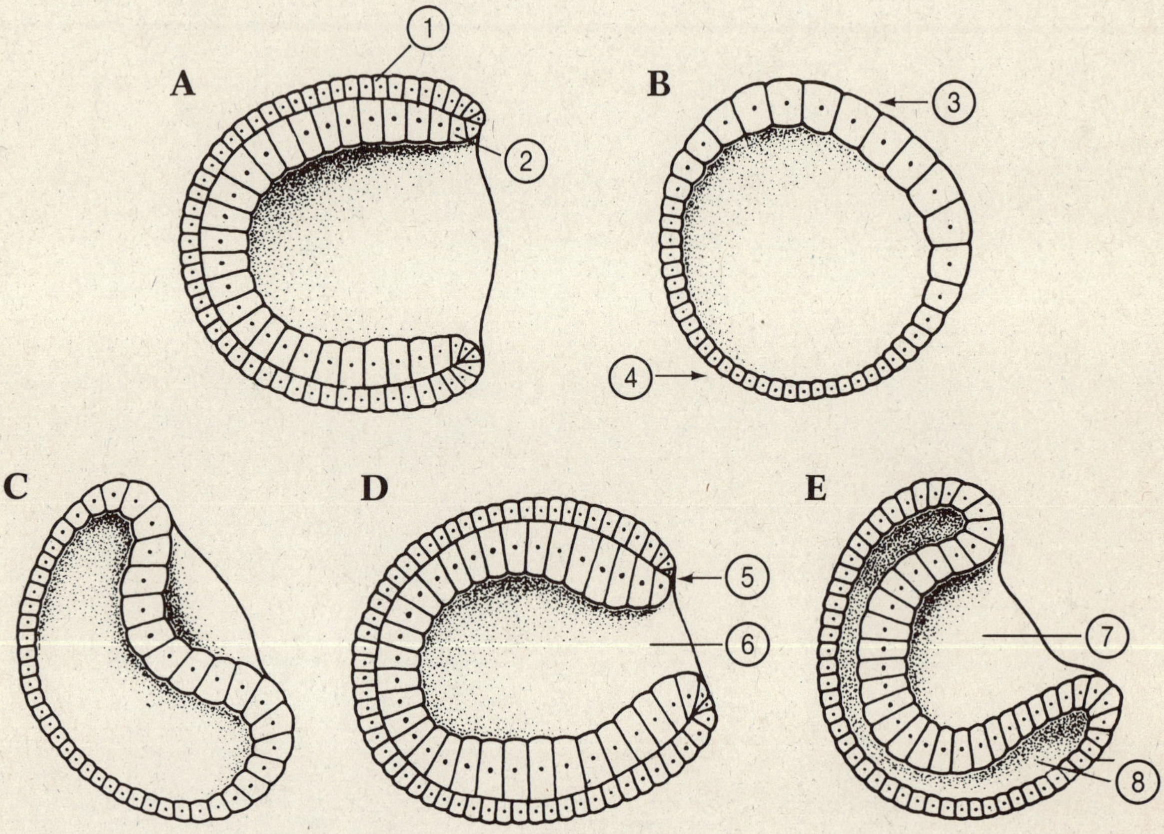

Die Abbildungen zeigen verschiedene Stadien der Gastrulation beim Lanzettfischchen.

1. Geben Sie die richtige Reihenfolge der Entwicklungsstadien an!

2. Ordnen Sie den Zahlen die entsprechenden Begriffe zu!

3. Erläutern Sie den Prozeß der Gastrulation mit Hilfe der Abbildungen!

Arbeitsblatt 3: Furchung und Keimblattbildung beim Froschei

Name:	Klasse / Kurs:	Datum:

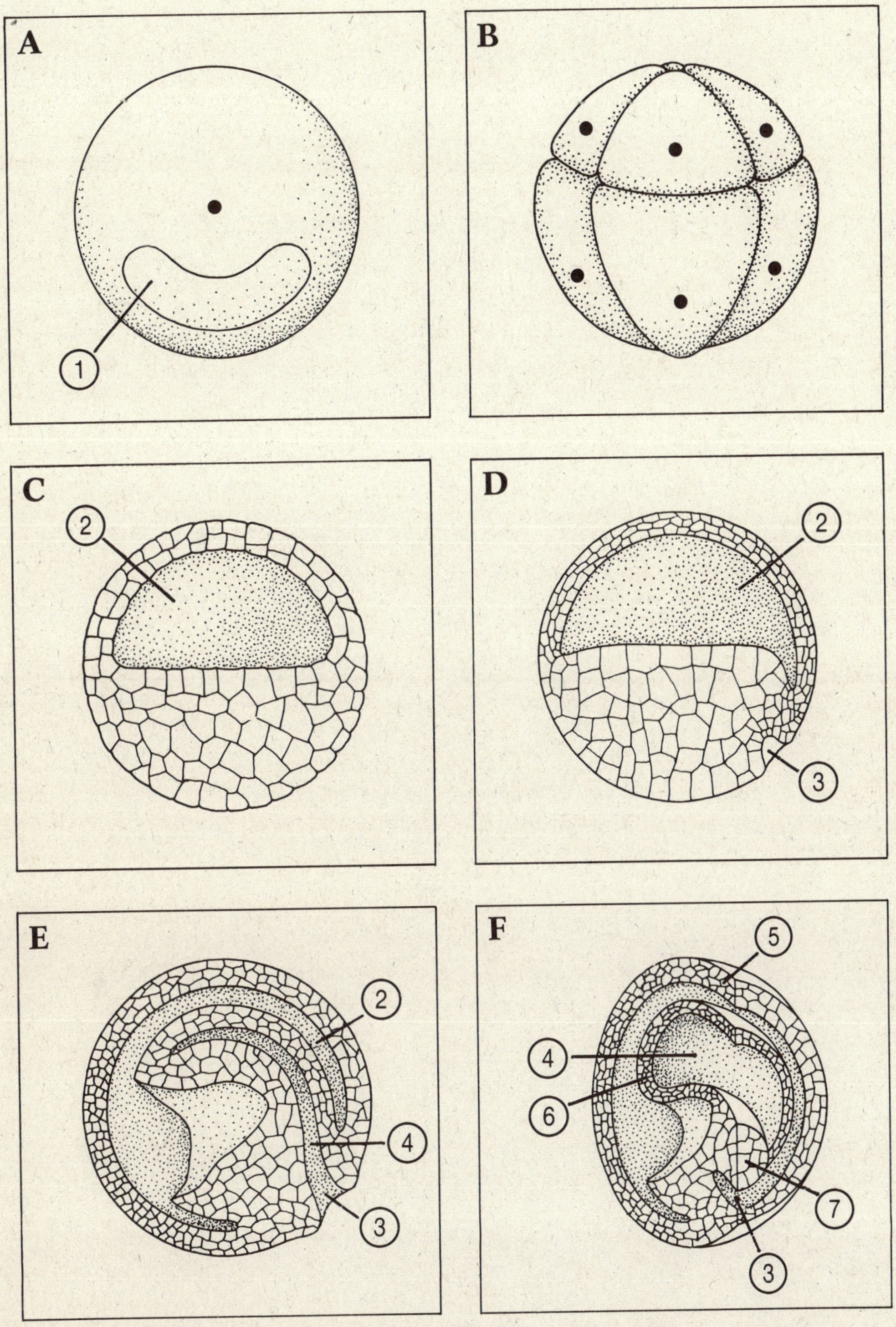

1. Ordnen Sie den Zahlen die entsprechenden Fachbegriffe zu!

2. Beschreiben Sie mit Hilfe der Abbildungen die Furchung und Keimblattbildung! Gehen Sie dabei auf alle Teilabbildungen (A – F) ein!

Arbeitsblatt 4: Bildung von Organanlagen nach der Gastrulation (Molch)

Name:	Klasse / Kurs:	Datum:

In dem folgenden Schema (A – C) sind Entwicklungsvorgänge an einem Molchkeim dargestellt:

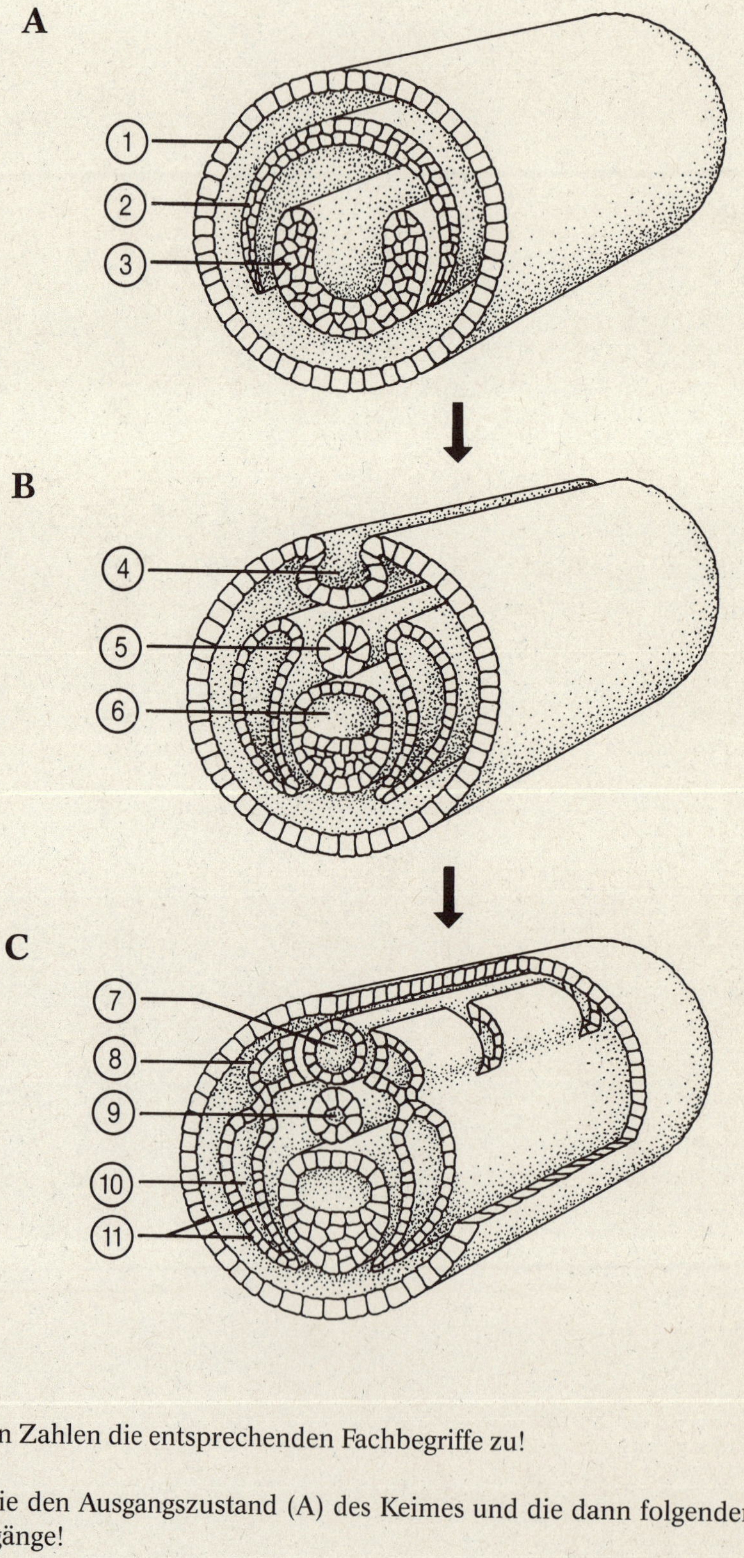

1. Ordnen Sie den Zahlen die entsprechenden Fachbegriffe zu!

2. Beschreiben Sie den Ausgangszustand (A) des Keimes und die dann folgenden entwicklungsbiologischen Vorgänge!

Arbeitsblatt 5: Neurulation beim Bergmolch

Name:	Klasse / Kurs:	Datum:

Die folgenden Abbildungen zeigen den Verlauf der Neurulation an einem Keim des Bergmolches; A zeigt jeweils die Aufsicht, B den entsprechenden Querschnitt:

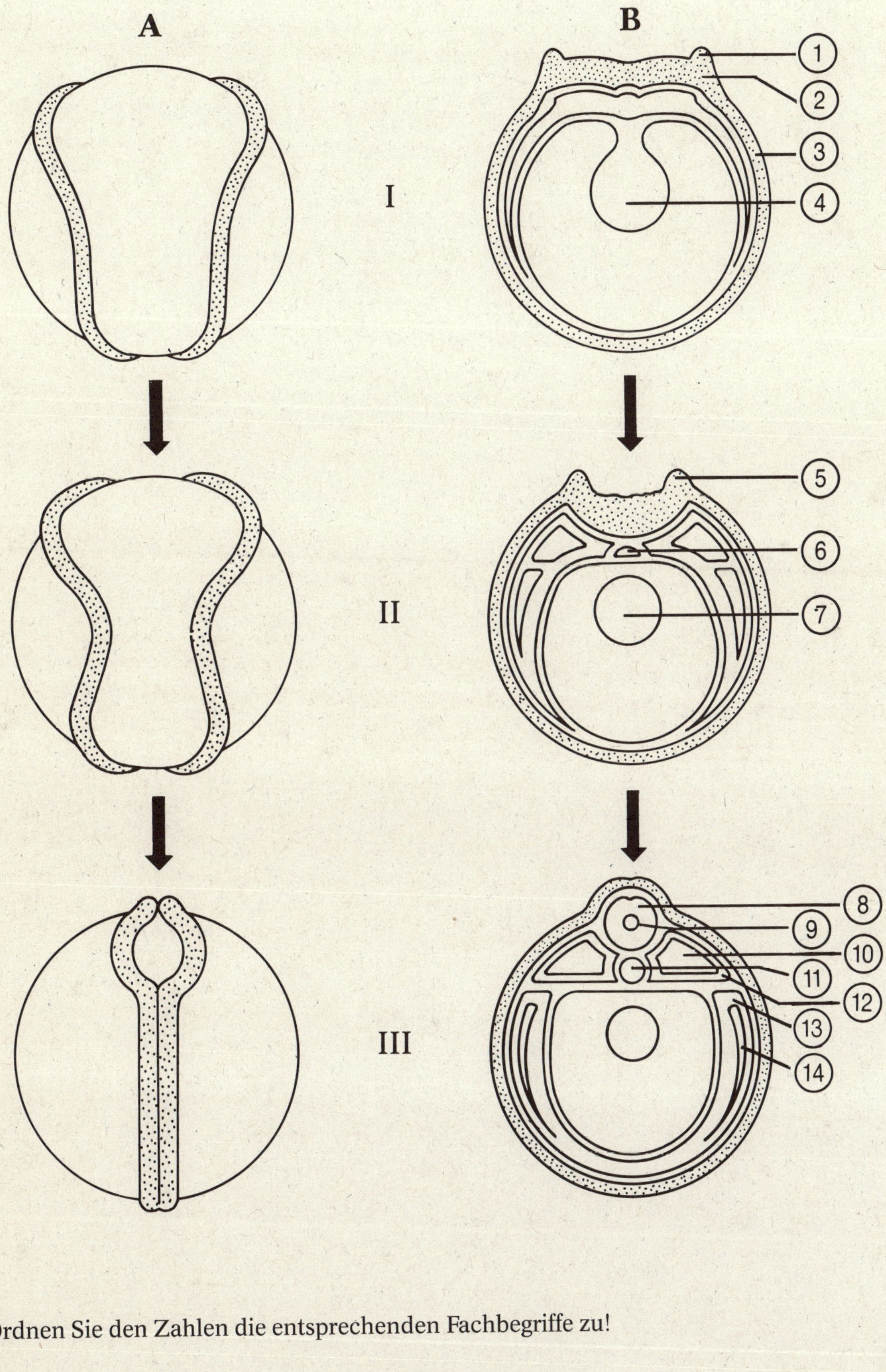

1. Ordnen Sie den Zahlen die entsprechenden Fachbegriffe zu!

2. Beschreiben Sie den dargestellten Neurulationsvorgang!

Arbeitsblatt 6: Entwicklung bei Vögeln

Name:	Klasse / Kurs:	Datum:

Die folgende Abbildung zeigt einen Ausschnitt aus der Entwicklung eines Vogelkeims:

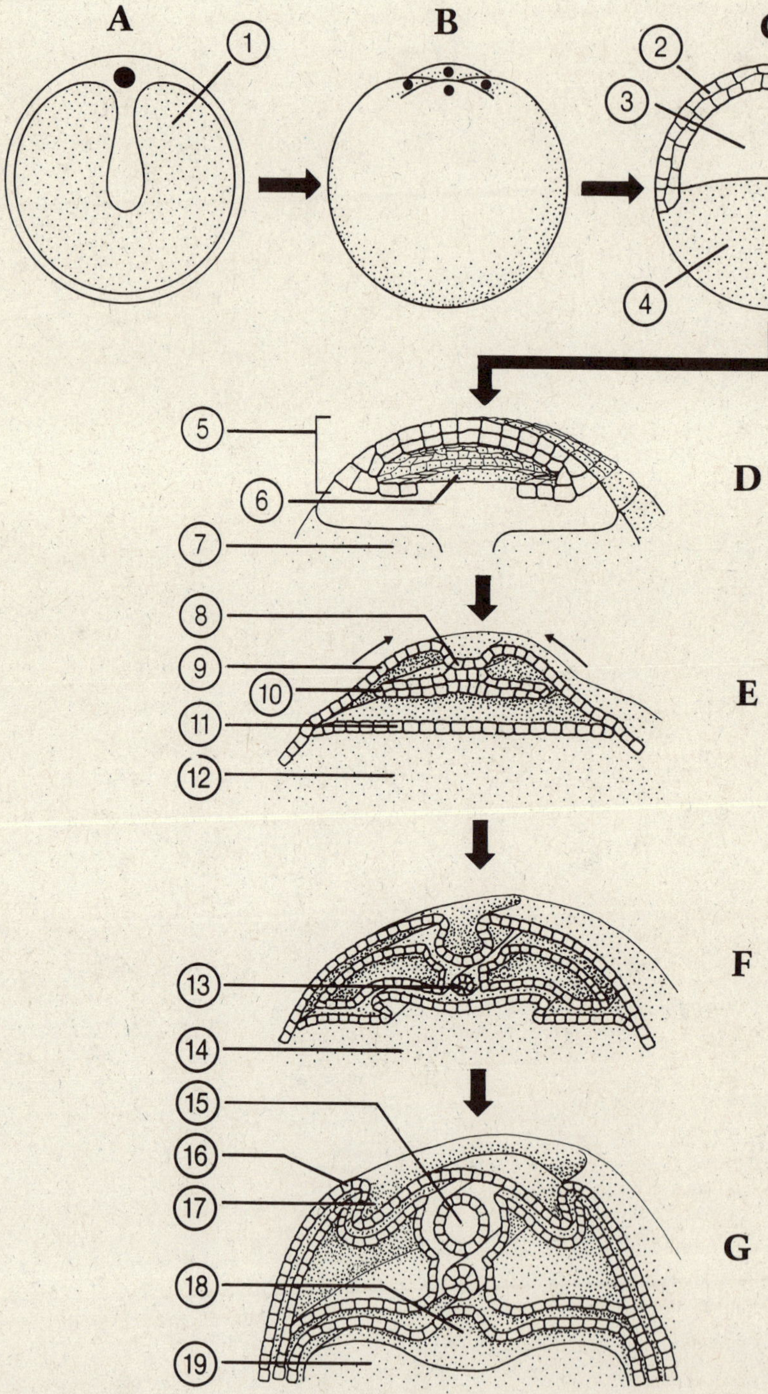

1. Ordnen Sie den Zahlen die entsprechenden Fachbegriffe zu!

2. Beschreiben Sie anhand der Abbildungen A – G die Entwicklung bei Vögeln!

Arbeitsblatt 7: Von der Befruchtung bis zur Einnistung

Name:	Klasse / Kurs:	Datum:

A. Entwicklungsvorgänge beim Menschen in der ersten Woche

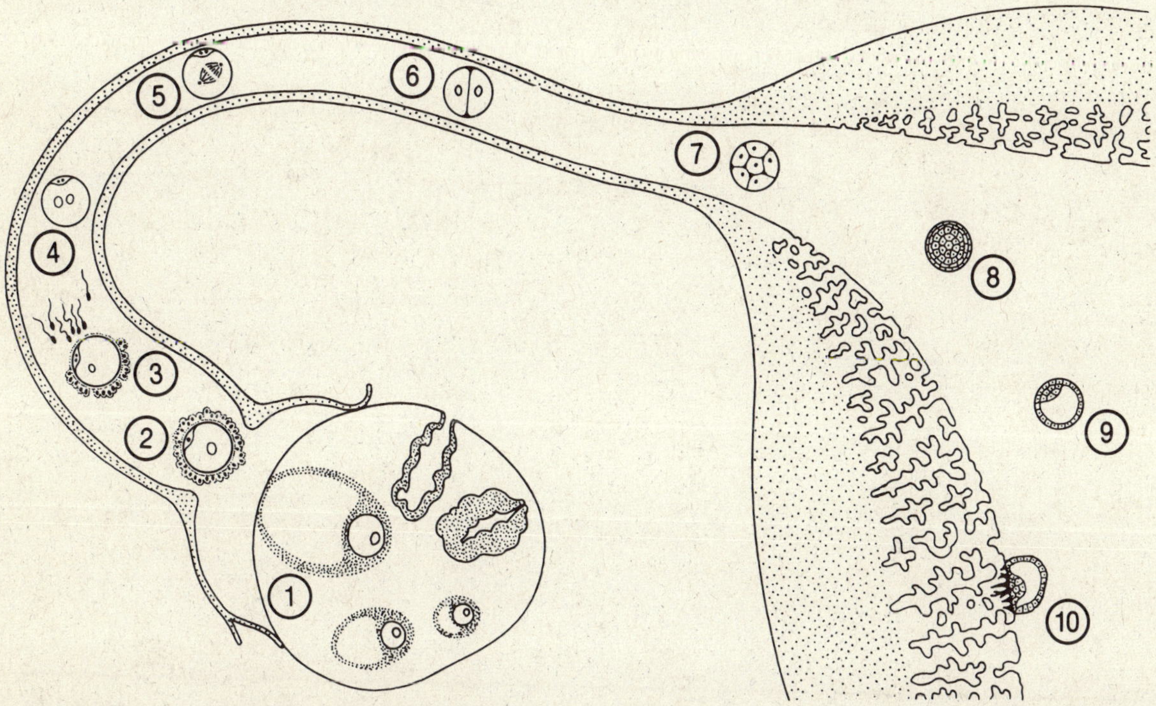

B. Periodik der Sexualhormonproduktion.

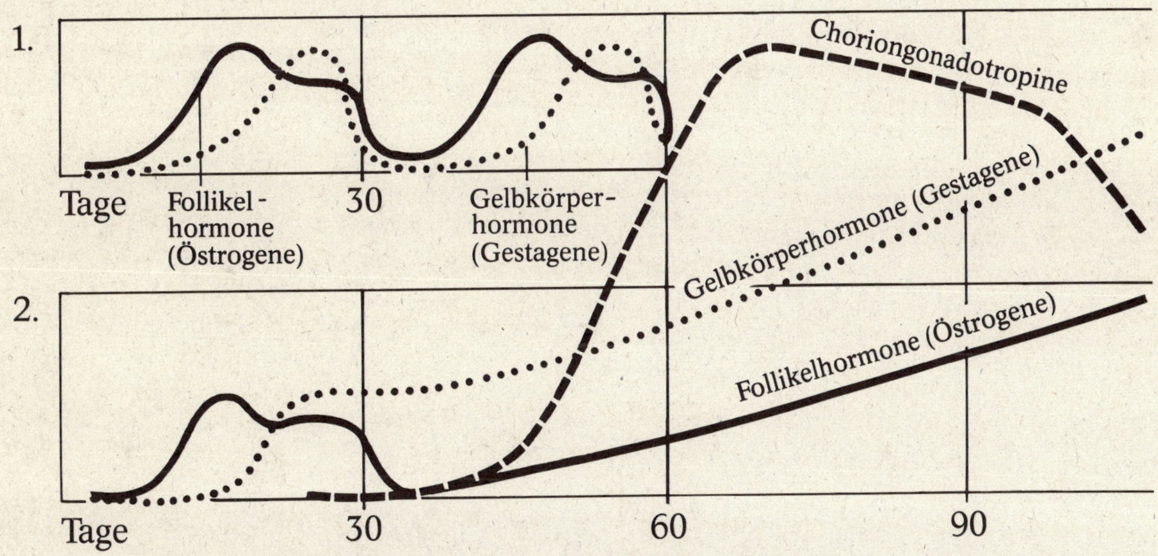

1. = Im Verlauf eines normalen Menstruationszyklus
2. = Im Verlauf bei einer Schwangerschaft

1. Ordnen Sie den Zahlen die entsprechenden Begriffe zu!

2. Erläutern Sie die Änderungen der Hormonkonzentrationen im Zusammenhang mit den in der Abb. A dargestellten Vorgängen! (Eine Eizelle wird etwa am 14. Tag eines Menstruationszyklus befruchtet.)

Arbeitsblatt 8: Embryonalentwicklung des Menschen

Name:	Klasse / Kurs:	Datum:

In der folgenden Abbildung sind einige Schritte der menschlichen Embryonalentwicklung dargestellt:

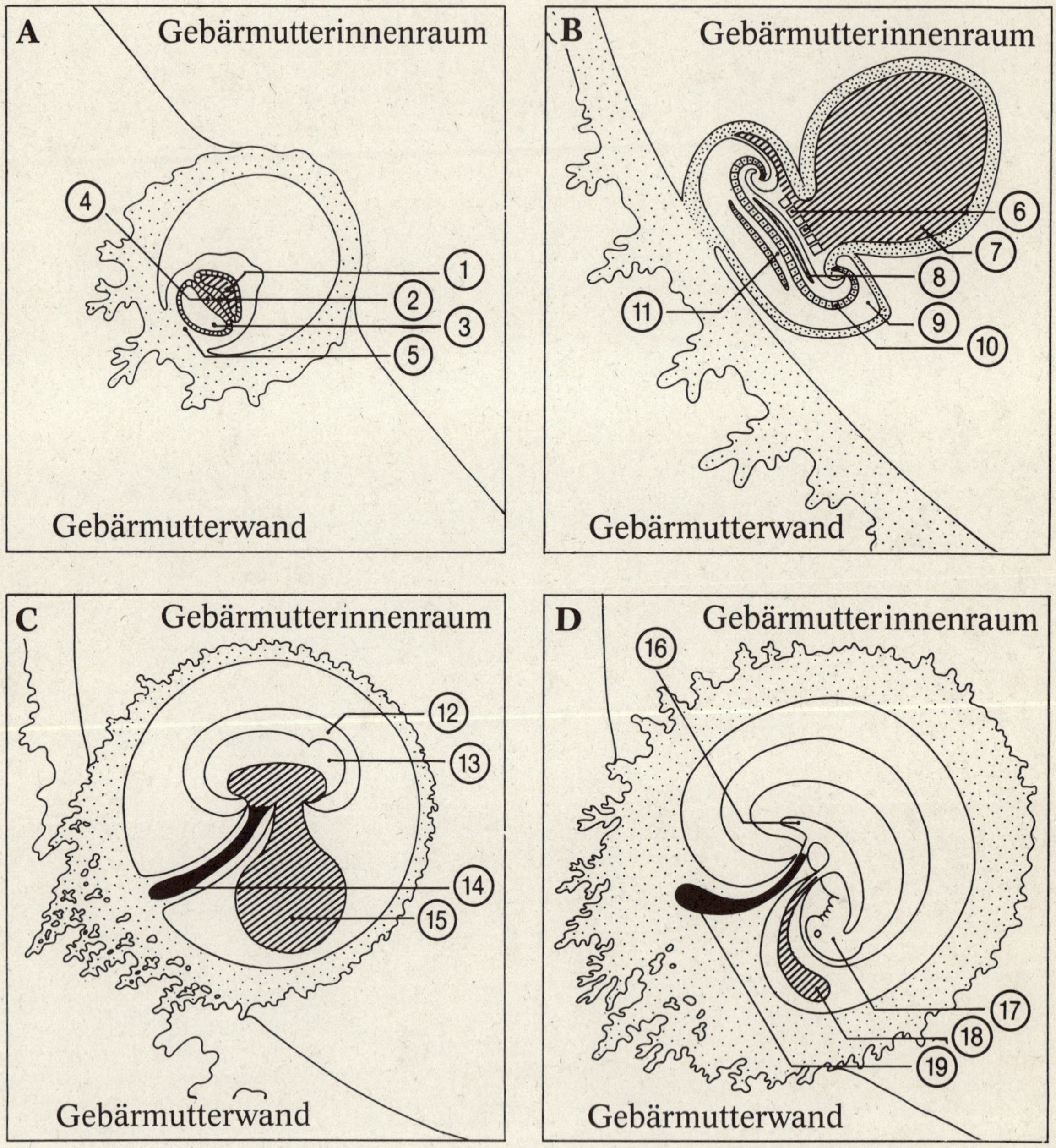

1. Ordnen Sie den Zahlen die entsprechenden Fachbegriffe zu!

2. Geben Sie das Alter der vier Entwicklungsstufen in Tagen an!

3. Beschreiben Sie die Entwicklungsstufe A und dann die wesentlichen Entwicklungsschritte von A bis D!

Arbeitsblatt 9: Menschliche Embryonalentwicklung in der 5. – 8. Woche

Name:	Klasse / Kurs:	Datum:

Bei einem menschlichen Embryo kann man zwischen der 5. und 8. Woche folgende Gestaltveränderungen feststellen:

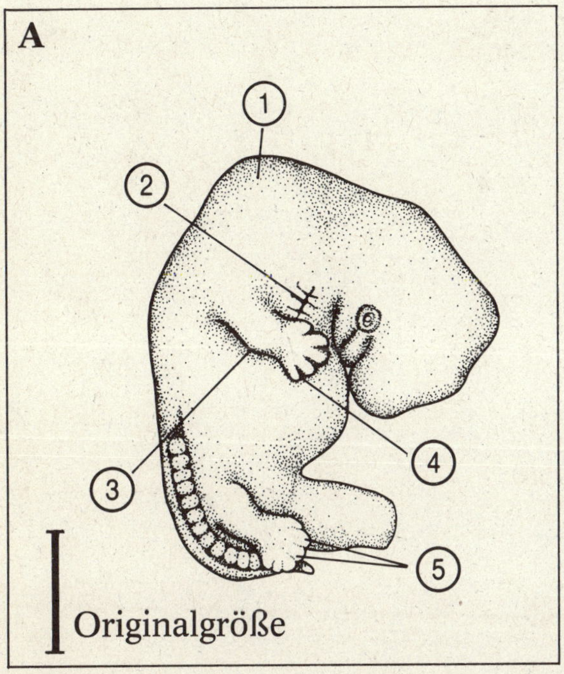

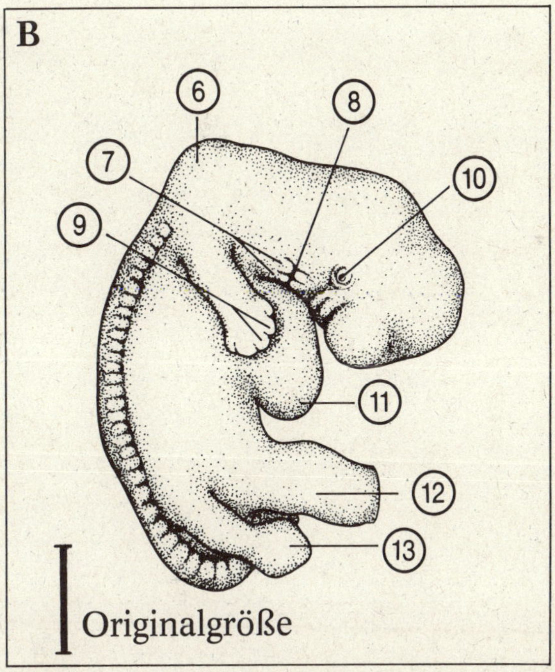

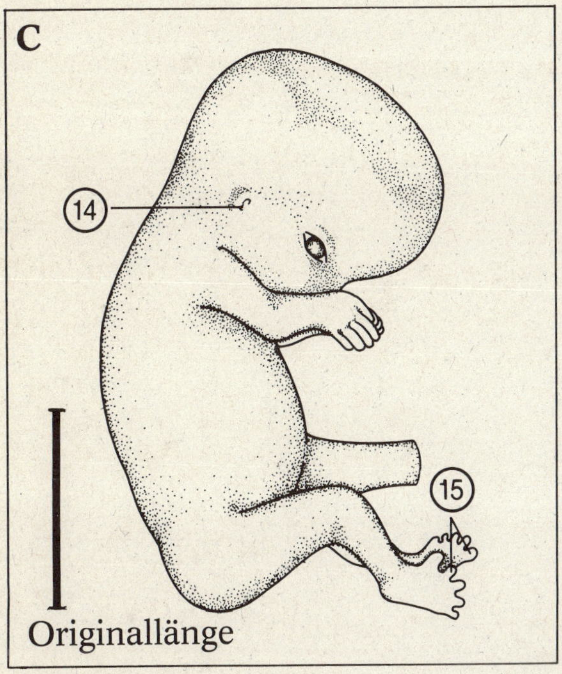

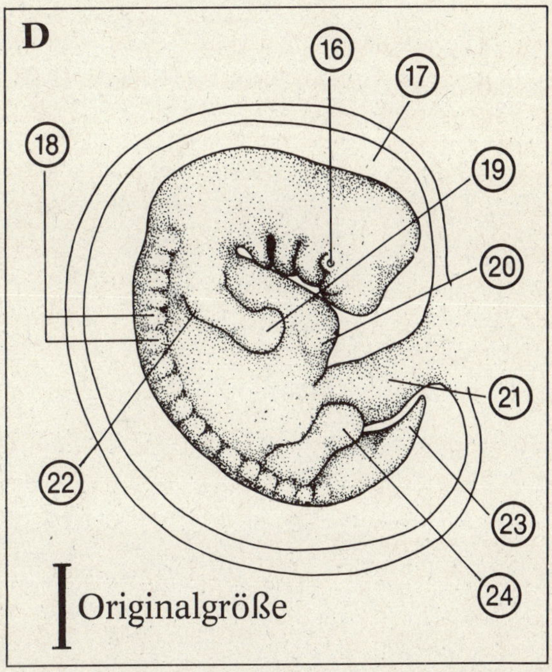

1. Geben Sie die richtige Reihenfolge der Abbildungen an!
2. Ordnen Sie den Zahlen die entsprechenden Fachbegriffe zu!

Arbeitsblatt 10: Wachstum und Proportionen

Name:	Klasse / Kurs:	Datum:

In der folgenden Abbildung sind die Körperproportionen eines Menschen vom 5. Lebensmonat (①) bis zum 3. Lebensjahrzehnt (⑥) wiedergegeben. Der besseren Vergleichbarkeit wegen sind die Körpergrößen der einzelnen Lebensaltersstufen auf die Körpergröße eines Menschen im 3. Lebensjahrzehnt gebracht worden. Die Jahresangaben beziehen sich auf den Zeitpunkt der Befruchtung.

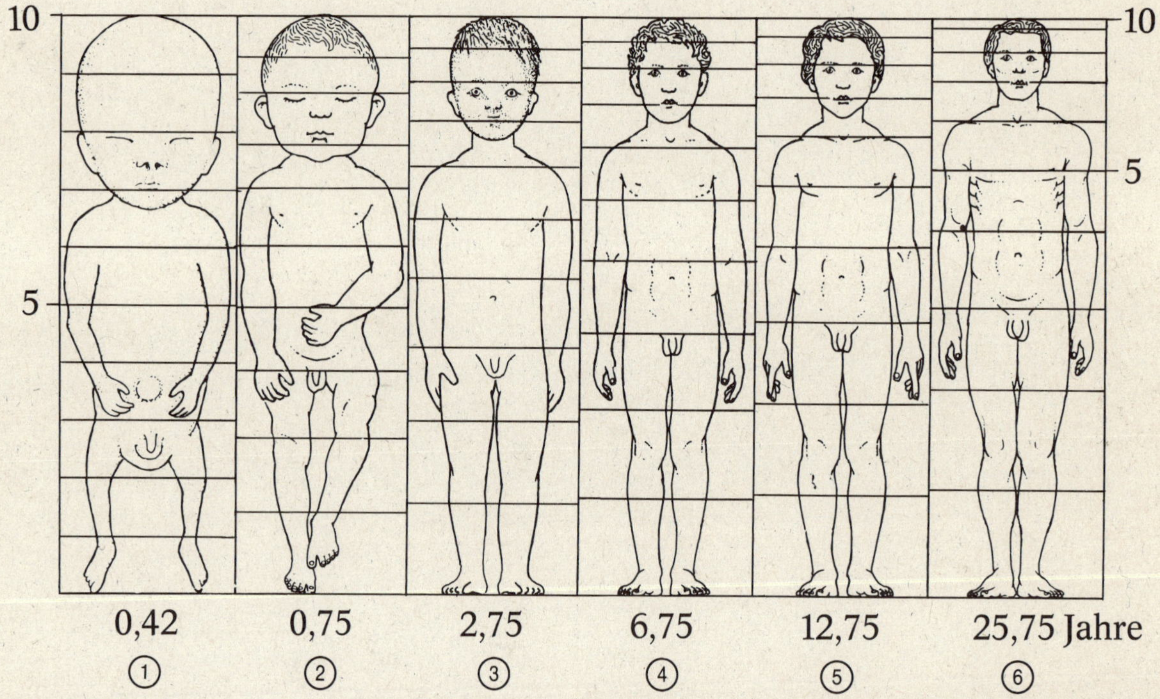

Beschreiben Sie, in welcher Weise sich die Proportionen des Körpers im Verlauf der Entwicklung verändern!

3. Entwicklung bei Pflanzen

A. Aufgaben und Versuche

A 1 *Keimung von Kakaosamen*

Reife Kakaosamen enthalten in ihren Speicherkeimblättern etwa 60% Lipide, etwa 20% Proteine und etwa 10% Kohlenhydrate. Diese Nährstoffe werden während der Keimung bis zur schwachen Ergrünung der Keimblätter abgebaut. Das Säulendiagramm gibt die Anteile am Volumen der Zelle in Prozent des Cytoplasmas (Schätzwerte) sowie der reservestoffführenden Zellbestandteile in Speicherkeimblattzellen keimender Kakaosamen wieder.

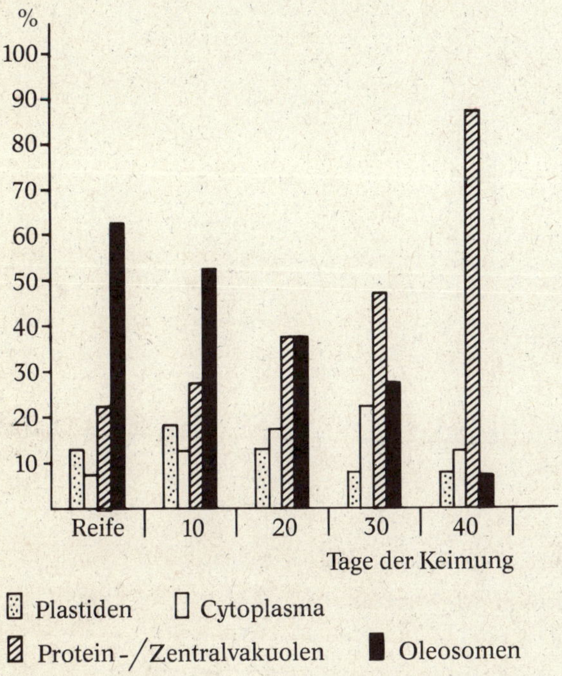

Aufgabe: Beschreiben und erläutern Sie mit Hilfe des Diagramms die Veränderung in den Zellen der Speicherkeimblätter während der Keimung!

Lösungshinweis: Die im Diagramm dargestellten Untersuchungsergebnisse zeigen, daß das Volumen der Oleosomen im Verlaufe der Keimung stark abnimmt, während die der Protein- bzw. Zentralvakuolen stark zunimmt. Die starke Abnahme des Volumens der Oleosomen ist auf einen Abbau der Lipide zurückzuführen, wodurch sich das Verhältnis von Cytoplasma, Plastiden und Vakuolen ändert.
Der Anteil der Proteinvakuolen bzw. Zentralvakuolen nimmt im Verlauf der Keimung zu. (Dieses ist bedingt durch die Entwicklung der Pflanzenzelle, die in der Regel eine große Zentralvakuole ausbildet.)

A 2 *RQ-Werte keimender Samen*

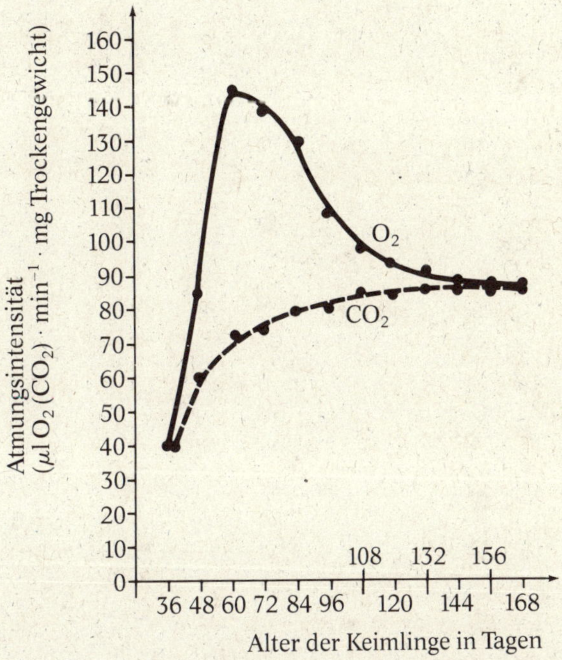

Aufgaben: **a.** Beschreiben Sie den Gasaustausch keimender Samen anhand der Kurvenverläufe!
b. Erörtern Sie, welche Gruppe von Nährstoffen im Samen vorwiegend gespeichert war!

Lösungshinweis: Die Sauerstoffaufnahme steigt innerhalb von 20 Tagen steil an, um sich dann nach etwa 144 Tagen einem nahezu konstanten Wert zu nähern. Die CO_2-Abgabe ist niedriger als die O_2-Aufnahme, die CO_2-Abgabe nähert sich in 144 Tagen asymptopisch etwa dem Wert der O_2-Aufnahme.
Im Alter von etwa 34 bis 144 Tagen ist die O_2-Aufnahme wesentlich höher als die CO_2-Abgabe. Die RQ-Werte sind daher in dieser Phase < 1, bei 60 Tagen alten Keimlingen beträgt der RQ etwa 0,5. Diese RQ-Erniedrigung ist besonders typisch für Samen mit hohem Lipidgehalt. Besonders niedrige Werte ergeben sich beim Umbau von Lipiden in Kohlenhydrate. 144 Tage alte Keimlinge dissimilieren demnach überwiegend Glucose (RQ = 1).

A 3 *Wachstumskurven*

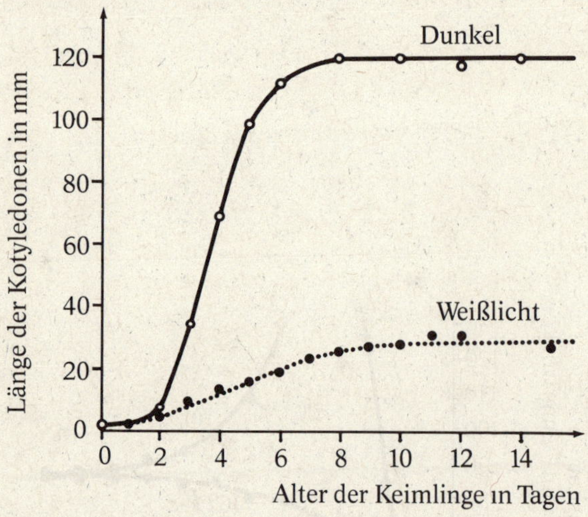

Aufgaben: **a.** Beschreiben Sie den Verlauf der Wachstumskurven für das Hypokotyl bei Senfkeimlingen!
b. Worauf beruht das Hypokotyl-Wachstum?

Lösungshinweis: **a.** Sowohl im Dunkeln als auch im Licht nimmt die Hypokotyllänge mit dem Alter der Keimlinge zu. Die Wachstumskurven zeigen einen sigmoiden Verlauf. Im Dunkeln zeigt sich etwa zwei Tage nach der Aussaat ein geringes Wachstum, das dann bis etwa fünf Tage nach der Aussaat stark zunimmt. Anschließend nimmt das Wachstums bis zum Erreichen eines Endwertes ab. Einen ähnlichen Verlauf zeigt die Wachstumskurve unter Lichtbedingungen, allerdings ist die Wachstumsintensität geringer. Auch wird die Endlänge des Hypokotyls im Licht später erreicht als im Dunkeln.
b. Das Hypokotyl-Wachstum wird durch das Licht reguliert. Das Längenwachstum des Hypokotyls ist auf ein Streckungswachstum der Zellen zurückzuführen. Das Streckungswachstum einer Zelle ist charakterisiert durch die Bildung einer Zentralvakuole sowie durch die Zunahme der Zellwandsubstanz.

B. Literatur –

C. Zusatzinformation –

D. Lösungshinweise zu den Arbeitsblättern

Arbeitsblatt 1: Samentypen

① Primärblatt
② Keimsproßachse
③ Abbruchstelle des 2. Keimblattes
④ Keimwurzel
⑤ Keimblatt
⑥ Keimblatt
⑦ Keimsproßachse
⑧ Keimwurzel

Zeichnung der Samen:

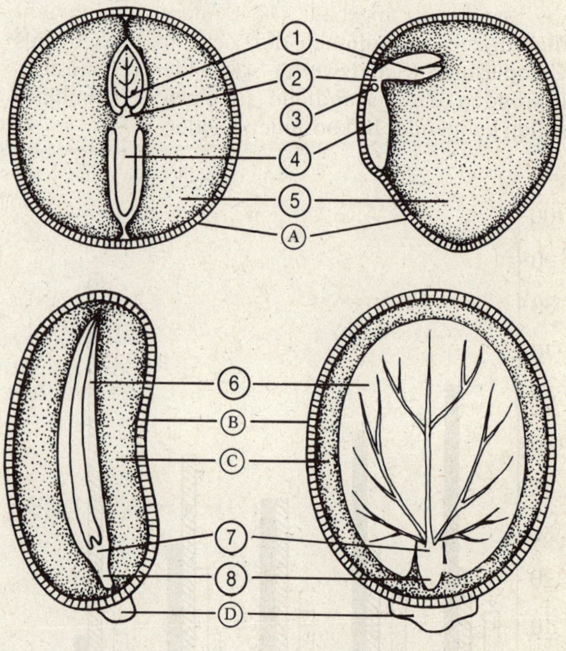

Ⓐ Samenschale
Ⓑ Samenschale
Ⓒ Endosperm
Ⓓ Anhängsel

Arbeitsblatt 2: Samen und Keimlinge

① Samenschale
② Primärblatt
③ Keimsproßachse (Epikotyl)
④ Abbruchstelle des 2. Keimblattes
⑤ Keimwurzel
⑥ Keimblatt
⑦ Frucht- und Samenschale
⑧ Endosperm
⑨ Primärblatt
⑩ Koleoptile
⑪ Keimwurzel
⑫ Keimblatt (Scutellum)
⑬ Wurzelscheide

Ⓐ Primärblatt
Ⓑ Sproßachse (Epikotyl)
Ⓒ Keimblatt (mit Rest der Samenschale)
Ⓓ Hypokotyl
Ⓔ Wurzel
Ⓕ Seitenwurzel

Ⓖ Primärblatt
Ⓗ Koleoptile
Ⓘ Wurzel
Ⓚ Endosperm (mit Keimblatt [Saugorgan] und Frucht-/Samenschale)
Ⓛ Wurzelhaare

Feuerbohne: ① – Ⓒ; ② – Ⓐ; ③ – Ⓓ; ⑤ – Ⓔ; ⑥ – Ⓒ
Weizenkorn: ⑦ – Ⓚ; ⑧ – Ⓚ; ⑩ – Ⓗ; ⑪ – Ⓘ; ⑫ – Ⓚ

Arbeitsblatt 1: Samentypen

Name:	Klasse / Kurs:	Datum:

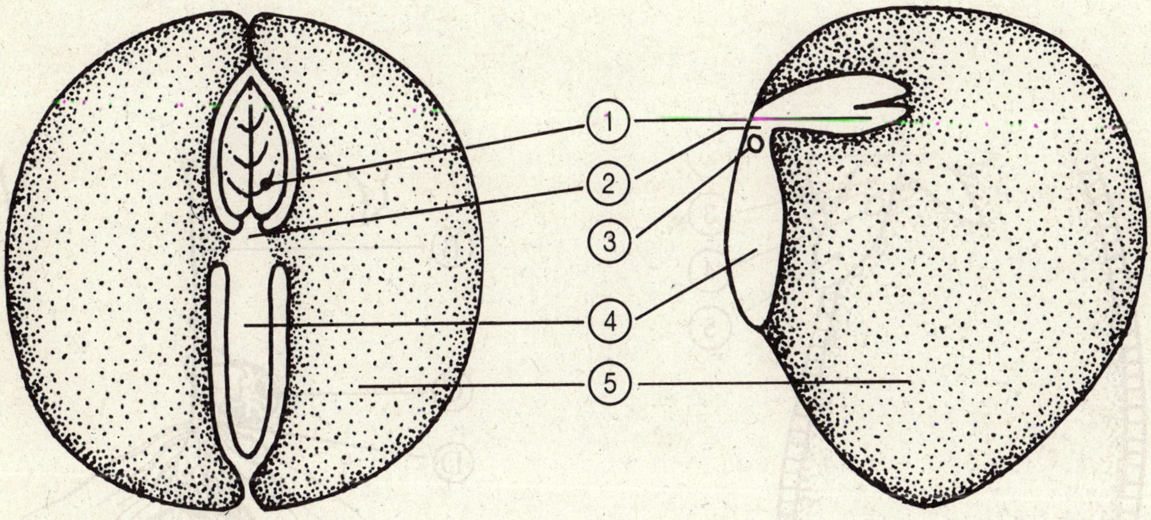

A Gartenerbse

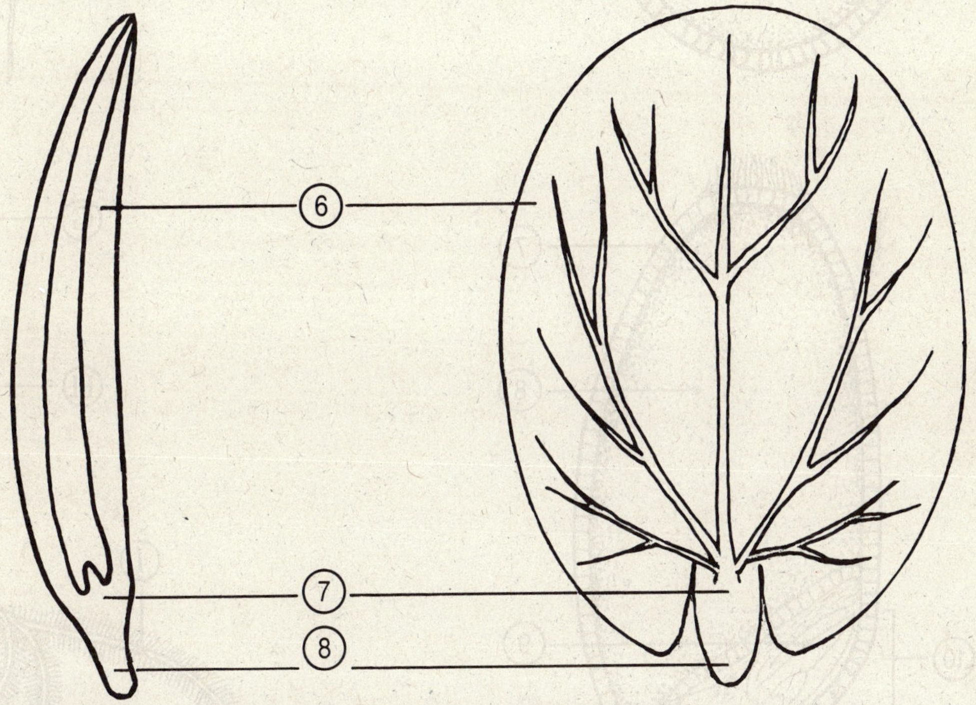

B Ricinus

In den Abbildungen sind verschiedene Schnittebenen durch Embryonen von Gartenerbse und Ricinus dargestellt. Ordnen Sie den Zahlen die entsprechenden Begriffe zu!
Wie sieht der vollständige Samen in diesen Schnittebenen aus? Zeichnen Sie die fehlenden Bestandteile in die Abbildungen ein! Beschriften Sie Ihre Darstellung! Kennzeichnen Sie die Nährstoffspeicher durch Punktieren!

Arbeitsblatt 2: Samen und Keimlinge

Name:	Klasse / Kurs:	Datum:

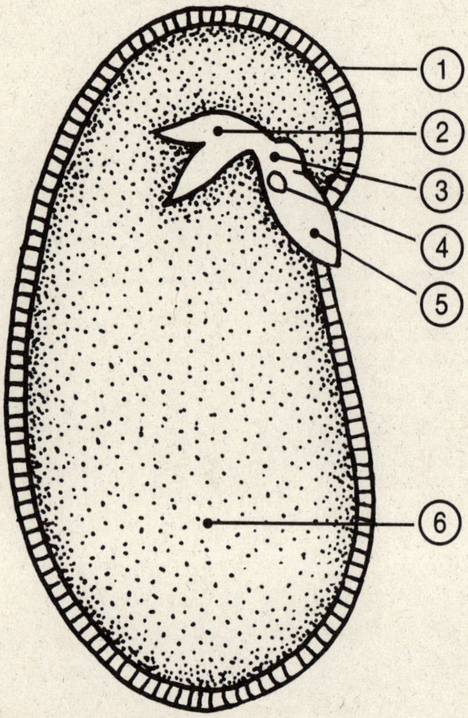

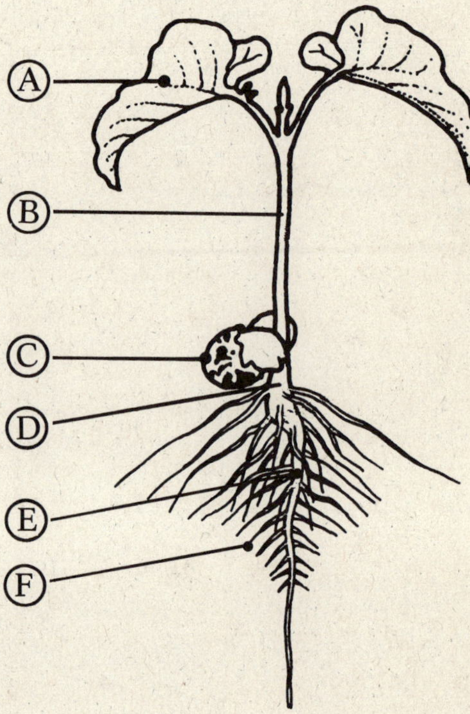

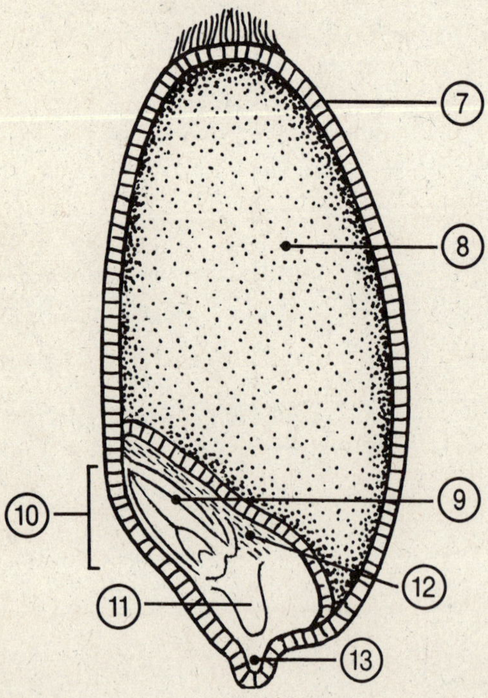

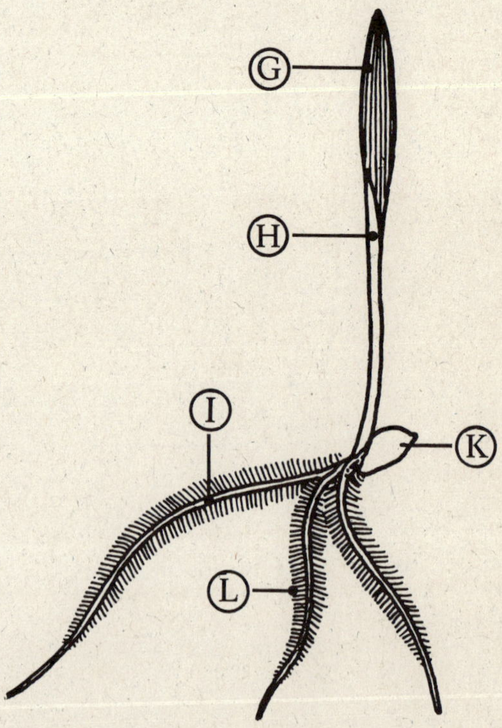

Ordnen Sie den Zahlen und Buchstaben der Darstellungen von Feuerbohne mit Keimling und Weizenkorn mit Keimling die entsprechenden Begriffe zu! Stellen Sie die Teile des jeweiligen Samens den sich hieraus entwickelten Teilen des Keimlings gegenüber!

4. Die inneren und äußeren Faktoren der Entwicklung

A. Aufgaben und Versuche

A 1 *Induktionsstoffe*

Experiment 1: Zwischen Urdarmdach und dem darüberliegenden Ektoderm wird eine porenlose Membran geschoben. Es kommt nicht zur Ausbildung eines Neuralrohres.
Experiment 2: Ein Stück späterer Epidermis einer Molchblastula wird in den Bereich der dorsalen Urmundlippe eines anderen Keims eingepflanzt. Einige Zeit nach der Einheilung wird es wieder aus diesem Bereich entfernt und in das spätere Ektoderm einer dritten Blastula implantiert. Hier ruft es die Bildung eines sekundären Achsensystems hervor.

Aufgabe: Erklären Sie die Ergebnisse der beiden Experimente und stellen Sie die übergeordnete Fragestellung beider Experimente heraus!

Lösungshinweis: Experiment 1: Durch die Membran wird der Stoffaustausch zwischen dem induzierenden Bereich und dem für die Induktion sensiblen Bereich unterbunden. Es kommt somit zu keiner Induktion. Die Induktion ist offensichtlich auf die Wirkung von induzierenden Stoffen zurückzuführen.
Experiment 2: Das Stück Ektoderm, das ursprünglich nicht selber die Fähigkeit eines Organisators besitzt, erwirbt diese Eigenschaft nach bzw. bei der kurzzeitigen Implantation im Bereich der induktionsbefähigten dorsalen Urmundlippe. Es müssen Stoffe aus dem induktionsbefähigten Gewebe in den zunächst nicht zur Induktion befähigten Ektodermabschnitt diffundiert sein. Dieser hat dadurch die Befähigung zur Induktion erhalten und kann nun im ventralen Ektodermbereich ein sekundäres Achsensystem induzieren.

A 2 *Organisatorwirkung – Kern oder Plasma*

Unmittelbar nach der Befruchtung kann man in der Amphibieneizelle zwischen dem dunkel pigmentierten animalen Pol und dem hellen vegetativen Bereich den grauen Halbmond als aufgehellte Zone erkennen. Dieser Bereich liefert das Material für die spätere dorsale Urmundlippe, aus dem dann das Urdarmdach hervorgeht. UV-Bestrahlung des grauen Halbmondes führt später zum Ausfall der Induktionswirkung des Urdarmdachs, es entstehen Keime ohne Nervensystem. Der Strahleneffekt läßt sich beheben durch Injektion von Cytoplasma aus der Halbmondregion einer Eizelle, die nicht bestrahlt wurde. Bringt man den Zellkern aus einer bestrahlten Eizelle in eine entkernte, nichtbestrahlte Eizelle, so behält der graue Halbmond seine spätere Induktionswirkung.

Aufgabe: Interpretieren Sie die Befunde!

Lösungshinweis: Diese Befunde belegen, daß die Induktionspotenzen auf das Cytoplasma zurückgehen. Das Cytoplasma ist durch die mütterlichen Gene in seiner Struktur und dadurch auch auf seine spätere Funktion geprägt. Der Kern spielt in diesem Zusammenhang keine Rolle. Andernfalls dürfte eine nichtbestrahlte, entkernte Eizelle, in die ein durch UV-Strahlung geschädigter Kern (es kommt durch UV-Strahlung zu Schäden im Bereich der DNA) gesetzt wird, im Bereich des grauen Halbmondes keine Induktionswirkung zeigen.

A 3 *Blütenbildung und das Phytochromsystem*

In verschiedenen Ansätzen wurde der Einfluß des Lichts auf die Blütenbildung bei einer Pflanze, der Spitzklette, untersucht:

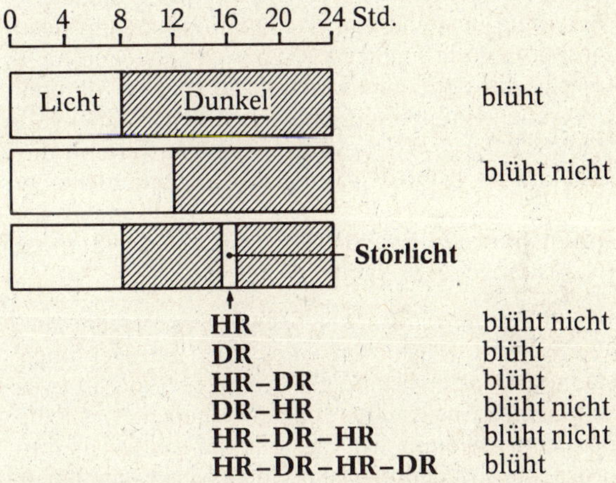

Aufgaben: Beschreiben Sie das Blühverhalten der untersuchten Pflanze! Erklären Sie die Befunde, insbesondere auch die, die auf den Störlichteinsatz zurückgehen!

Lösungshinweis: Es handelt sich hier offensichtlich um eine Kurztagspflanze. Ist die Belichtungszeit länger als die kritische Tageslänge, so unterbleibt die Blütenbildung. Diese Pflanze benötigt eine relativ lange Dunkelphase. Wird Hellrotes Licht (HR) als Störlicht in die Dunkelphase eingeblendet, so unterbleibt die Blütenbildung. Dunkelrotes Licht (DR) kann die Dunkelphase jedoch nicht unterbrechen, die Pflanze blüht. Wird alternierend HR und DR während der Dunkelphase eingeblendet, so kommt es immer dann zur Blütenbildung, wenn das Störlicht mit DR abschloß. Stand am Ende des Störlichts jedoch Hellrot, brachte die Pflanze keine Blüten hervor.

B. Literatur –

C. Zusatzinformation –

D. Lösungshinweise zu den Arbeitsblättern

Arbeitsblatt 1: Schnürungsversuche am Molchkeim

1. Aus dem Plasmabereich des grauen Halbmondes entsteht die spätere dorsale Urmundlippe, die dann zum Urdarmdach heranreift. Diesem Keimbereich kommt eine beträchtliche induktive Potenz zu.

2. Durch die Medianebene wird der graue Halbmond einer Molcheizelle in zwei gleich große Teile zerlegt.

3. Erfolgt die Schnürung in der Medianebene (I), so gehen aus dem Schnürungsexperiment zwei gleich große und zudem vollständige Molchlarven hervor. Wird die Schnürung in der Frontalebene (II) vorgenommen, so entsteht nur eine intakte Molchlarve. Daneben entwickelt sich ein „Bauchstück", d.h. ein nicht lebensfähiges Gebilde.
Bei der meridionalen Schnürung wird der graue Halbmond in zwei gleich große Teile zerlegt, somit stehen für beide Tochterzellen bzw. -keime gleich große Mengen zur Induktion befähigten Keimmaterials zur Verfügung. Es entwickeln sich zwei gleichwertige, normale Keime. Liegt dagegen die Schnürung in der Frontalebene, so erfolgt eine ungleiche Verteilung des dem grauen Halbmond zugehörigen Plasmas auf die Tochterzellen bzw. -keime. Die Tochterzelle mit dem zur Induktion befähigten Material des grauen Halbmondes entwickelt sich zu einer vollständigen Larve. Der anderen Tochterzelle fehlt dieses Material, es entsteht lediglich ein „Bauchstück".

Arbeitsblatt 2: Schnürungsversuche an Keimen (Napfschnecke, Seeigel)

Die Teilungsversuche am Seeigelkeim zeigen, daß jede isolierte Blastomere eines jeden Entwicklungsstadiums eine vollständige, wenngleich auch etwas verkleinerte Seeigellarve ergibt. Das bedeutet, daß die prospektive Potenz der Blastomeren größer als ihre prospektive Bedeutung ist. Beim Seeigel liegen daher Regulationseier vor. Bei der Napfschnecke Patella hingegen liegen Mosaikeier vor, da die prospektive Potenz der isolierten Blastomeren mit ihrer prospektiven Bedeutung übereinstimmt.

Arbeitsblatt 3: Transplantationsversuche an Acetabularia

1. Der Stiel von A. mediterranea wird auf ein Rhizoidstück (das den Kern enthält) von A. wettsteinii gepfropft. Es wird ein Schirm ausgebildet, der dem von A. wettsteinii entspricht. Im reziproken Pfropfungsexperiment wird ein Stiel von A. wettsteinii auf ein Rhizoid von A. mediterranea gepfropft. Der ausgebildete Schirm entspricht dem von A. mediterranea.

2. Der Zellkern bzw. die im Zellkern enthaltene DNA spielen die entscheidende Rolle bei der Ausformung des Hutes, dies zeigt die endgültige Hutform nach mehrmaligem Entfernen des Hutes.

Arbeitsblatt 4: Steuerung der Hutbildung bei der Schirmalge

Beschreibung: **A.** Trennt man das obere Stück der Alge ab und läßt es sich allein weiterentwickeln, so bildet es den arttypischen Hut. Auch das kernhaltige Unterteil vermag einen arttypischen Hut auszubilden. Das Stielmittelstück bildet keinen Hut aus.
B. Behandelt man die Alge mit Ribonuclease, so bildet nur das kernhaltige Unterteil einen arttypischen Hut aus; das obere Ende der Alge ist dazu nicht in der Lage.
C. Nach Einwirkung von Actinomycin vermag nur das obere Ende der Alge den arttypischen Hut auszubilden.
D. Behandelt man die Alge mit Puromycin, so bringen weder Ober- noch Unterteil der Schirmalge den arttypischen Hut hervor.

Erklärung: Offensichtlich muß neben der im Kern deponierten DNA (mindestens) ein weiterer Stoff für die Ausbildung des arttypischen Hutes mitverantwortlich sein. Dieser Stoff befindet sich im oberen Bereich der Alge und kann dort für sich allein die Ausbildung des arttypischen Hutes bewirken. Es liegt nahe, in diesem Stoff m-RNA zu vermuten. Die aufgrund der Befunde in A gebildete Hypothese kann also folgendermaßen lauten: Die Information zur Hutbildung ist im Kern bzw. in der dort vorhandenen DNA niedergeschrieben. Zur Realisierung dieser Information wird m-RNA gebildet (Transkription), die in den Spitzenbereich der Alge diffundiert und dort über die Translation Enzyme und Baustoffe für die Hutbildung bereitstellt. Durch die Befunde in B – D wird diese Hypothese weitgehend bestätigt. Durch die Ribonuclease (B) wird die im Spitzenbereich befindliche m-RNA abgebaut, folglich vermag nur das den Zellkern enthaltende Unterteil der Alge den arttypischen Hut auszubilden (es darf allerdings nicht übersehen werden, daß das Unterteil nur dann das Merkmal Hut ausbilden kann, wenn die Ribonuclease zwischenzeitlich abgebaut bzw. inaktiviert worden ist). Actinomycin (C) verhindert die Bildung von m-RNA – also kann die bereits im oberen Bereich befindliche m-RNA die Ausbildung des Hutes steuern. Der untere Bereich, obwohl im Besitz der genetischen Information, kann das Merkmal Hut nicht realisieren, da die für die Translation erforderliche m-RNA nicht synthetisiert werden kann. Wird durch Zusatz von Puromycin (D) die Translation unterbunden, können beide Bereiche das Merkmal Hut nicht realisieren.

Arbeitsblatt 5: Untersuchungen zur Äquivalenz der Zellkerne von Körper- und Eizellen beim südafrikanischen Krallenfrosch

1. Der Kern einer unbefruchteten Eizelle wird durch UV-Strahlen zerstört. Aus einer Zelle des Darmepithels einer Krallenfroschlarve wird ein Zellkern entnommen und in die kernfreie Eizelle injiziert. Die so behandelte Eizelle entwickelt sich über eine Blastula zu einem ausgewachsenen Krallenfrosch.

2. Die Hypothese von WEISMANN ist falsch. Der Zellkern einer differenzierten Darmepithelzelle von Amphibien enthält offensichtlich das vollständige genetische Material, das in einer befruchteten Eizelle zu finden ist. Die Zellkerne von einer befruchteten Eizelle und einer Körperzelle sind also äquivalent.

Käme es im Verlaufe der Zelldifferenzierung zu der von WEISMANN angenommenen unterschiedlichen Verteilung des genetischen Materials, so könnte sich eine wie in der Abbildung manipulierte Eizelle nicht zu einem vollständigen Krallenfrosch entwickeln.

Arbeitsblatt 6: Keimbezirke – eine relative Festlegung

1. Die Molchblastula ist in verschiedene Keimbezirke eingeteilt, man spricht auch von einem Anlagenplan. Damit soll ausgedrückt werden, daß benachbarte Zellen, also Keimbereiche, während der Gastrulation und weiteren Entwicklung zusammenbleiben und gemeinsam verlagert werden. Aus diesen Bereichen werden unter normalen Entwicklungsbedingungen bestimmte Organe oder Organsysteme hervorgehen. So kann man beobachten, daß aus dem Bereich, der durch eine Kreuzschraffur gekennzeichnet ist, u.a. das spätere Rückenmark und das Gehirn hervorgehen.

2. Wenn aus einem Keim I ein Stück Neuroektoderm herausgenommen und durch ein Stück Hautektoderm eines Keimes II ersetzt wird, entwickelt sich das implantierte Stück Hautektoderm wie Neuroektoderm. Im reziproken Experiment wird ein Stück Hautektoderm des Keimes II durch das dem Keim I entnommene Stück Neuroektoderm ersetzt. Es entwickelt sich dort wie Hautektoderm. Man spricht hier von einer ortsgemäßen Entwicklung: Transplantierte Keimstücke entwickeln sich nicht im Sinne des Keimbereichs, dem sie entstammen, sondern so wie der Keimbereich (Ort), in den sie implantiert werden. Die Ergebnisse der beiden Experimente relativieren also die Modellvorstellung vom Anlagenplan bzw. von den Keimbezirken. Eine Prognose über das weitere Schicksal bestimmter Keimbereiche hängt also u.a. auch davon ab, welche relative Lage diese Keimbereiche bzw. Stücke derselben im Lageplan eines Keimes einnehmen.

Arbeitsblatt 7: Methoden des Organisatorexperiments

1. Mit Hilfe von Organisatorexperimenten versuchte man zu klären, welche Keimbereiche die Entwicklung anderer Keimbereiche bestimmen. Ein Transplantat mit Organisatorwirkung bewirkt, daß das Wirtsgewebe in die Organisation eines neuen Ganzen einbezogen wird.

2. Im vorliegenden Fall geht es um die Organisatorwirkung von Transplantaten aus der dorsalen Urmundlippe. Dieser Keimbereich wird normalerweise bei der Gastrulation in das Innere des Keimes verlagert und entwickelt sich dort zu Chordagewebe weiter. Bei der einen Methode (I) wird ein Stück der dorsalen Urmundlippe durch einen Einschnitt in der Blastula in die Furchungshöhle gesteckt (Einsteckversuch). Bei der Gastrulation wird es dann unter das Bauchektoderm gedrückt. Die andere Methode, man spricht auch vom Implantationsversuch, sieht vor, daß ein Stück der dorsalen Urmundlippe in die künftige Bauchepidermis einer frühen Blastula verpflanzt wird. Von dort wird es nach innen verlagert und gelangt ebenfalls unter das Bauchektoderm. In beiden Fällen entwickelt sich das Transplantat herkunftsgemäß, d.h. zu Chordagewebe. Darüber hinaus zwingt es dem Wirtsgewebe eine vom Normalfall abweichende Entwicklung auf, die es normalerweise nicht eingeschlagen hätte: Es entsteht ein sekundärer Embryo, der mit dem primären verwachsen ist. Dem Gewebestück der dorsalen Urmundlippe kommt also eine determinierende Wirkung zu, es induziert eine bestimmte Entwicklung.

Arbeitsblatt 8: Entwicklung des Amphibienauges

1.

① Linsenanlage	⑦ Augenbecher
② Zwischenhirnausstülpung (Augenblase)	⑧ Augenstiel
③ Pigmentepithel	⑨ Linsenbläschen
④ Netzhaut	⑩ Netzhaut
⑤ Pigmentepithel	⑪ Sehnerv
⑥ Linsengrube	⑫ Hornhaut

2. Die Augenblase stößt fast an das Ektoderm. Sie dellt sich ein und wird dadurch zu einem zweischichtigen Augenbecher. Die dem Innern des Augenbechers zugekehrte dickere Schicht wird zur Netzhaut, die äußere zum Pigmentepithel. Die Epidermis über dem Augenbecher verdickt sich, senkt sich ein zur Linsengrube und schnürt schließlich eine Blase ab. Diese verlagert sich in die Pupillenöffnung des Augenbechers und differenziert sich aus. Über der Abschnürungsstelle wächst das Hautektoderm wieder zusammen, es entsteht die Hornhaut. Die Verbindung zwischen dem Augenbecher und dem Gehirn, der Augenstiel, entwickelt sich von einer Rinne zu einem Rohr, das den späteren Sehnerv umschließt.

3. Die Bildung der Augenblase, die Umwandlung zum Augenbecher und die Differenzierung in Netzhaut und Pigmentepithel sind Selbstdifferenzierungsvorgänge des Gehirns. Die Differenzierung bestimmter Ektodermbereiche zur Linse jedoch wird durch den Augenbecher induziert. Dafür sprechen die experimentellen Befunde. Fehlt der Augenbecher, so kommt es nicht zur Ausdifferenzierung der Linse. Andererseits wird durch eine verpflanzte Augenanlage an sonst untypischer Stelle (Bauchregion) ektodermal eine Linse ausdifferenziert. Dem Augenbecher kommt also eine ausgesprochene Induktionswirkung zu.

Arbeitsblatt 9: Transplantationen von Gewebe zwischen verschiedenen Tiergattungen

1. Das von einer Froschgastrula stammende Bauchektoderm entwickelt sich beim Molchkeim zur Mundregion. Allerdings wurden froschtypische Mundorgane mit zwei Saugnäpfen und Hornkiefern ausgebildet.

2. Das Implantat entwickelte sich ortsgemäß, differenzierte sich jedoch artgemäß.

3. Mit fortschreitender Entwicklungsdauer eines Gewebes engt sich die dessen prospektive Potenz immer mehr ein; die einmal eingeschlagene Differenzierungsrichtung kann nicht mehr geändert werden.

Arbeitsblatt 10: Sandwichversuch – Amphibienurdarmdach als Induktionsbereich

1. A: Ein Stück Ektoderm wird isoliert. Auf das Explantat (das in einer Kulturlösung gehalten wird) legt man ein Stück aus dem Urdarmdach (II). Das Ektoderm umschließt das aufgelegte Stück Urdarmdach (III). Später (IV) werden im Ektoderm verschiedene Organe bzw. Organsysteme induziert (Nervensystem, Auge). Im Kontrollversuch B wird ebenfalls ein Stück Ektoderm isoliert und in ein Kulturmedium gebracht (II). Es entwickelt sich zu einem Gebilde aus strangförmigen, atypischen Epidermiszellen, zu einer Induktion von Nervensystem und Auge kommt es nicht.

2. Die Befunde unterstützen die Annahme, daß vom Urdarmdach eine primäre Induktionswirkung auf das zunächst nicht determinierte Ektoderm ausgeht. Ohne Urdarmdach findet bei Ektodermzellen keine Entwicklung und Differenzierung in Nervengewebe oder Augengewebe statt.

Arbeitsblatt 11: Regeneration der Linse des Auges beim Molch

1. ① oberer Irisrand
② Linse
③ Hornhaut
④ Glaskörper
⑤ Augenstiel bzw. Sehnerv
⑥ beginnende Neubildung der Linse

2. A: Wird die Linse entfernt, so kommt es vom oberen Irisrand her zur Neubildung einer Linse.
B: Wird die ursprüngliche Linse in den Glaskörperbereich verschoben, wird keine Linse neu gebildet.
C: Dagegen erfolgt eine Regeneration der Linse, wenn diese entfernt und eine „tote“, paraffingetränkte Linse in den Glaskörper gebracht wird.
Offensichtlich haben die Zellen des oberen Irisrandes die Fähigkeit zur Linsenbildung behalten, obwohl sie zu Irisrandzellen ausdifferenziert sind. Dieser Befund ist ein Beleg für die Totipotenz von ausdifferenzierten Zellen. Die Realisierung solcher Entwicklungspotenzen unterliegt allerdings bestimmten Bedingungen. So wird die Regeneration der Linse verhindert durch eine im Augapfelbereich noch vorhandene Linse. Man kann es auch anders formulieren: Die Zellen einer intakten Linse verhindern, daß in Irisrandzellen die Entwicklungspotenz „Bildung einer Linse“ realisiert wird. Es ist zu vermuten, daß die Linsenzellen einen Stoff synthetisieren und an das umgebende Gewebe abgeben; diesem Stoff kommt Repressorfunktion zu, er unterdrückt die Entwicklung von Iriswandzellen zu einer Linse. Für die Hypothese sprechen auch die Befunde in Experiment C. Eine „tote“, paraffingetränke Linse kann eine solche Repression nicht ausüben. Die Stoffwechselvorgänge in den toten Linsenzellen sind erloschen, ein als Repressor wirkender Stoff kann nicht hergestellt und abgegeben werden. Folglich wird aus Irisrandzellen eine neue Linse regeneriert.

Arbeitsblatt 12: Das Phytochromsystem – Wachstum beim Weißen Senf

1. Das Phytochrom in der Form P_r absorbiert bevorzugt Licht der Wellenlänge 660 nm (hellrotes Licht) und geht dadurch in die Form P_{fr} über. Dieses wiederum absorbiert bevorzugt Licht der Wellenlänge 730 nm (dunkelrotes Licht) und geht dabei in die erstgenannte Phytochrom-Form über. Bei einer Bestrahlung mit Dunkelrot bleibt allerdings ein Rest von 3 % P_{fr} erhalten.

2. Bei Dunkelheit kommt es offensichtlich zu einem ungewöhnlich starken Längenwachstum des Hypokotyls, also des Abschnitts unterhalb der Keimblätter; der Hypokotylhaken bleibt erhalten, die Primärblätter werden nicht entfaltet. Bestrahlt man die Pflanze mit Licht, unterbleibt dieses überstarke Längenwachstum, der Hypokotylhaken jedoch wird aufgebogen, die Primärblätter werden entfaltet.
Bei Bestrahlung mit Dunkelrot wächst die Senfpflanze heran wie bei Tageslicht. Lediglich bei absoluter Dunkelheit kommt es zu den abweichenden Entwicklungsvorgängen. Bei Dunkelheit liegt nur P_r vor, bei Dunkelrot dagegen zu 97 % P_r und zu 3 % P_{fr}. Folglich sind die Entwicklungsabweichungen auf das P_{fr} zurückzuführen, das bei Dunkelrot vorhanden ist, bei Dunkelheit jedoch fehlt. Diese Phytochromform ist also die aktive, d.h. die morphogenetisch wirksame. Das P_{fr} hemmt also das Hypokotylwachstum und fördert sowohl die Aufbiegung des Hypokotylhakens als auch die Entfaltung der Primärblätter.

Arbeitsblatt 13: Licht und Blütenbildung

1. N. silvestris bildet nur dann Blüten aus, wenn die tägliche Belichtungszeit länger als 12 Stunden beträgt, also wenn eine bestimmte kritische Tageslänge überschritten wird: Es handelt sich um eine Langtagpflanze. N. tabacum dagegen bildet nur dann Blüten aus, wenn die tägliche Belichtungszeit weniger als 12 Stunden beträgt, wenn also eine bestimmte kritische Tageslänge unterschritten wird. Man spricht folglich von einer Kurztagpflanze. Wichtig für die Blütenbildung bei einer Kurztagpflanze ist die Tatsache, daß die Dunkelphase nicht durch Störlicht unterbrochen werden darf. Andernfalls bildet eine Kurztagpflanze keine Blüten aus.

2. Es wird deutlich, daß der Weiße Senf nur dann Blüten ausbildet, wenn die kritische Tageslänge von 12 Stunden überschritten wird. Man muß folglich von einer Langtagpflanze sprechen. Anders bei der Trichterwinde: Es werden nur dann Blüten hervorgebracht, wenn eine bestimmte kritische Tageslänge (ca. 15 Stunden) unterschritten wird.

3. Die kritische Tageslänge läßt sich definieren:
a. als die Tageslänge, bei der 50 % der Pflanzen einer Population blühen. Für den Weißen Senf und auch für die Trichterwinde sind das etwa 14 Stunden.
b. als die Tageslänge, unterhalb oder oberhalb derer die Blütenbildung einer Pflanze ausbleibt. Für den Weißen Senf liegt diese Zeit bei ca. 12 Stunden, für die Trichterwinde bei ca. 15 Stunden.

Arbeitsblatt 14: Manipulationen an Zellen

1. A. ① Plasmid
② Herausschneiden des Tumorgens mit Hilfe eines Restriktionsenzyms
③ Fremdgen
④ Einschleusen des Plasmids

B. ① Suspension zweier Zelltypen, Zusatz eines Fusionsmittels
② Zellfusion, Bildung von Heterokaryons
③ Heterokaryon
④ Hybridzelle
⑤ Klone von Hybridzellen

2. A. Ein Plasmid, ein ringförmiges DNA-Molekül in Bakterien, wird isoliert. Mit Hilfe eines Restriktionsenzyms wird das Tumorgen herausgeschnitten und statt dessen ein anderes Gen (Fremdgen) eingesetzt (das Einpassen gelingt hier aufgrund sog. klebriger Enden des aufgeschnittenen Plasmids und des Fremdgens, die beide mit demselben Restriktionsenzym behandelt wurden). Das so veränderte Plasmid wird in eine Pflanzenzelle eingeschleust und verleiht dieser somit neue Eigenschaften, die auf das in das Plasmid eingebrachte Fremdgen zurückgehen.
B. Es werden zwei verschiedene Zelltypen (Fibroblasten, Tumorzellen) zusammengebracht. Einer solchen Suspension zweier Zelltypen wird ein Fusionsmittel zugesetzt. Dadurch wird erreicht, daß Protoplasten zweier Zelltypen miteinander verschmelzen, es entsteht ein Heterokaryon (ein Protoplast mit zwei unterschiedlichen Zellkernen). Wenn in einem nächsten Schritt die beiden Kerne eines solchen Heterokaryons miteinander verschmelzen, entsteht eine Hybridzelle. Dabei handelt es sich um eine Zelle mit einem Zellkern, der durch Verschmelzung zweier unterschiedlicher Zellkerne entstanden ist.

3. In beiden Verfahren wird das genetische Material einzelner Zellen durch Manipulationen verändert. Während bei A einer pflanzlichen Zelle gezielt ein Gen zugeführt wird und die genetische Information einer Zelle also um ein Fremdgen erweitert wird, kommt es bei B zu einer Fusion der gesamten genetischen Information zweier verschiedener Zelltypen. Die genetische Information einer Zelle wird also erweitert um die komplette genetische Information einer anderen Zelle.
Mögliche Anwendungen der unter A vorgestellten Methode sind z.B. darin zu sehen, daß Gene für die Fixierung von Luftstickstoff in das genetische Material landwirtschaftlicher Nutzpflanzen integriert werden oder daß Resistenzgene in Zellen land- oder forstwirtschaftlicher Nutzpflanzen eingeschleust werden. An Hybridzellen (B) kann man Wechselwirkungen von Zellbestandteilen verschiedenartiger Zellen untersuchen. Auch kann man dadurch, daß bei der Fusion tierischer und menschlicher Zellen einzelne Menschen-Chromosomen verlorengehen, Gene bestimmten Chromosomen zuordnen.

Arbeitsblatt 15: Entwicklung einer vollständigen Pflanze aus einer isolierten Einzelzelle

1. ① Ein Gewebestück wird einer Pflanze entnommen, sterilisiert und auf einen mit Agar-Agar verfestigten Nährboden gebracht. Dieser Nährboden muß die erforderlichen Mineralsalze und Zucker als Energiequelle enthalten. Pflanzenhormone können das Wachstum steigern.
② Das Gewebestück wächst zu einem Kallus (Wundgewebe) heran.
③ Der herangewachsene Kallus wird geschüttelt (man kann auch Pektinase hinzusetzen, wodurch die Mittellamellen aufgelöst und die einzelnen Zellen des Gewebes voneinander gelöst werden). Er zerfällt in einzelne Zellen oder Zellaggregate. Die so erhaltene Suspension bezeichnet man als Zellsuspensionskultur.
④ Filtrieren mittels einer Gaze, man erhält so einzelne Zellen bzw. Zellklumpen.
⑤ Man gibt die Zellen bzw. Zellklumpen auf Nähragar, der Nährsalze und Zucker als Energiequelle enthält.
⑥ Die einzelnen Zellen bzw. Zellklumpen wachsen zu einzelnen Kalli heran.
⑦ Durch Zusatz bestimmter Pflanzenhormone (IES und Kinetin) kommt es zur
⑧ Sproßbildung und zur Wurzelbildung.
⑨ Die so gewonnenen kleinen Pflänzchen sind genetisch identisch, es handelt sich um geklonte Pflanzen. Sie werden in Erde gepflanzt und
⑩ wachsen zu Pflanzen normaler Größe (d.h. wie die Pflanze, der das Gewebestück entnommen wurde) heran.

2. Viele Pflanzen, wie z.B. Orchideen, lassen sich nur schwer kultivieren bzw. die Vermehrung solcher Pflanzen auf natürlichem (durch Befruchtung ermöglichtem) Wege ist zeit-, kosten- und arbeitsaufwendig. Man erhält im Gegensatz zu klassischen Pflanzenvermehrungsverfahren genetisch einheitliche Nachkommen, d.h. es fallen keine Formen an, die nicht dem (durch Werbung vorgeformten) Konsumentengeschmack entsprechen.

Arbeitsblatt 16: Klonierung von Hochleistungskühen

Einer Normalkuh werden Eizellen entnommen. Diese werden entkernt. Einer Hochleistungskuh entnimmt man Körperzellen. Der Kern einer solchen Körperzelle wird in eine entkernte Eizelle einer Normalkuh übertragen. Im Labor wächst eine so präparierte Eizelle zu einem Embryo heran (eine Befruchtung ist nicht erforderlich, da der implantierte Kern einer Körperzelle entstammt und folglich diploid ist). Ein Vielzellstadium eines solchen Embryos wird in eine für den Embryotransfer vorbereitete Normalkuh übertragen. In dieser Normalkuh wächst der Embryo zu einem Kalb heran. Aus dem dann zur Welt gebrachten Kalb geht eine Hochleistungskuh hervor. Das so erzeugte Kalb trägt dieselbe genetische Information wie die Hochleistungskuh, es ist also zu einer Klonierung gekommen. Das beschriebene Verfahren hat den Vorteil, daß innerhalb relativ kurzer Zeit viele genetisch identische Nachkommen der Hochleistungskuh produziert werden können.

Anmerkung: Bisher ist man nur in der Lage, Eizellen von Hochleistungskühen mit dem Sperma von Zuchtbullen künstlich zu befruchten. Mikrochirurgisch wird der Keim im Stadium der Morula oder frühen Blastocyste geteilt und dann auf mehrere Empfängertiere (Leihmütter) übertragen.

Arbeitsblatt 1: Schnürungsversuche am Molchkeim

Name:	Klasse / Kurs:	Datum:

A. Molchei mit Meridian-, Frontal- und Äquatorialebene

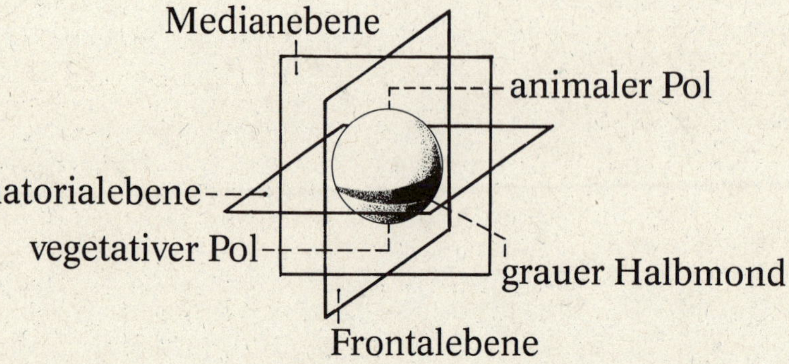

B. Schnürungsversuche am Molchkeim

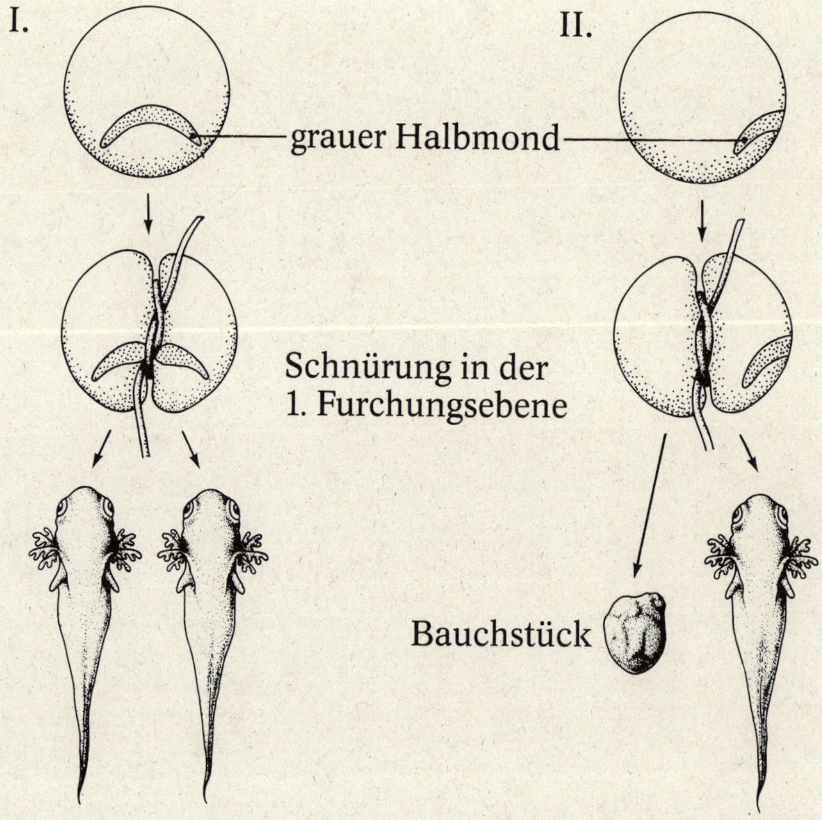

1. Welche Bedeutung hat der graue Halbmond bei der Keimesentwicklung von Amphibien?

2. Durch welche der drei Ebenen in Abb. A wird der graue Halbmond in zwei gleich große Hälften geteilt?

3. Beschreiben und erklären Sie die unter B dargestellten Befunde!

Arbeitsblatt 2: Schnürungsversuche an Keimen (Napfschnecke, Seeigel)

Name:	Klasse / Kurs:	Datum:

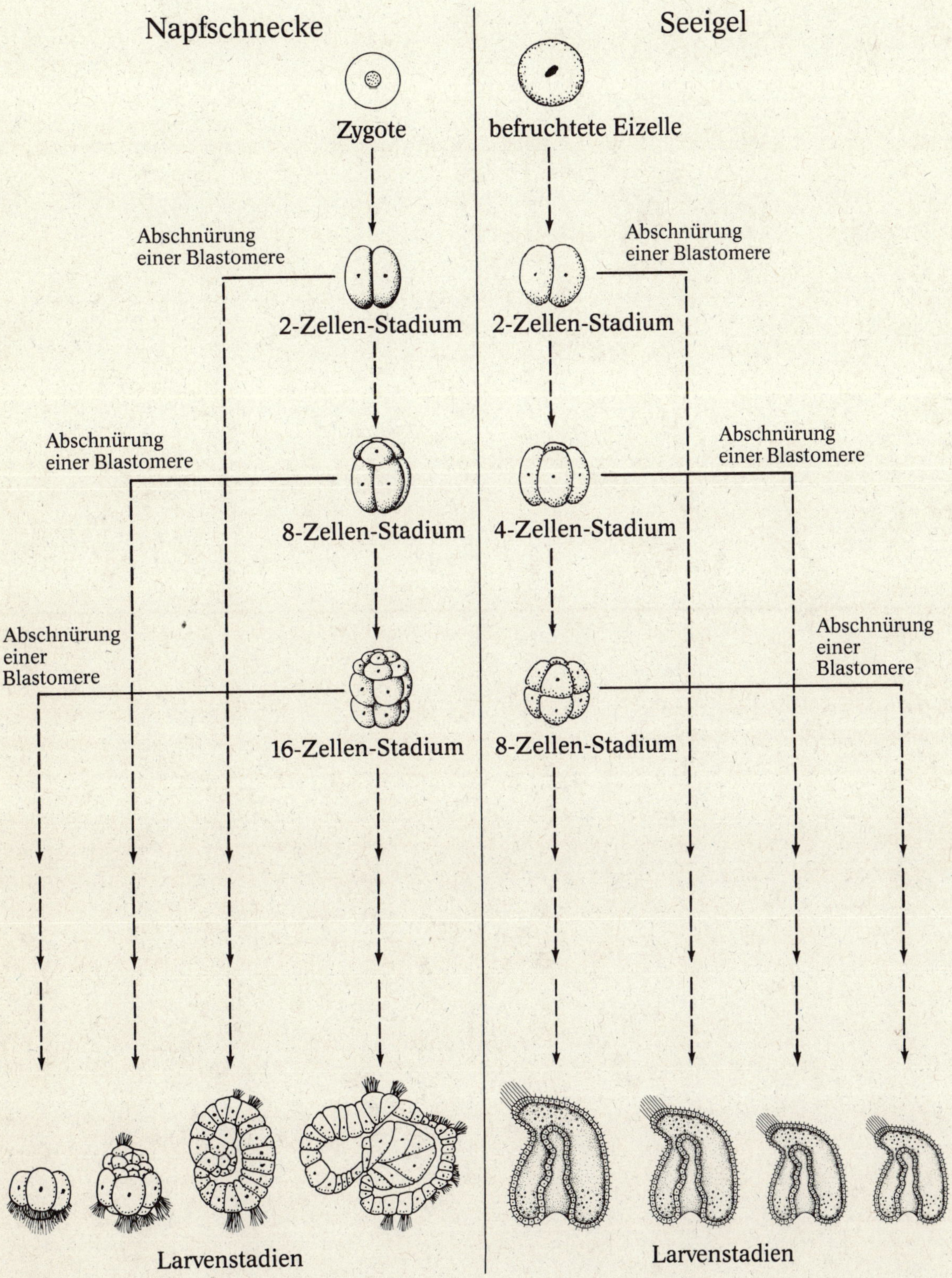

Erläutern Sie die dargestellten Schnürungsversuche an Keimen von Napfschnecke und Seeigel!

Arbeitsblatt 3: Transplantationsversuche an Acetabularia

Name:	Klasse / Kurs:	Datum:

Ein bekanntes Objekt der Entwicklungsforschung ist die Algengattung Acetabularia. Die verschiedenen Arten dieser Gattung haben nur einen Zellkern und unterscheiden sich deutlich durch ihre Hutformen.

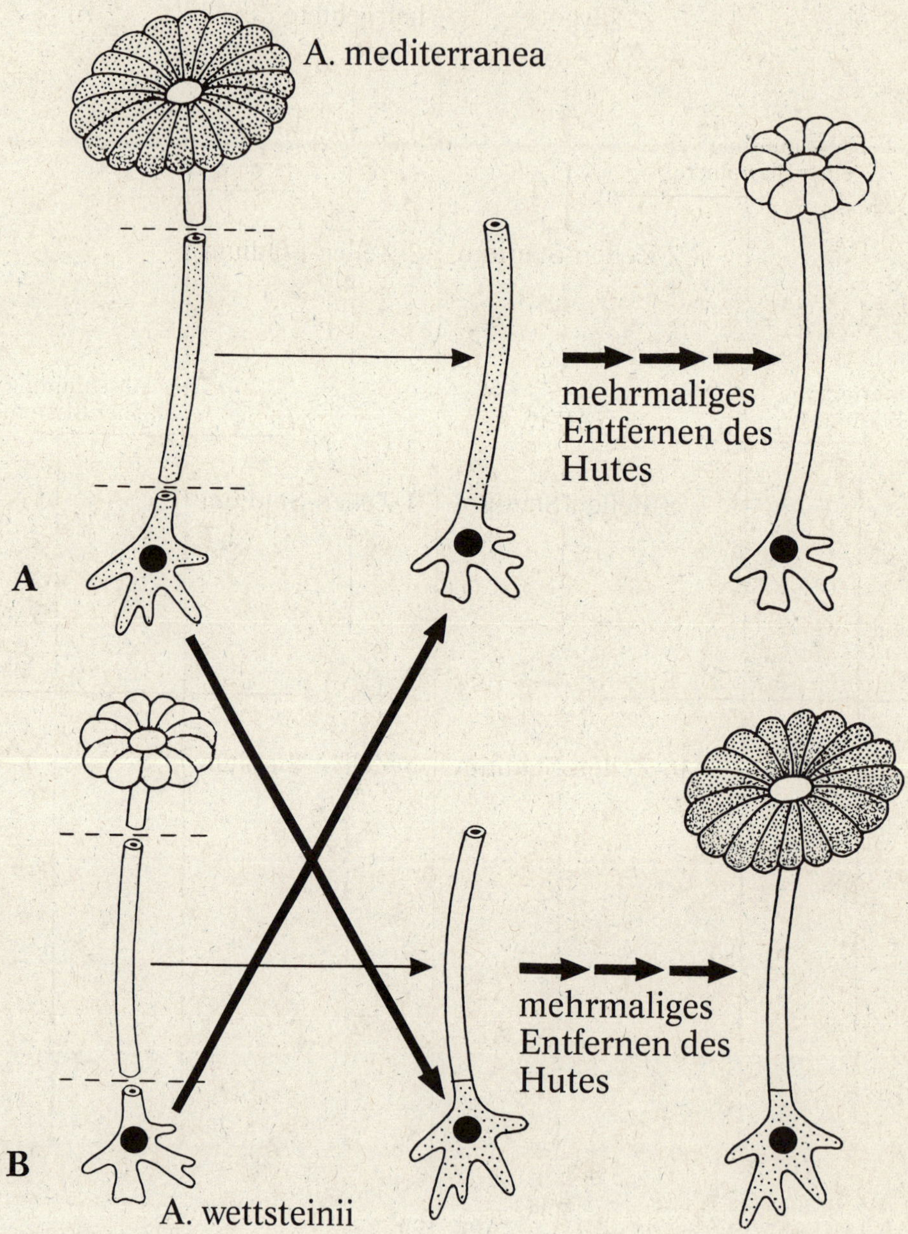

1. Beschreiben Sie das dargestellte Transplantationsexperiment!

2. Welche Rückschlüsse auf die Steuerung der Zellentwicklung lassen sich anhand des dargestellten Transplantationsexperiments ziehen?

Arbeitsblatt 4: Steuerung der Hutbildung bei der Schirmalge

Name:	Klasse / Kurs:	Datum:

Die bis zu 10 cm große, grüne Schirmalge Acetabularia besteht nur aus einer Zelle. Der Kern dieser Zelle liegt im unteren Teil, mit dem sich die Alge an den Untergrund anheftet. Im oberen Bereich bildet sie einen gekammerten Hut aus. Durch die Form des Hutes unterscheiden sich die verschiedenen Arten der Schirmalge. Durch Experimente konnte eindeutig belegt werden, daß der Kern die Ausbildung der Hutform bestimmt.
Die Steuerung der Hutbildung wurde durch folgende Experimente untersucht:

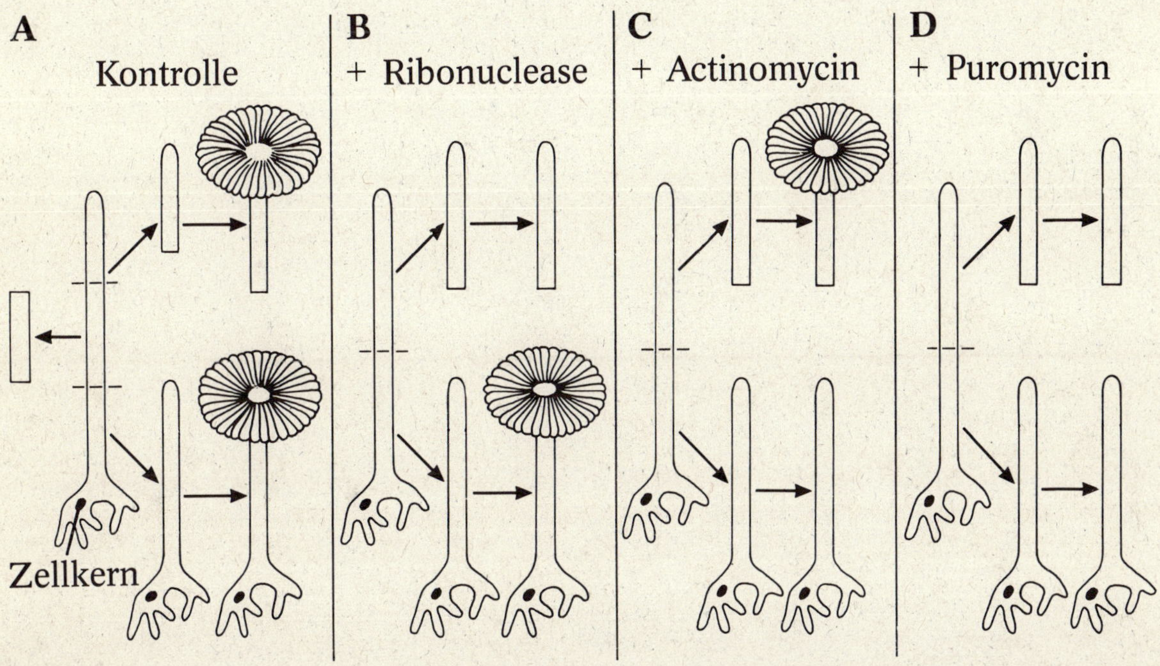

Ribonuclease: Baut RNA in Ribonucleotide ab
Actinomycin: Antibiotikum, das die RNA-Bildung unterbindet, vorhandene RNA jedoch nicht zerstört
Puromycin: Antibiotikum, das die Realisation der auf der RNA gespeicherten Information an den Ribosomen unterbindet

Beschreiben und erklären Sie die Versuchsergebnisse!

Arbeitsblatt 5: Untersuchungen zur Äquivalenz der Zellkerne von Körper- und Eizellen beim Südafrikanischen Krallenfrosch

Name:	Klasse / Kurs:	Datum:

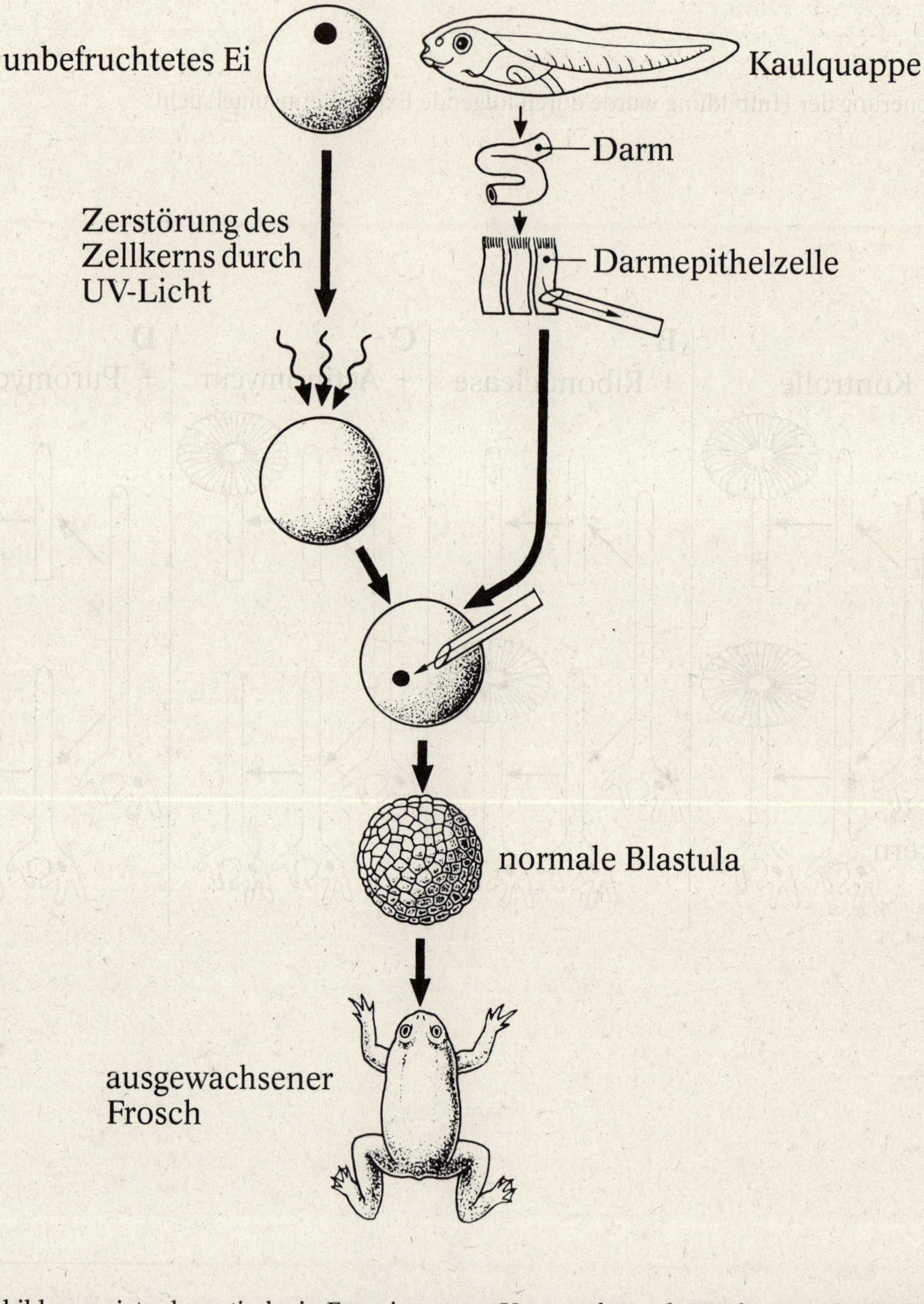

Die Abbildung zeigt schematisch ein Experiment zur Untersuchung der Bedeutung des Zellkerns.

1. Beschreiben Sie anhand der Abbildung die Durchführung und das Ergebnis des Experiments!

2. Im 19. Jahrhundert stellt der Embryologe WEISMANN die Hypothese auf, daß die Zelldifferenzierung auf der unterschiedlichen Verteilung des genetischen Materials des Zygotenkerns beruht. Nehmen Sie mit Hilfe des gegebenen Materials dazu Stellung!

Arbeitsblatt 6: Keimbezirke – eine relative Festlegung

Name:	Klasse / Kurs:	Datum:

A. Keimbezirke einer Molchblastula

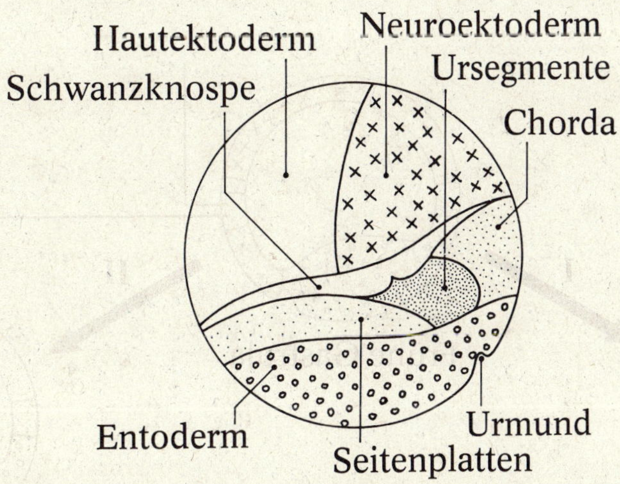

B. Transplantationsexperimente

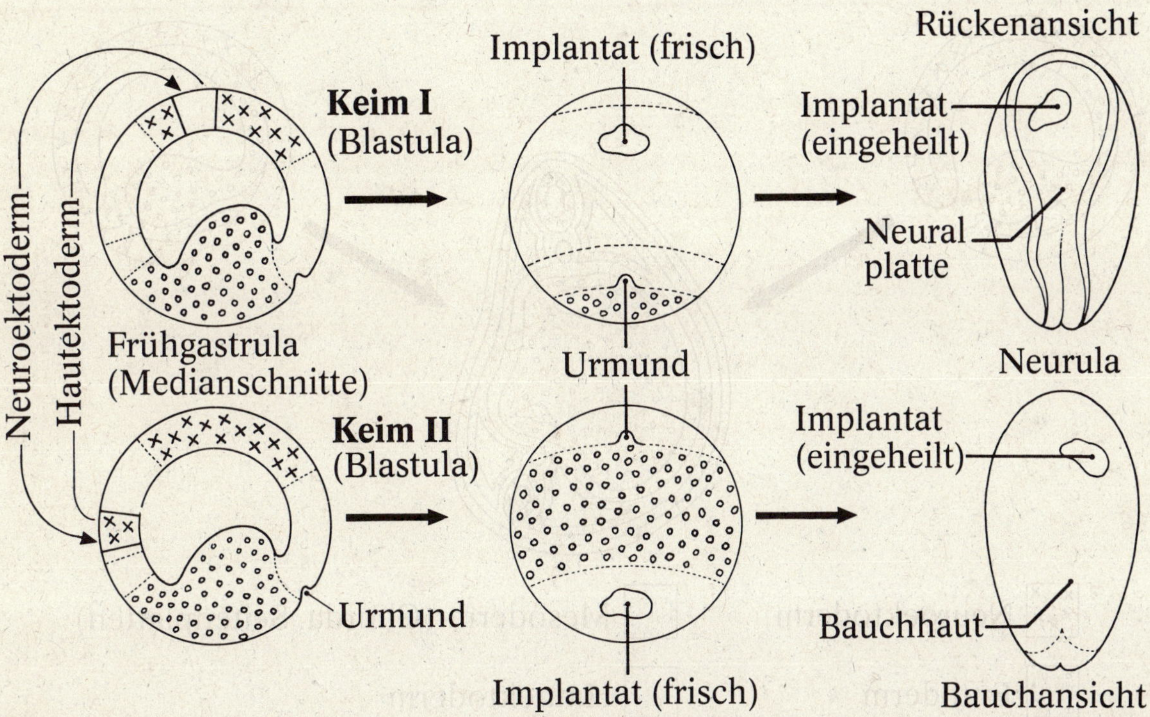

1. Erläutern Sie die der Abbildung A zugrunde liegende Modellvorstellung!

2. Konfrontieren Sie diese Modellvorstellung mit den Befunden der beiden Transplantationsexperimente!

Arbeitsblatt 7: Methoden des Organisatorexperiments

Name:	Klasse / Kurs:	Datum:

In dem folgenden Schema werden zwei grundsätzliche Methoden des Organisatorexperiments gezeigt:

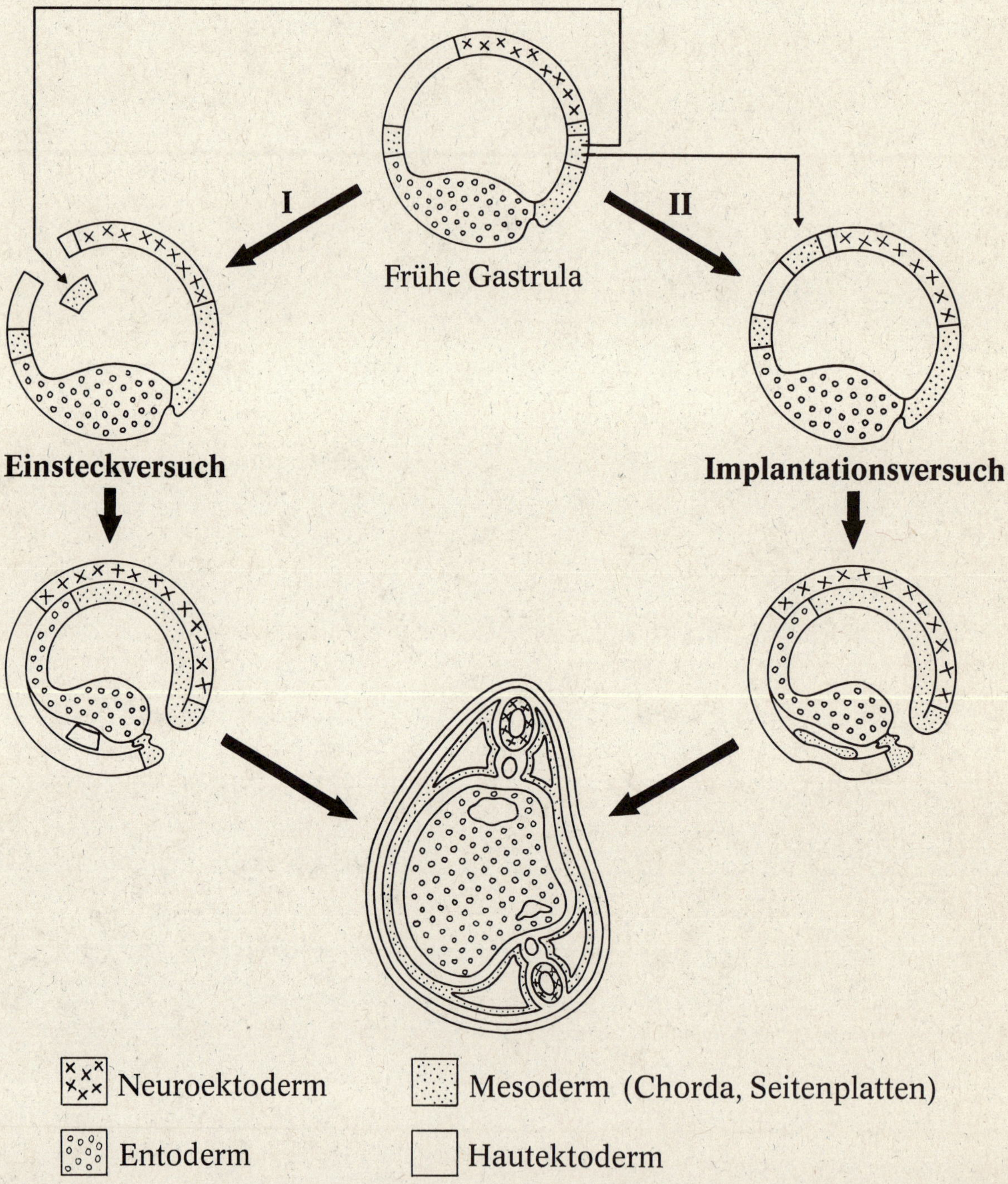

1. Erläutern Sie, was man unter einem Organisatorexperiment versteht!

2. Vergleichen Sie die Methoden I und II, und erklären Sie die Ergebnisse!

Arbeitsblatt 8: Entwicklung des Amphibienauges

Name:	Klasse / Kurs:	Datum:

A. Entwicklung des Amphibienauges

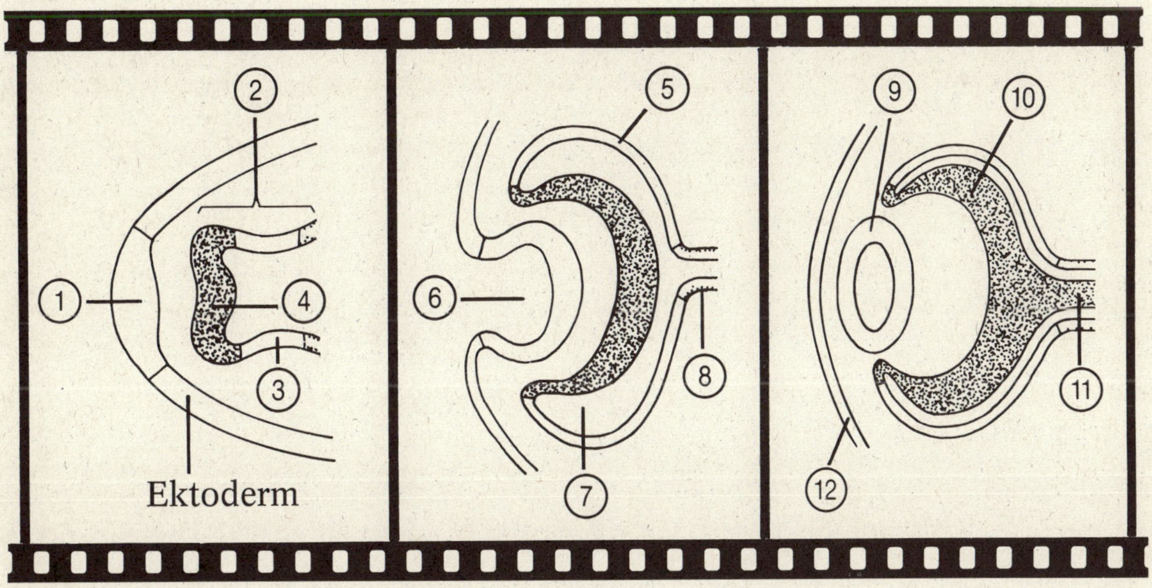

B. Der Entwicklungsphysiologe SPEMANN entfernte aus einem Keim des Grasfrosches die Augenanlage (Bereich des Zwischenhirns), ließ aber das darüber befindliche Ektoderm unbeschädigt. In der auf diesen Eingriff folgenden Zeit konnte SPEMANN keine Linsenentwicklung aus dem Ektoderm beobachten. In einem anderen Versuch schnitt der Forscher die linsenbildende Ektodermregion heraus und implantierte ein Stück Bauchektoderm. Dieses bildete dann über dem Augenbecher eine Linse. In einem dritten Versuch verpflanzte SPEMANN eine Augenanlage unter einen Ektodermbereich, der sich normalerweise zur Bauchhaut entwickelt. Hier entstand aus dem Ektoderm eine Linse mit darüberliegender Hornhaut.

1. Ordnen Sie den Zahlen die entsprechenden Fachbegriffe zu!

2. Erläutern Sie die Entwicklung des Amphibienauges!

2. Interpretieren Sie die Untersuchungen SPEMANNs!

Arbeitsblatt 9: Transplantation von Gewebe zwischen verschiedenen Tiergattungen

Name:	Klasse / Kurs:	Datum:

In den dreißiger Jahren transplantierte SPEMANN präsumptives Bauchektoderm einer Froschgastrula in die Mundregion einer Molchgastrula. Anschließend wurde die Entwicklung des Transplantats beobachtet (Abb. 2).

Abb. 1: Kopfregion von Frosch- und Molchlarve:

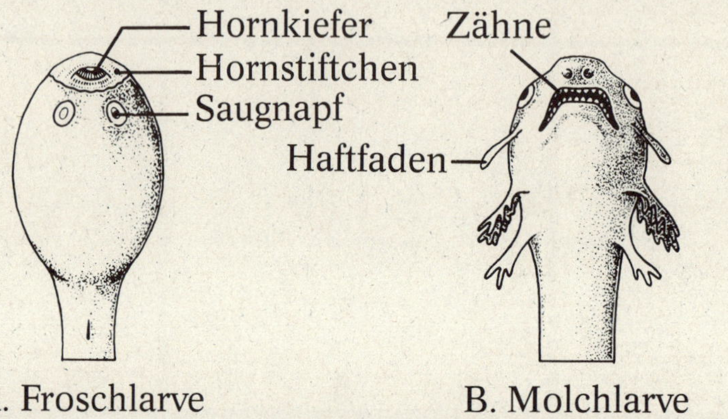

Abb. 2: Transplantationsversuch

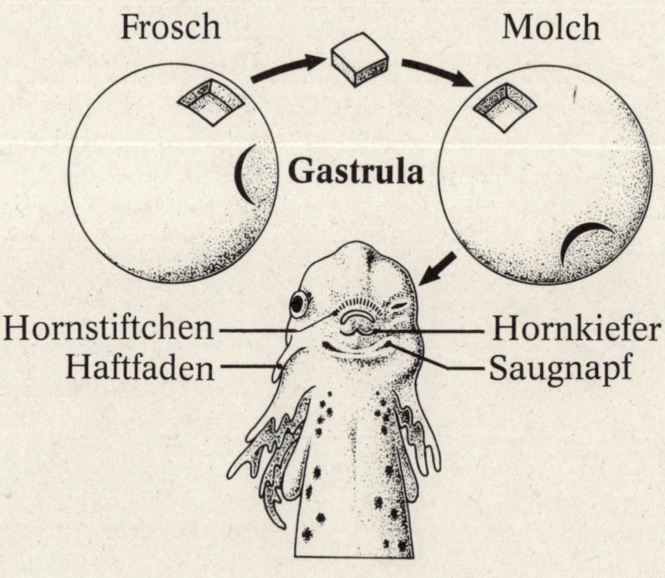

1. Beschreiben Sie das Ergebnis dieses Experiments! Nehmen Sie dazu die Abbildungen 1 A und 1 B zu Hilfe!

2. Wie hat sich das Implantat entwickelt?

3. Werden Transplantationsversuche in gleicher Weise nach Ablauf der Gastrulation durchgeführt, entwickeln sich aus präsumptivem Bauchektoderm immer nur Bauchhaut, aus präsumptivem Neuralmaterial immer nur Bestandteile des Nervensystems. Welche Rückschlüsse auf die Entwicklungsfähigkeit von Geweben bzw. Zellen erlauben diese Versuchsergebnisse?

Arbeitsblatt 10: Sandwichversuch – Amphibienurdarmdach als Induktionsbereich

Name:	Klasse / Kurs:	Datum:

Um die Induktionswirkung des Urdarmdachs beim Molch zu überprüfen, setzt man den Sandwichversuch ein:

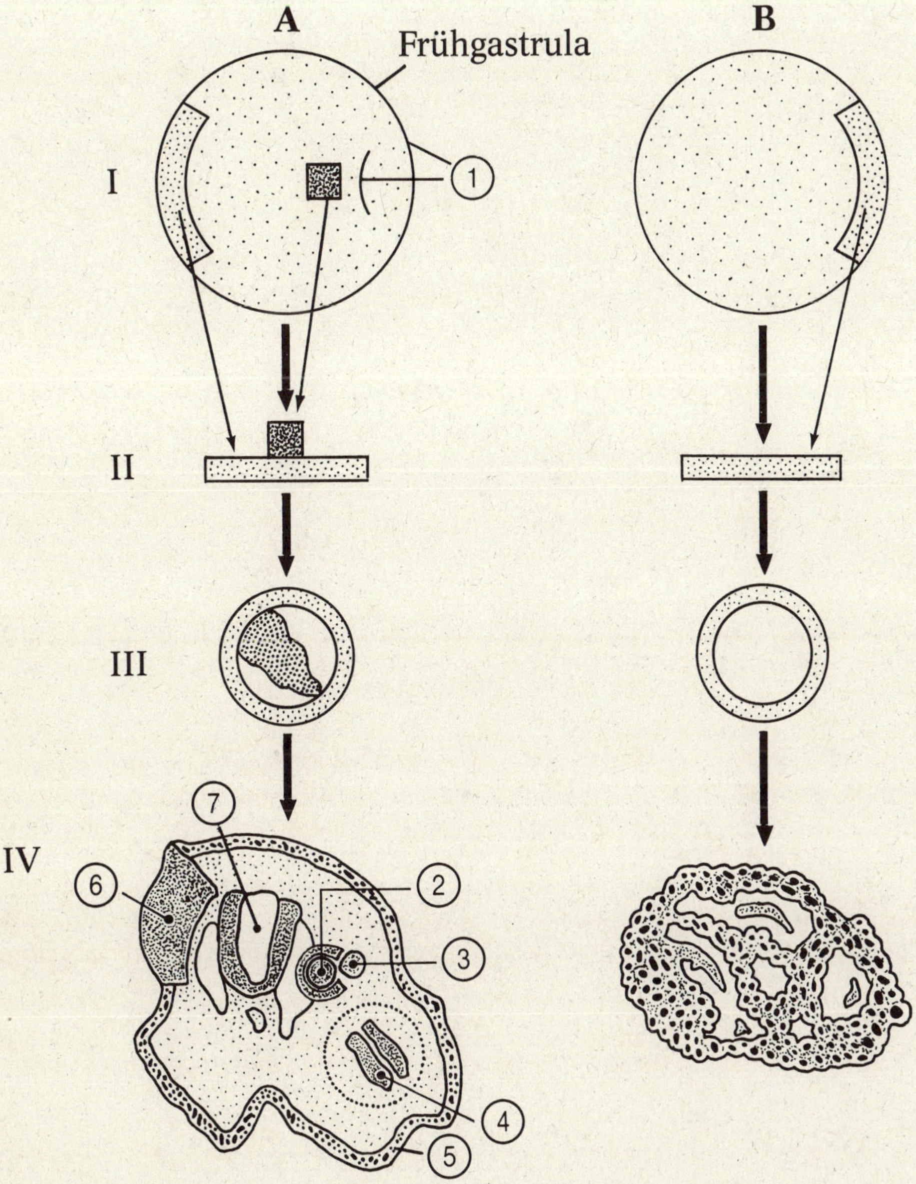

I = Frühgastrula

IV ① Urmund
② Auge
③ Linse
④ Implantat
⑤ normale Epidermis
⑥ Neuralgewebe
⑦ Gehirnteil

1. Beschreiben Sie die beiden Versuchsreihen A und B!

2. Interpretieren Sie die Befunde!

Arbeitsblatt 11: Regeneration der Linse des Auges beim Molch

Name:	Klasse / Kurs:	Datum:

Experimente zur Regeneration der Linse bei Molchen:

A. Die Linse wird herausoperiert

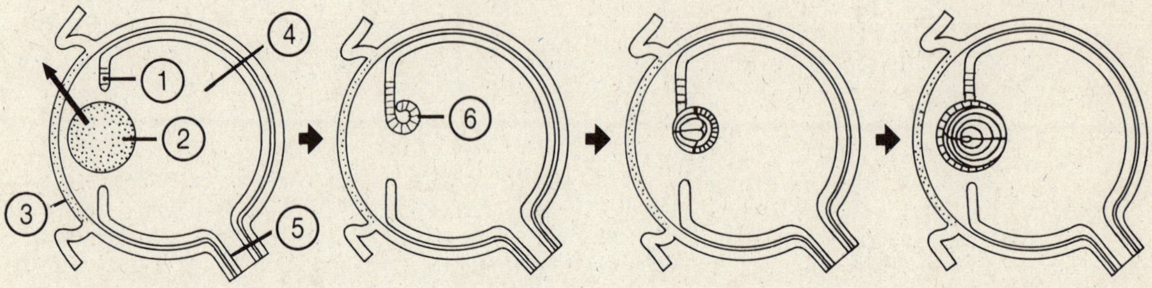

B. Die Linse wird in den Glaskörper versetzt

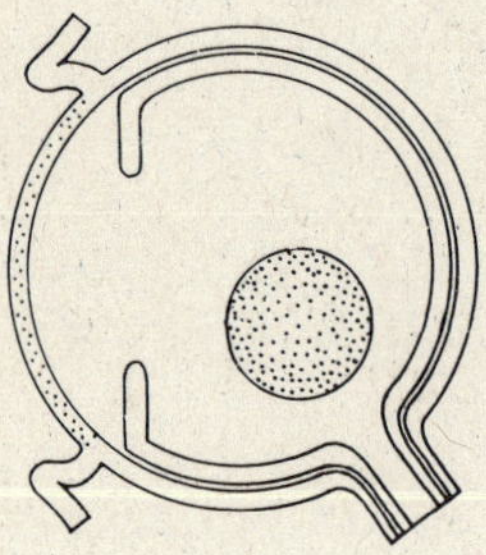

keine Regeneration der Linse

C. Die Linse wird herausoperiert, in den Glaskörper wird eine paraffingetränkte (abgetötete) Linse gebracht

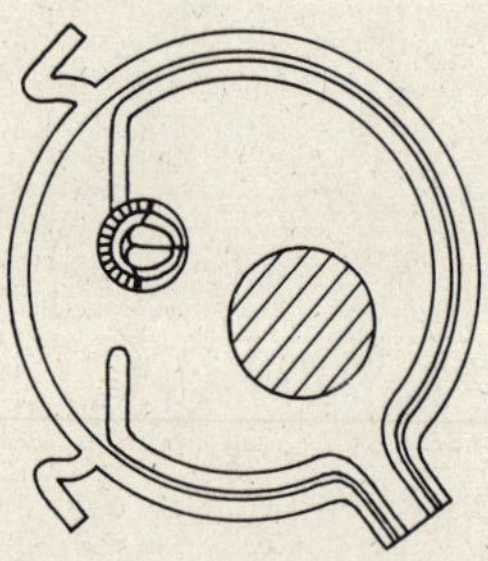

Regeneration der Linse

1. Ordnen Sie den Zahlen die entsprechenden Fachbegriffe zu!

2. Beschreiben und interpretieren Sie die Versuchsergebnisse!

Arbeitsblatt 12: Das Phytochromsystem – Wachstum beim Weißen Senf

Name:	Klasse / Kurs:	Datum:

A. Zur Photodynamik des Phytochromsystems:

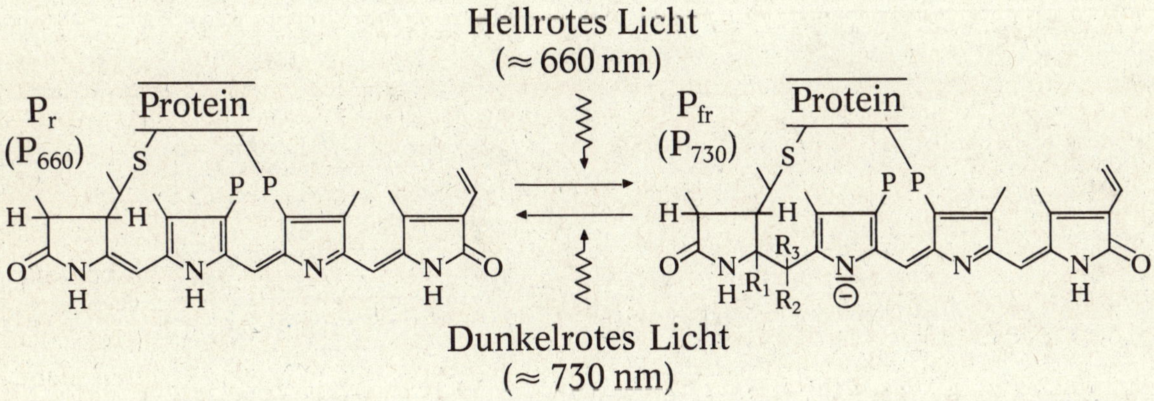

Zusatzinformation: Bei Dunkelheit liegt nur P_r vor, bei Dauer-Dunkelrot-Bestrahlung stellt sich ein Gleichgewicht von 97 % P_r und 3 % P_{fr} ein.

B. Entwicklung einer Pflanze des Weißen Senfs bei Dunkelheit und im Licht:

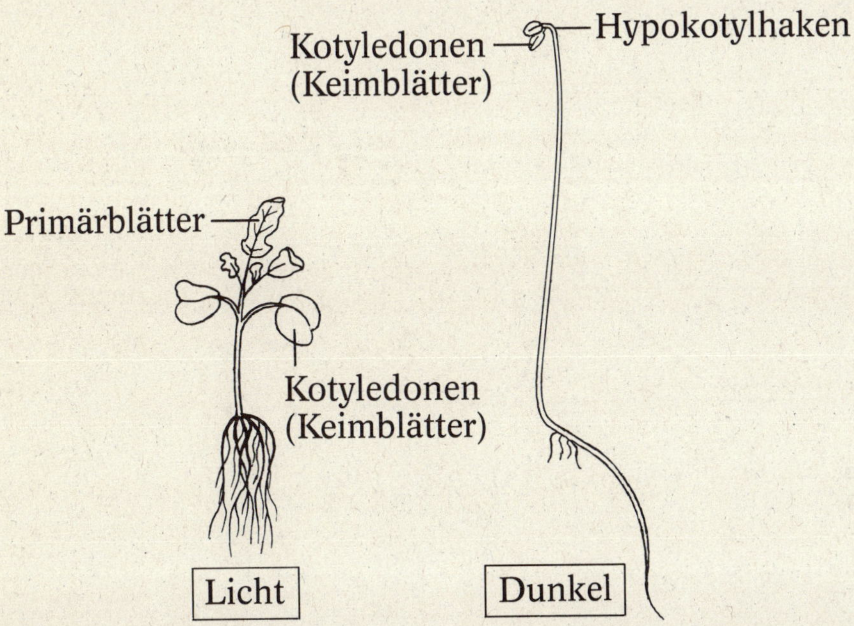

Zusatzinformation: Durch Bestrahlung mit Dunkelrot erhält man eine Senfpflanze wie unter Normallicht.

1. Erläutern Sie das Schema A!

2. Entwickeln Sie eine Hypothese zur Erklärung der unter B dargestellten Befunde!

Arbeitsblatt 13: Licht und Blütenbildung

Name:	Klasse / Kurs:	Datum:

A. Untersuchung der Lichtabhängigkeit der Blütenbildung bei Nicotiana silvestris (a) und Nicotiana tabacum (b):

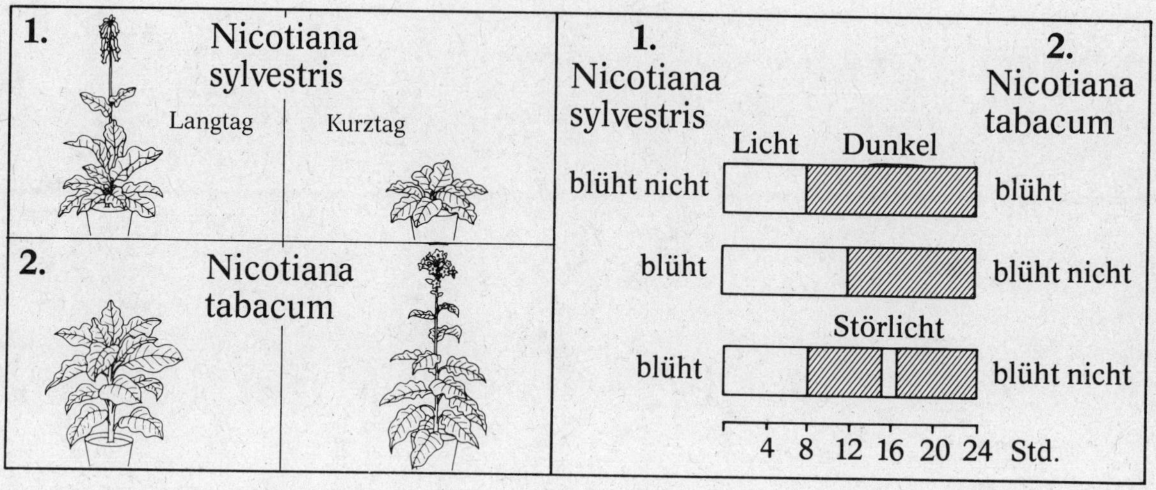

B. Quantitative Untersuchungen der Lichtabhängigkeit der Blütenbildung beim Weißen Senf und bei der Trichterwinde:

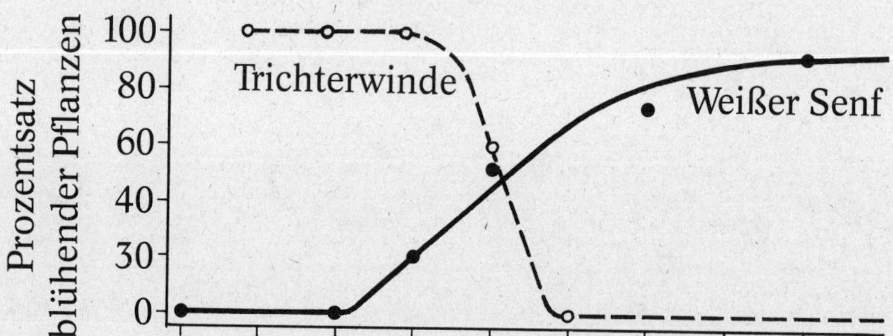

1. Kennzeichnen Sie die beiden Nicotiana-Arten als Kurz- bzw. Langtagpflanze anhand von Material A!

2. Vergleichen Sie den Weißen Senf und die Trichterwinde hinsichtlich der unter B dargestellten Zusammenhänge!

3. Erarbeiten Sie anhand des Materials B zwei Möglichkeiten, die „kritische Tageslänge" zu definieren! Geben Sie für beide Definitionen die kritische Tageslänge der beiden Pflanzen an!

Arbeitsblatt 14: Manipulationen an Zellen

Name:	Klasse / Kurs:	Datum:

A. Manipulation einer Pflanzenzelle

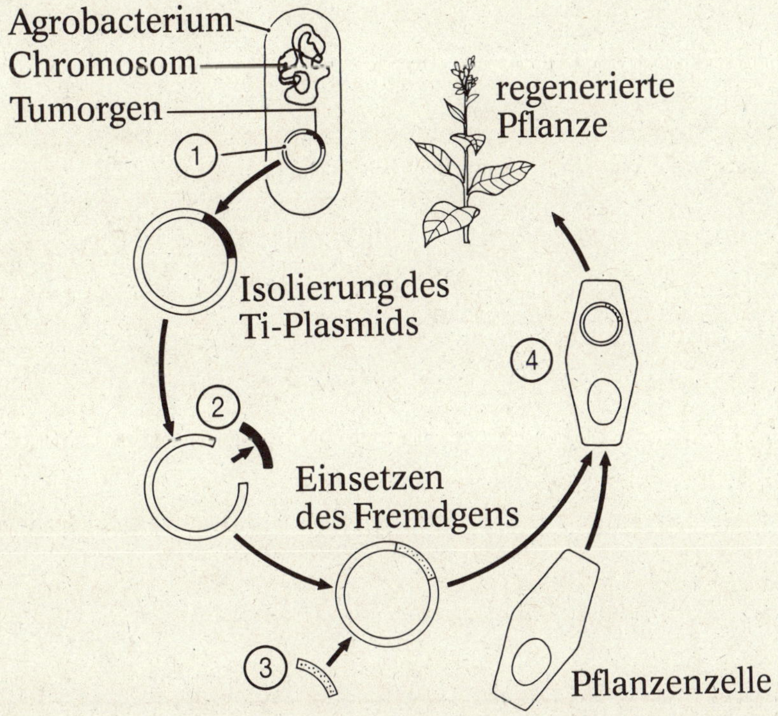

B. Hybridzellen aus Menschenfibroblasten und Mäusetumorzellen

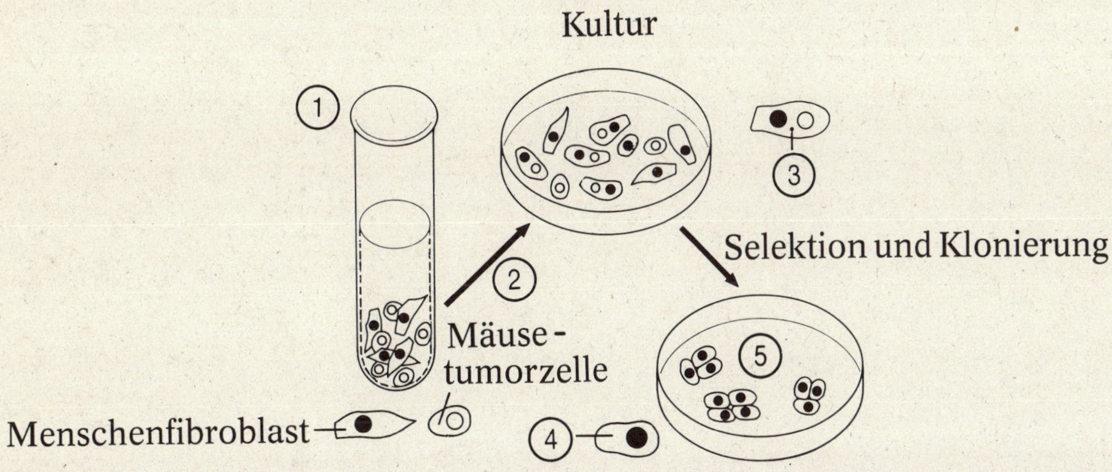

1. Ordnen Sie den Zahlen die entsprechenden Begriffe für die jeweiligen Strukturen bzw. Vorgänge zu!

2. Beschreiben Sie kurz die beiden dargestellten Formen der Manipulation an Zellen!

3. Vergleichen Sie die beiden Formen der Manipulation, und nennen Sie ihre mögliche praktische Bedeutung!

Arbeitsblatt 15: Entwicklung einer vollständigen Pflanze aus einer isolierten Einzelzelle

Name:	Klasse / Kurs:	Datum:

In dem folgenden Schema wird gezeigt, wie man aus Zellen einer Pflanze eine vollständige Pflanze heranziehen kann:

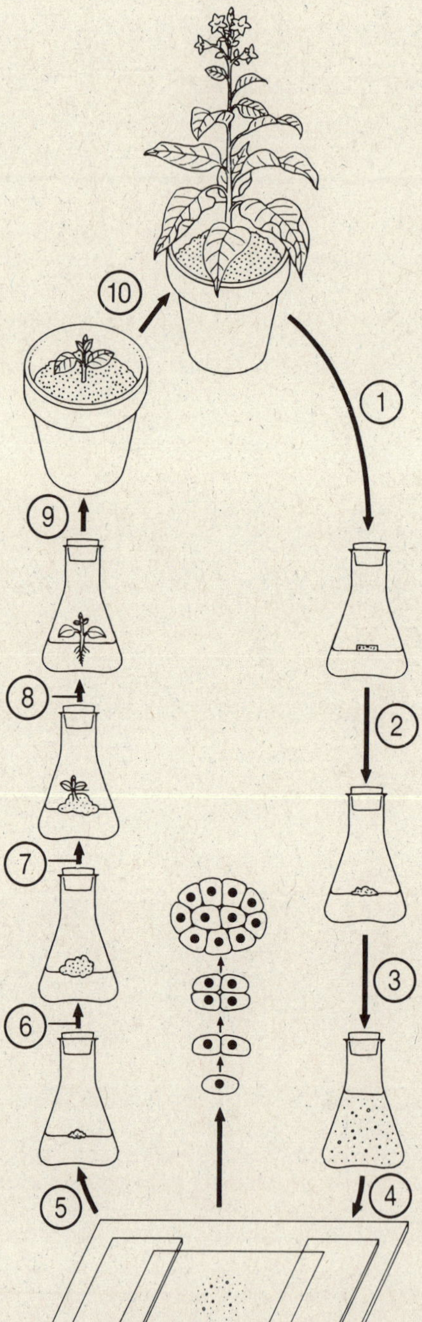

1. Beschreiben Sie die einzelnen Schritte ① – ⑩ des abgebildeten Schemas!

2. Warum sind solche Aufzuchtmethoden wirtschaftlich von hohem Interesse?

Arbeitsblat 16: Klonierung von Hochleistungskühen

Name:	Klasse / Kurs:	Datum:

Folgende Zukunftsvision könnte für die Landwirtschaft in absehbarer Zeit Realität werden:

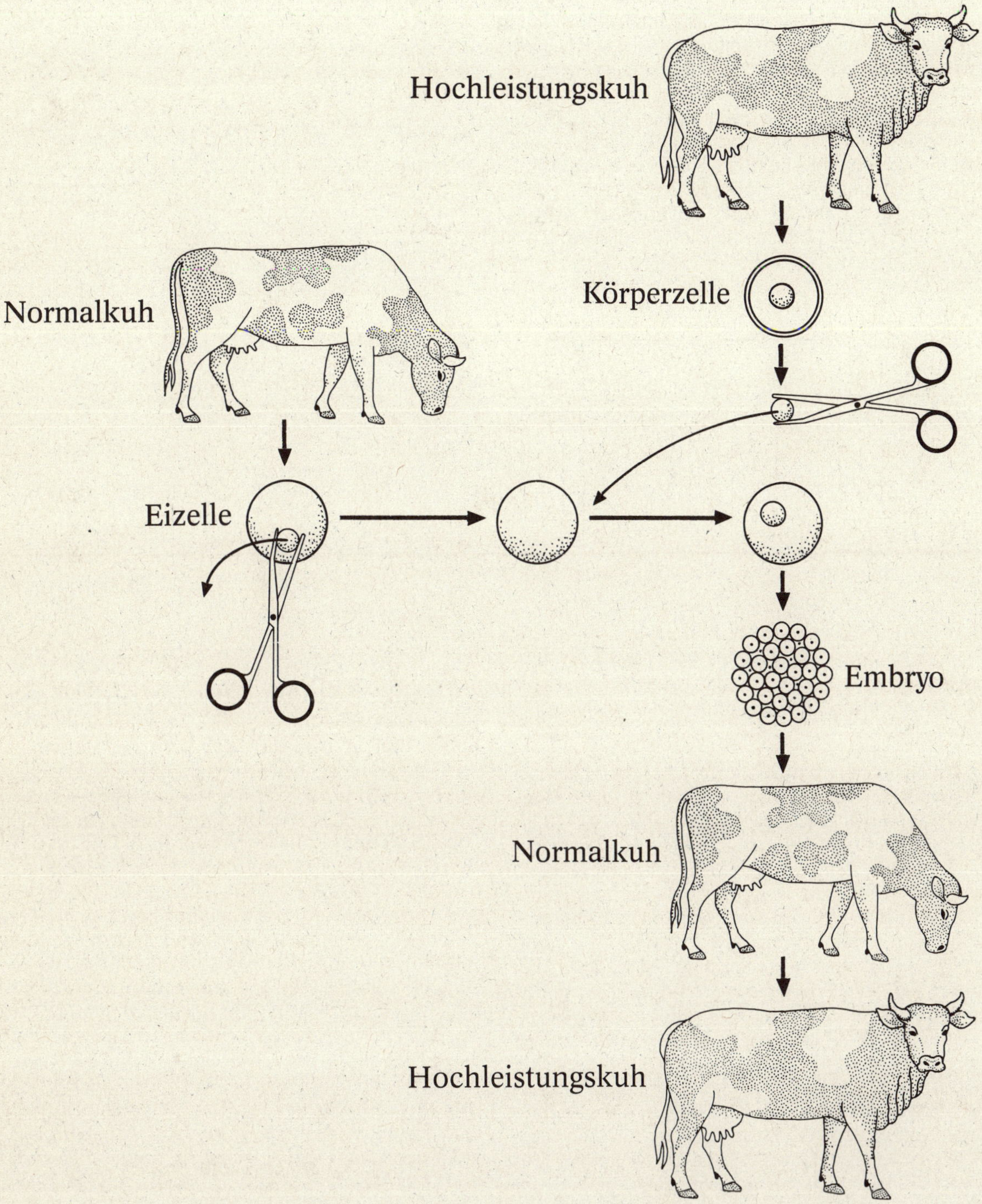

Erläutern Sie das vorliegende Schema zur Züchtung von Hochleistungskühen! Welchen Vorteil würde die vorliegende Art der Züchtung bieten?

5. Hormone

A. Aufgaben und Versuche

A 1 *Bartwuchs*

Ein britischer Forscher lebte und arbeitete zwei Jahre lang auf einer einsamen Insel, die er selten nur für ein Wochenende verließ, um seine Freundin auf dem Festland zu besuchen. Schon nach kurzer Zeit fiel ihm auf, daß sich sein Bartwuchs während dieser Zeit veränderte. Aus wissenschaftlicher Neugier begann er, nach jeder Rasur die Rasurabfälle zu sammeln und jeweils durch Wiegen zu berechnen, wieviel der Bart in 24 Stunden gewachsen war. Ferner hielt er Daten über seine Aktivitäten (physische und geistige Aktivität, Schlaf, Geschlechtsverkehr u. a.) fest. Die Abbildung zeigt einen Ausschnitt der Veränderungen des Bartwuchses während eines Aufenthaltes auf der Insel und zweier Wochenenden auf dem Festland.

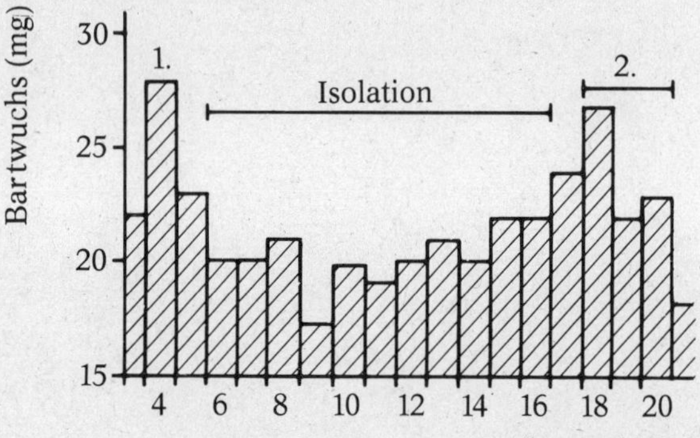

1. u. 2. = Wochenendbesuch

Aufgaben: **a.** Beschreiben Sie die Entwicklung des Bartwuchses!
b. Welche Erklärung haben Sie für die dargestellten Ergebnisse?

Lösungshinweis: **a.** Der Bartwuchs nimmt in den ersten Tagen der Isolation stark ab (5. bis 9. Tag), bleibt dann auf einem niedrigen Niveau (Tage 10 bis 14) und steigt dann bis zum Ende der Isolation wieder an. Das Maximum wird jeweils am ersten Tag an Land erreicht.
b. Der Bartwuchs wird durch die Konzentration des Hormons Testosteron im Blut reguliert. Testosteron ist ein männliches Sexualhormon. Die sexuelle Aktivität wird auch durch das Bewußtsein bestimmt, dessen Sitz das Großhirn ist. Großhirn und Hormonsystem stehen über die Hypophyse miteinander in Verbindung. Während der Isolation ist die sexuelle Aktivität gering. Das Großhirn ist mit den Arbeiten des Forschers beschäftigt. Der Testosteronspiegel im Blut und entsprechend der Bartwuchs haben niedrige Werte. Gegen Ende der Isolation sorgt die Erwartung des kommenden Wochenendes, die sich im Bewußtsein abspielt, über die Hypophyse für ein Ansteigen des Testosteron-Spiegels. Dadurch wird der Bartwuchs angeregt. Nach dem Wochenende sinkt der Hormonspiegel wieder auf ein niedrigeres Niveau ab.

A 2 *Regulierung des Blutzuckerspiegels*

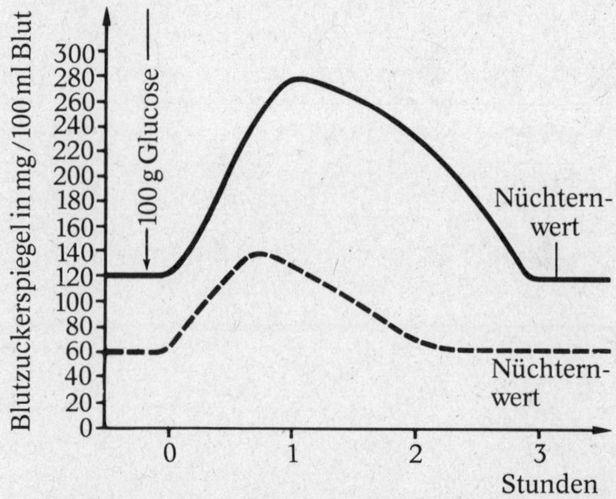

Zwei Versuchspersonen (VP A ----, VP B ——) bekommen zum Zeitpunkt 0 eine Gabe von 100 g Glucose. Danach wird bei beiden drei Stunden lang der Blutzuckerspiegel gemessen.

Aufgaben: **a.** Beschreiben Sie den Kurvenverlauf bei beiden Versuchspersonen!
b. Beschreiben Sie die Prozesse im Körper der beiden Versuchspersonen, die nach der Glucosegabe im Körper ablaufen und Einfluß auf den Blutzuckerspiegel nehmen!
c. Bei welcher Person liegt eine Krankheit vor? Begründen Sie Ihre Antwort!

Lösungshinweis: **a.** Die Ausgangswerte (Nüchternwerte) der beiden Versuchspersonen sind unterschiedlich: VP A hat einen Blutzuckerspiegel von 60 Milligramm/100 Milliliter, VP B hat einen doppelt so hohen Blutzuckerspiegel. Zum Zeitpunkt 0 erfolgt die Gabe von 100 g Glucose. Daraufhin steigt bei beiden VP die Blutzuckerkonzentration, aber in unterschiedlichem Maße. Bei VP A steigt sie nur bis ca. 130 mg/100 ml, bei VP B dagegen auf ca. 280 mg/100 ml. Bei VP A wird der Nüchternwert nach ca. zwei Stunden wieder erreicht, bei VP B erst nach drei Stunden.
b. Der Anstieg der Blutzuckerkonzentration bei den VP erfolgt automatisch durch den Übertritt der Glucosemoleküle in die Blutbahn. Im Normalfall (VP A) sorgt die sofortige Ausschüttung von Insulin aus der Bauchspeicheldrüse für eine Einlagerung von Glucose als Glycogen in der Leber oder Aufnahme von Glucose in die Körperzellen. Dadurch wird der Nüchternwert schnell erreicht. – Bei Diabetes (VP B) ist entweder zu wenig oder kein Insulin vorhanden, oder die Wirkung des Insulins kann aus anderen Gründen nicht eintreten. Deshalb bleibt die Glucose im Blut und bewirkt den hohen Blutzuckerspiegel. Das Absenken des Blutzuckerspiegels erfolgt dann vorzugsweise durch Ausscheidung des Zuckers über die Nieren.

c. Die VP B hat Zuckerkrankheit. Der Blutzuckerspiegel ist schon vor der Glucosegabe erhöht. Nach der Glucosegabe steigt er sehr schnell auf einen extrem hohen Wert an und wird dann langsamer als bei der gesunden Versuchsperson wieder abgebaut.

A 3 *Die Entwicklung von Feuerwanzen*

Diese Aufgabe besteht aus mehreren Schritten, die sich auseinander ergeben. Die Aufgaben müssen deshalb nacheinander, jeweils nach der Lösung der vorhergehenden Aufgabe, von den Schülern bearbeitet werden.

Text 1: Im Jahre 1964 kam der Prager Biologe Karel SLAMA zu einem Forschungsaufenthalt an die Harvard University nach Cambridge (USA). Er hatte 1215 Larven der Feuerwanze im Gepäck, mit denen er in Cambridge experimentieren wollte. Er hielt die Tiere in Petrischalen, in denen ein zusammengefaltetes Stück eines Papierhandtuchs als „Klettergerüst" lag. Die Tiere wurden mit Lindensamen und Wasser gefüttert. Feuerwanzen machen eine besondere Art der Metamorphose durch: Sie häuten sich als Larven fünfmal, wobei die Larve der Imago, dem geschlechtsreifen Tier, immer ähnlicher wird. Nach der fünften Häutung ist das Tier geschlechtsreif. Ein Puppenstadium wie z. B. bei Schmetterlingen kommt nicht vor. Obgleich SLAMA in bezug auf die Zucht von Feuerwanzen ein „Profi" war – er hatte in Prag Zehntausende dieser Tiere aufgezogen –, schlug sein Routineexperiment in Amerika fehl! Von 1215 Larven häutete sich nur ein einziges Tier zur geschlechtsreifen Imago. Alle anderen häuteten sich ein sechstes und teilweise sogar ein siebentes Mal. Sie konnten sich dann nicht mehr von ihren Larvenhüllen befreien und gingen ein.
SLAMA hatte ähnliches zwar schon erlebt, aber unter ganz anderen Umständen: Wenn er nämlich einer Larve im fünften Larvenstadium die Corpora allata einer wesentlich jüngeren Larve einpflanzte, setzte die Larve ihre Entwicklung nicht normal fort, sondern sie durchlief weitere Larvenstadien und ging dann aus den o. g. Gründen ein. In Amerika hatte er aber keinerlei Transplantationen vorgenommen.

Aufgaben: **a.** Welche Rückschlüsse lassen sich anhand des „fehlgeschlagenen" Experiments, der Aufzucht der Wanzen, ziehen?
b. Welche Maßnahmen sind zu ergreifen, um die Ursache des Fehlschlags der Aufzucht der Feuerwanzenlarven in Amerika zu finden?

Lösungshinweis: **a.** Die Larven haben auf irgendeine Weise während ihrer Entwicklung zusätzliches Juvenilhormon erhalten.
b. Man sollte die Bedingungen, unter denen die Larven in Prag bzw. in Cambridge aufgezogen wurden, sehr genau miteinander vergleichen.

Text 2: Um herauszufinden, warum die Aufzucht der Feuerwanzen gescheitert war, verglich man die Aufzuchtbedingungen in den Laboratorien in Prag und Cambridge auf das genaueste. Das Futter, die Petrischalen, das Wasser, selbst die anderen Versuchstiere, die man für andere Experimente ebenfalls im Labor hielt, wurden peinlich genau daraufhin untersucht, ob sie Juvenilhormon enthielten, das auf die Larven einwirken konnte. Die Untersuchungen waren vergeblich. Es wurde kein Hormon gefunden.
Als letztes blieb noch das Papier übrig, das man den Tieren als „Auslauf" in die Petrischalen gelegt hatte. SLAMA ließ aus Prag das Filtrierpapier kommen, mit dem er dort seine Larven aufgezogen hatte. Mit diesem Papier gelang die Aufzucht. Die Larven häuteten sich normal und wurden nach der fünften Häutung geschlechtsreif.

Aufgaben: **c.** Welcher Schluß läßt sich aus dem Ergebnis der Vergleichsuntersuchung ziehen?
d. Welche weiteren Experimente sollten auf Basis dieser Erkenntnis durchgeführt werden?

Lösungshinweis: **c.** In dem Papier der amerikanischen Papierhandtücher muß ein Stoff enthalten sein, der die Wirkung von Juvenilhormon hat.
d. Es gibt zwei Möglichkeiten:
1. Man befragt die amerikanischen Hersteller der Papierhandtücher, ob sie dem Papier Juvenilhormon zugesetzt haben.
2. Man untersucht andere amerikanische Papiersorten auf ihre Wirkung bezüglich der Feuerwanzenentwicklung, um dann einen gemeinsamen Faktor zu finden.

Text 3: SLAMA fragte bei der Scott Paper Company, der Firma, die die Papierhandtücher hergestellt hatte, an, ob sie dem Papier irgendwelche Chemikalien zugesetzt hätte. Die Antwort lautete, daß dem Papierbrei weder Juvenilhormon noch irgendwelche anderen Chemikalien beigefügt wurden.
Nun setzte SLAMA eine großangelegte Serienuntersuchung in Gang. Handtücher, Servietten, Taschentücher und andere Papierprodukte – insgesamt 20 Artikel – wurden geprüft. Man gab sie in die Anzuchtgefäße und ließ frisch geschlüpfte Feuerwanzen im fünften Larvenstadium darauf herumlaufen. Auf zwölf der zwanzig untersuchten Papiere entwickelte sich mindestens ein sechstes Larvenstadium und kein erwachsenes Tier.
Nun untersuchte SLAMA Zeitungspapiere. Die „New York Times", das „Wall Street Journal", der „Boston Globe" sowie „Scientific American" bewirkten die bekannten Entwicklungsstörungen bei den Feuerwanzen. Die „London Times" und „Nature", die führende englische Wissenschaftszeitschrift, waren dagegen „wanzenneutral", d. h. die Tiere entwickelten sich normal.

Aufgaben: **e.** Nennen Sie das Ergebnis dieser Versuchsreihe!
f. Wie würden Sie weiterforschen, um dem Geheimnis des „Papierfaktors", wie man den mysteriösen Stoff nannte, auf die Spur zu kommen?

Lösungshinweis: **e.** Amerikanisches Papier enthält den wirksamen Faktor, europäisches Papier nicht.
f. 1. Man könnte versuchen herauszubekommen, welche Stoffe in den amerikanischen Papieren vorkommen, in den europäischen dagegen nicht.
2. Man könnte versuchen, die Holzsorten zu finden, aus denen die Papiere gemacht sind, und diese auf ihre Inhaltsstoffe hin untersuchen.

Text 4: SLAMA und seine Mitarbeiter nannten den Stoff, der offensichtlich in den amerikanischen Papieren vorkam und der die Metamorphose der Feuerwanzen störte, den „Papierfaktor". Um herauszufinden, worum es sich dabei handelte, wurden umfangreiche Proben der Papiere in verschiedene Lösungsmittel getaucht und etwa eine Stunde darin eingeweicht, z.B. in Wasser, Aceton, Ether und Methanol. Die Lösungsmittel, in denen die Papiere gelegen hatten, wurden nun auf garantiert „wanzenneutrale" Filterpapiere gebracht. Man ließ die Papiere trocknen und gab sie in die Käfige von Feuerwanzenlarven. Es stellte sich heraus, daß der Papierfaktor in organischen Lösungsmitteln gut löslich ist. Daraus ergab sich die Möglichkeit, den Faktor in größeren Mengen zu extrahieren und zu isolieren, um ihn anschließend zu analysieren. Hunderte von Papierhandtüchern wurden so behandelt, und man erhielt 0,28 Gramm des reinen Stoffes „Papierfaktor", den man „Juvabion" nannte. Juvabion hat in seiner Struktur große Ähnlichkeit mit dem Juvenilhormon der Feuerwanzen.
Nachdem man wußte, was der Papierfaktor ist, untersuchte man, wie er in das Papier gekommen war. Das Herbarium der Harvard University wurde daraufhin durchforstet, welche Hölzer Juvabion enthielten. Die Suche war erfolgreich bei Proben der Balsamtanne, der Hemlocktanne, der Eibe und der Amerikanischen Lärche. In der Europäischen Lärche kamen nur Spuren des Papierfaktors vor. Wenn man weiß, daß die Balsamtanne zu dieser Zeit der Hauptrohstofflieferant der amerikanischen Papierindustrie war, wird klar, warum SLAMA in Amerika die geschilderten, unvorhergesehenen Schwierigkeiten bekam.

A 4 *Insektenjuvenilhormon als Pflanzeninhaltsstoff*

„Aus malaysischem Zypergras (Cyperus iria und C. aromaticus) wurde 1988 biologisch voll aktives Juvenilhormon isoliert. Alle biologischen, chemischen und physikalischen Daten stimmen mit denen des Hormons überein, das von Insektenvlarven gebildet wird. Der Hormongehalt der Pflanzen ist etwa vier bis sechs Zehnerpotenzen höher als in Insekten."

Aufgaben: **a.** Wo entsteht das Juvenilhormon der Insekten, und welche Aufgabe hat es?
b. Was geschieht, wenn die Insektenlarven Überdosen von Juvenilhormon bekommen?
c. Welchen biologischen Sinn hat das Auftreten von Juvenilhormon in Pflanzen?

Lösungshinweis: **a.** Das Juvenilhormon der Insekten wird in den Corpora allata der Insektenlarven gebildet. Es hat die Aufgabe, die Larvenhäutungen zu steuern, wobei seine Konzentration von Häutung zu Häutung schwächer wird. Bei einer gewissen niedrigen Konzentration tritt die Verpuppung und die anschließende Puppenhäutung ein.
b. Wenn die Konzentration des Juvenilhormons in den Insektenlarven nicht im Laufe der Metamorphose absinkt, erfolgt keine Verpuppung, sondern es laufen weitere Häutungen ab, wobei die Tiere immer größer werden. Wenn sie nicht auf diesem Stadium zugrundegehen und sich trotzdem zu Imagines entwickeln, sind ihre Gonaden geschädigt, so daß sie unfruchtbar sind.
c. Die Produktion von Juvenilhormon durch Pflanzen ist ein Abwehrmechanismus. Insektenlarven, die von den Pflanzen fressen, entwickeln sich nicht weiter. Die Gesamtpopulation der betreffenden Insektenart wird dezimiert, was dem Wachstum der Pflanzen zugute kommt, da sie nicht stärker geschädigt werden.

A 5 *Phytohormone*

Wirkung	Auxin	Cytokinin	Gibberellin	Ethen	Abscisin
Keimung	+	+	++	+	−−
Zellstreckung	++		++		−
Zellteilung	+	++			−
Wurzelbildung	+				
Spaltöffnungsbewegung					++
Blühen (LT-Pfl.)			++		−
Fruchtreifung				++	
Dominanz der Spitzenknospe	++				
Alterung	−	−−	−	+	++
Knospenruhe		−	−		++

+ = Förderung, − = Hemmung

Aufgaben: **a.** Fassen Sie die Wirkungen der einzelnen Hormone zusammen und geben Sie ihnen Namen, die ihre Gesamtwirkung charakterisieren!
b. Welche Hormone unterstützen einander und welche wirken antagonistisch?
c. Welchen biologischen Sinn hat das unter **b** angesprochene Zusammenwirken?

Lösungshinweis: **a.** Auxine: Auxine fördern das allgemeine Wachstum der Pflanze über und unter der Erde. Man könnte sie als allgemeine Wachstumshormone bezeichnen.
Cytokinin: Förderung von Zellteilung und Keimung – Hemmung der Alterung – physiologisches Aktivierungshormon.
Gibberellin: Förderung von Wachstum und Blühen – Blühhormon.
Ethen: Förderung der Fruchtreifung – Reifungshormon.
Abscisin: Förderung des Laubabwurfs und der Alterung – Herbsthormon.
b. Auxine, Cytokinin und Gibberelline unterstützen einander bei Wachstum und Blühen. Ihnen wirken Ethen und Abscisin entgegen.
c. Auxine, Cytokinin und Gibberelline sind während der Vegetationsperiode der Pflanze wirksam und fördern ihre Aktivitäten in dieser Zeit. Ethen und Abscisin bereiten das Ende der Vegetationsperiode vor.

B. Literatur

BERRIDGE: Signalübertragung in die Zelle, SPEKTRUM 1985, Heft 12, Seite 136–146.

Kommentar: Artikel befaßt sich mit Transmittern und Hormonen, ausführliche Darstellung von Wirkungsmechanismen, Raumstrukturformeln, Zeichnungen, Tabellen mit einzelnen Hormonen, cAMP-Mechanismus. Weiterbildung und Unterrichtsvorbereitung.

BOLKART/SCHARF: Testverfahren mit monoklonalen Antikörpern am Beispiel immunologischer Schwangerschaftstests, Praxis der Naturwissenschaften – Biologie 3/37 April 1988, Seite 1–9.

BOLKART/SCHARF: Bestimmung des Ovulationszeitpunkts über den Nachweis von Luteinisierendem Hormon (LH), Praxis der Naturwissenschaften – Biologie 3/37 April 1988, Seite 10–12.

Kommentar: Beide Artikel befassen sich intensiv mit weiblichen Sexualhormonen und ihrem Nachweis mit verschiedenen Verfahren. Wirkungsmechanismen werden ausführlich erklärt, Arbeitsblätter mit Flußdiagrammen, Wirkschemata und Datenkurven. Als Unterrichtsgrundlage gut geeignet.

BROLL: Die Macht der Moleküle, GEO-Wissen 1987, HEFT 1 (Gehirn, Gefühl, Gedanken), Seite 64.

Kommentar: Ausführlicher Artikel über Hormone mit guten Beispielen, Abbildungen und Zeichnungen. Unterrichtsmaterial zum Zeigen und Vorführen.

B. FOROUGHI-WEHR: Pflanzenzüchtung unter Einbeziehung neuer biotechnologischer Methoden, Praxis der Naturwissenschaften – Biologie 1987, Heft 6, Seiten 1–7.

Kommentar: Beschreibung von Methoden der vegetativen Vermehrung in vitro unter Verwendung von Phytohormonen, Gewebekulturen, Protoplasten-Kultur, Erzeugung Haploider. Experimente für die Schulpraxis. Ein Arbeitsblatt, Zeichnungen, Fotos, Tabellen, Zahlenangaben.

HOFMANN: Signal-Aufnahme und Signal-Umsetzung der Zellen, Chemie in unserer Zeit 1987, Heft 6, Seite 186.

Kommentar: Ausführliche Darstellung der Wirkungsweise von Hormonen, Rezeptor-Mechanismen, cAMP-Mechanismus, Membraneffekte, Strukturformeln, Tabellen, viele sehr gute Zeichnungen. Erstklassige Unterrichtsvorbereitung.

G. ROSENTHAL: Chemische Abwehrstrategien höherer Pflanzen, Spektrum 1986, Heft 3, Seiten 58–64.

Kommentar: Allgemeine Besprechung der Abwehrmechanismen unter Einbeziehung von Insektenhormonen in Pflanzen. Viele Beispiele, Zeichnungen, eine Landkarte. Unterrichtsvorbereitung und Referatthema.

SCHAEFER: Frühzeitige Therapie bei Minderwüchsigen, Bild der Wissenschaft 1987, Heft 7, Seite 14.

Kommentar: Angaben über das Längenwachstum von Kindern 1976–1986, Anwendung von gentechnisch hergestelltem Wachstumshormon. Als Unterrichtsgrundlage geeignet.

SORBE: Gentechnisch manipulierte Bakterien produzieren Humaninsulin, Praxis der Naturwissenschaften – Biologie 2/36 1987, Seite 15.

Kommentar: Ausführliche Besprechung der Insulin-Gewinnung – herkömmlich und gentechnisch. Strukturformeln, Nachweismethoden, Unterrichts-Flußdiagramm, Arbeitsblätter.

C. STÖCKLE: Das Phytohormon Ethen, Praxis der Naturwissenschaften – Biologie 1986, Heft 7, Seiten 32–35.

Kommentar: Geschichte der Ethenforschung, Biosynthese des Ethens in Pflanzen, Ethen als Streßhormon der Pflanzen, Vorschlag für eine Unterrichtseinheit, Experimentvorschlag.

VERSCHIEDENE AUTOREN: Hormone, Praxis der Naturwissenschaften – Biologie 7/35 1986, ganzes Heft.

Kommentar: Themenheft zum Thema Hormone, Allgemeines, Insulin-Raumstruktur, Schwangerschaft und Geschlechtsdifferenzierung, hormonelle Regulation, ADH, Phytohormon Ethen. Arbeitsblätter, Unterrichtsflußdiagramme, Testaufgaben mit Lösungen.

R. WITTMANN/U. TOBUSCH/U. BRÜNGER: Die postembryonale Insektenentwicklung, Praxis der Naturwissenschaften – Biologie 1986, Heft 6, Seiten 30–45.

Kommentar: Verknüpfung der Themenbereiche Entwicklungsbiologie und Genetik. Arbeitsblätter: Larvenentwicklung der Fliege, hormonale Regulation der Metamorphose, Schnürungsexperiment mit Fliegenlarven, Experimente zur Metamorphose der Insekten, Isolierung von Ecdyson, Präparation von Riesenchromosomen, Genaktivierung durch Ecdyson, Puffbildung und Proteinsynthese. Didaktische und methodische Überlegungen zu Arbeitsmaterialien und Versuchen.

C. Zusatzinformation –

D. Lösungshinweise zu den Arbeitsblättern

Arbeitsblatt 1: Hormondrüsen des Menschen

1.

① Zirbeldrüse (Epiphyse)	⑥ Thymusdrüse
② Zwischenhirn (Hypothalamus)	⑦ Bauchspeicheldrüse
	⑧ Nebennierenmark
③ Hypophyse	⑨ Nebennierenrinde
④ Nebenschilddrüse	⑩ Ovarien
⑤ Schilddrüse	⑪ Hoden

2.
① Zirbeldrüse: Melatonin – Schlaf-Wach-Rhythmus
② Zwischenhirn: Releasing-Hormone – Steuerung der Hypophyse u. a. Hormondrüsen
③ Hypophyse: STH Somatotropes Hormon – Wachstum, Gesamtstoffwechsel (FSH, LH)
④ Nebenschilddrüse: Parathormon – Calcium-Spiegel
⑤ Schilddrüse: Thyroxin – Gesamtstoffwechsel
⑥ Thymusdrüse: Thymusdrüsenhormone – Wachstum
⑦ Bauchspeicheldrüse: Insulin – Senkung des Blutzuckerspiegels
⑧ Nebennierenrinde: Nebennierenrindenhormone – Gesamtstoffwechsel
⑨ Nebennierenmark: Adrenalin – Erhöhung des Blutzuckerspiegels
⑩ Ovarien: Östradiol – Ablauf der Genitalzyklen
⑪ Hoden: Testosteron – Ausbildung der männlichen Geschlechtsmerkmale

3. Oberstes Steuerorgan des Hormonstoffwechsels ist das Zwischenhirn, das mit Freisetzungshormonen (Releasing-Hormone) in erster Linie die Hypophyse beeinflußt und steuert. Die Hormone der Hypophyse beeinflussen wiederum andere Hormondrüsen, wie z. B. die Keimdrüsen oder die Nebenniere. Deren Hormone steuern dann die eigentlichen Stoffwechselfunktionen. Über die Hormone erfolgen dann auch Rückkopplungen zur Hypophyse und zum Nervensystem.

Arbeitsblatt 2: Die Transplantationsexperimente BERTHOLDs

1.

Hahn	Alter	Behandlung	Ergebnis
a	3 Mon.	kastriert	Kapaun
b	3 Mon.	nur ein Hoden entfernt	normales Verhalten
c	3 Mon.	Kastr. und Transplantation	normales Verhalten
d	2 Mon.	kastriert	Kapaun
e	2 Mon.	nur ein Hoden entfernt	normales Verhalten
f	2 Mon.	Kastr. und Transplantation	normales Verhalten

2. Die voll kastrierten Hähne zeigen nur sehr schwache geschlechtsspezifische Merkmale, da ihnen die von den Hoden produzierten Geschlechtshormone fehlen. Bei den anderen Hähnen ist mindestens ein Hoden vorhanden – entweder verblieben oder transplantiert. Dieser Hoden produziert Geschlechtshormone, und die spezifischen Merkmale treten auf. Diese Prozesse sind altersunabhängig, sie werden nur durch die An- oder Abwesenheit des Hormons bestimmt.

3. Ein Gewebe oder eine Drüse, in diesem Fall die Hoden, produziert einen Stoff, der an das Blut abgegeben wird und durch das Blut zu bestimmten Organen, Zielorganen, transportiert wird. Das Hormon wirkt auf das Zielorgan, das mit einer bestimmten Reaktion antwortet.

Arbeitsblatt 3: Beziehung zwischen Muskelkraft und Geschlecht

1. Abb. 1: Die Trainierbarkeit der männlichen Muskeln steigt vom zehnten bis zum 25. Lebensjahr bis auf 100 % an. Die Trainierbarkeit der weiblichen Muskeln erreicht nur die Hälfte der beim männlichen Geschlecht möglichen Werte. Vom etwa 25. Lebensjahr an sinkt die Trainierbarkeit bei beiden Geschlechtern kontinuierlich bis auf etwa 40 % ab.
Abb. 2: Bis etwa zum zehnten Lebensjahr steigt der Androgen-Spiegel bei Jungen und Mädchen etwa gleich stark an. Ab dem zehnten Lebensjahr steigt der Androgen-Spiegel im Blut männlicher Personen stark an, erreicht etwa im dreißigsten Lebensjahr ein Maximum und fällt dann mit zunehmendem Alter wieder ab. Bei weiblichen Personen ist der Anstieg des Androgenspiegels wesentlich geringer und fällt schon ab etwa dem fünfundzwanzigsten Lebensjahr ab.

2. Die Kurven in den Abbildungen 1 und 2 laufen im wesentlichen parallel. Daraus läßt sich schließen, daß die Trainierbarkeit der Muskeln durch den Androgen-Spiegel im Blut mitbestimmt wird.

3. Die hormonelle Differenzierung zwischen Jungen und Mädchen setzt erst in der Pubertät ein. Vorher sind die Hormonspiegel etwa gleich. Daher liegt auch die Trainierbarkeit der Muskeln in denselben Grenzen.

Arbeitsblatt 4: Wirkungsweise von Hormonen auf Zielzellen

Abb. 1:
① Hormon
② Hormonrezeptor
③ Enzym Adenylatcyclase
④ zyklisches Adenosin-Mono-Phosphat (c-AMP)
⑤ aktives Enzym

Abb. 2:
① Hormon
② Hormon-Rezeptor-Komplex
③ Aktivierung der Gene im Zellkern
④ m-RNA
⑤ Ribosom
⑥ Protein bzw. hormonspezifische Zellantwort

2. Abb. 1: Es handelt sich um den c-AMP-Mechanismus. Das Hormon reagiert mit dem Rezeptor, der an der Außenseite der Membran der Empfängerzelle sitzt. Durch die Reaktion wird seine Struktur verändert. Mit dem Rezeptormolekül ist ein Molekül des Enzyms Adenylatcyclase verbunden. Durch die Strukturveränderung des Rezeptors wird auch die Struktur des Enzymmoleküls verändert. Es wird dadurch aktiviert. Die aktive Adenylatcyclase erzeugt aus ATP das zyklische Adenosin-Mono-Phosphat (c-AMP). c-AMP ist ein sogenannter second messenger, ein sekundärer Botenstoff. Er bewirkt, daß

Enzyme, die für bestimmte Prozesse der Zelle zuständig sind, aktiviert werden und so die Zelle mit erhöhter Stoffwechseltätigkeit reagiert. Der zweite Bote überbringt also die Nachricht, daß der erste Bote, das Hormon, außen an der Zelle angekommen ist, woraufhin die Zelle ihre Aufgabe erfüllt.
Abb. 2: Es handelt sich um den Gen-Aktivierungs-Mechanismus. Das Hormon kann aufgrund seiner unpolaren Struktur die Membran durchdringen. In der Zelle reagiert es mit einem hier befindlichen, zellspezifischen Rezeptor. Der Hormon-Rezeptor-Komplex kann in den Kern eindringen und hier entsprechend dem Operon-Modell als Corepressor wirken. Er schaltet entsprechend diesem Modell bestimmte Genketten an oder ab und bewirkt so die spezifische Zellantwort.

3. Abb. 1: c-AMP-Mechanismus: Adrenalin, Glucagon, Thyroxin, Insulin
Genaktivierungsmechanismus: Sexualhormone (Östradiol, Progesteron usw.)

4. Abb. 1:

Adrenalin reagiert mit dem Rezeptor

Membran

Adenylatcyclase verändert

↓

ATP ⟶ c-AMP

↓

glycogenspaltendes Enzym aktiviert

↓

Spaltung von Glykogen

↓

Abgabe von Glucose ins Blut

Abb. 2:

Sexualhormon

durchdringt Membran

reagiert mit dem Rezeptor (Hormon-Rezeptor-Komplex)

↓

Komplex wandert in den Kern

↓

Aktivierung von Genen

↓

Ausbildung eines Geschlechtsmerkmals über Proteinsynthese

Arbeitsblatt 5: Periodik der Hormonproduktion während des Menstruationszyklus

1. Zur Zeit der Menstruation gibt der Hypothalamus – ein Teil des Zwischenhirns – Freisetzungshormone an die Hypophyse ab, die diese zuerst zur Produktion des follikelstimulierenden Hormons FSH anregen. Dieses bewirkt im Ovar die Reifung einer Eizelle, die im Verlauf von etwa 14 Tagen erfolgt. Der bläschenartige Raum, in dem das Ei wächst, heißt Follikel. Unter dem Einfluß des wachsenden Follikels produziert das Ovar das Hormon Östradiol, das in positiver Rückkopplung die Tätigkeit des Zwischenhirns aktiviert. Am Ende der zweiten Zykluswoche führt die Rückkopplung zu einem starken Anstieg der Östradiolproduktion. Der Östradiolanstieg löst außerdem die Produktion eines weiteren Hypophysenhormons aus, des luteininiserenden Hormons (LH). Unter seinem Einfluß erfolgt der Follikelsprung, d.h. die reife Eizelle verläßt den Follikel. Aus dem übrigbleibenden Bläschenraum bildet sich durch Einwachsen lipidhaltiger Zellen der Gelbkörper. Die Bedeutung des Gelbkörpers liegt darin, daß er das Hormon Progesteron erzeugt. Dieses hemmt die Tätigkeit der Zwischenhirnzentren, so daß die LH- und die FSH-Produktion unterdrückt werden. Damit wird die Reifung eines weiteren Eies verhindert. Außerdem sorgt das Progesteron dafür, daß die Uterusschleimhaut, die unter dem Östradioleinfluß herangewachsen ist, nunmehr zur Aufnahme des befruchteten Eies vorbereitet wird. Hat sich eine befruchtete Eizelle hier eingenistet, werden im Uterus Hormone erzeugt, die auf den Gelbkörper anregend wirken. Das verstärkt hergestellte Progesteron verhindert einen Abbau der Uterusschleimhaut und das Heranreifen weiterer Eizellen. So wird das Fortbestehen der Schwangerschaft gesichert. Wenn eine Schwangerschaft ausbleibt, verkümmert der Gelbkörper und stellt die Progesteronbildung ein. Die Uterusschleimhaut wird schwächer durchblutet und abgestoßen. Mit der Abnahme der Progesteron-Produktion fällt die Hemmung der Ausschüttung der Freisetzungshormone des Zwischenhirns weg, der Zyklus beginnt von vorn.

2.

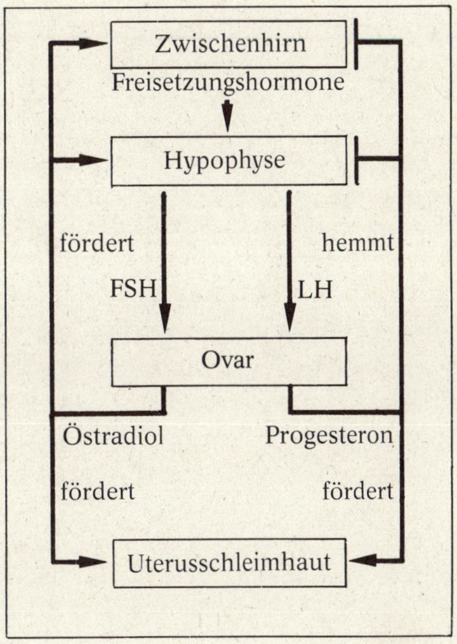

Arbeitsblatt 1: Hormondrüsen des Menschen

Name:	Klasse / Kurs:	Datum:

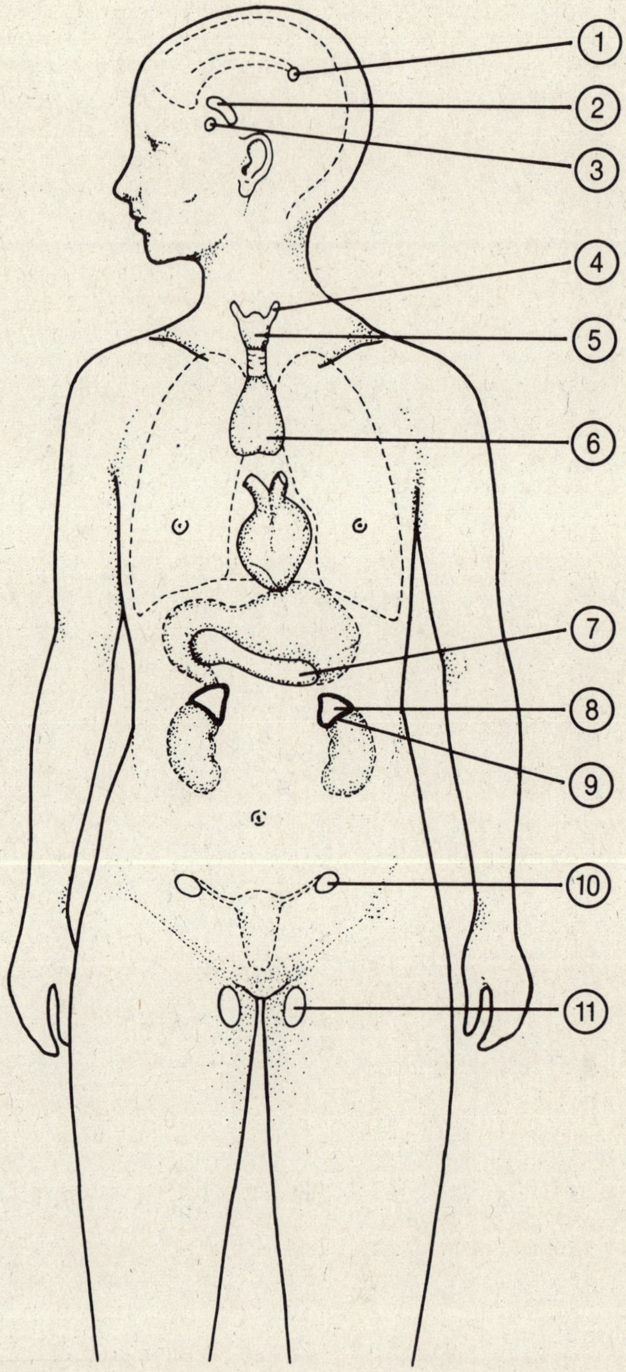

1. Ordnen Sie den Zahlen die Namen der jeweiligen Hormondrüsen zu!

2. Nennen Sie für jede Hormondrüse jeweils ein Hormon und seine Funktion!

3. Erläutern Sie, in welcher Weise die Hormonwirkungen durch eine Hierarchie der Hormondrüsen gesteuert werden!

Arbeitsblatt 2: Das Transplantationsexperiment BERTHOLDs

Name:	Klasse / Kurs:	Datum:

Transplantation der Hoden.

Vom
Prof. BERTHOLD in Göttingen. (1849)

Am 2. August v. J. kapaunte ich sechs junge Hähne, nämlich a, b, c von drei, und d, e, f von zwei Monaten. Bei keinem dieser Thiere wurden die Halslappen, der Kamm oder die Spornen entfernt. Den Hähnen a und d wurden beide Hoden genommen; diese Thiere zeigten später ganz die Natur der Kapaunen, benahmen sich feige, liessen sich mit andern Hähnen nur selten in einen energielosen kurzen Kampf ein, und gaben die bekannte eintönige Kapaunenstimme von sich. Kamm und Halslappen wurden blass und entwickelten sich nur wenig fort; der Kopf blieb klein.

Die Hähne b und e wurden auf dieselbe Weise castrirt, jedoch nur der eine Hoden aus dem Körper entfernt, der andere aber blieb isolirt in der Bauchhöhle liegen. Bei den Hähnen c und f hingegen wurden beide Hoden aus der Bauchhöhle extrahirt und darauf ein Hoden des Hahns c in die Bauchhöhle des Hahns f, und ein Hoden des Hahns f in die Bauchhöhle des Hahns c, zwischen die Gedärme, geschoben.

Diese vier Hähne (b, e, c, f) verriethen in ihrem allgemeinen Benehmen die Natur uncastrirter Thiere; sie kräheten ganz gehörig, waren häufig unter einander und mit andern jungen Hähnen in Kampf verwickelt, und äusserten die gewöhnliche Neigung zu den Hühnern; auch entwickelten sich ihre Kämme und Halslappen wie bei gewöhnlichen Hähnen ...

... Da nun aber an fremde Stellen transplantirte Hoden mit ihren ursprünglichen Nerven nicht mehr in Verbindung stehen können, und da es, keine specifischen, der Secretion vorstehenden Nerven giebt, so folgt, dass der fragliche Consensus durch das productive Verhältniss der Hoden, d.h. durch deren Einwirkung auf das Blut, und dann durch entsprechende Einwirkung des Blutes auf den allgemeinen Organismus überhaupt, wovon allerdings das Nervensystem einen sehr wesentlichen Theil ausmacht, bedingt wird.

1. Erstellen Sie eine schematische Übersicht der Versuche und Versuchsergebnisse BERTHOLDs!

2. Erklären Sie die jeweilige Entwicklung der Hähne!

3. Welches Grundprinzip der Wirkung von Hormonen konnte BERTHOLD mit Hilfe der durchgeführten Experimente entdecken und formulieren?

Arbeitsblatt 3: Beziehung zwischen Muskelkraft und Geschlecht

Name:	Klasse / Kurs:	Datum:

Im allgemeinen verfügen Männer über größere Muskelkraft als Frauen. Dieses wird z. B. deutlich, wenn man die Leistungen von Frauen und Männern in den verschiedenen Sportdisziplinen vergleicht. Praktisch in allen Sportarten sind die absoluten Leistungen der Männer höher als die der Frauen. Vergleicht man die Muskelkraft von Jungen und Mädchen, sind bis etwa zum 10. Lebensjahr keine Leistungsunterschiede festzustellen. Um die Gründe für diese unterschiedlichen Leistungen näher zu untersuchen, wurde die Trainierbarkeit der Gliedmaßenmuskulatur bei weiblichen und männlichen Personen untersucht. Bei weiteren Experimenten wurde unter anderem die Produktion von Androgenen, sogenannten männlichen Hormonen, untersucht. Diese Hormone werden beim Mann in den Hoden und in den Nebennieren produziert. Bei Frauen findet die Produktion dieser Hormone nur in sehr geringem Maße in den Nebennieren statt. Die Ergebnisse der beiden Untersuchungen zeigen folgende Grafiken:

Abb. 1.

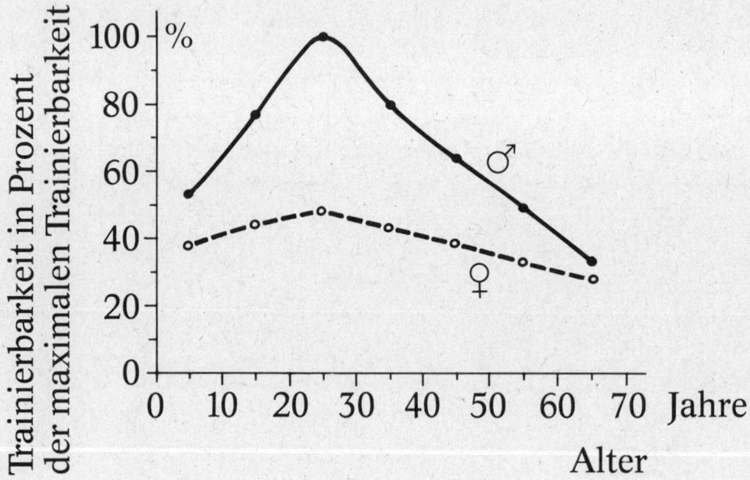

Abb. 2.

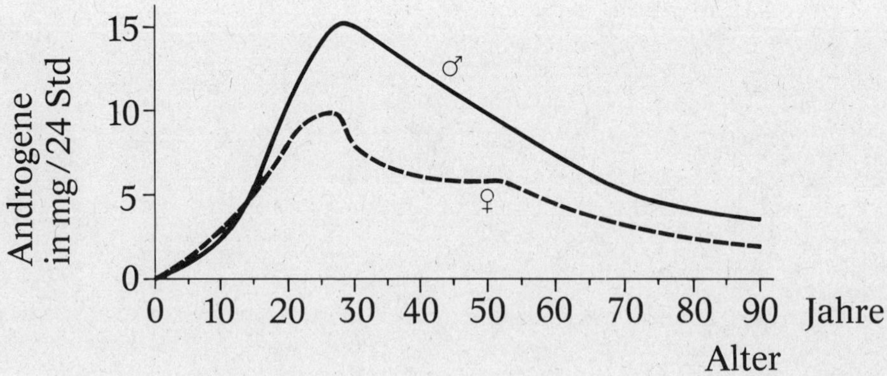

1. Beschreiben Sie die Ergebnisse!

2. Vergleichen Sie das Ergebnis der Untersuchung in Abbildung 2 mit dem in der Abbildung 1! Welche Rückschlüsse lassen sich aus beiden Untersuchungen hinsichtlich der unterschiedlichen Muskelkraft von Mann und Frau ziehen?

3. Begründen Sie, weshalb bis etwa zum 10. Lebensjahr keine Leistungsunterschiede bei Mädchen und Jungen auftreten!

Arbeitsblatt 4: Wirkungsweise von Hormonen auf Zielzellen

Name:	Klasse / Kurs:	Datum:

Abb. 1.

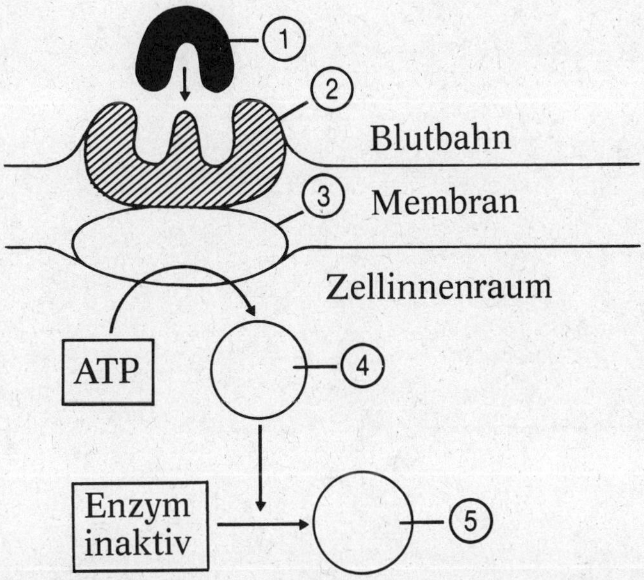

Abb. 2.

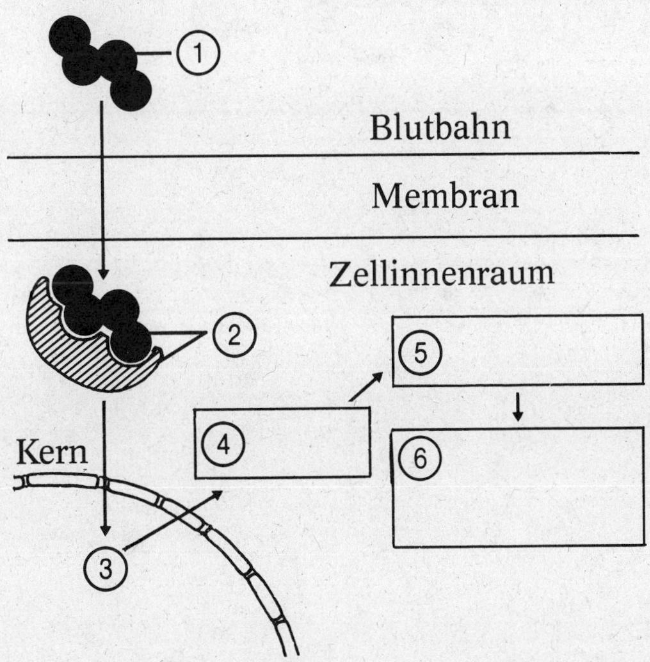

1. Ordnen Sie den Zahlen in beiden Abbildungen die entsprechenden Begriffe zu!

2. Beschreiben Sie die beiden dargestellten Wirkungsweisen von Hormonen auf ihre Zielzellen, und nennen Sie die Unterschiede zwischen beiden Formen! Geben Sie die Fachbegriffe für beide Wirkungsweisen an!

3. Nennen Sie für jede Wirkungsweise jeweils zwei Hormone als Beispiel!

4. Geben Sie für beide Wirkungsweisen von Hormonen eine mögliche Reaktionsfolge der Zellantwort für jeweils ein Beispiel an!

Arbeitsblatt 5: Periodik der Hormonproduktion während des Menstruationszyklus

Name:	Klasse / Kurs:	Datum:

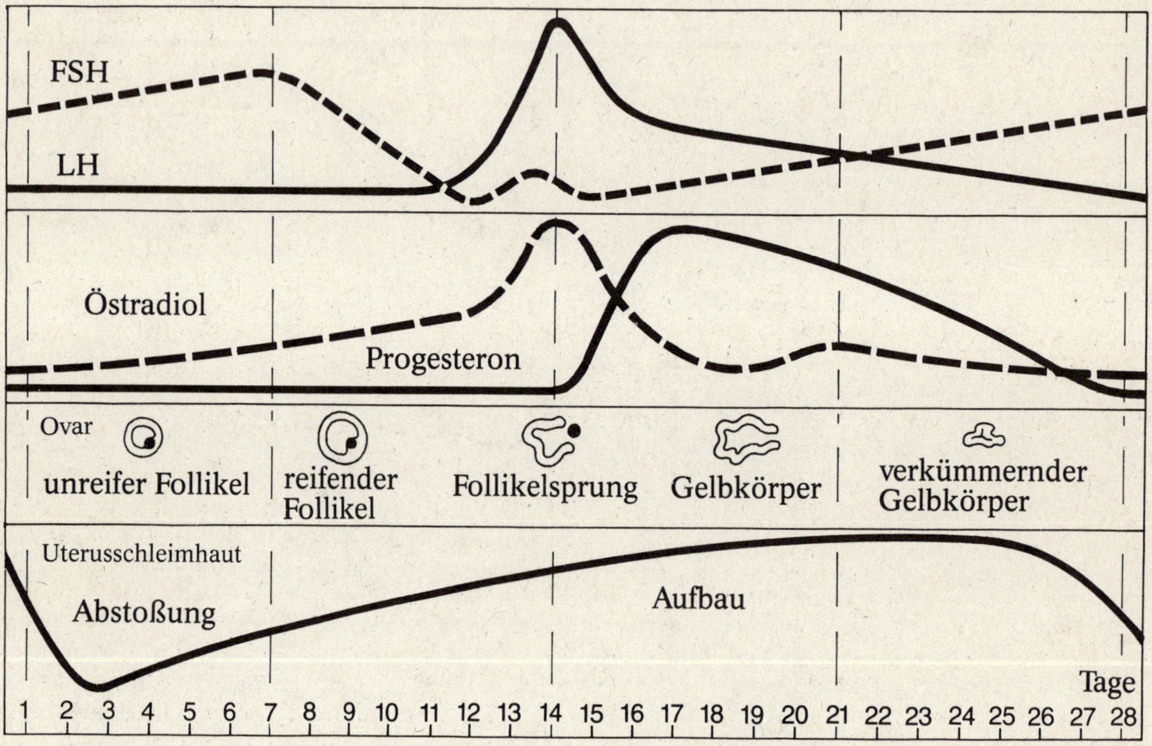

Die Abbildung zeigt die Konzentration bestimmter Hormone sowie den Zustand des Follikels und der Uterusschleimhaut im Verlauf des Menstruationszyklus.

1. Beschreiben Sie anhand der Abbildung das Zusammenspiel der Hormone während eines Zyklus! Geben Sie die Wirkung des jeweiligen Hormons und seinen Bildungsort an!

2. Stellen Sie die hormonale Steuerung des Menstruationszyklus in Form eines Regelkreisschemas dar!

Regelung und Steuerung

1. Reiz und Reaktion

2. Die Nervenzelle

A. Aufgaben und Versuche

V 1 *Alles-oder-Nichts-Reaktion*

Material: Dominosteine oder ähnliche Holzklötzchen.

Durchführung: Ein Dominostein wird senkrecht auf die schmale Kante gestellt. Man tippt leicht an die Oberkante und beobachtet, wann das Steinchen umfällt. Dann stellt man mehrere Dominosteine im Abstand von etwa 1 cm hintereinander und tippt den ersten leicht an. Man beobachtet die Reaktion.

Aufgaben: **a.** Stellen Sie fest, wann das Dominosteinchen umfällt. Welche physikalischen Voraussetzungen müssen erfüllt sein? Warum tritt die Alles-oder-Nichts-Reaktion ein?
b. Führen Sie den Begriff „Schwellenwert“ in das Modell ein: Wo liegt der Schwellenwert?
c. Nennen Sie Beispiele für Alles-oder-Nichts-Reaktionen in der Natur!
d. Was wird durch die in Reihe gestellten Dominosteine und ihre Reaktion im Modell dargestellt?

Lösungshinweis: **a.** Der Schwerpunkt des Steinchens muß außerhalb der Außenkante des Steinchens liegen. Dann zieht die Schwerkraft das Steinchen um.
b. Der Schwellenwert liegt an dem Punkt der Steinchenneigung, an dem der Schwerpunkt die Senkrechte über der Außenkante überschreitet.
c. Alle Befruchtungsvorgänge, Aktionspotentiale bei Nervenzellen, erbkoordinierte Endhandlungen.
d. Ein Anfangsreiz setzt eine Reaktionskette in Gang, wobei der vorlaufende Prozeß der Auslöser für den nächsten ist, z. B. chemische Reaktionsketten, Instinktketten.

V 2 *Diffusionspotential*

Material: Becherglas (200 ml); Glasrohr (ca. 10 cm lang, 3 cm weit); Stativ mit Klemme; Rundfilter aus Papier (∅ 7 cm); Gummiband; Millivoltmeter; 2 Kabel mit Bananenstecker und Krokodilklemmen; Pipette; Natriumchlorid-Lösung (gesättigt).

Durchführung:

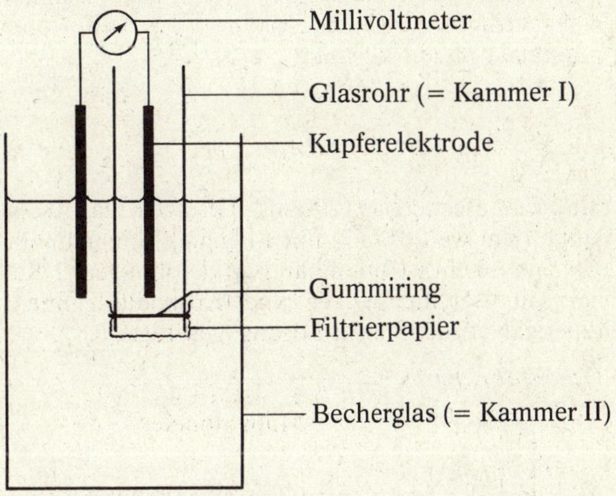

Fertigen Sie aus dem Glasrohr eine „Kammer“ an, indem Sie um eine Öffnung einen Rundfilter mit Gummiring befestigen. Spannen Sie die „Kammer“ mit dem „Filtrierpapierboden“ nach unten in ein Stativ ein und bauen Sie die Versuchsanordnung entsprechend der Abbildung zusammen.
Füllen Sie alle Kammern mit destilliertem Wasser. Füllen Sie das Meßgerät auf Null ein. Pipettieren Sie etwa 5 ml gesättigte Natriumchlorid-Lösung in die Kammer I. Lesen Sie die Spannung am Meßgerät ab und notieren Sie sie. Lassen Sie den Versuch über einige Minuten laufen und notieren Sie eventuelle Veränderungen der Spannungen.

Aufgaben: Übertragen Sie Ihre Meßergebnisse in ein Koordinatensystem! Erklären Sie den Kurvenverlauf!

Lösungshinweis: Es ergibt sich eine Kurvendarstellung nach folgendem Muster:

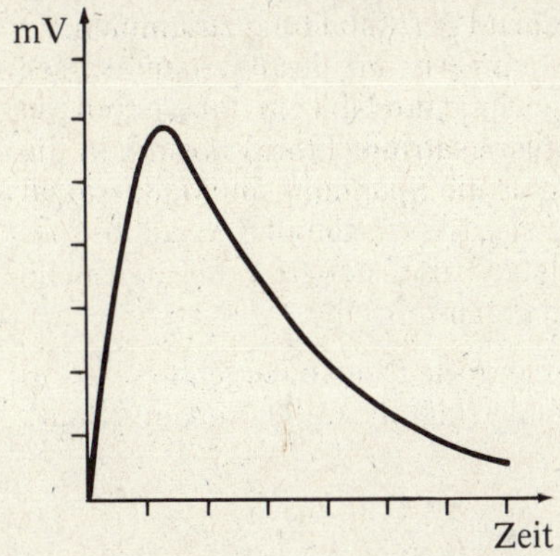

Die Natriumchlorid-Lösung ist in Na^+-Ionen und Cl^--Ionen dissoziiert. Durch Diffusion gelangen die kleineren und schnelleren Na^+-Ionen durch das poröse Filtrierpapier in den Bereich mit geringerer Konzentration, dem destillierten Wasser. Hier reichern sie sich an, so daß ihre positive Ladung überwiegt. In Kammer I überwiegt daher die negative Ladung der Cl^--Ionen. Zwischen beiden Kammern entsteht eine Potentialdifferenz, ein Diffusionspotential. Im Laufe der Zeit kommt es dann zu einem Konzentrationsausgleich, wodurch das Diffusionspotential bis auf Null sinkt.

V 3 *Membranpotential*

Material: Becherglas (200 ml); Glasrohr (ca. 10 cm lang, 3 cm weit); Stativ mit Klemme; Einmachhaut (10 cm x 10 cm); Gummiband; Millivoltmeter; 2 Kabel mit Bananenstecker und Krokodilklemmen; Pipette; Natriumchlorid-Lösung (gesättigt).

Durchführung:

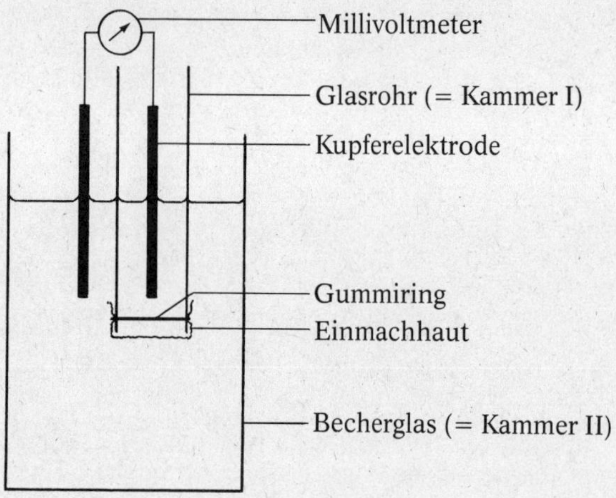

Fertigen Sie aus dem Glasrohr eine „Kammer an, indem Sie um eine Öffnung ein Stück Einmachhaut mit dem Gummiring befestigen. Spannen Sie die „Kammer" mit dem „Einmachhaut-Boden" nach unten in ein Stativ ein und bauen Sie die Versuchsanordnung entsprechend der Abbildung zusammen.

Füllen Sie alle Kammern mit destilliertem Wasser. Stellen Sie das Meßgerät auf Null ein. Pipettieren Sie etwa 10 ml gesättigte Natriumchlorid-Lösung in die Kammer I. Lesen Sie die Spannung am Meßgerät ab und notieren Sie sie. Lassen Sie den Versuch über einige Minuten laufen und notieren Sie eventuelle Veränderungen der Spannungen.

Aufgaben: Übertragen Sie Ihre Meßergebnisse in ein Koordinatensystem! Erklären Sie den Kurvenverlauf!

Lösungshinweis: Es ergibt sich eine Kurvendarstellung nach folgendem Muster:

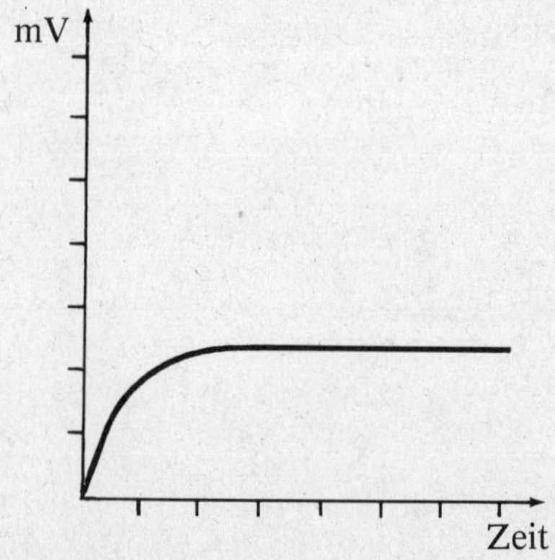

Die Einmachhaut wirkt als semipermeable Membran, die die beiden Kammern trennt. Die kleineren und schnelleren Kationen diffundieren durch die Membran in den Bereich geringer Konzentration, dem destillierten Wasser. Allerdings entfernen sie sich nicht weit von der Membran, da sie von dem elektrischen Feld der Anionen festgehalten werden. Da es zu keinem Konzentrationsausgleich kommen kann, bleibt das Diffusionspotential (= Membranpotential) nahezu konstant.

A 4 *Sauerstoffbedarf des Gehirns*

Das Gehirn macht 2–3 % des Körpergewichts aus. Sein Sauerstoffverbrauch ist sehr hoch, er liegt bei 20 bis 25 % des Gesamtsauerstoffverbrauchs des Körpers. Durch Sauerstoffmangel kommt seine Tätigkeit als erstes von allen Organen zum Erliegen. Der Energieverbrauch der Nervenzellen des Gehirns nimmt auch während der Ruhezeiten des Körpers kaum ab. Das beruht vorwiegend darauf, daß die Erregbarkeit stets aufrechterhalten werden muß. Umgekehrt läßt sich aber durch Messen auch kein erhöhter Sauerstoffverbrauch bei großer geistiger Tätigkeit feststellen. Jedoch muß berücksichtigt werden, daß bei solchen Messungen stets nur der Gesamtverbrauch des Gehirns erfaßt wird, so daß also mögliche lokale Veränderungen nicht feststellbar sind. Der Sauerstoffbedarf des Gehirns, der also Aktivitätsschwankungen innerhalb des physiologischen Bereichs nicht unterworfen ist, zeigt sowohl unter experimentellen als auch unter pathologischen Bedingungen Schwankungen auf. Bei Verminderung des Bewußtseins sinkt der Sauerstoffverbrauch ebenso wie in der Narkose, während bei Krampfzuständen eine Erhöhung festzustellen ist. So fällt bei tiefer Narkose oder im Koma der Verbrauch um 40–50 %, während bei Versuchen an Affen beim Ablauf von Krampfanfällen ein 100%iger Anstieg beobachtet werden konnte. Bei einem Verlust an Neuronen, wie beispielsweise durch die Bildung von Hirntumoren, nimmt ebenfalls der Sauerstoffbedarf ab. Während bei der Schizophrenie im allgemeinen ein normaler Sauerstoffverbrauch gefunden wurde, zeigt der angeborene Schwachsinn, wahrscheinlich beruhend auf anatomischen Ausfällen, einen herabgesetzten Sauerstoffverbrauch.

Aufgaben: **a.** Wofür wird Sauerstoff in den Nervenzellen verbraucht?
b. Wie kann man heute den unterschiedlichen Sauerstoffbedarf bei den im Text angesprochenen Tätigkeiten des Gehirns bzw. Erkrankungen erklären?
c. Wie ist es heute möglich, den Sauerstoffverbrauch bestimmter Hirnregionen bei Aktivität zu messen?

Lösungshinweis: **a.** Sauerstoff wird in den Mitochondrien, die in reichem Maße in Nervenzellen vorkommen, zur Oxidation von Glucose verwendet. Nervenzellen ernähren sich ausschließlich von Glucose. Über Glykolyse, Citratzyklus und Atmungskette wird Glucose abgebaut, und die freiwerdende Energie wird zur ATP-Synthese verwendet. ATP ist die Energiequelle für die Reaktionen der Nervenzellen: Für die Ionenpumpe, die ständig in die Nervenzelle diffundierende Natrium-Ionen wieder aus der Zelle transportiert, wird Energie benötigt. Auch für die Synthese der Transmitterstoffe sowie den Stofftransport über längere Axonstrecken wird ATP benötigt.
b. Aus der quantitativen Beziehung zwischen dem Sauerstoffverbrauch des Nervensystems und des restlichen Körpers ergibt sich, daß Sauerstoffmangel zuerst das Nervensystem schädigt.
Nervenzellen, die nicht gut mit Sauerstoff versorgt sind, können nicht mehr arbeiten, da ein Teil ihrer Funktionen (Aktionspotentiale) nach dem Alles-oder-Nichts-Prinzip ablaufen.
Während der Ruhezeiten des Körpers nimmt der Sauerstoffbedarf nicht ab, da auch in dieser Zeit aktiv Ionen transportiert werden müssen, um das Ruhepotential aufrecht zu erhalten und Sauerstofftransporte erfolgen.
Erhöhte geistige Tätigkeit ändert nichts am Gesamtsauerstoffverbrauch des Gehirns. Mit modernen Methoden läßt sich jedoch nachweisen, daß die Teile des Gehirns, die durch die geistige Tätigkeit in Anspruch genommen werden, einen größeren Glucose- und Sauerstoffverbrauch haben als nicht beanspruchte Teile des Gehirns. Bei Bewußtlosigkeit und Narkose sinkt der Sauerstoffverbrauch, da diese Zustände durch eine verminderte Arbeit der Nervenzellen hervorgerufen werden. Verminderte Arbeit bedeutet geringeren Sauerstoffverbrauch.
Krampfzustände sind durch erhöhte Aktivität von Nervenzellen gekennzeichnet. Dementsprechend wird mehr Sauerstoff benötigt.
Eine verminderte Anzahl von Neuronen bei Anwesenheit von Tumoren vermindert infolgedessen den Sauerstoffverbrauch.
Der normale Sauerstoffverbrauch bei Schizophrenie deutet darauf hin, daß es sich nicht um eine Krankheit der Nervenzellen, wohl dagegen um eine Krankheit der Verschaltung der Nervenzellen handeln muß.
Angeborener Schwachsinn wird wahrscheinlich durch fehlerhaft gebaute Nervenzellen hervorgerufen, die dementsprechend einen geringeren Sauerstoffbedarf haben.
c. Man gibt radioaktiv markierten Sauerstoff oder radioaktiv markierte Glucose in den Blutkreislauf. Im Gehirn sammeln sich diese Stoffe an den Orten, die eine besonders intensive Stoffwechseltätigkeit zeigen. Diese Orte sind auch die, die durch die gerade ausgeübte geistige Tätigkeit beansprucht werden. Der Nachweis und die Lokalisierung erfolgt durch Computertomographie.

B. Literatur

BINDER: Arzneimittel und Arzneimittelwirkungen, Praxis der Naturwissenschaften – Chemie 6/34 Jahrgang 1985, Seiten 2–9.

Kommentar: Allgemeiner Artikel über Arzneiwirkungen, darunter auch Wirkungen auf Membranen, Rezeptoren, Synapsen. Zeichnungen, Tabellen, Strukturformeln. Referatthema.

DUNANT/ISRAEL: Synaptische Freisetzung von Acetylcholin, SPEKTRUM 1985, Heft 6, Seiten 78–86.

Kommentar: Ausführliche und gründliche Darstellung des Acetylcholinstoffwechsel und der Synapsenfunktion. Elektronenoptische Aufnahmen, Zeichnungen, Kurven, Schemazeichnungen. Unterrichtsvorbereitung, Erweiterung. Eventuell Referatthema.

FRIEDERICI/FURRER: Wahrnehmung und Vorstellung von Raum, SPEKTRUM 1987, Heft 2, Seiten 38–48.

FURRER: Raumerfahrung in der Schwerelosigkeit, SPEKTRUM 1987, Heft 2, Seiten 48–49.

Kommentar: Beide Aufsätze befassen sich mit den Erfahrungen mit der Schwerelosigkeit während der deutschen Raumfahrtmission D1. Wahrnehmungen und Verarbeitung von Information. Zeichnungen und Fotos. Referatthema.

MARKERT: Ein einfaches Synapsenmodell zur Simulation erregender Transmitterausschüttungen und zur Erklärung der Wirkungsweise einiger Nervengifte für den Biologieunterricht in der Sekundarstufe II, MNU 41/3 (15. 4. 1988) Seiten 168–171.

Kommentar: Modell aus beweglichen Elementen zur Verwendung auf dem Arbeitsprojektor. Kann nach dieser Anleitung auch von Schülern gebaut werden. Mehrere Zeichnungen, ein Arbeitsblatt mit Aufgabe. Referatthema.

OEHLER: Wer seinen Augen traut, GEO-Wissen, 1987, Heft 1 (Gehirn, Gefühl, Gedanken), Seite 75.

Kommentar: Optische Täuschungen ausführlich dargestellt und besprochen, Sinneswahrnehmungen allgemein, Verarbeitung von Informationen im Gehirn. Viele Fotos, viele Zeichnungen. Allgemeine Einführung in das Thema.

POGGIO/KOCH: Wie Synapsen Bewegungen verrechnen, SPEKTRUM 1987, Heft 7, Seiten 78–84.

Kommentar: Arbeitsweise von Nervenzellen dargestellt am Beispiel der Netzhautneuronen, hemmende Mechanismen in Netzhaut und Gehirn. Fotos, Zeichnungen, Kurven, Computersimulationen. Unterrichtsvorbereitung, Erweiterung des Themas.

G. SHERRICK: Raum, Zeit und Tastsinn, SPEKTRUM 1986, Heft 9, Seite 108.

Kommentar: Tastreize auf der Haut können – je nach Intervall – von ihrem Auslösungsort fortspringen und an einer anderen Stelle empfunden werden. Aus den Gesetzmäßigkeiten läßt sich auf die Arbeitsweise des Zentralnervensystems schließen. Referatthema.

WARNKE: Relevanz elektrischer Biofelder, UMSCHAU 1986, Heft 6, Seite 336.

Kommentar: Elektrische Ladungen und elektromagnetische Felder bei Vögeln und Insekten zur Orientierung und beim Fliegen im Schwarm. Ausführliche Darstellung mit vielen Fotos und Zeichnungen. Unterrichtsvorbereitung für Vertretungsstunden u. ä. oder Referatthema.

WOLF: Der biologische Sinn der Sinnestäuschung, Biologie in unserer Zeit 1987, Heft 2, Seite 33.

Kommentar: Ausführliche Besprechung der optischen Wahrnehmung und der Verarbeitung dieser Informationen. Sehr gute Zeichnungen und Fotos. Unterrichtsvorbereitung, geeignet als motivierender Einstieg in das Thema.

C. Zusatzinformationen –

D. Lösungshinweise zu den Arbeitsblättern

Arbeitsblatt 1: Bau der Nervenzelle

1.
① Dendriten
② Zellkörper
③ Neurit
④ RANVIERscher Schnürring
⑤ Markscheide
⑥ Synapse

2.
① Dendriten: Aufnahme von Informationen anderer Nervenzellen.
② Zellkörper: Physiologische Erhaltung der Zelle, Verarbeitung der Informationen.
③ Neurit: Weiterleitung der Informationen.
④ RANVIERscher Schnürring: Erzeugung von Aktionspotentialen.
⑤ Markscheide: Isolation des Neuriten.
⑥ Synapse: Übertragung der Information von einer Nervenzelle zur anderen.

3. Querschnitte:

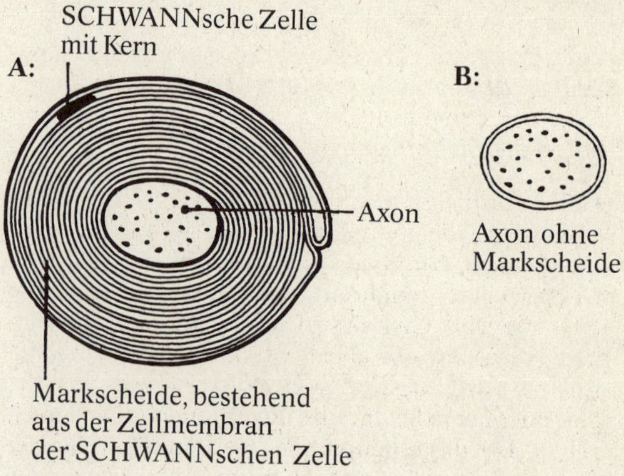

Arbeitsblatt 2: Ionenverteilung an der Nervenzellmembran

1.
① Lipidmoleküle
② Proteinmoleküle
③ Porenproteine

2.

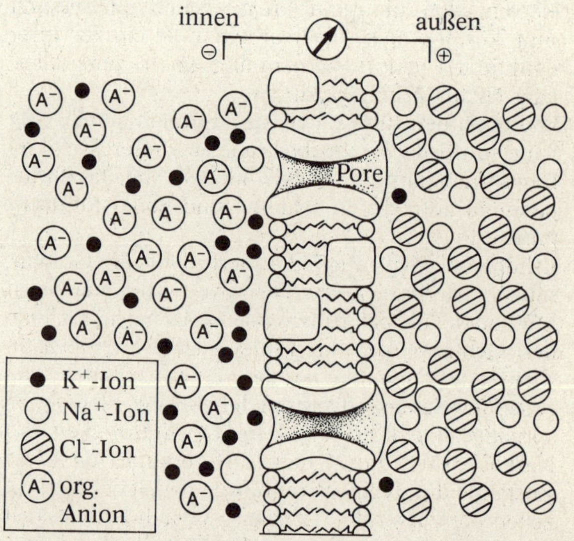

3. Alle Ionen befinden sich dauernd in Bewegung (Diffusion). Die Porenweite ist gerade so groß, daß Kalium-Ionen durchtreten können. Sie diffundieren von innen nach außen durch die Membran. Durch die Ladung der Anionen innen werden sie aber in der Nähe der Membran festgehalten. Die Ungleichverteilung der Kalium-Ionen bewirkt eine Potentialdifferenz zwischen innen und außen. Das ist das Ruhepotential.

Arbeitsblatt 3: Entstehung eines Aktionspotentials

1. Zeichnung A entspricht dem Bereich der Spannungskurve, wo das Aktionspotential (AP) abfällt, also in die zweite Hälfte der zweiten Millisekunde. Die Kaliumporen haben sich geöffnet, so daß vermehrt Kalium-Ionen ausströmen können und den Natrium-Ioneneinstrom kompensieren.

Zeichnung B gibt den Zustand des Ruhepotentials wieder (die Bereiche von 0–1 ms und 2,5–4 ms). Sie zeigt die Entstehung des Ruhepotentials. Eine Kaliumpore ist repräsentativ für wenige geöffnet, Kalium-Ionen können aus der Zelle diffundieren, und es entsteht ein Kalium-Ionen-Diffusionspotential.

2. Zeichnung C:

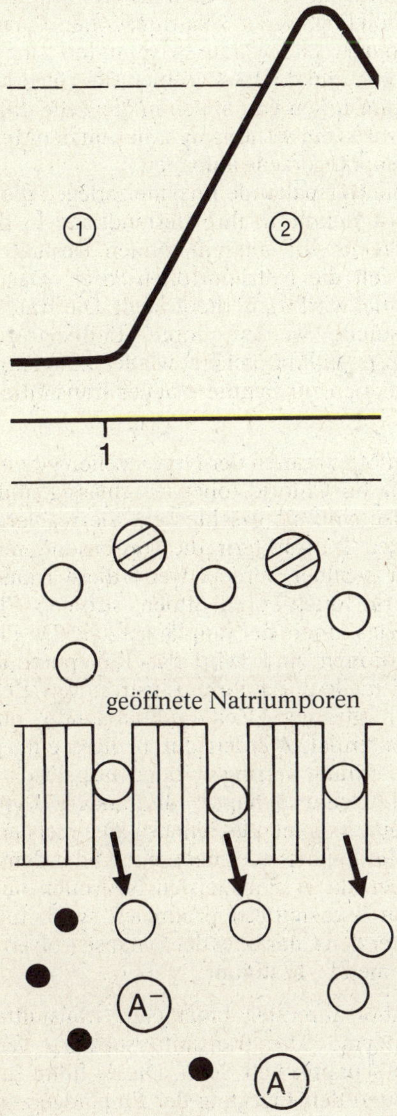

Die Zeichnung C entspricht dem Bereich der Spannungskurve, wo das Aktionspotential ansteigt. Sie zeigt offene Natriumporen, durch die Natrium-Ionen nach innen diffundieren. Das dadurch entstehende Natrium-Ionen-Diffusionspotential ist größer als das Kalium-Ionen-Diffusionspotential, so daß an der Membran eine Umpolung eintritt. Das Maximum der so entstehenden Spannungsdifferenz zum Ruhepotential ist das Aktionspotential.

3. Das dargestellte Aktionspotential bewegt sich von rechts nach links.

Arbeitsblatt 4: Saltatorische Erregungsleitung

1., 2. und 3.

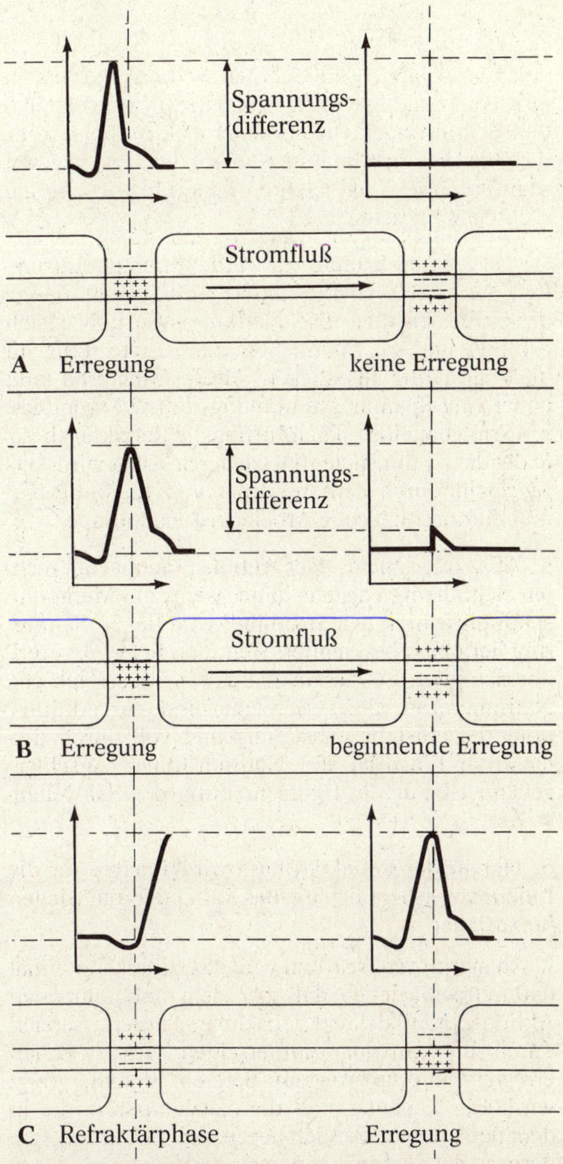

4. Ablauf:

A: Am linken Schnürring kommt ein Aktionspotential an. Der rechte Schnürring ist nicht erregt.

B: Das Aktionspotential am linken Schnürring hat seine volle Höhe erreicht, d. h. hier ist der Außenraum um das Axon negativ geladen, der Innenraum dagegen positiv. An dem unerregten Schnürring rechts ist die Spannungsverteilung dem Ruhepotential entsprechend außen positiv und innen negativ. Hier steigt die Spannung zu diesem Zeitpunkt geringfügig an.

C: Am linken Schnürring wird das Aktionspotential in der Refraktärphase wieder beseitigt. Der rechte Schnürring entwickelt ein volles Aktionspotential.

Erklärung:

A: Da das Aktionspotential durch den Einstrom von Natrium-Ionen gebildet wird, wird der Innenraum des Axons positiv aufgeladen, der Umgebungsraum dagegen negativ. Der rechte Schnürring trägt das

Ruhepotential, das durch den Ausstrom von Kalium-Ionen gekennzeichnet ist: außen positiv, innen negativ.

B: Das Aktionspotential am linken Schnürring ist voll ausgebildet. Zum rechten Schnürring besteht eine Potentialdifferenz. Deshalb fließt jetzt zwischen den Schnürringen ein normaler elektrischer Strom, der die Potentialdifferenz auszugleichen beginnt. Man erkennt es am leichten Spannungsanstieg am rechten Schnürring.

C: Am rechten Schnürring wurde durch den Stromfluß der Schwellenwert für die Aktionspotentialbildung überschritten. Die Natriumporen haben sich geöffnet, und das Aktionspotential ist selbsttätig auf die volle Höhe angestiegen. An der Membran fand dabei eine Spannungsumpolung statt. Währenddessen erfolgt am linken Schnürring die Refraktärphase, in der das Aktionspotential wieder beseitigt wird. Das geschieht durch den Ausstrom von Kalium-Ionen und die anschließende Arbeit der Ionenpumpe.

5. Alles-oder-Nichts: Das Aktionspotential am rechten Schnürring entsteht dann, wenn die Membranspannung durch den Stromfluß vom linken Schnürring her einen bestimmten Wert, den Schwellenwert, überschreitet. Zu diesem Zeitpunkt öffnen sich alle Natriumporen dieses Bereichs, und das Aktionspotential entsteht selbständig und voll durch den massiven Einstrom von Natrium-Ionen. Auschlaggebend ist nur die Überschreitung des Schwellenwertes.

6. Nur in der Refraktärphase wird Energie für die Ionenpumpe benötigt, um das Ruhepotential wiederherzustellen.

7. An marklosen Neuriten wird das Aktionspotential dadurch eingeleitet, daß der dem ankommenden Aktionspotential direkt benachbart gelegene Bereich durch den Spannungsunterschied, der zwischen erregtem und unerregtem Bereich besteht, erregt wird. Das bedeutet, daß die Natriumporen, die in dem neu erregten Bereich liegen, ihre Struktur verändern, so daß Natrium-Ionen einströmen können und ein Aktionspotential entsteht. Dieses Aktionspotential muß dann in der Refraktärphase unter Energieverbrauch wieder beseitigt werden. Die Fortpflanzungsgeschwindigkeit des Aktionspotentials auf diesem Wege sehr gering.
Bei der saltatorischen Erregungsleitung entsteht das Aktionspotential nur an den Ranvierschen Schnürringen. Ein Aktionspotential „springt" daher von Schnürring zu Schnürring. Dadurch erhöht sich die Leitungsgeschwindigkeit beträchtlich. Da die Ionenpumpe hier nur an den Schnürringen arbeiten muß, ist der Prozeß bedeutend weniger energieaufwendig.

Arbeitsblatt 5: Funktion einer erregenden Synapse

1. Die Reihenfolge ist: ③ – ① – ④ – ②.

③ Die Natriumporen in der Membran der Empfängerzelle sind geschlossen. An der Membran herrscht das Ruhepotential. Natrium-Ionen befinden sich außerhalb der Empfängerzelle. In den Vesikeln des Synapsenendknöpfchens befinden sich Transmittermoleküle, die aus zwei Komponenten bestehen (zwei kleine Kügelchen im Bild).

① Nach Ankunft eines Aktionspotentials auf dem Synapsenendknöpfchen öffnen sich die Vesikel, die der dem synaptischen Spalt zugewandten Membran des Synapsenendknöpfchens anliegen und entlassen exocytotisch die Transmittermoleküle in den synaptischen Spalt. Diese diffundieren durch den synaptischen Spalt, was wegen der äußerst geringen Breite des Spaltes sehr schnell erfolgt.

④ Die Transmittermoleküle reagieren mit den Proteinmolekülen der Natrium-Ionen-Poren der Empfängerzelle. Dadurch verändert sich deren Struktur, und die Poren öffnen sich. Jetzt können Natrium-Ionen von außen in die Zelle diffundieren und so ein Aktionspotential auf der Membran der Empfängerzelle aufbauen.

② Transmitterspaltende Enzyme zerlegen die Transmittermoleküle in ihre Bestandteile, so daß sie nicht mehr wirksam sein können. Deshalb schließen sich die Natrium-Ionen-Poren. Das Ruhepotential wird wiederhergestellt. Die Transmitterspaltstücke werden durch Endocytose vom Synapsenendknöpfchen wieder aufgenommen und dienen zur Synthese neuer Transmittermoleküle.

2. In den Membranen der Nervenzellen gibt es auch Poren, die für Chlorid-Ionen durchlässig sind. Normalerweise sind sie geschlossen. Sie reagieren mit bestimmten Transmittern, die von besonderen Nervenzellen gebildet werden. Wenn diese Transmitter die Chlorid-Ionen-Poren öffnen, strömen Chlorid-Ionen in das Innere der Empfängerzelle. Da Chlorid-Ionen Anionen sind, wird das Ruhepotential der Empfängerzelle durch ihren Einstrom vertieft. Eventuell zur gleichen Zeit ankommende normale Aktionspotentiale werden durch diese entgegengesetzte Spannung verringert oder ausgelöscht. Deshalb heißt eine Synapse, die andere Synapsen hemmt, eine hemmende Synapse. Die meisten Neuronen gehören entweder dem einen oder dem anderen Typ an, da in den meisten Neuronen nur eine Sorte von Transmittern produziert wird, und der Transmitter den Charakter der Synapse – ob erregend oder hemmend – bestimmt.

3. Phosphorsäureester blockieren transmitterspaltende Enzyme. Die Transmittersubstanz verbleibt daher im synaptischen Spalt. Dieses führt zu einer langandauernden Erregung der Empfängerzelle, bis der Ionenhaushalt der Nervenzellen zusammenbricht. Die unmittelbaren Folgen dieses Nervengiftes sind deshalb heftige Krämpfe.
Curare besetzt die Transmitterrezeptoren auf den Empfängerzellen, so daß die freigesetzten Transmitter keine Erregung in der Empfängerzelle bewirken können. Die Erregungsleitung bricht zusammen, so daß z. B. sich alle Muskeln entspannen. Nach der Einwirkung von Curare kommt es daher zum Stillstand der Atmung.

Arbeitsblatt 6: Hormon- und Transmittersynthese

1. Tyrosin ist eine Aminosäure, Lecithin ist ein Lipid. Aminosäuren erkennt man an einem zentralen Kohlenstoffatom, an dem eine Aminogruppe, eine Carboxylgruppe und ein variabler Rest R hängen. Lipide sind Fettsäureester des Glycerins, wobei ein Fettsäuremolekül auch durch einen anderen Stoff, wie hier durch Cholin, ersetzt sein kann.

2. Tyrosin: Tyrosin wird durch die Tyrosinhydroxylase mit einer weiteren Hydroxylgruppe versehen. Es entsteht der Stoff Dopa, die Vorstufe zum Dopamin. Dopamin entsteht durch Decarboxylierung von Dopa. Durch Anfügen einer weiteren Hydroxylgruppe entsteht aus Dopamin Noradrenalin. Wird an die Aminogruppe des Noradrenalins eine Methylgruppe gehängt, entsteht Adrenalin.
Lecithin: Vom Lecithin wird das Cholin abgespalten. Es wird durch das Enzym Cholin-Acetylase mit Essigsäure verestert, so daß Acetylcholin entsteht. Das Enzym Acetylcholinesterase macht diese Reaktion rückgängig.

3. Alle vier Stoffe sind Transmitter. Das Adrenalin spielt auch eine wichtige Rolle als Alarmhormon des Körpers. Transmitter werden in den Synapsenendknöpfchen synthetisiert und in Vesikeln gespeichert. Bei der Ankunft von Aktionspotentialen an der Synapse werden sie in den synaptischen Spalt entlassen und diffundieren zur Membran der Empfängerzelle. Hier reagieren sie (Schlüssel-Schloß-Prinzip) mit Porenproteinen, wobei sich die Poren öffnen. Wenn Natrium-Poren geöffnet werden, entsteht auf der Empfängerzelle ein Aktionspotential. Werden Chlorid-Poren geöffnet, wird das Ruhepotential der Empfängerzelle vertieft. – Ein besonders häufig vorkommender Transmitter ist das Acetylcholin. Es bewirkt z.B. die Impulsübertragung von Nervenzellen auf Muskeln. Nach der Reaktion des Acetylcholins mit dem Rezeptor auf der Muskelmembran wird es durch die Acetylcholinesterase in Essigsäure und Cholin gespalten, die Spaltstoffe diffundieren in das Synapsenendknöpfchen zurück und werden von der Cholinacetylase wieder vereinigt.
Adrenalin wirkt auch als Hormon, wobei es zum Beispiel für die Freisetzung von Glucose aus der Leber verantwortlich ist.

Arbeitsblatt 7: Die motorische Endplatte

1.
① SCHWANNsche Zelle
② Axonendigung mit synaptischen Vesikeln (Synapsenendknöpfchen)
③ Subsynaptische Membran (Muskelfasermembran)
④ Axon
⑤ Myelinscheide
⑥ Muskelfaser
⑦ Z-Streifen
⑧ Sarkomer
⑨ Myosinfilament
⑩ Actinfilament

2. Durch die ankommenden Aktionspotentiale werden die an der Synapsenmembran liegenden Vesikel geöffnet. Der Transmitter Acetylcholin tritt in den synaptischen Spalt. Er reagiert mit den Porenproteinen der subsynaptischen Membran und öffnet sie. Natrium-Ionen treten durch die Membran und erzeugen das Endplattenpotential. Dieses breitet sich über den gesamten Muskelbereich aus. Durch das Endplattenpotential werden Calcium-Ionen im Muskel freigesetzt. Sie bewirken die Kontraktion des Muskels.

3. Im Gegensatz zu einer erregenden Synapse zwischen zwei Nervenzellen überträgt die motorische Endplatte die Erregung auf eine Muskelzelle und nicht auf eine Nervenzelle.

Arbeitsblatt 8: Informationsverarbeitung an Nervenzellen 1

Voraussetzung:
I. Bei der Oder-Schaltung (Parallelschaltung) ist es gleich, welcher Schalter geschlossen wird: In jedem Fall ist der Stromkreis geschlossen, und die Glühlampe leuchtet.
II. Und-Schaltung (Reihenschaltung). Beide Schalter müssen geschlossen sein, damit der Strom fließt. Der Verbraucher spricht nur an, wenn beide Schalter gleichzeitig betätigt werden.
III. Bei der Nein-Schaltung wird durch Betätigen des Schalters A der zweite Stromkreis unterbrochen. Die Glühlampe leuchtet also nur, wenn B allein gedrückt wird. Wird A allein gedrückt, geschieht nichts, weil B offen ist. Werden beide zusammen gedrückt, geschieht auch nichts, weil der zweite Stromkreis nicht geschlossen ist.

1.

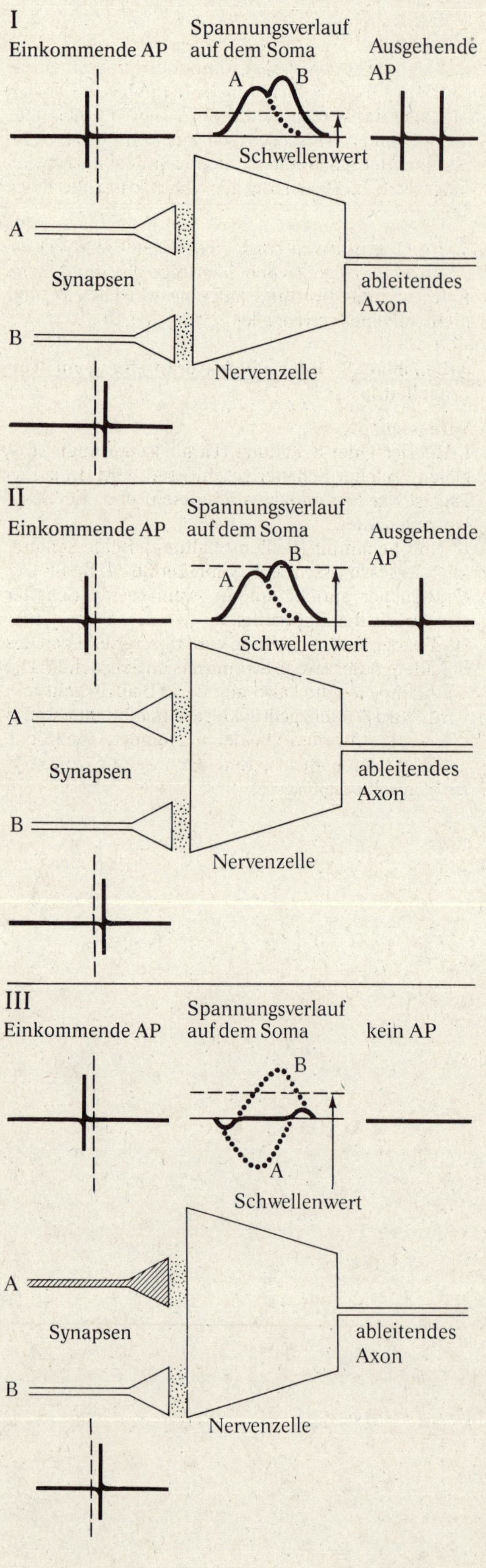

Auf dem Soma der Nervenzelle werden die einkommenden Aktionspotentiale (AP) addiert. Die punktierte Linie deutet an, wie die Spannung eines einzelnen Aktionspotentials ohne Einwirkung des anderen verlaufen würde. Der Verlauf der Somaspannungen in den Fällen I und II ist gleich. Bei III symbolisiert A die hemmende Synapse, sie muß schraffiert werden. Da das Aktionspotential auf A ein wenig eher ankommt als das auf B, ergibt sich eine sehr geringe Absenkung des Ruhepotentials. Dann aber kompensiert das auf B ankommende Aktionspotential eine weitere Absenkung. Durch den Einstrom von Anionen aufgrund der Wirkung der hemmenden Synapse wird aber auch die Ausbildung der Spannung für die erregende Synapse unterbunden. Nur am Ende der Periode kann es wegen der späteren Ankunft des Aktionspotentials auf B zu einer geringfügigen Erhöhung der Somaspannung kommen.

2. und **3.** (s. **1.**) Solange der Schwellenwert der Nervenzelle durch die Somaspannung überschritten wird, erzeugt diese auf dem Axon neue Aktionspotentiale.
Wenn der Schwellenwert niedrig liegt, werden für die gesamte Zeit, in der die Somaspannung steht, Aktionspotentiale erzeugt. Jedes einkommende Aktionspotential erzeugt also wieder ein ausgehendes Aktionspotential. Das entspricht der Oder-Schaltung in einem physikalischen Stromkreis.
Liegt der Schwellenwert hoch, dann müssen die Somaspannungen mehrerer einkommender Aktionspotentiale addiert werden, um ihn zu überschreiten. Liegt der Schwellenwert sehr hoch, erzeugt die Nervenzelle für mehrere einkommende Aktionspotentiale nur ein ausgehendes Aktionspotential. Das entspricht der Und-Schaltung des physikalischen Stromkreises. Bei der Nein-Schaltung ist es gleich, wie hoch der Schwellenwert liegt, er muß nur höher sein als die kleinen Spannungsspitzen, die durch verfrühte oder verspätete Ankunft einkommender Aktionspotentiale entstehen.

4. (s. **1.**) Synapse A entspricht dem physikalischen Stromkreis, der den Stromfluß in dem zweiten Stromkreis unterbricht. Schalter A verhindert also die Wirkung von Schalter B, ebenso verhindert Synapse A die Wirkung von Synapse B.

5. Die links aufgeführten physikalischen Stromkreise sind die elementaren Bausteine der Mikroelektronik, d.h. der elektronischen Datenverarbeitung. Alle Berechnungen in Computern lassen sich auf diese drei Schaltungen zurückführen. Da sich, wie hier gezeigt, Nervenzellfunktionen mit elektronischen Schaltkreisen parallelisieren lassen, liefert die Mikroelektronik Ansatzpunkte zum Verständnis der Funktionen komplexerer neuronaler Systeme.

6. Die Antwort zu Frage 5 verführt zu der Annahme, das Gehirn sei ein Computer und arbeitet wie dieser. Wenn der Mensch Computer konstruiert und diese, da er sie konstruiert hat, auch versteht, könnte es sein, daß er eines Tages auf dieser Basis auch die Wirkungsmechanismen des Gehirns versteht. Diese Annahme geht aber zu weit. Die physikalischen Schaltkreise arbeiten streng nach dem digitalen Prinzip, d.h. es gibt nur zwei Schalterstellungen: ein und aus. Es spricht aber sehr viel dafür, daß in Nervenzellen auch analoge Verarbeitungsprinzipien vorkommen. Gemischt digital-analog arbeitende Computer sind zur Zeit nicht in Gebrauch. Weiterhin ist die Zahl der Schaltelemente im menschlichen Gehirn so groß, daß sie sich einem Verständnis bisher entzieht ($1{,}4 \times 10^{10}$ Neuronen mit je bis zu 10^4 Synapsen ergibt ca. 10^{14} Schaltelemente!). Über die Speicherung und die Codierung der Informationen im Gehirn ist bisher noch gar nichts bekannt. Der Vergleich der Schaltungen von Nervenzellen und physikalischen Schaltkreisen kann also nur ein kleiner Ansatz für das Verständnis der Arbeitsweise sein.

Arbeitsblatt 9: Informationsverarbeitung an Nervenzellen 2

1.

Synapse A: erregend

Synapse B: hemmend

Synapse C: erregend

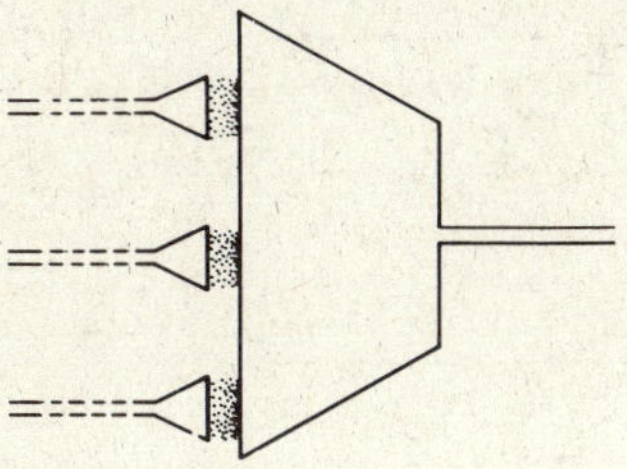

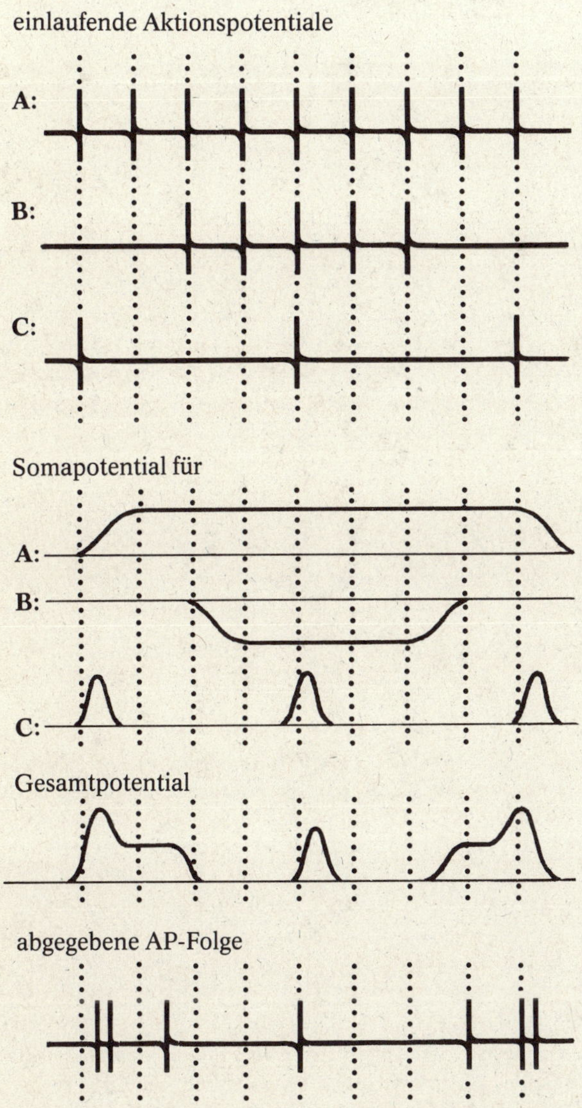

(2). Somapotentiale
Somapotential A: Die gleichmäßig einlaufenden Aktionspotentiale bewirken eine langanhaltende Somaspannung in gleichbleibender Höhe.
Somapotential B: Die gleichmäßig einlaufenden inhibitorischen Aktionspotentiale bewirken eine langanhaltende, gleichbleibende negative Somaspannung.
Somapotential C: Jedes der einzeln einlaufenden Atkionspotentiale bewirkt eine einzelne Zacke auf dem Somapotential.

(3). Gesamtpotential
Die Somapotentiale von A, B und C werden addiert. Dabei löscht B Teile von A aus. Die C-Potentiale werden auf dieses Ergebnis addiert. Wo die C-Potentiale auf eine schon vorhandene Spannung treffen, entsteht ein entsprechend höheres Potential (Summe!).

2. (s. **1.**) Die Erzeugung von ausgehenden AP erfolgt in Abhängigkeit von der Höhe der Somaspannung. Deshalb entstehen dort, wo die Somaspannung besonders hoch ist, mehrere AP in kurzer Folge.

Arbeitsblatt 10: Informationsverarbeitung an Nervenzellen 3

1. Je tiefer die Haut eingedrückt wird, desto schneller folgen die Aktionspotentiale aufeinander. Das entspricht dem Prinzip, wie Informationen auf Nervenfasern codiert werden: Der Abstand zwischen den Aktionspotentialen ist der Reizstärke umgekehrt proportional (Frequenzmodulation).

2. Der Nerv, der von dem Berührungsrezeptor in der Katzenhaut kommt, wird mit einer haarfeinen Mikroelektrode angestochen, so daß man die Spannung an der Zelle messen kann.

3. Bei längerer Arbeit der Nervenzelle tritt ein Gewöhnungseffekt auf, der die AP-Folge verlangsamt, d.h. der Reiz wird schwächer wahrgenommen. Je schwächer der Reiz ist, desto stärker ist der Gewöhnungseffekt. Biologischer Sinn: Ein schwacher Reiz hat weniger Bedeutung als ein starker – bei sehr starker Reizung kann auch der Energieverbrauch der Zelle (ATP) eine Rolle spielen.

Arbeitsblatt 11: Informationsverarbeitung an Nervenzellen 4

1. Der motorische Nerv läuft zu dem Muskel, der das Auge nach rechts zieht. Man erkennt es daran, daß die AP-Folge besonders dicht ist, wenn die Augenbewegungskurve die Nullinie unterschreitet. Wird die Nullinie überschritten (untere Abb.), erfolgt hingegen keine Reaktion des Muskels, da der Gegenspieler kontrahiert wird.

2. Der rechte Augenbewegungsmuskel wird durch die gesendeten Aktionspotentialfolgen des Nervs, der ihn versorgt, kontrahiert. Die Intensität der Kontraktion wird durch die Abstände der Aktionspotentiale bestimmt (Frequenzmodulation; geringe Abstände = starke Kontraktion, große Abstände = schwache Kontraktion).

Arbeitsblatt 1: Bau der Nervenzelle

Name:	Klasse / Kurs:	Datum:

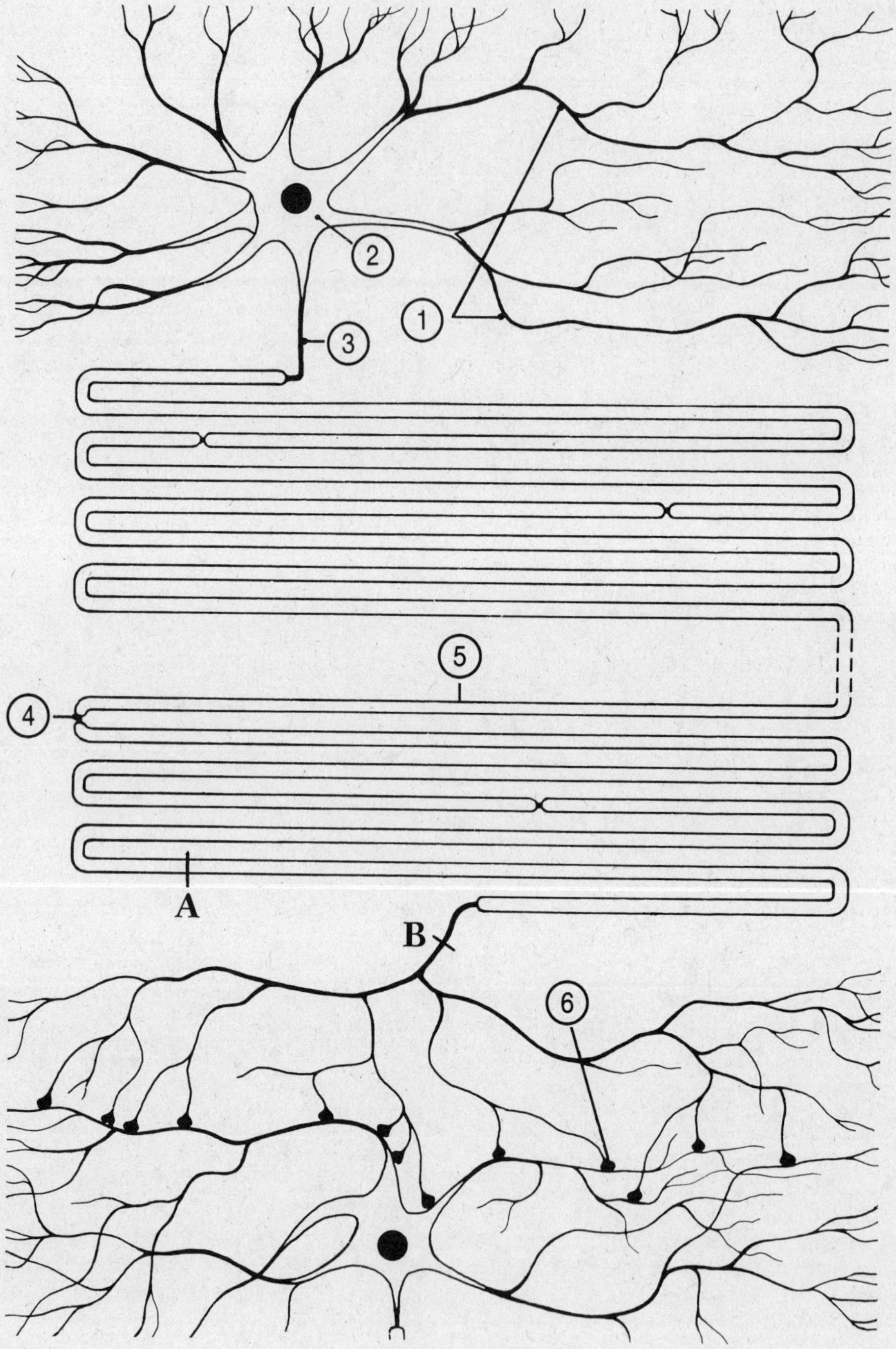

1. Benennen Sie die Bestandteile der Nervenzelle!

2. Welche Aufgaben haben die einzelnen Bestandteile der Nervenzelle?

3. Fertigen Sie von den mit A und B gekennzeichneten Bereichen der Nervenzelle Zeichnungen an, die schematisch den jeweiligen Querschnitt zeigen! Beschriften Sie Ihre Zeichnungen!

Arbeitsblatt 2: Ionenverteilung an der Nervernzellmembran

Name:	Klasse / Kurs:	Datum:

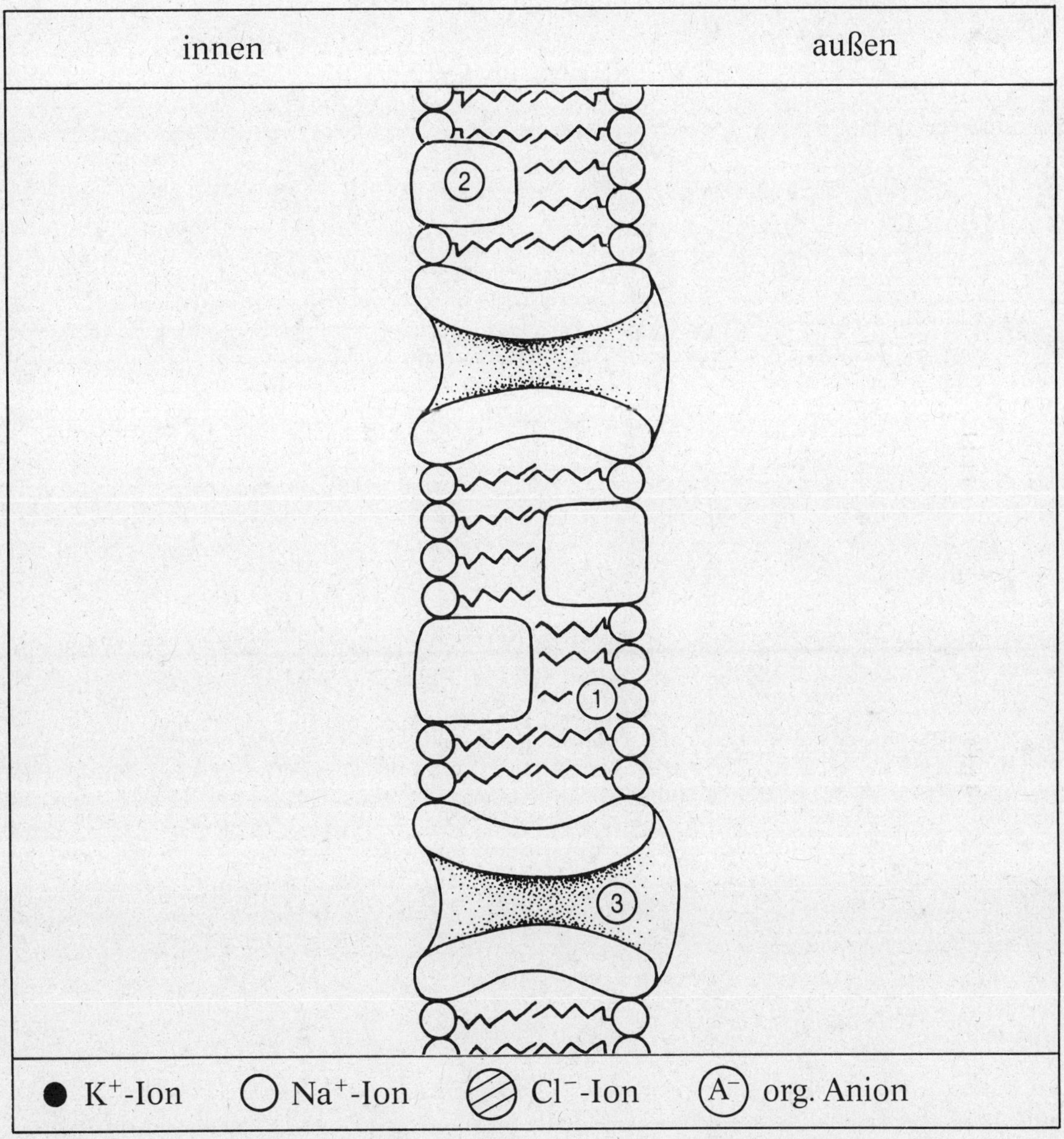

Die Abbildung zeigt einen Ausschnitt der Membran einer Nervenzelle.

1. Ordnen Sie den Zahlen die entsprechenden Begriffe zu!

2. Zeichnen Sie die Verteilung der Ionen am nicht erregten Nerv an beiden Seiten der Membran ein! Stellen Sie die angenähert quantitativen Verhältnisse durch mehr oder weniger Symbole der einzelnen Ionenarten dar! Verwenden Sie für die jeweiligen Kationen und Anionen die angegebenen Symbole!

3. Erklären Sie anhand der Abbildung die Entstehung des Ruhepotentials!

Arbeitsblatt 3: Entstehung eines Aktionspotentials

Name:	Klasse / Kurs:	Datum:

Abb. 1

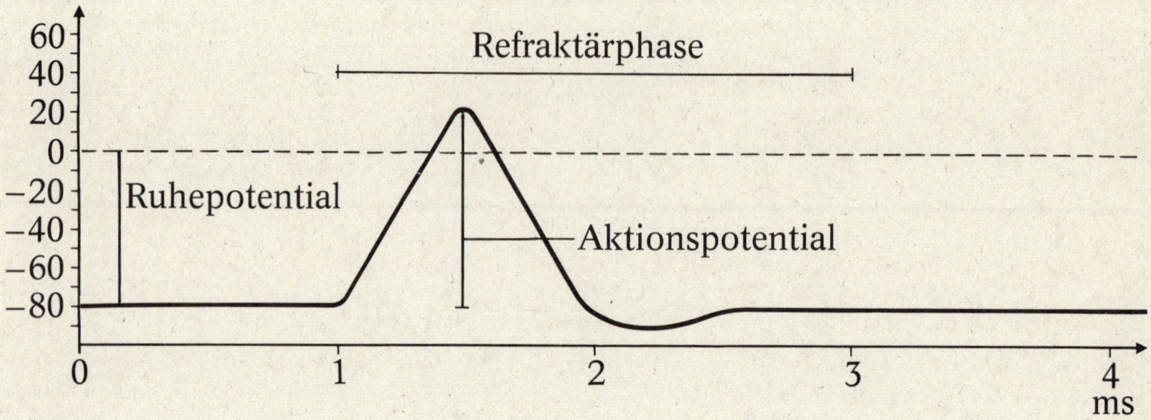

Abb. 2

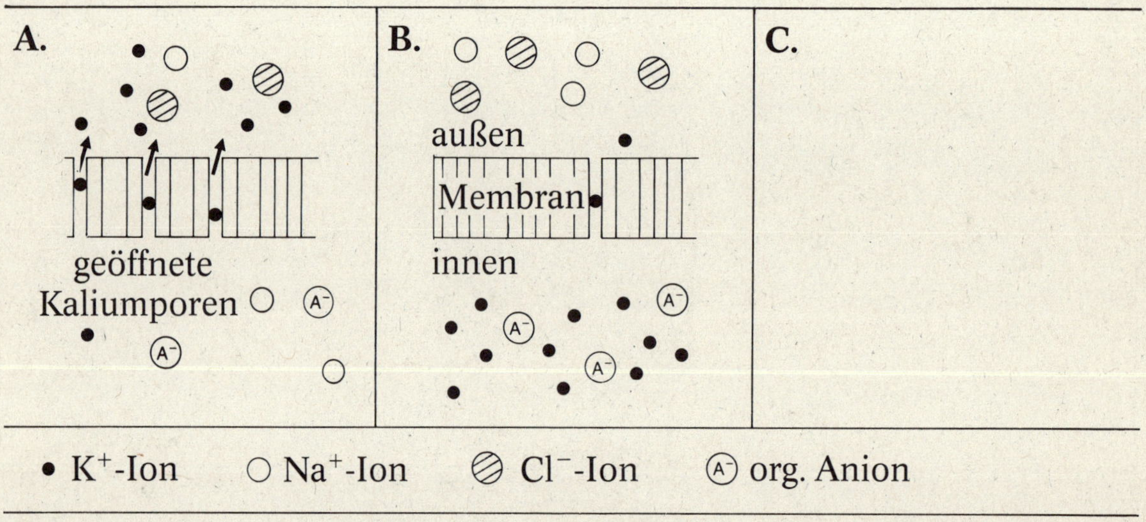

Abbildung 1 zeigt grafisch die gemessenen Membranpotentialwerte im Verlauf eines Aktionspotentials an der Membran einer Nervenzelle. In der Abbildung 2 sind schematisch Ionenverteilungen an der Nervenzellmembran dargestellt, welche den Verhältnissen bestimmter Abschnitte der Meßkurve entsprechen.

1. Ordnen Sie die dargestellten Ionenverteilungen an der Membran den entsprechenden Abschnitten der Meßkurve zu! Begründen Sie Ihre Zuordnung!

2. Für einen Abschnitt der Meßkurve ist die entsprechende Ionenverteilung an der Membran nicht dargestellt. Stellen Sie diese Ionenverteilung zeichnerisch dar, und geben Sie die Bewegungsrichtung der Ionen durch Pfeile an!

3. Tragen Sie durch einen Pfeil in die Abbildung 1 die Bewegungsrichtung des Aktionspotentials ein!

Arbeitsblatt 4: Saltatorische Erregungsleitung

Name:	Klasse / Kurs:	Datum:

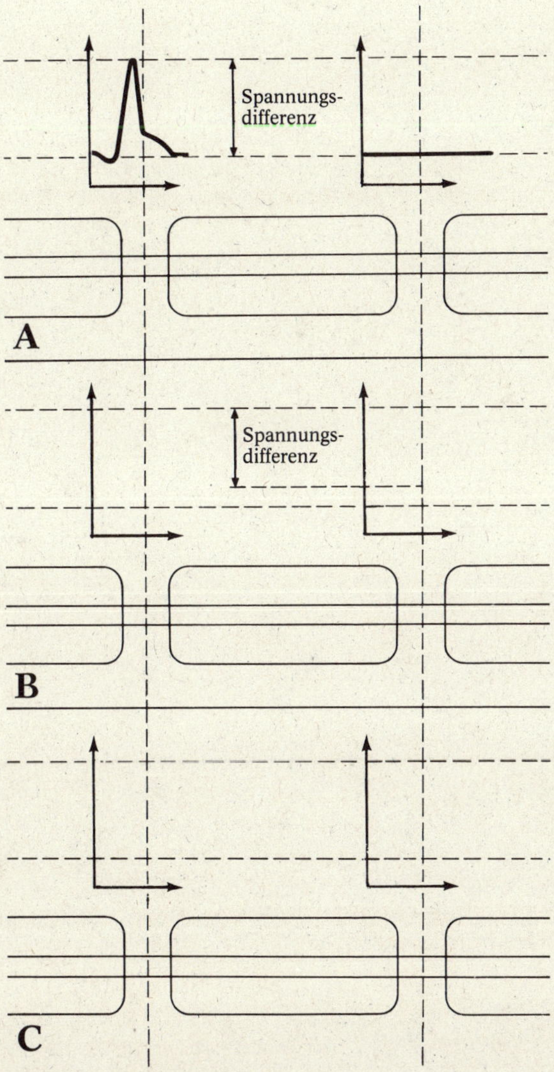

1. Tragen Sie die weiteren Spannungsverläufe in die Teilbilder B und C ein!

2. Kennzeichen Sie den Zustand bestimmter Abschnitte des dargestellten Bereichs mit den Begriffen „Erregung“, „beginnende Erregung“ und „Refraktärphase“!

3. Tragen Sie die Ladungsverteilung an den RANVIERschen Schnürringen in allen Teilbildern mit den Symbolen + und – ein!

4. Beschreiben und erklären Sie den in der Abbildung dargestellten Prozeß der saltatorischen Erregungsleitung!

5. Was bedeutet in diesem Zusammenhang „Alles-oder Nichts-Reaktion“?

6. Wann wird bei dem Prozeß Energie verbraucht und wofür?

7. Vergleichen Sie die dargestellte Form der Erregungsleitung mit der Erregungsleitung markloser Nervenzellen! Welche Vorteile bietet die saltatorische Erregungsleitung?

Arbeitsblatt 5: Funktion einer erregenden Synapse

Name:	Klasse / Kurs:	Datum:

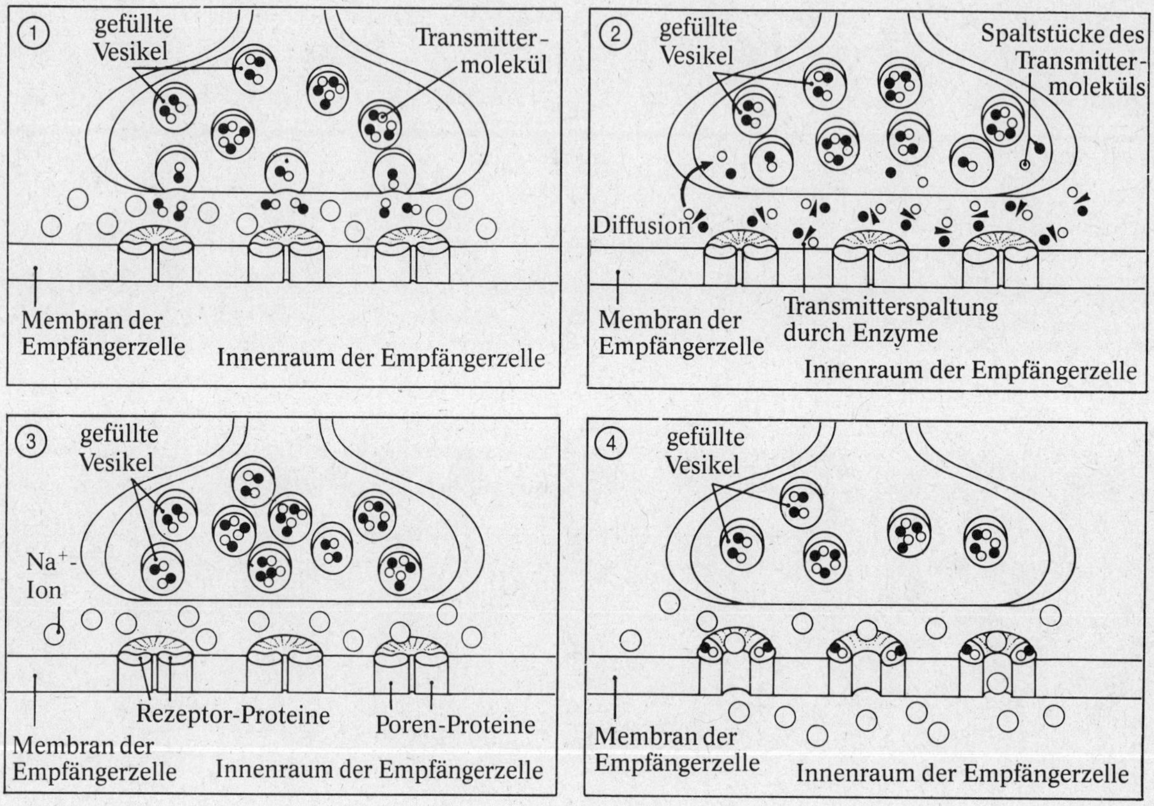

Die Teilbilder 1 bis 4 zeigen schematisch die Erregungsübertragung zwischen zwei Nervenzellen.

1. Geben Sie die richtige Reihenfolge der Teilbilder 1 bis 4 an, und beschreiben Sie anhand der Teilbilder die Funktion der Synapse!

2. Geben Sie an, in welcher Weise sich die Funktion hemmender Synapsen von der der dargestellten erregenden Synapse unterscheidet!

3. Verschiedene Nervengifte unterbinden die Erregungsübertragung an den Synapsen. Phosphorsäureester, die in Pestiziden vorkommen, blockieren z. B. die Enzyme, welche im synaptischen Spalt die Transmittersubstanz spalten; das Curare, ein Pfeilgift aus Südamerika, blockiert die Transmitterrezeptoren auf der Membran der Empfängerzelle. Nennen Sie die Folgen, die durch Einwirken der genannten Gifte entstehen! Begründen Sie Ihre Antwort!

Arbeitsblatt 6: Hormon- und Transmittersynthese

Name:	Klasse / Kurs:	Datum:

In der Nahrung sind die Stoffe Tyrosin und Lecithin enthalten. Bei der Verdauung werden sie in den Körper aufgenommen und in folgenden Reaktionsschritten zu Verbindungen umgewandelt, die für Nervenzellen eine Bedeutung haben:

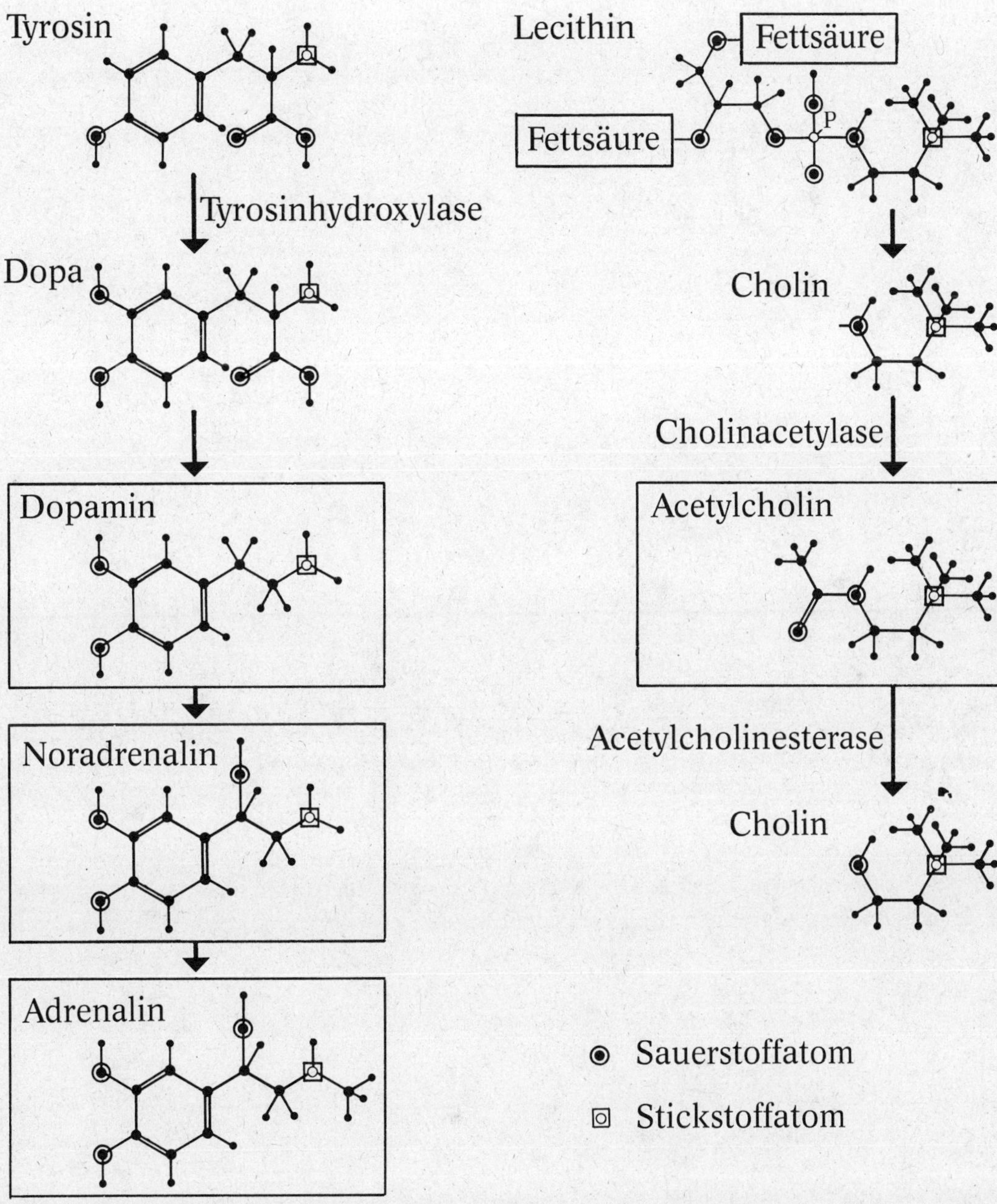

1. Welchen Stoffgruppen gehören die Verbindungen Tyrosin und Lecithin an? Begründen Sie Ihre Antwort!

2. Welche Schritte werden durchlaufen, um Tyrosin in Adrenalin bzw. Lecithin in Acetylcholin umzuwandeln?

3. Welche Funktion haben die durch einen Rahmen hervorgehobenen Stoffe für den Körper? Beschreiben Sie die Wirkungsweise dieser Stoffe!

Arbeitsblatt 7: Motorische Endplatte

Name:	Klasse / Kurs:	Datum:

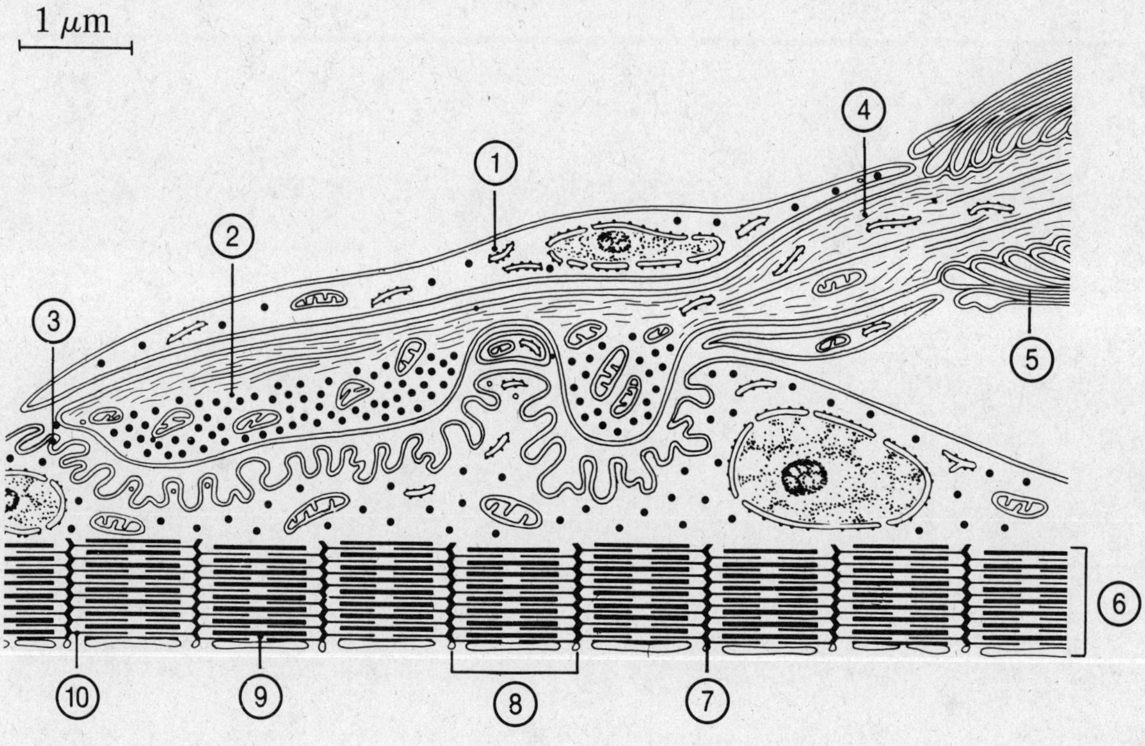

Die Abbildung zeigt eine motorische Endplatte im Längsschnitt.

1. Ordnen Sie den Zahlen die entsprechenden Begriffe zu!

2. Beschreiben Sie die Funktion der motorischen Endplatte, wenn ein Aktionspotential die motorische Endplatte erreicht!

3. Worin unterscheidet sich die motorische Endplatte von einer erregenden Synapse zwischen zwei Nervenzellen?

Arbeitsblatt 8: Informationsverarbeitung an Nervenzellen 1

Name:	Klasse / Kurs:	Datum:

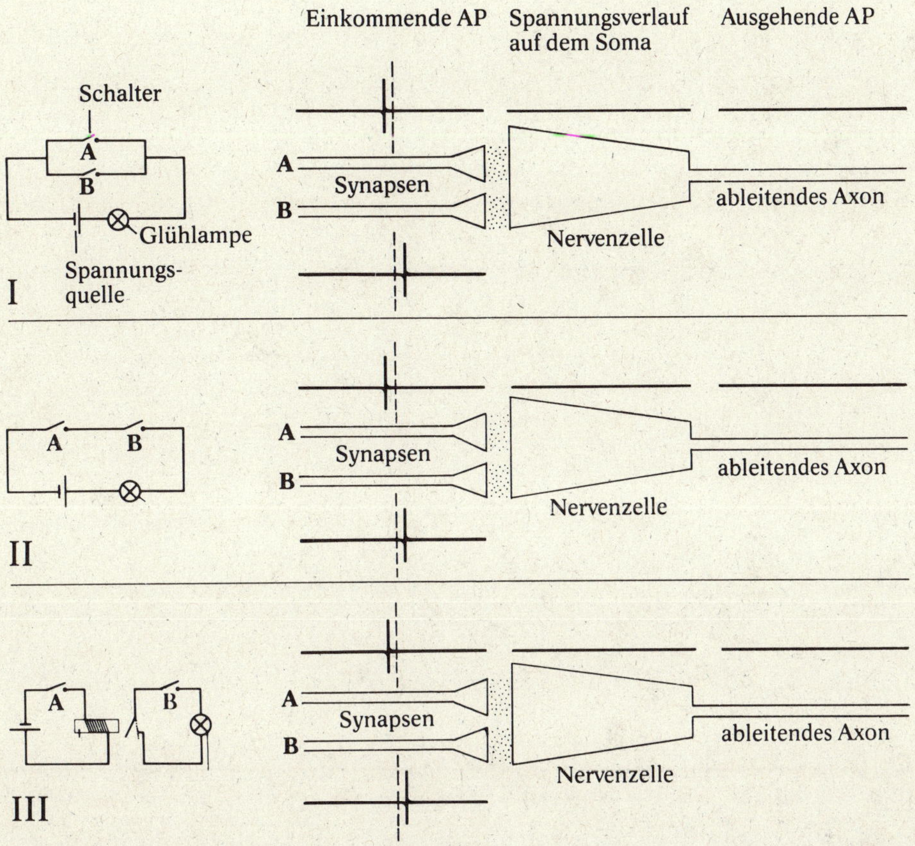

Voraussetzung: Die links abgebildeten Schaltbilder zeigen die Oder-(Parallel-)Schaltung (I), die Und-(Reihen-)Schaltung (II) und die Nein-Schaltung (III). Überlegen Sie zuerst, welche Wirkung die Betätigung der Schalter A und B allein bzw. zusammen in den physikalischen Schaltungen haben.
Rechts sehen Sie zwei Synapsen A und B, die auf eine Nervenzelle einwirken. Auf jeder Synapse läuft ein Aktionspotential (AP) ein, auf A etwas früher als auf B.

1. Zeichnen Sie den Verlauf der Somaspannung auf dem Zellkörper der Empfängernervenzelle ein, wenn die Synapsen A und B ihre Aktionspotentiale liefern!

2. Verschiedene Nervenzellen haben unterschiedliche Schwellenwerte der Somaspannung für die Erzeugung eigener AP. Zeichnen Sie mit einer punktierten Linie den Schwellenwert der jeweiligen Nervenzelle in die Kurve der Somaspannung ein! Wählen Sie die Höhe des Schwellenwertes so, daß die Wirkung der Nervenzelle der Wirkung des physikalischen Schaltkreises entspricht.

3. Zeichnen Sie bei jedem Schaltbild auf die rechte obere Linie die ausgehenden Aktionspotentiale!

4. Schraffieren Sie eventuell auftretende hemmende Synapsen!

5. Welche Bedeutung hat der Vergleich der Wirkung einer Nervenzelle mit der Wirkung eines physikalischen Schaltkreises?

6. Wo liegen die Grenzen des oben dargestellten Modells?

Arbeitsblatt 9: Informationsverarbeitung an Nervenzellen 2

Name:	Klasse / Kurs:	Datum:

1. Synapse A: erregend

Synapse B: hemmend

Synapse C: erregend

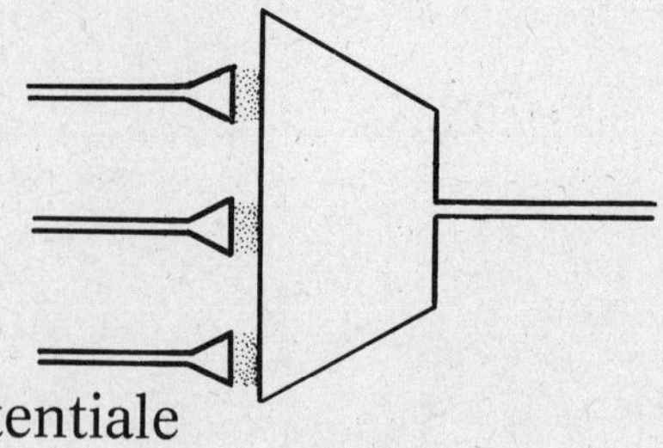

Einlaufende Aktionspotentiale

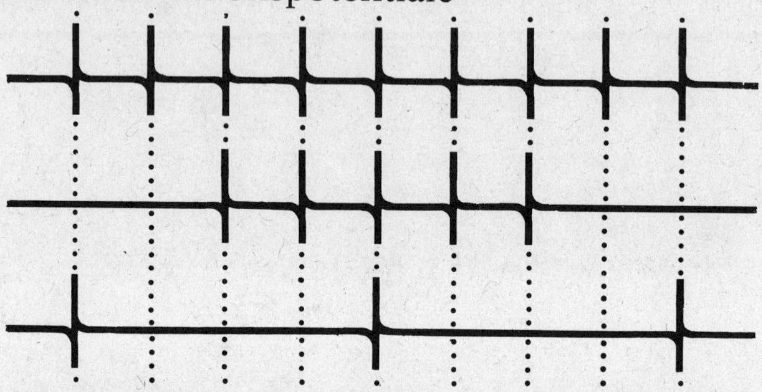

2. Somapotential für

A:

B:

C:

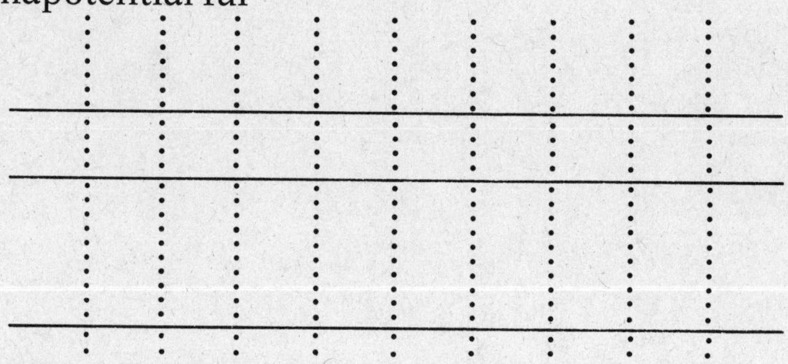

3. Gesamtpotential

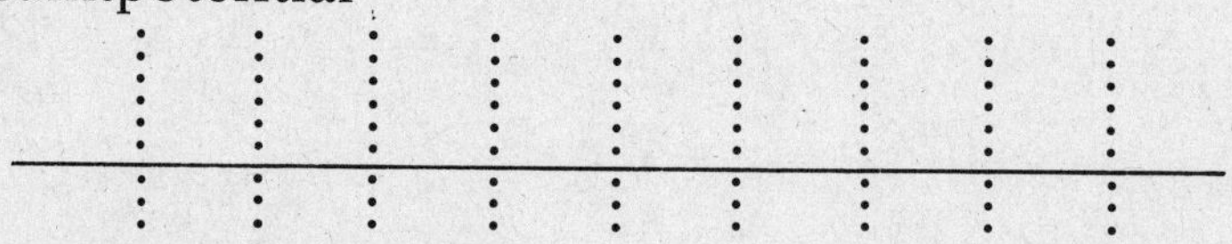

4. Abgegebene AP-Folge

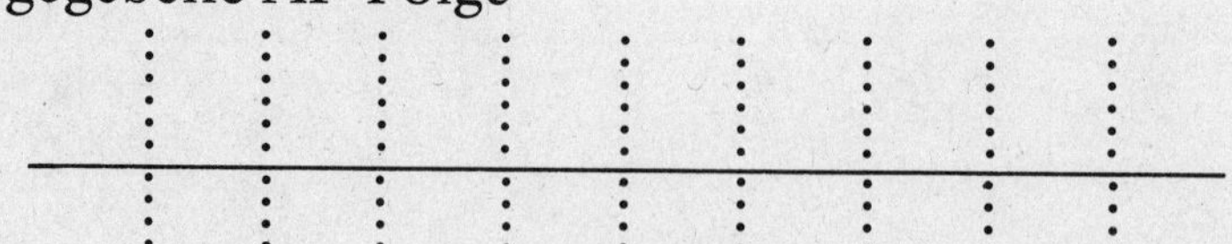

Das Teilbild 1 zeigt drei Synapsen, die auf die Synapse einer Empfängerzelle geschaltet sind sowie die Aktionspotentiale dieser Synapsen.

1. Tragen Sie die Somapotentiale für die Synapsen A, B und C in das Teilbild (2), das Gesamtpotential in das Teilbild (3) ein! Begründen Sie den jeweiligen Verlauf des Graphen!

2. Zeichen Sie die Folge von Aktionspotentialen, welche die Empfängerzelle abgibt, in das Teilbild (4) ein!

Arbeitsblatt 10: Informationsverarbeitung an Nervenzellen 3

Name:	Klasse / Kurs:	Datum:

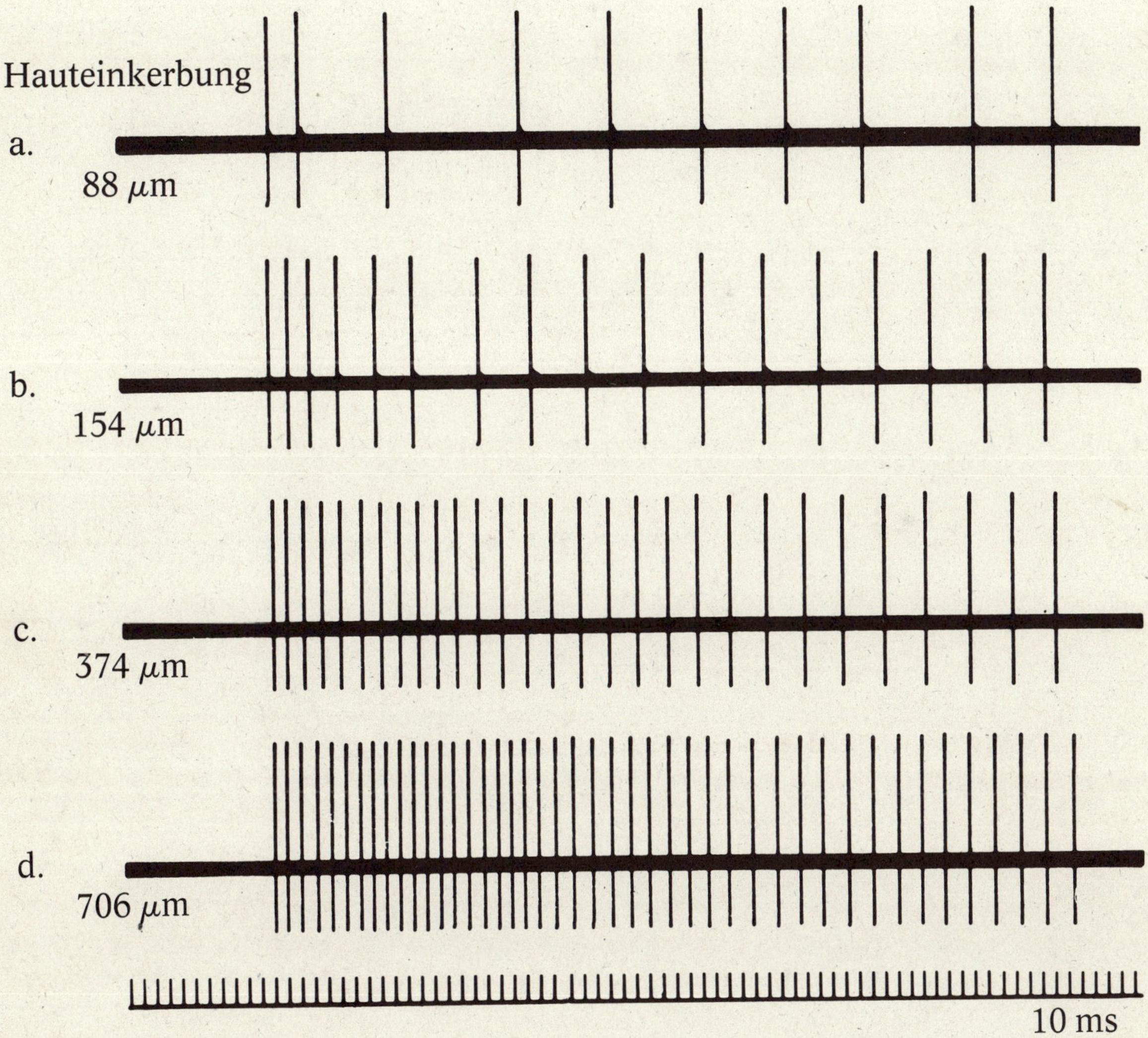

Die Kurven zeigen Aktionspotentiale, die aus Berührungssinnesorganen der Katzenhaut abgeleitet wurden. Die Zahlen an der linken Seite geben an, wie tief die Haut bei dem jeweiligen Experiment eingedrückt wurde.

1. Beschreiben und vergleichen Sie die Kurvenverläufe!

2. Anhand welcher Methode kann man die dargestellten Meßkurven ermitteln?

3. Begründen Sie, warum die Frequenz der Aktionspotentiale bei allen Kurven mit der Zeit absinkt!

Arbeitsblatt 11: Informationsverarbeitung an Nervenzellen 4

Name:	Klasse / Kurs:	Datum:

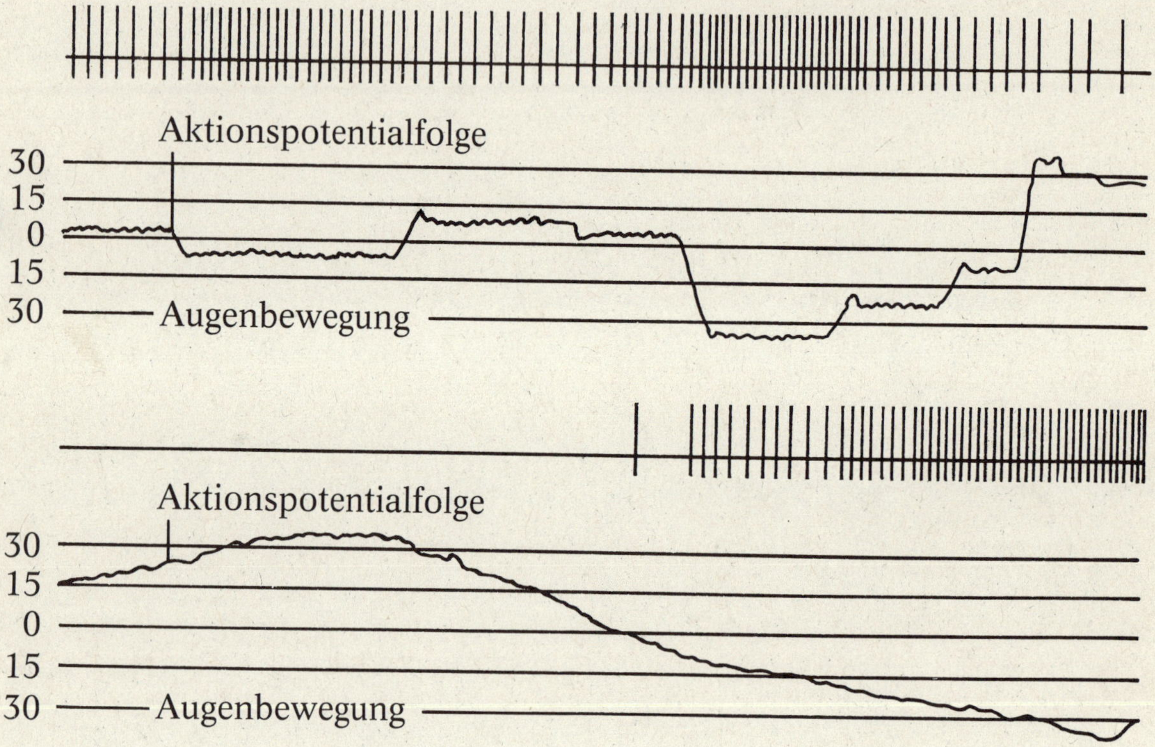

Die mit Zahlen versehenen Linien bedeuten, wieviel Grad das Auge einer Katze durch den Augenbewegungsmuskel nach links oder rechts ausgelenkt wurde. Die Zahlen 0 bis 30 nach oben bedeuten Auslenkung nach links, die Zahlen nach unten Auslenkung nach rechts. Die Kurve darüber zeigt die Folge von Aktionspotentialen (AP), die von einem motorischen Nerv abgeleitet wurden, der zu dem Augenbewegungsmuskel läuft.

1. Zu welchem Augenbewegungsmuskel läuft der motorische Nerv, dessen Aktionspotentiale dargestellt sind? Begründen Sie Ihre Antwort!

2. Erklären Sie die AP-Folgen!

3. Nervensysteme

A. Aufgaben und Versuche

V 1 *Lichtrückenreflex bei Aquarienfischen*

Objekt: Aquarienfische, möglichst mit hohem Rükken (Sumatrabarben, Segelflosser)

Material: Aquarium mit Fischen, Aquarienbeleuchtung, Schreibtischlampe oder Dia-Projektor zur seitlichen Beleuchtung.

Durchführung: Die Seitenbeleuchtung wird seitlich neben das Aquarium gestellt. Die Fische werden zuerst bei normaler Beleuchtung von oben beobachtet. Dann wird die Oberbeleuchtung ausgeschaltet und die Seitenbeleuchtung eingeschaltet.

Aufgabe: Protokollieren Sie die Haltung der Fische in Abhängigkeit vom einfallenden Licht und von ihrer Stellung zum Licht!

Lösungshinweis: Bei normaler Beleuchtung schwimmen die Fische normal senkrecht umher. Bei Seitenbeleuchtung schwimmen sie dann, wenn sie quer zur Einfallsrichtung des Lichtes stehen, mit der Rückenseite mehr oder weniger stark auf die Lichtquelle zu geneigt. Die Schräglage ist eine Resultierende aus der Schwerkraft und dem einfallenden Licht. Normalerweise stehen sich diese Einflüsse direkt gegenüber und bewirken das Senkrechtschwimmen des Fisches. Durch die seitliche Beleuchtung wird der Lichtrückenreflex so ausgelöst, daß er den Fisch auf die Seite dreht. Dem wirkt aber der Reflex entgegen, der auf den Schwerkraftreiz reagiert, so daß eine Schräglage resultiert.

A 2 *Der Schluckreflex*

Im Gehirn befindet sich das Schluckzentrum oberhalb des Atemzentrums. Der Schluckreflex ist beim Menschen so stark verankert, daß er auch bei Bewußtlosigkeit und während des Sterbens erhalten bleibt. Von C. LEAR (Harvard Universität) wurden ausführliche Tests an Erwachsenen durchgeführt, um festzustellen, wie häufig ein Mensch pro Stunde schluckt. Folgende Schluckhäufigkeit wurde pro Stunde festgestellt:

Frequenz	Tätigkeit
7–8	Ruhiger Schlaf
31	Wachzustand (liegend)
34	Bei ruhigem Sitzen und Lesen
48	Bei 10minütigem normalen Essen

Dem Willen ist nur der Beginn des Schluckvorgangs unterworfen. Sobald aber das Gaumentor berührt wird, vollzieht sich der weitere Prozeß durch den Reflex.

Aufgaben: **a.** Welcher Art von Reflexen ordnet man den Schluckreflex zu? Begründen Sie Ihre Aussage!
b. Beschreiben Sie den Informationsfluß beim Ablauf des Reflexes!
c. Erklären Sie die unterschiedlichen Schluckhäufigkeiten!

Lösungshinweis: **a.** Der Schluckreflex ist ein polysynaptischer oder Fremdreflex, da der Reizaufnahmeort (Rachenhaut) ein anderer ist als der Ort des Effektors (Schluckmuskulatur).
b. Der Reiz wird von Berührungsrezeptoren in der Rachenwand aufgenommen und zum Schluckzentrum im Nachhirn geleitet. Hier erfolgt eine Umschaltung auf motorische Nerven, die zu den verschiedenen Muskeln führen, die den Schluckvorgang bewirken. Auf deren Kommandos findet der Schluckvorgang statt. Da das Schluckzentrum am Beginn des Rückenmarks liegt, kann es nicht vom Bewußtsein beeinflußt werden.
c. Die Speicheldrüsen geben dauernd Sekret ab, das in den Mund fließt. Dadurch werden die Mundschleimhäute immer feucht und geschmeidig gehalten. Auch die Nasenschleimhäute sezernieren ständig, um die Nase zu reinigen (Partikel in der Atemluft) und die Atemluft anzufeuchten. Das überschüssige Sekret wird heruntergeschluckt. Während des Schlafens ist die Sekretproduktion herabgesetzt. Deshalb muß weniger geschluckt werden. Im Wachzustand ist die Speichel- und Sekretproduktion stärker, da intensiver geatmet wird, z.T. auch durch den Mund. Die Auslösung des Reflexes in diesen Fällen erfolgt wahrscheinlich durch Bewegungen der Zunge, die das hintere Gaumendach berührt. – Beim Essen wird der Reflex durch die Nahrungsbissen ausgelöst.

V 3 *Vegetatives Nervensystem und Kälteeinwirkung*

Taucht man eine Hand in kaltes Wasser, führt dieses über die Erregung des sympathischen Nervensystems zu einer meßbaren Erhöhung der Pulsfrequenz und des Blutdrucks (Handtest). Wird das Gesicht in kaltes Wasser getaucht (Gesichtstest), zeigt der erhöhte Blutdruck ebenfalls eine Erregung des sympathischen Nervensystems. Gleichzeitig reagiert aber der Körper mit einer Verlangsamung der Pulsfrequenz (Bradykardie), die auf eine Erregung des Vagus hinweist. Diese Befunde erhielt man durch Untersuchungen an weißen Nordamerikanern. Wurden hingegen Eskimos (Männer, Frauen, Kinder) mit Hilfe dieser Tests untersucht, konnte nur eine sehr schwache Erhöhung des Blutdrucks beobachtet werden. Die Verlangsamung der Pulsfrequenz erfolgte bei den Eskimos in ähnlicher Weise.
Zur Klärung dieser überraschenden Ergebnisse wurde eine Gruppe von Briefträgern aus der kanadischen Stadt Quebec, die das ganze Jahr ungefähr 30 Stunden pro Woche im Freien arbeiten, untersucht. In Quebec schwanken die Temperaturen von November bis März etwa von +4 °C bis −29 °C. Bei dieser Gruppe konnte am Ende des Winters beim Gesichtstest eine statistisch signifikante Verminderung der Erregung des sympathischen Nervensystems, d.h. der Blutdruck stieg nicht mehr so stark an, und eine gleichzeitige starke Verlangsamung der Pulsfrequenz, d.h. eine erhöhte Erregung des Vagus, als Folge der Kälteeinwirkung, festgestellt werden.

Ferner wurde eine Gruppe von kanadischen Soldaten vor und nach einer Expedition in die Arktis untersucht. Bei den Soldaten war nach der Expedition eine stärkere Bradykardie im Gesichtstest festzustellen als vor der Expedition.

Anmerkung: Der Nervus vagus ist ein Teil des Parasympathicus.

Aufgaben: **a.** Was ist das gemeinsame Ergebnis dieser Untersuchungen?
b. Mit welcher Methode werden hier die Aktivitäten der Teile des vegetativen Nervensystems gemessen?
c. Erklären Sie die Bedeutung der Reaktionen beim Handtest und beim Gesichtstest!
d. Erklären Sie die Versuchsergebnisse!

Lösungshinweis: **a.** Die Resultate dieser Untersuchung weisen darauf hin, daß bei Menschen, die wiederholt der Kälte ausgesetzt wurden, ein Anpassungsmechanismus ausgelöst wird, der durch eine Herabsetzung der sympathischen Reizbeantwortung und eine gleichzeitig Vaguserregung charakterisiert ist.
b. Die Messung der Aktivität der Teile des vegetativen Nervensystems erfolgt durch die Messung der Auswirkungen der Aktivität auf den Körper: Sympathicusaktivität – Messung des Blutdrucks und der Pulsfrequenz, Parasympathicusaktivität – Messung der Pulsfrequenz.
c. Beim normalen Menschen signalisiert die Kälteempfindlichkeit an der Hand eine mögliche Gefahr, der durch die Erhöhung des Blutdrucks und der Pulsfrequenz sofort begegnet wird. – Kälte am Gesicht wirkt erfrischend, wahrscheinlich als Antagonist zum erhitzten Gesicht bei starker Anspannung und Belastung. Erfrischend ist gleichzeitig entspannend und damit mit Parasympathicus-Aktivität verbunden.
d. Langdauernde Kälteeinwirkung ohne nachteilige Folgen führt zu einer Gewöhnung in dem Sinne, daß irrelevante Reize an Bedeutung verlieren. So nimmt die Sympathicus-Aktivität durch die Gewöhnung an die Kälte ab, während die Parasympathicus-Aktivität erhalten bleibt, da Entspannung immer wichtig für den Körper ist.

B. Literatur

GOLDSTEIN/BETZ: Die Blut-Hirn-Schranke, SPEKTRUM 1986, Heft 11, Seiten 82–91.

Kommentar: Besonderheiten der Eigenschaften der Haargefäße des Gehirns, Kontrolle des Stoffaustauschs zwischen Blut und Gehirn, ausführliche Darstellung der Wirkungsmechanismen. Fotos, Zeichnungen, Schema-Zeichnungen, elektronenoptische Darstellungen. Unterrichtsvorbereitung, Referatthema.

C. Zusatzinformationen –

D. Lösungshinweise zu den Arbeitsblättern:

Arbeitsblatt 1: Verschiedene Formen von Nervensystemen

1.

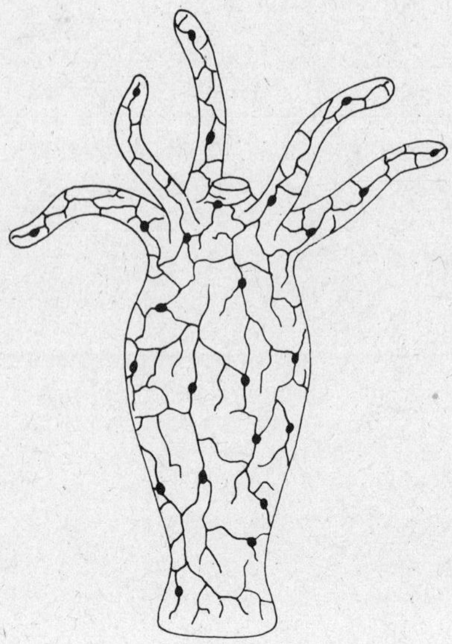

2.
① Oberschlundganglion ④ Kleinhirn
② Unterschlundganglion ⑤ Rückenmark
③ Großhirn

3. und **4.**: Nervennetz: Süßwasserpolyp, Ohrenqualle, Seeanemone.
B.: Strickleiternervensystem: Ringelwürmer, Insekten, Krebse.
C. Zentralnervensystem: Fische, Amphibien, Reptilien, Vögel, Säuger.
D. Vegetatives Nervensystem der Wirbeltiere.

Arbeitsblatt 2: Das Strickleiternervensystem

1.
① Bauchmark (= Strickleiternervensystem);
② Darm; ③ Herz; ④ Malpighische Gefäße

2.

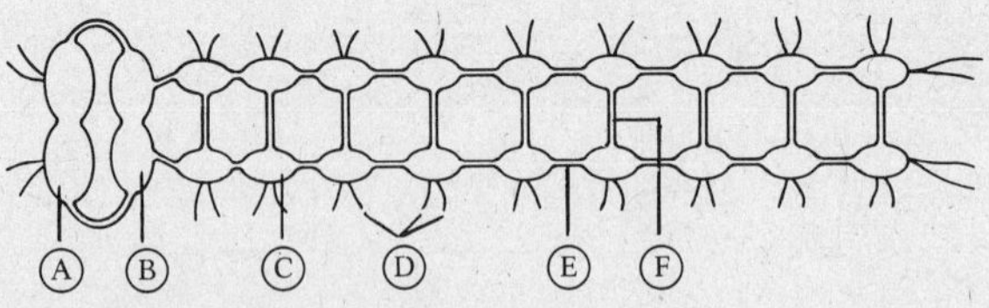

Ⓐ Oberschlundganglion
Ⓑ Unterschlundganglion
Ⓒ Bauchganglion
Ⓓ Periphere Nerven
Ⓔ Konnektiv
Ⓕ Kommissur

Arbeitsblatt 3: Die Lichtrückenreaktion bei Lippfischen

1. Versuch 1: Wenn Lippfische von oben mit Licht bestrahlt werden, schwimmen sie senkrecht, d.h. mit dem Rücken nach oben.
Versuch 2: Lippfische schwimmen in der Dunkelheit senkrecht.
Versuch 3: Werden Lippfische von der Seite mit Licht bestrahlt, so schwimmen sie schräg, d.h. die Dorsal-Ventral-Ebene des Körpers ist gegen die Senkrechte gekippt. Die Rückenseite ist dabei dem Licht zugewandt. Die Körperneigung nimmt mit zunehmender Lichtintensität zu, und zwar bei höheren Intensitäten stärker als bei niedrigen.

2. Die Arbeitshypothese der Versuchsserie lautet: Fische schwimmen so, daß die Rückenseite dem Licht zugewandt ist. Mit dem 2. Versuch soll überprüft werden, ob noch andere Reize außer dem Licht eine Rolle spielen. Versuch 2 zeigt, daß Fische auch ohne Licht senkrecht schwimmen. Es gibt also noch ein anderes Informationsaufnahmesystem, daß das Senkrechtschwimmen bewirkt, wahrscheinlich ist es der Schweresinn.

3. Das Ergebnis des 3. Versuchs zeigt, daß die Auslenkung der Körperachse gegenüber der Senkrechten bei seitlicher Bestrahlung eine Resultierende zwischen Lichteinfallswinkel und der Senkrechten ist. Dabei wirkt die Lichtintensität entsprechend der Kurve im 3. Versuch. Die Lage des Körpers wird also von zwei Faktoren bestimmt: die Schwerkraft und das Licht. Die Schwerkraft bewirkt die Ausrichtung der ventralen Seite des Fisches nach unten, das Licht die Ausrichtung des Rückens nach oben. Das Nervensystem des Fisches verrechnet die beiden Eindrücke so, daß die Körperebene sich in der Resultierenden beider Einflüsse befindet.

Arbeitsblatt 4: Kniescheibensehnenreflex

1.
① Strecker
② Muskelspindel des Streckers, Dehnungsrezeptor des Muskels
③ Beuger
④ Spinalganglion, Sitz der Somata der sensorischen Nerven
⑤ Hinterhorn des Rückenmarks, Eintritt der sensorischen Nerven
⑥ Vorderhorn des Rückenmarks, Austritt der motorischen Nerven

2.

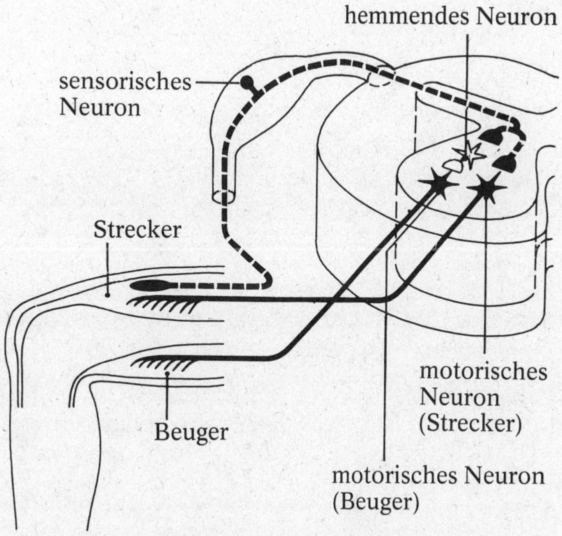

3. Im Strecker des Unterschenkels, der auf der Oberseite des Oberschenkels sitzt, befinden sich – wie in allen Skelettmuskeln – Muskelspindeln. Das sind Dehnungsrezeptoren, die den Dehnungszustand des Muskels messen. – Wird der Muskel passiv gedehnt – das geschieht beim Schlag auf die Kniescheibensehne –, so meldet die Muskelspindel diese Information über eine sensorische Bahn an das Rückenmark. Das Neuron dieser Bahn liegt in einem Spinalganglion seitlich neben der Wirbelsäule. Die sensorische Bahn tritt über das Hinterhorn des Rückenmarks in die graue Substanz ein und teilt sich in mindestens zwei Teilneuriten: Einer legt eine Synapse an das motorische Neuron, das die Kontraktion des Streckmuskels steuert. Der Impuls, der von der Muskelspindel kommt, wird direkt an den auslösenden Muskel zurückgegeben, d.h. reflektiert (unbedingter Reflex, monosynaptischer Reflex). Jeder Skelettmuskel hat aber einen Antagonisten, der ihn im entspannten Zustand wieder streckt. Im vorliegenden Fall ist es der Beuger des Unterschenkels, der an der Unterseite des Oberschenkels sitzt. Wenn sich der Strecker kontrahiert, wird der Beuger passiv gedehnt. Da auch der Beuger einen gleichgestalteten Reflexbogen hat, müßte jetzt ein entsprechender Reflex für die Kontraktion des Beugers sorgen. Das würde zur Kontraktion beider Antagonisten und damit zu einem krampfartigen Zustand führen. Eine Hemmschaltung verhindert das: Ein Seitenast der sensorischen Bahn, die vom Strecker kommt, legt eine Synapse an ein inhibitorisches Neuron in der grauen Substanz. Dieses wiederum hat eine Synapse auf dem motorischen Neuron im Reflexbogen des Beugers. Wenn nun Aktionspotentiale vom Dehnungsrezeptor des Streckers kommen, werden einerseits Aktionspotentiale zur Kontraktion des Streckers hervorgerufen, andererseits wird die Erzeugung von Aktionspotentialen durch das motorische Neuron des Beugers wirkungsvoll verhindert, so daß dessen Reflexbogen nicht ablaufen kann.

Arbeitsblatt 5: Der Fremdreflex

1.

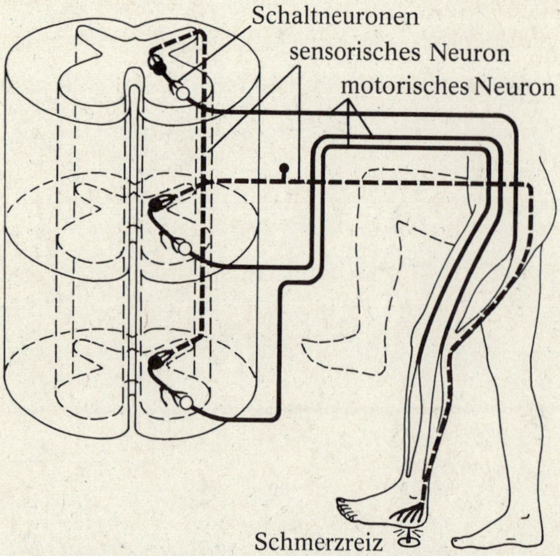

2. Der Schmerzreiz wird durch Schmerzrezeptoren der Haut aufgenommen und über eine sensorische Bahn zum Hinterhorn des Rückenmarks geleitet. In der weißen Substanz des Rückenmarks verzweigt sich die sensorische Bahn und läuft aufwärts und abwärts zu anderen Segmenten des Rückenmarks. In diesen Segmenten erfolgt die Umschaltung auf die motorischen Neuronen bestimmter Muskeln, die die Extremität – das Bein – heben und aus dem Gefahrenbereich bringen. Durch die Verknüpfung eines Reizes mit mehreren Muskeln an verschiedenen Stellen wird eine koordinierte Reaktion dieser Effektoren in einer komplexen Struktur bewirkt, die zur Bewegung eines ganzen Organs oder Organteils führt.

3. Weitere Fremdreflexe sind: Husten, Würgen, Brechen, Niesen.

4. Der Fremdreflex ist dadurch gekennzeichnet, daß Sinnesorgan und Erfolgsorgan an verschiedenen Stellen des Körpers liegen und daß die Impulse über mehrere Neuronen im Rückenmark, d.h. über mehrere Synapsen, laufen. Bei Eigenreflexen hingegen läuft die Information im Rückenmark nur über eine Synapse. Die Reaktion tritt in dem Organ ein, wo auch die Reizung erfolgte.

Arbeitsblatt 6: Wirkungen des vegetativen Nervensystems

1.

	Sympathicus	**Parasympathicus**	
	Auge		
Ⓔ	Pupille (Ferneinstellung)	Pupille Tränendrüsen	K A
	Unterzungenspeicheldrüse		
A	dickflüssiger Speichel	wäßriger Speichel	A
	Herz		
A	Frequenz	Frequenz	Ⓗ
	Bronchien		
Ⓔ	Muskulatur	Sekretion Muskulatur	A K
	Magen, Darm		
Ⓔ	Muskel	Sekretion	A
K	Schließmuskel	Schließmuskel	Ⓔ
	Gallenblase		
Ⓔ			K
	Bauchspeicheldrüse		
Ⓗ	Sekretion	Sekretion	A
	Nebennierenmark		
A	Sekretion		
	Harnleiter		
			K
	unterer Dickdarm		
		Sekretion	A
		Schließmuskel	Ⓔ
	Harnblase		
Ⓗ	Entleerung	Entleerung	A
K	Schließmuskel		
	Genitalien		
A	♂ Ejakulation ♀ Kontraktion	♂ Erektion	A
	Blutgefäße und Schweißdrüsen		
K A	Muskulatur Sekretion		

2. Bei Organen, die von Sympathicus und vom Parasympathicus versorgt werden, das sind die meisten inneren Organe, haben die beiden Teilsysteme des vegetativen Nervensystems gegenläufige Wirkungen. Sympathicus und Parasympathicus werden daher als Antagonisten bezeichnet.

Arbeitsblatt 7: Aufbau des Gehirns

1. und **2.**:
① Schädel: Schutz und äußere Stabilität des Gehirns.
② Blutgefäß: Versorgung des Gehirns mit Glucose und Sauerstoff sowie Abtransport von Kohlenstoffdioxid und Wasser.
③ Harte Hirnhaut: Schutz des Gehirns und Blutversorgung.
④ Spinngewebshaut: Locker und schaumstoffartig, mit Hirnflüssigkeit gefüllt, Abpolstern von Stößen.
⑤ Innere Hirnhaut: Blutversorgung.
⑥ Kleinhirn: Bewegungskontrolle und Gleichgewichtskontrolle.
⑦ Mittelhirn: Schaltzentrale zwischen den Hirnteilen.
⑧ Brücke: Schaltungen und Verbindungen zwischen Hirnteilen und Rückenmark.
⑨ Nachhirn: Verbindung zwischen Gehirn und Rückenmark, höher strukturierte Reflexe, Atemzentrum.
⑩ Rückenmark: Verbindung zwischen Gehirn und Körper, einfache unbedingte Reflexe.
⑪ Sehnerv: Leitung der optischen Information vom Auge zum Gehirn.
⑫ Hypophyse: Oberste Instanz des Hormonsystems, Verbindung zwischen Hormonsystem und Nervensystem.
⑬ Riechkolben: Einer der ursprünglichsten Gehirnnerven, leitet Geruchsempfindungen direkt zum Gehirn.
⑭ Hypothalamus: Teil des Zwischenhirns, Verbindung zwischen Gehirn und Hypophyse.
⑮ Thalamus: Teil des Zwischenhirns, Verteilung der einlaufenden Informationen auf die zuständigen Partien des Großhirns, Wertung der einlaufenden Informationen (Gefühle), Reste von Instinktreaktionen.
⑯ Balken: Verbindung zwischen rechter und linker Großhirnhemisphäre.
⑰ Weiße Substanz: Neuriten, die die einzelnen Großhirnteile miteinander verbinden.
⑱ Graue Substanz: Äußere Schicht des Großhirns, enthält die Neuronen des Großhirns, Sitz der bewußten Reaktionen und wahrscheinlich des Gedächtnisses.

Arbeitsblatt 1: Verschiedene Formen von Nervensystemen

Name:	Klasse / Kurs:	Datum:

A

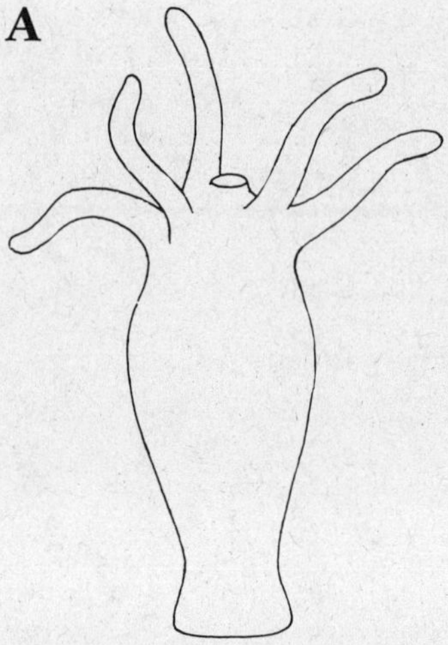

B

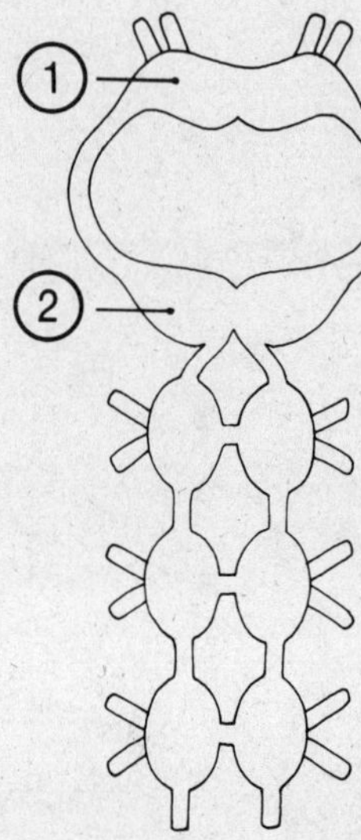

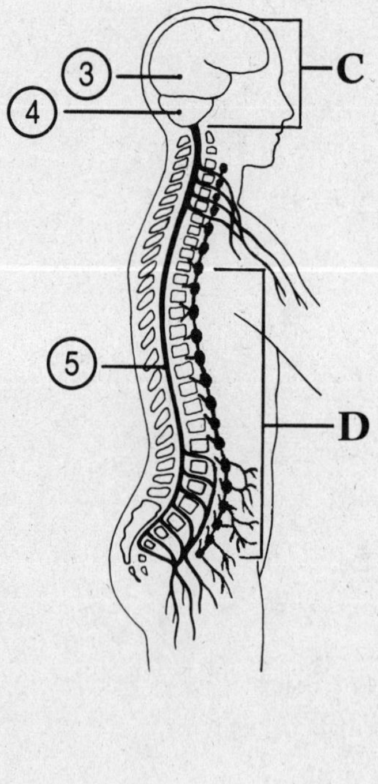

1. Zeichnen Sie das entsprechende Nervensystem in die Abbildung A!

2. Ordnen Sie den Zahlen die entsprechenden Begriffe zu!

3. Geben Sie an, welche Formen von Nervensystemen dargestellt sind!

4. Geben Sie für A, B und C jeweils drei Tiergruppen oder Tierarten an, die ein solches Nervensystem aufweisen!

Arbeitsblatt 2: Das Strickleiternervensystem

Name:	Klasse / Kurs:	Datum:

1.

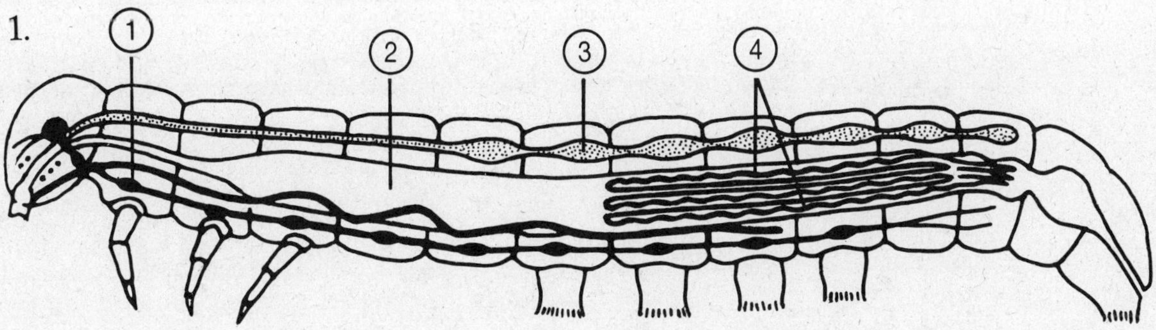

2.

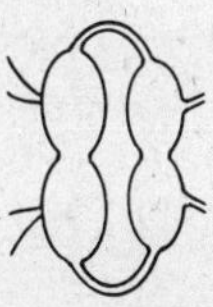

Abbildung 1 zeigt schematisch einen Längsschnitt durch eine Raupe des Kohlweißlings.

1. Ordnen Sie den Zahlen die Namen der entsprechenden Organsysteme zu!

2. Vervollständigen Sie die angefangene Zeichnung des Nervensystems in der Dorsalansicht in der Abbildung 2! Beschriften Sie Ihre Zeichnung!

Arbeitsblatt 3: Die Lichtrückenreaktion bei Lippfischen

Name:	Klasse / Kurs:	Datum:

1. Versuch

2. Versuch

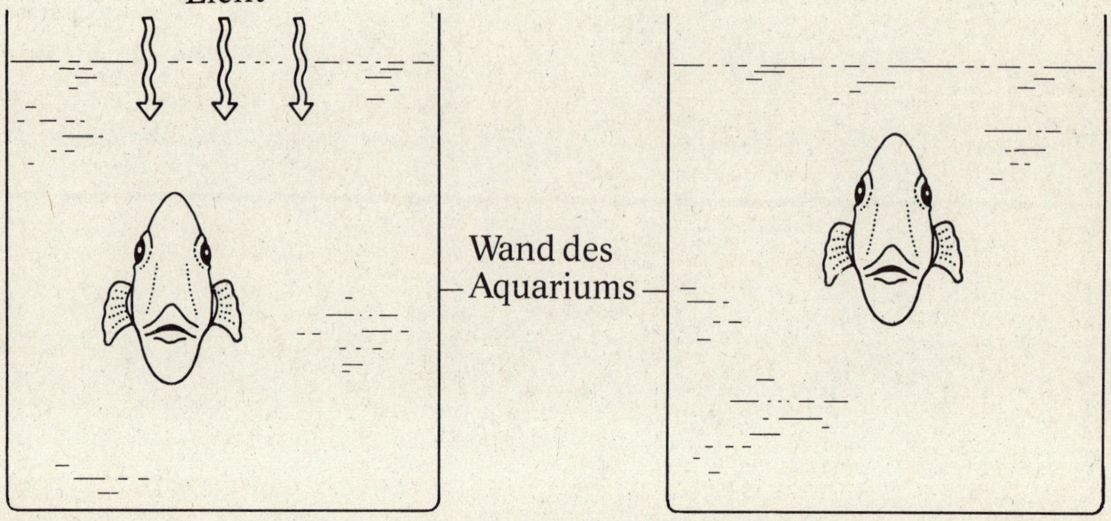

3. Versuch

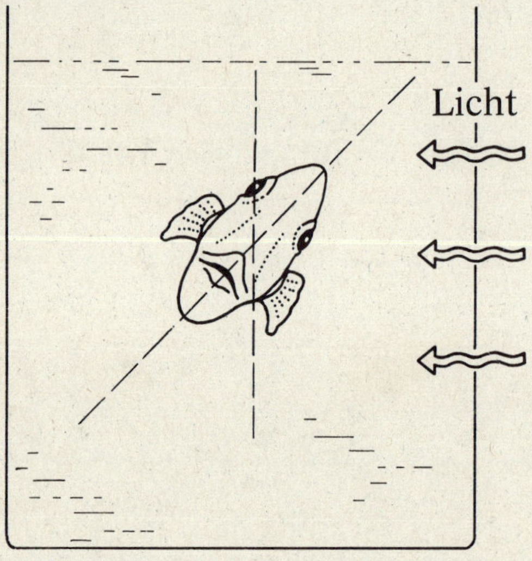

Graphische Auswertung des 3. Versuchs

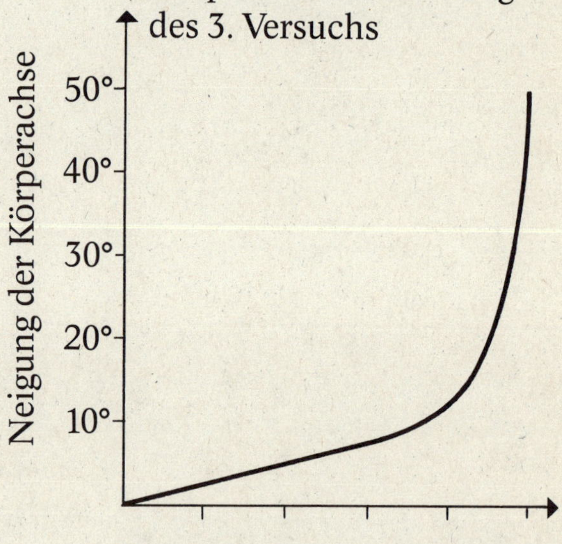

Zur Untersuchung der Lichtrückenreaktion wurden Lippfische verschiedenen Lichtverhältnissen ausgesetzt und die Reaktionen hinsichtlich ihrer Orientierung im Raum beobachtet.

1. Beschreiben Sie die Versuchsergebnisse!

2. Was soll mit Hilfe des zweiten Versuchs überprüft werden?

3. Werten Sie die Untersuchungsergebnisse aus, und geben Sie an, auf welche Umweltreize die Fische durch ihre Orientierung im Raum reagieren!

Arbeitsblatt 4: Der Kniescheibensehnenreflex

Name:	Klasse / Kurs:	Datum:

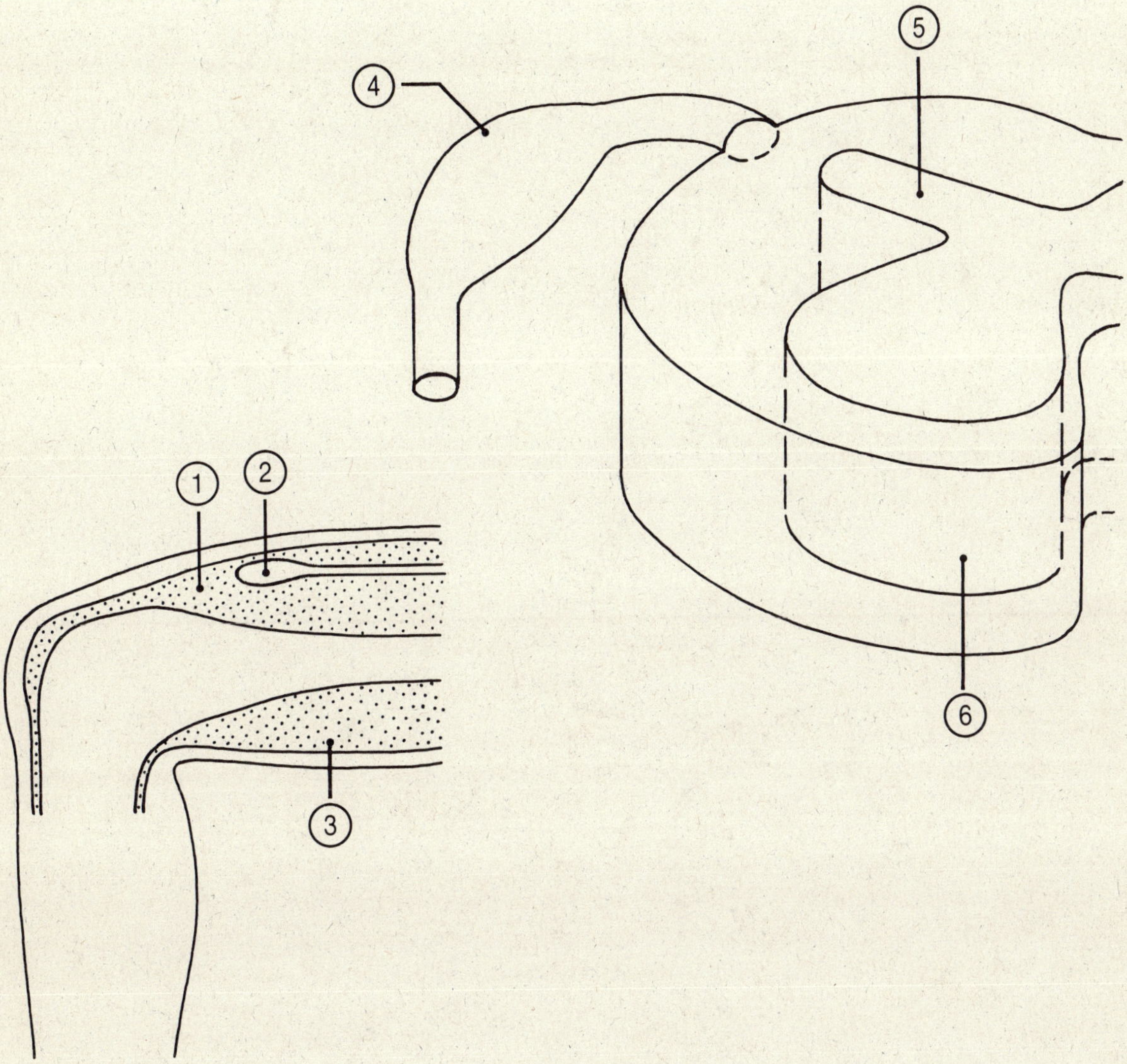

1. Ordnen Sie den mit Zahlen versehenen, am Kniesehnenreflex beteiligten Strukturen die entsprechenden Begriffe zu!

2. Tragen Sie die an dem Reflexbogen beteiligten sensorischen und motorischen Nervenbahnen ein!

3. Erklären Sie die Funktion des dargestellten Reflexbogens anhand der Abbildung!

Arbeitsblatt 5: Der Fremdreflex

Name:	Klasse / Kurs:	Datum:

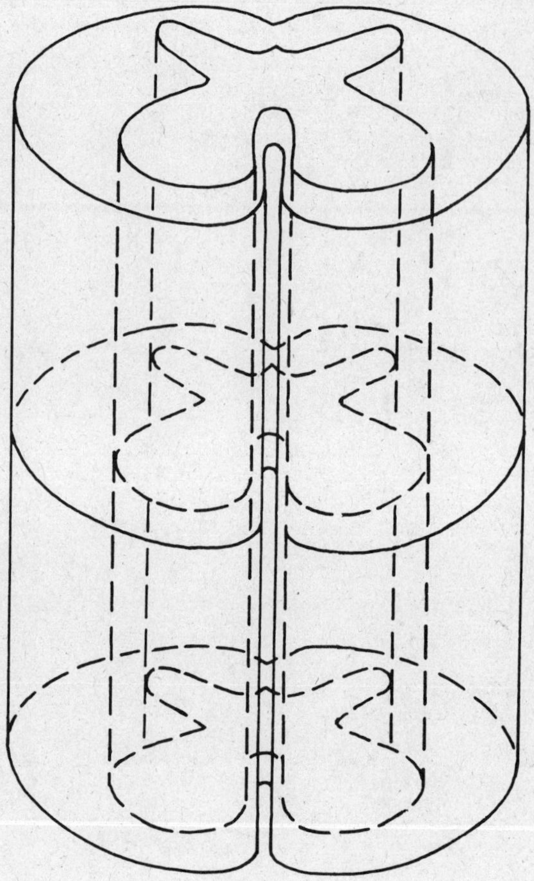

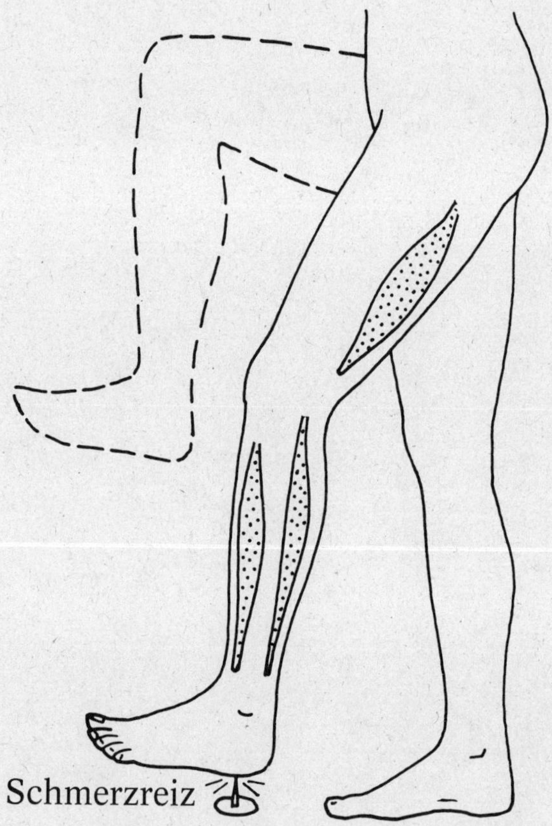

1. Zeichnen Sie die Nervenbahnen ein, die durch einen Schmerzreiz an der Ferse aktiviert werden! Benennen Sie die einzelnen Strukturen dieser Nervenschaltung!

2. Erklären Sie die Funktion des dargestellten Fremdreflexes mit Hilfe der Abbildung!

3. Nennen Sie weitere Beispiele für Fremdreflexe des Menschen!

4. Worin unterscheidet sich der Fremdreflex vom Eigenreflex?

Arbeitsblatt 6: Wirkungen des vegetativen Nervensystems

Name:	Klasse / Kurs:	Datum:

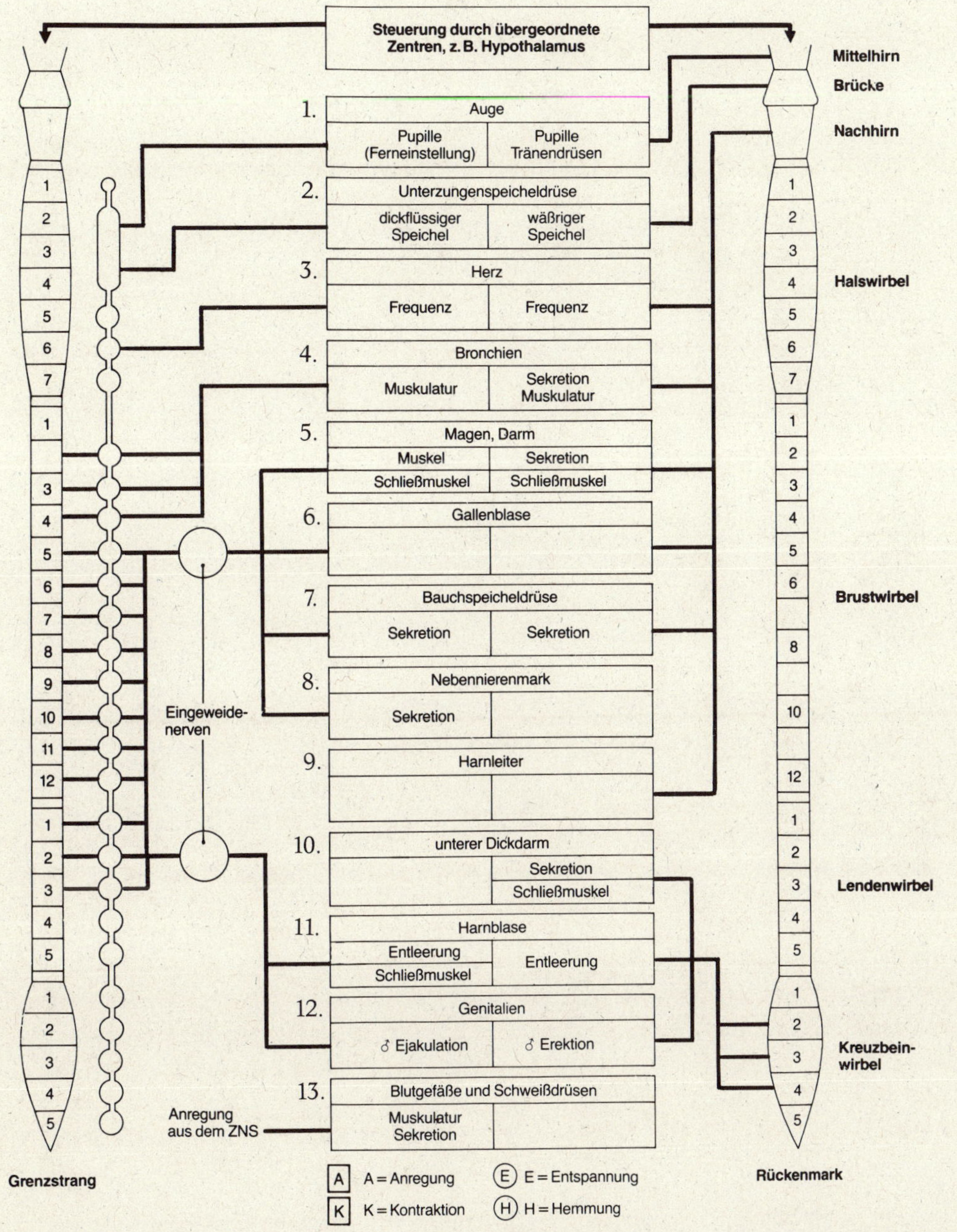

Sympathicus	Erfolgsorgane	Parasympathicus

1. Geben Sie an, in welcher Weise Sympathicus und Parasympathicus die genannten Prozesse in den Erfolgsorganen beeinflussen! Benutzen Sie dazu die angegebenen Abkürzungen (Ⓐ, Ⓚ, Ⓔ und Ⓗ), die Sie in die Abbildung eintragen!

2. Vergleichen Sie die Wirkungen von Sympathicus und Parasympathicus bei Organen, die durch beide Nerven versorgt werden! In welchem Verhältnis stehen die Wirkungen dieser beiden Teilsysteme des vegetativen Nervensystems?

Arbeitsblatt 7: Aufbau des Gehirns

Name:	Klasse / Kurs:	Datum:

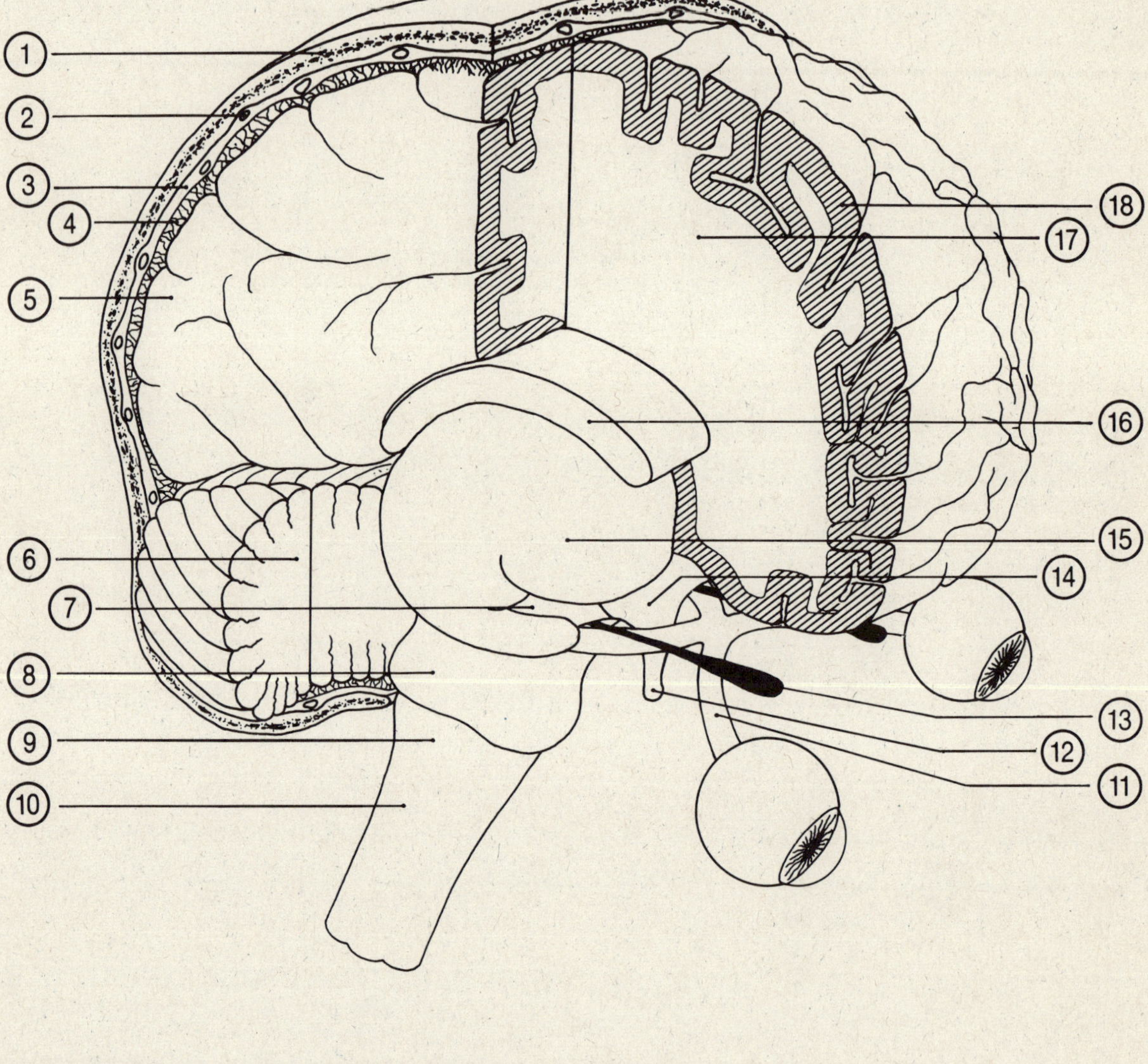

1. Ordnen Sie den Zahlen die entsprechenden Begriffe zu!

2. Nennen Sie in Stichworten die Funktion der in der Abbildung dargestellten Bestandteile des menschlichen Gehirns!

4. Informationsverarbeitung im Nervensystem

A. Aufgaben und Versuche

V 1 *Versuche zum Kurzzeitspeicher (Ultrakurzzeitgedächtnis)*

Objekt: Lerngruppe

Material: Schreibmaterial für alle Schüler, Uhr, Metronom, die folgenden Listen (nur für Versuchsleiter):

Liste 1: Antenne – Messer – Auto – Statue – Dose – Kugel – Euter – Stuhl – Liebe – Uhr – Zucker – Blatt – Sand – Tisch – Ballon – Spitze – Baum – Wolke – Gras – Dach.

Liste 2: Kasten – Farbe – Blase – Sonne – Teich – Zelt – Teppich – Kopf – Tusche – Gummi – Mantel – Kamin – Hammer – Träne – Pinsel – Gondel – Morgen – Zweig – Decke – Ton – Blei – Rad – Strumpf – Kaktus – Puppe – Griff – Rasen – Seife – Wald – Wind – Stab – Hose – Licht – Teer – Flasche – Tinte – Oma – Vorhang – Sommer – Berg.

Liste 3: Zeiger – Nebel – Finger – Seil – Blitz – Hemd – Stein – Turm – Himmel – Faden – Plastik – Staub – Lippe – Buch – Mist – Heft – Ziegel – Band – Kreis – Ring – Dolch – Boden – Wasser – Rose – Hut – Knopf – Haar – Maus – Pantoffel – Feder – Krug – Zange – Salz – Lampe – Waage – Schrank – Handtuch – Klavier – Fenster – Ofen.

Anmerkung: Es können weitere Listen zu 40 Wörtern erstellt werden, wobei darauf geachtet werden sollte, daß es einfache Wörter aus dem allgemeinen Sprachschatz sein sollten, also keine Wörter einer besonderen Fachsprache, die Wörter sollen nicht länger als zwei Silben sein, sie sollen nicht in einer bestimmten Reihenfolge (etwa Alphabet) und auch nicht sinnverwandt nebeneinander stehen.

Liste 4: 82–5; 13x7; 8:4; 16–3; 20:5; 52–8; 77 + 12; 28:4; 44x3; 26:2; 92–11.

Es können weitere Rechenaufgaben dieses einfachen Niveaus hinzugefügt werden.

Durchführung **a.** *allgemein:* Der Versuchsleiter fordert die Versuchspersonen auf, sich von den Wörtern, die sie hören werden, möglichst viele Wörter zu merken. Dann liest er ihnen 40 Wörter vor, wobei eine konstante Vorlesegeschwindigkeit eingehalten werden sollte (etwa ein Wort pro Sekunde). Den Rhythmus kann man mit dem Metronom vorgeben, oder eine Hilfsperson klopft nach der Uhr einen Sekundentakt.

b. *Vorversuch:* Der Versuchsleiter liest Liste 1 vor und fordert die VP danach auf, möglichst viele Wörter aufzuschreiben. Dieser Versuch wird nicht ausgewertet. Er dient der Einstimmung der VP auf den Versuch.

c. *Erster Versuch:* Der Versuchsleiter liest Liste 2 vor und fordert die VP direkt danach auf, die Wörter aufzuschreiben, die sie sich gemerkt haben. Die Reihenfolge spielt keine Rolle. Die Zeit zum Aufschreiben sollte etwa zwei Minuten betragen, sie spielt aber keine große Rolle (keine Wettbewerbssituation).

d. *Zweiter Versuch:* Der Versuchsleiter liest Liste 3 vor und fordert die VP danach auf, die Rechenaufgaben von Liste 4 zu lösen, die er ihnen vorliest. Die Zeit für die Rechenaufgaben sollte etwa 20 Sekunden oder mehr betragen. Danach werden die VP aufgefordert, die Wörter aufzuschreiben, die sie sich gemerkt haben.

e. *Abwandlungen des Versuchs:* Der Versuchsleiter kann – mit anderen, selbstgemachten Listen – die Zeit variieren, mit der ein Wort vorgelesen wird, also z.B. pro Wort zwei statt einer Sekunde oder mehr. Es kann auch schneller als ein Wort pro Sekunde gelesen werden, dann sollte die Liste allerdings länger sein.

Auswertung: Es wird für jeden Versuch ein Koordinatensystem entsprechend der Abbildung an die Tafel gezeichnet. Die Ordinate enthält die Zahl der VP, die Abszisse die Zahl der Wörter. Für jeden Versuch wird für jedes Wort abgefragt, wie viele VP sich dieses Wort in dem betreffenden Versuch gemerkt haben. Die Zahl der VP wird über dem entsprechenden Wort in das Koordinatensystem eingetragen. Die Reihenfolge, in der die VP die Wörter gemerkt haben, spielt keine Rolle.

Aufgabe: Erklären Sie den Kurvenverlauf!

Lösungshinweis: Die Kurven zeigen etwa folgenden Verlauf:

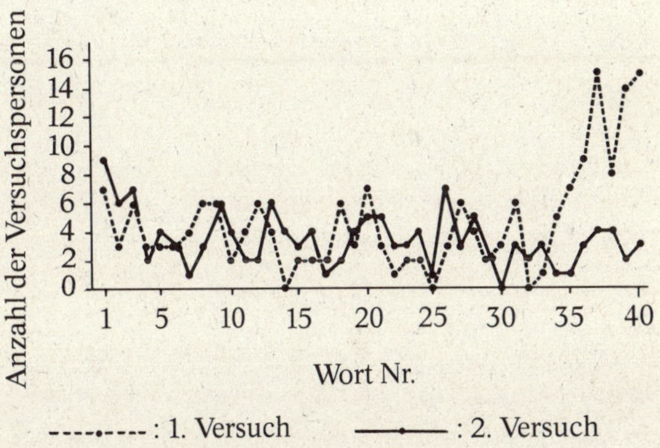

Im ersten Versuch schreiben die VP ihre Erinnerung sofort nieder. Dabei sind die letzten gehörten Wörter noch im Kurzzeitspeicher (Ultrakurzzeitgedächtnis) enthalten und werden dementsprechend häufiger genannt. Die anderen Wörter kommen schon aus dem mittelfristigen Speicher, in den nur eine Teilmenge der Information aus dem Kurzzeitspeicher gelangt.

Im zweiten Versuch fehlt diese Spitze der Kurve im letzten Teil, da der Kurzzeitspeicher durch die Rechenaufgaben „überschrieben" wurde. Alle gemerkten Wörter entstammen dem mittelfristigen Speicher.

Es zeigt sich, daß der Kurzzeitspeicher etwa die letzten 10 Sekunden umfaßt, d.h. wenn im Sekundentakt gelesen wurde, etwa die letzten zehn Wörter. Wird langsamer gelesen, verkürzt sich die Liste der Wörter, die noch im Kurzzeitspeicher enthalten sind, was in der Kurve zu sehen sein wird.

Wird schneller gelesen, so wird auch die Liste der Wörter im Kurzzeitspeicher länger, man muß aber berücksichtigen, daß die Gesamtkapazität des Kurzzeitspeichers auf nur etwa 200 Bit beschränkt ist, so daß hier keine unbegrenzte Steigerung möglich ist. – Beim langsamen Vorlesen muß bei der Auswertung berücksichtigt werden, daß die VP sich in den Wartezeiten eine Lernstrategie entwickeln können. Dadurch kann das Ergebnis verfälscht werden. Häufiges Durchführen des Versuchs mit denselben VP kann deshalb durch einen Trainingseffekt das Ergebnis verändern.
Die hohen Werte der zuerst vorgelesenen Wörter in beiden Versuchen rühren vom sogenannten pr-Effekt her („primacy-effect"), der darin besteht, daß die ersten Informationen einer Informationsserie natürlicherweise einen höheren Informationsgehalt haben und leichter in den mittelfristigen Speicher übernommen werden.

Anmerkung: Mit dem Experiment kann gezeigt werden, daß es einen Kurzzeitspeicher gibt, in dem eine bestimmte Menge von Information für eine bestimmte Zeit festgehalten wird. Ein Teil dieser Information geht anschließend in den mittelfristigen Speicher über. Die Informationen werden etwa zehn Sekunden im Kurzzeitspeicher festgehalten.

B. Literatur

Gedächtnis und Lernen, Praxis der Naturwissenschaften – Biologie 1/36 (15. Januar 1987) 1987, ganzes Heft.

Kommentar: Themenheft zum vorliegenden Thema. Aufsätze: Die biologische Bedeutung des Lernverhaltens, Schülerexperimente zum Lernverhalten von Hamstern und Goldfischen, Was ist Lernen? Experimente zu den Arten des Lernens – Funktion der Kognition, Lernkurven: Theorie – Experimente – Klausuraufgaben, Wie löst der Mensch Probleme?, Verbesserung der Lernfähigkeit – Hilfen zur Problemlösung – Klausuraufgabenvorschlag: Lernen und Gedächtnis. Fotos, Zeichnungen, Tabellen, Arbeitsblätter, Anleitungen zu Experimenten.

MILLER/GILDEA: Wie Kinder Wörter lernen, SPEKTRUM 1987, Heft 11, Seiten 120–125.

Kommentar: Untersuchungen über das Wortlernen von Kindern, Lernen aus lexikalischen Listen, Lernen in Zusammenhängen. Fotos, Tabellen. Unterrichtsvorbereitung, Referatthema.

MIRAM: Ein Gedächtnismodell – Computersimulation neuronaler Netzwerke, MNU 43/4 (1. 6. 1990) 1990, Seiten 218–229.

Kommentar: Wiederholende Darstellung der Steinbuchschen Lernmatrix, Erweiterung des Modells zur Verknüpfung zeitlich aufeinanderfolgender Informationen, Beispiele dazu. Darstellung eines Computerprogramms des erweiterten Matrixmodells. Verbindung zu elektronischen neuronalen Netzwerken. Erweiterung der Unterrichtsvorbereitung, Referatthema.

MISHKIN/APPENZELLER: Die Anatomie des Gedächtnisses, SPEKTRUM 1987, Heft 8, Seiten 94–104.

Kommentar: Ins einzelne gehende Untersuchungen an Affen, Bedeutung verschiedener Hirnteile, Bedeutung von Transmittern, Formen des Gedächtnisses, Gedächtnis und Emotionen, Gedächtnis und Gewohnheit. Fotos, Zeichnungen, Tabellen. Unterrichtsvorbereitung, evtl. Referatthema.

SCHLITTER/BERCK: Der Dshungarische Zwerghamster – ein neues Versuchstier für den Biologieunterricht – Lernverhalten, MNU 40/7 (15. 10. 1987), Seiten 422–428.

Kommentar: Darstellung von im Unterricht durchführbaren Experimenten mit Zwerghamstern: Y-Labyrinth, Ganglabyrinth, Skinner-Box. Fotos, Tabellen, Bauanleitungen.

VESTER: Denken, Lernen, Vergessen; Deutsche Verlags-Anstalt, Stuttgart, 1975.

Kommentar: Gut geschriebene, ausführliche Zusammenstellung von Beispielen und Tatsachen zum Thema. Fotos, Zeichnungen, Tabellen, Flußdiagramme, Tests. Sehr gute Ergänzung zur Unterrichtsvorbereitung, z. T. Referatthemen.

C. Zusatzinformationen: –

D. Lösungshinweise zu den Arbeitsblättern:

Arbeitsblatt 1: Rindenfelder des Großhirns

1.

① Assoziationsfelder	⑥ Sehfeld
② Hörzentrum	⑦ Rechenzentrum
③ motorisches Sprachzentrum	⑧ sensorisches Rindenfeld
④ sensorisches Sprachzentrum	⑨ motorisches Rindenfeld
⑤ Lesezentrum	

2. Die Augen liefern ein in Aktionspotentialen verschlüsseltes Bild des gesehenen Wortes an das Sehfeld ⑥ im hinteren Großhirnbereich. Die Information wird an das Lesezentrum ⑤ weitergeleitet, wo die Fähigkeiten für das Entziffern von codierten Informationen gespeichert sind. Die entschlüsselte Information kommt in das sensorische Sprachzentrum ④, wo der bisher inhaltslosen Struktur ein Sinn zugeordnet wird (Menschen, deren sensorisches Sprachzentrum gestört ist, können die Wörter wohl erkennen, aber sie verstehen sie nicht). Das gelesene und erkannte Wort wird an das motorische Sprachzentrum ③ geleitet, wo die Codierung in gesprochene Sprache sowie die Zuordnung entsprechender Bewegungen des Sprechapparats gesteuert wird. Die eigentliche Steuerung der Muskeln des Sprechapparats (Atemmuskulatur, Gesichtsmuskulatur, Kehlkopfmuskulatur) erfolgt über die motorischen Zentren der Großhirnrinde ⑨ und über die Bewegungsprogramme des Kleinhirns.

Arbeitsblatt 2: Zusammenarbeit zwischen Großhirn und Kleinhirn

1.
A. Assoziationsfelder
B. Motorische Felder
C. Zwischenhirn
D. Rückenmark
E. Kleinhirn

2.:
① Assoziationsfelder des Stirnhirns: Entschluß zum Heben des Armes.
② Motorische Felder der Großhirnrinde, hier der Teil, der für den Arm zuständig ist: Die durch 1. aktivierten Neuronen für den Arm senden Aktionspotentiale ③ über die absteigenden Bahnen, die zum Arm führen.
④ Im Zwischenhirn erfolgt eine Verzweigung, die die Neuriten zurück zu den motorischen Feldern des Großhirns führt. Der Rohbefehl an die Armmuskeln wird als Rückkopplungsschleife ⑤ wieder an die Neuronen geschickt, die die Armmuskulatur enervieren.
⑥ Im Mittelhirn erfolgt eine weitere Verzweigung, durch die die Rohbefehle an den Arm auch ins Kleinhirn ⑦ gelangen.
⑦ Im Kleinhirn sind Bewegungsprogramme für alle Bewegungen gespeichert, die der Körper beherrscht. Sie werden durch die einlaufenden Impulse aufgerufen und aktiviert.
⑧ Die Abgabe der Bewegungsprogramme aus dem Kleinhirn erfolgt über inhibitorische Neuronen. Diese hemmen ⑨ den Rückkopplungskreis (②–③–④–⑤–②) in der Weise, daß diesem ein bestimmtes Muster entsprechend dem Bewegungsprogramm aufgezwungen wird. Die Bewegungskommandos ⑩ erfolgen nun „ausgefeilt" und koordiniert,.

Arbeitsblatt 3: Die Lernmatrix 1

1. Die Matrix besteht aus voneinander isolierten Zeilendrähten und Spaltendrähten. An den Kreuzungspunkten sind Küvetten eingelötet, die eine Silbersalzlösung enthalten. In die Küvetten ragen Elektroden, die mit den Zeilen- bzw. Spaltendrähten der Kreuzungen in Verbindung stehen. Die Zeilendrähte laufen an der rechten Seite der Matrix in eine Extremwertschaltung (in der Zeichnung nicht dargestellt), die es in der Kannphase ermöglicht, den Draht mit dem stärksten Strom zu identifizieren. – Der Code der Matrix besteht aus einer Gruppe von Buchstaben (untere Kästchen), die in einer bestimmten Wortlänge (obere Kästchen) kombiniert werden können. Die Spaltendrähte sind so angeordnet, daß jeder Buchstabe des Codesystems an jeder Stelle des Wortes stehen kann.

2. a. RABE; b. ABER; c. BAER; d. REBE; e. EBER; f. AERA; g. ERBE.

Beim Lernvorgang werden die Spaltendrähte, die den Buchstaben in der jeweiligen Wortposition entsprechen, unter Spannung gesetzt. Gleichzeitig wird der Zeilendraht, der die Bedeutung des Wortes aufnehmen soll, mit dem anderen Pol der Spannungsquelle verbunden. An den Kreuzungen der Drähte, die jetzt in dem Stromkreis liegen, fließt Strom. Dadurch bildet sich in den dort liegenden Küvetten durch Elektrolyse ein Silberbaum, der nach mehreren „Lernprozessen" eine leitende Verbindung zwischen den Elektroden herstellt. Die Matrix hat dann gelernt, einer bestimmten Buchstabenkombination einen bestimmten Zeilendraht zuzuordnen. – In der Kannphase werden alle Zeilendrähte mit der Spannungsquelle verbunden. Wenn man ein bestimmtes Wort durch Anschließen der zugehörigen Spaltendrähte an die Spannungsquelle eingibt, fließt in dem „gelernten" Zeilendraht der stärkste Strom (Extremwertschaltung). Die „Bedeutung" kann durch geeignete Markierung (Lämpchen, Ton, andere Reaktion) ausgegeben werden.

3. Die Lernmatrix ist ein Modell der Lernvorgänge im Gehirn. Mit großer Wahrscheinlichkeit sind Informationen im Gehirn in Form von Synapsenverschaltungen gespeichert. Grundlage dieser Theorie ist, daß Synapsen um so durchlässiger werden, je öfter sie angesprochen und genutzt werden. Den Synapsen entsprechen im Modell die Küvetten, in denen je nach „Nutzung" mehr oder weniger Silber abgeschieden wird. In der Kannphase enthält die Matrix also die Information in Form unterschiedlicher Kombinationen von „Leitfähigkeitspunkten". So könnten Informationen auch im Gehirn gespeichert sein.

Arbeitsblatt 4: Die Lernmatrix 2

Die Lösung der Aufgabe ist die Lernmatrix, die auf dem Arbeitsblatt 3, Lernmatrix 1, Seite 108 dargestellt ist.

Arbeitsblatt 1: Rindenfelder des Großhirns

Name:	Klasse / Kurs:	Datum:

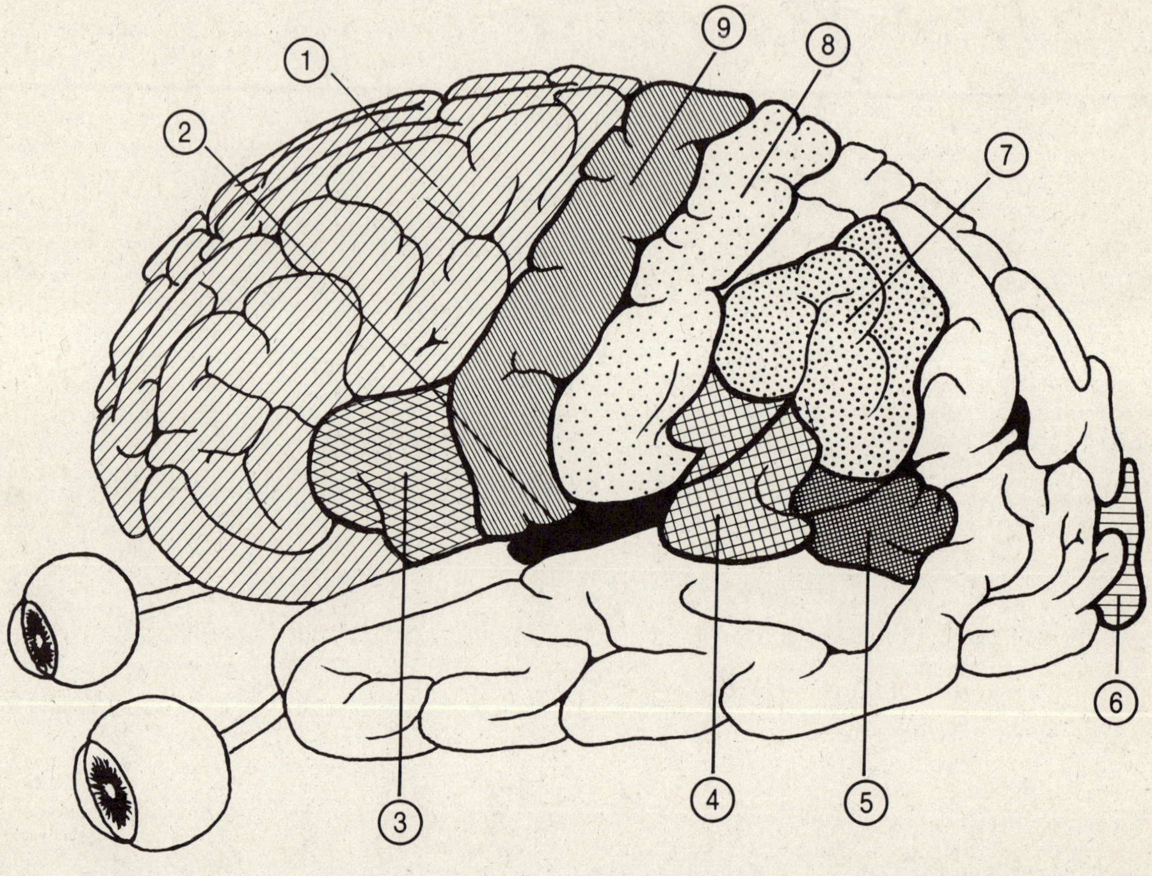

1. Ordnen Sie den Zahlen in der Schemazeichnung des Großhirns die entsprechenden Rindenfelder zu!

2. Beschreiben Sie den Weg der Information vom Sehen eines gedruckten Wortes bis zur Aussprache dieses Wortes!

Arbeitsblatt 2: Zusammenarbeit zwischen Großhirn und Kleinhirn

Name:	Klasse / Kurs:	Datum:

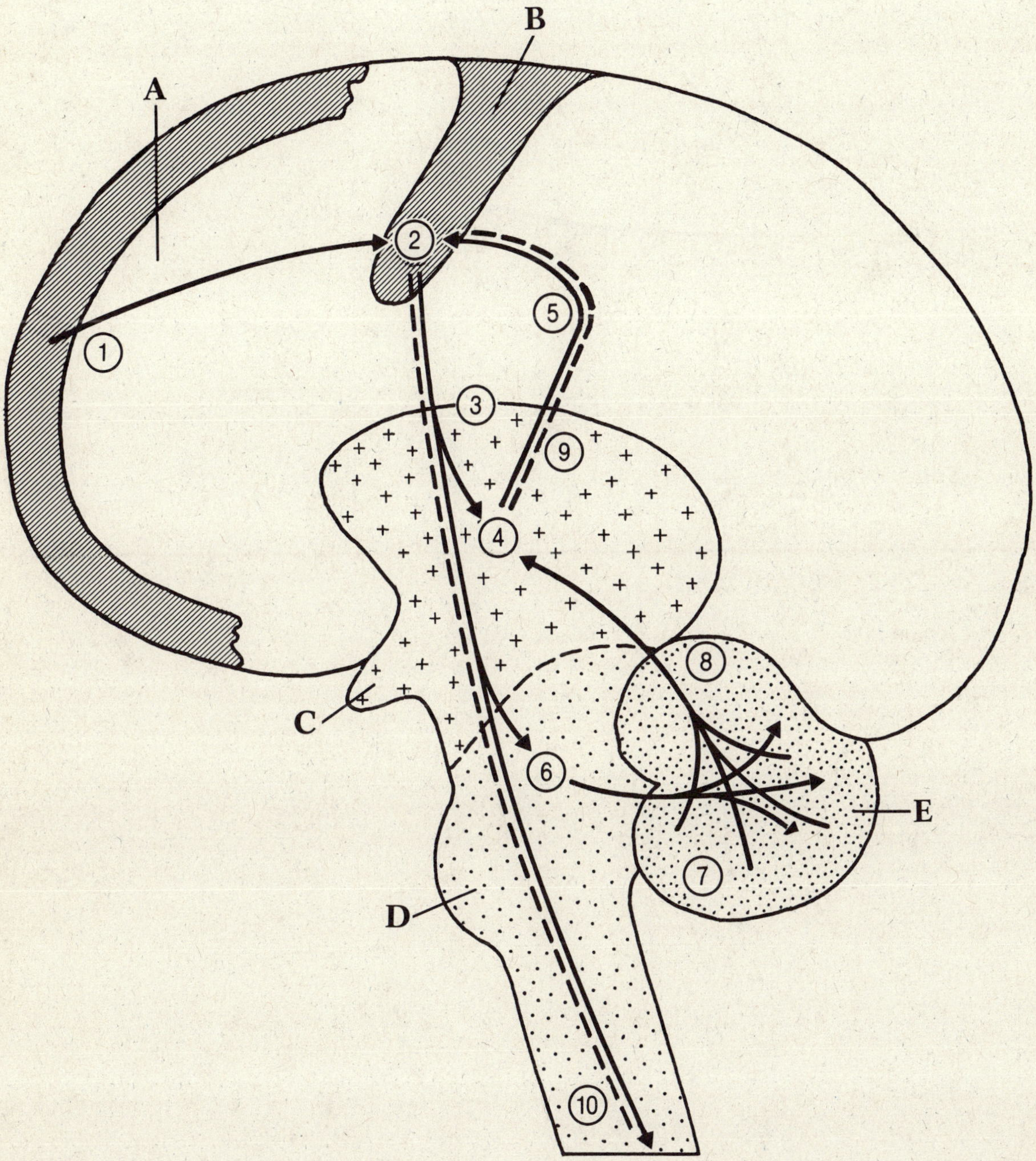

1. Benennen Sie die mit Buchstaben gekennzeichneten Bestandteile des Gehirns!

2. Beschreiben Sie, was beim Ausführen des Entschlusses, den Arm zu heben, an den mit Zahlen gekennzeichneten Orten des Gehirns geschieht.

Arbeitsblatt 3: Die Lernmatrix 1

Name:	Klasse / Kurs:	Datum:

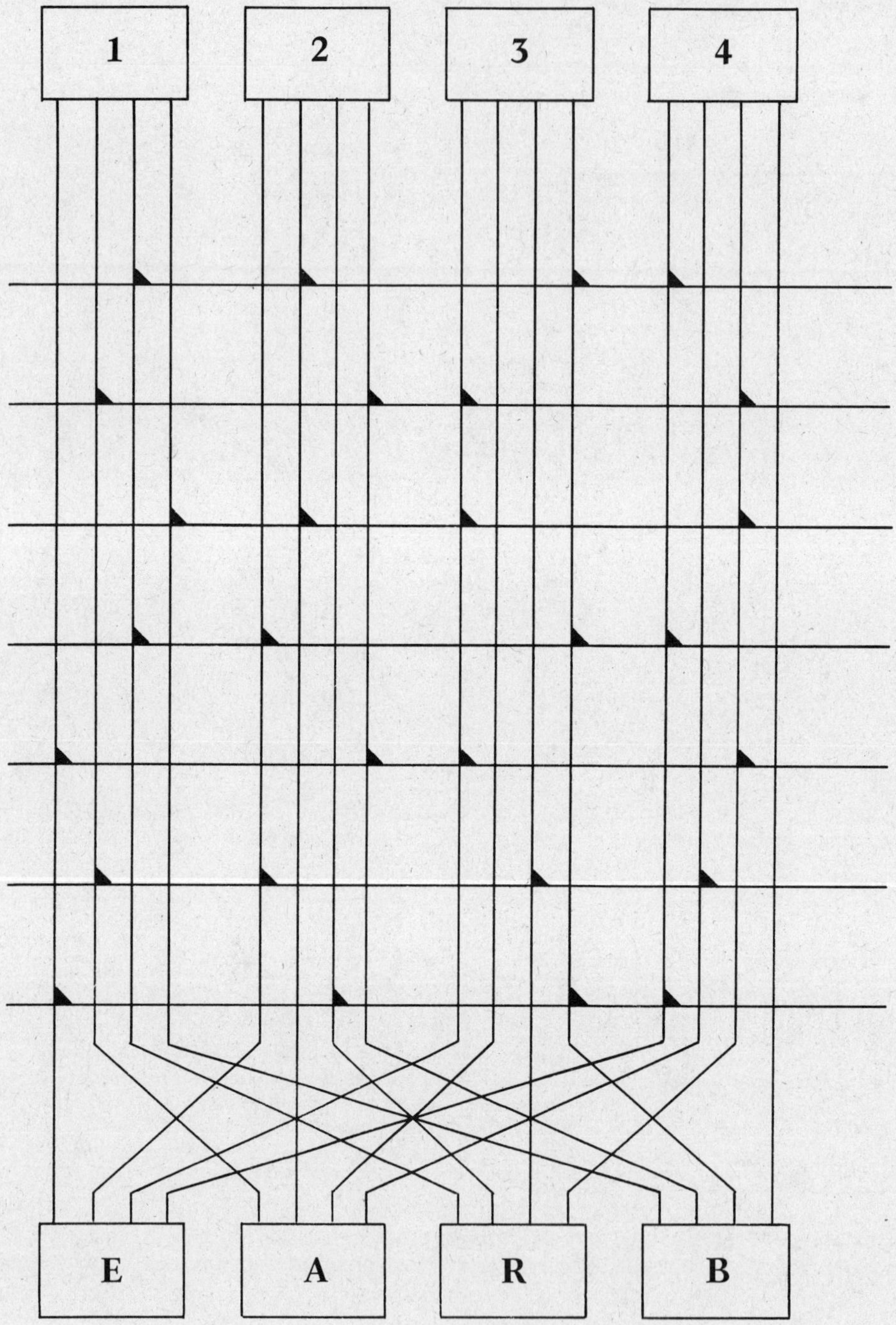

a. ______

b. ______

c. ______

d. ______

e. ______

f. ______

g. ______

1. Beschreiben Sie die Konstruktion der Lernmatrix, und geben Sie an, wie der Lernvorgang in der Lernmatrix erfolgt!

2. Entschlüsseln Sie die Informationen der vorliegenden Lernmatrix! Schreiben Sie die Wörter hinter die Buchstaben!

3. Welche Prozesse im Gehirn des Menschen werden mit Hilfe des Lernmatrixmodells simuliert?

Arbeitsblatt 4: Die Lernmatrix 2

Name:	Klasse / Kurs:	Datum:

a. RABE

b. ABER

c. BAER

d. REBE

e. EBER

f. AERA

g. ERBE

Verschlüsseln Sie die angegebenen Wörter in die abgebildete Lernmatrix! Tragen Sie dazu die entsprechenden Verschaltungen zwischen den Zeilen- und Spaltendrähten in Form von kleinen Dreiecken in die Lernmatrix ein!

5. Sinnesorgane

A. Aufgaben und Versuche

Aufgaben und Versuche zur Sinnesphysiologie sind in den Lehrbüchern und Lehrerhandbüchern der Sekundarstufe I beschrieben worden. Sie sollen hier nicht wiederholt werden. Es wird auf das Literaturverzeichnis verwiesen, in dem eine Auswahl derartiger Veröffentlichungen aufgeführt ist.

B. Literatur

Auge:

BROU/SCIASCIA/LINDEN/LETTVIN: Die Farben der Dinge, SPEKTRUM 1986, Heft 11, Seiten 70–80.

Kommentar: Ausführliche Darstellung des Farbsehens, Farbkonstanz, Evolution des Farbsehens, Täuschungen, Verarbeitung der Informationen. Erweiterte Unterrichtsvorbereitung, Referatthema.

ERBER/KLEE: Zwei Modelle zur Akkommodation des menschlichen Auges, MNU 39/4 1986, Seiten 233–237.

Kommentar: Anleitung zum Bau eines Strukturmodells und eines Funktionsmodells, die die Änderung der Linsenform und ihre Auswirkungen zeigen. Schülerexperiment und Referatthema.

MASLAND: Die funktionelle Architektur der Netzhaut, SPEKTRUM 1987, Heft 2, Seiten 66–75.

Kommentar: Ausführliche Darstellung der Zelltypen der Netzhaut und ihrer Funktionen, Methoden, Ergebnisse, Mechanismen. Fotos, Zeichnungen, Schemata. Erweiterte Unterrichtsvorbereitung, Referatthema.

SCHNAPF/BAYLOR: Die Reaktion von Photorezeptoren auf Licht, SPEKTRUM 1987, Heft 6, Seiten 116–123.

Kommentar: Sehr gute und ausführliche Darstellung der Wirkung von Sehzellen. Sehr gute Fotos, Zeichnungen und Kurvendarstellungen. Erweiterte Unterrichtsvorbereitung, Referatthema.

STRYER: Die Sehkaskade, SPEKTRUM 1987, Heft 9, Seiten 86–95.

Kommentar: Ausführliche Darstellung der Reaktionen der Sehfarbstoffe und ihrer Reaktionen in und an Membranen. Erweiterte Unterrichtsvorbereitung, Referatthema.

TREISMAN: Merkmale und Gegenstände in der visuellen Verarbeitung, SPEKTRUM 1987, Heft 1, Seiten 72–82.

Kommentar: Sehr gute Besprechung der Verarbeitung opitscher Informationen im Gehirn, sehr gute Beispiele. Fotos, Zeichnungen, Schemata, Kurven. Referatthema.

WALKER: Pseudoskop und Hyperskop, SPEKTRUM 1987, Heft 1, Seiten 129–133.

Kommentar: Experimente zum räumlichen Sehen, Bauanleitung für Geräte, Tiefenwirkung durch Farbe, Experimente mit Prismen. Fotos, Zeichnungen. Referatthema.

WALKER: Spiegel, Augentrug, Bewegungsmaskierung ..., SPEKTRUM 1987, Heft 8, Seiten 133–137.

Kommentar: Experimente zum Unsichtbarwerden von Dingen, Verschwinden der Grinsekatze, Nasherneffekt, Spiegelungen. Referatthema.

WOLF: Sinnestäuschungen – Demonstrationsversuche zeigen ihren biologischen Sinn, MNU 40/8 (1. 12. 1987) 1987, Seiten 491–496.

Kommentar: Zusammenstellung und ausführliche Besprechung von optischen Täuschungen und anderen Täuschungen, Anleitung zum Bau von Experimenten. Referatthema.

WOLF: Der biologische Sinn der Sinnestäuschung, Biologie in unserer Zeit 1987, Heft 2, Seiten 33–49.

Kommentar: Sehr ausführliche Darstellung der Informationsverarbeitung im Gehirn, optische Täuschungen, inhaltliche Täuschungen, Farbwirkungen, Prismenbrille. Erweiterte Unterrichtsvorbereitung, Referatthema.

ZUPANC: Bestimmung des Sehschärfewinkels mit Menschen, Praxis der Naturwissenschaften – Biologie 5/37 (15. Juli 1988) 1988, Seiten 38–40.

Kommentar: Ausführliche Versuchsbeschreibung, theoretische Grundlagen und Berechnungen, Zeichnungen, Diskussion. Schülerexperiment.

Ohr:

BISCHOF: Über den Druckausgleich im Mittelohr, Praxis der Naturwissenschaften – Biologie 2/36 1987, Seiten 46–47.

Kommentar: Ein Funktionsmodell, das den Druckausgleichs-Mechanismus über die Ohrtrompete veranschaulicht. Bauanleitung für ein Modell. Schülerexperiment.

BISCHOF: Zur Darstellung der Vorgänge im Mittelohr, Praxis der Naturwissenschaften – Biologie 1/37 1987, Seiten 46–47.

Kommentar: Ein Funktionsmodell, das die Schwingungen der Mittelohrknöchelchen sichtbar macht. Bauanleitung für ein Funktionsmodell. Schülerexperiment.

BURCHARD/IRRGANG/ANDRESEN: Die Funktion der menschlichen Ohrmuschel. SPEKTRUM 1987, Heft 6, Seiten 66–74.

Kommentar: Ausführliche Darstellung der akustischen Bedeutung der Ohrmuschel, horizontale und vertikale Schall-Lokalisation, Sprachentwicklung, Hörschädigungen. Referatthema.

Andere Sinne:

LUTZ:Zuckerersatzstoffe – Gaukler der Süße, Praxis der Naturwissenschaften – Chemie 8/34 1985, Seiten 9–14.

Kommentar: Ausführliche Besprechung von Süßstoffen mit Strukturformeln und Synthesemethoden.
Zahlenangaben, Tabellen. Schülerexperimente zu Nachweisen, Gehaltsbestimmungen und Trennung.

ROSENFELDER: Die Haut, GEO 1988, Heft 1, Seiten 32–52.

Kommentar: Ausführliche Darstellung von Struktur und Funktionen der Haut. Erstklassige Abbildungen. Unterrichtsvorbereitung und Referatthema.

C. Zusatzinformation –

D. Lösungshinweise zu den Arbeitsblättern

Arbeitsblatt 1: Bau und Funktion des Wirbeltierauges

1. und **2.**:
① Ringmuskel: Akkommodation des Auges durch Veränderung der Brennweite der Linse: Muskel kontrahiert – Linse rund = Naheinstellung, Muskel entspannt – Linse flach = Ferneinstellung.
② Iris: Umrahmung der Pupille, Blende, die den Lichteinfall ins Auge regeln kann (Adaptation), Steuerung durch den Pupillenreflex.
③ Pupille: Öffnung der Iris, siehe dort.
④ Hornhaut: Schutz des Auges nach außen, Teil des optischen Apparats, an der Lichtbrechung beteiligt.
⑤ Linse: Erzeugung eines verkleinerten, umgekehrten, realen Bildes der Umgebung auf der Netzhaut durch Veränderung der Brennweite. Adaptation an unterschiedliche Entfernungen.
⑥ Glaskörper: Durchsichtige Gallertsubstanz, gibt dem Auge eine stabile Form.
⑦ Muskel: Bewegung des Auges in der Augenhöhle.
⑧ Lederhaut: Äußere Stabilisierung des Auges, Schutz.
⑨ Aderhaut: Versorgung der Gewebe des Auges mit Nährstoffen und Sauerstoff, Abtransport von Stoffwechselprodukten.
⑩ Netzhaut: Lichtempfindlicher Teil des Auges.
⑪ Zentralgrube: Ort der größten Empfindlichkeit des Auges, Ort des schärfsten Sehens.
⑫ Sehnerv: Übermittlung der Information über das Gesehene in Form von Aktionspotentialen an das Gehirn.
⑬ Blinder Fleck: Durchtrittsstelle der Neuriten des Sehnervs durch die Netzhaut. An dieser Stelle gibt es keine Sehzellen. Deshalb ist diese Stelle blind. Da die blinden Flecken beider Augen nicht an einander entsprechenden Stellen liegen, entsteht im Gehirn kein „Loch“ im Seheindruck, da sich die beiden Augen gegenseitig ergänzen.
⑭ Ableitende Neuriten: Die Neuriten der ableitenden Nervenzellen laufen an der Innenseite der Netzhaut zum Sehnerv. Das ist bei allen Wirbeltieraugen so. Die Kameraaugen der Tintenfische tragen die ableitenden Neuriten auf der lichtabgewandten Seite der Netzhaut.
⑮ Schaltneuronen: Die Informationen, die die Sehzellen liefern, werden schon in der Netzhaut, in den Schaltneuronen, verarbeitet. Das bedeutet: Mehrere Sehzellen können auf einen Neuriten zusammengeschaltet werden. Das geschieht um so häufiger, je weiter die Sehzellen am Rand der Netzhaut liegen. Weiterhin erfolgt wahrscheinlich die Informationsverarbeitung durch laterale Inhibition in den Schaltneuronen.
⑯ Zapfen: Farbempfindliche Sehzellen. Es gibt blau-violett-, grün- und rot-empfindliche Zapfen. Die Zentralgrube ist besonders reich an Zapfen.
⑰ Stäbchen: Hell-dunkel-empfindliche Sehzellen, keine Farbempfindung, unterstützen die Zapfen und sind für das Dämmerungssehen verantwortlich.
⑱ Pigmentzellen: Schirmen einen Teil der Sehzelle vom Lichteinfall aus den Nachbarzellen ab. Sind an der Adaptation, d.h. der Hell-Dunkel-Anpassung des Auges beteiligt.
⑲ Synapse: Übertragung der Aktionspotentiale einer Sehzelle an die weiterleitenden Neuronen.
⑳ Zellkern: Steuerung der physiologischen Prozesse der Sehzelle.
㉑ Mitochondrium: Energieversorgung der Sehzelle, ATP-Lieferung vor allem für die Regeneration der Sehfarbstoffe.
㉒ Discs: Ort der Lichtrezeption. Hier liegen die Sehfarbstoffe, die durch ihre Reaktion die AP-Bildung in Gang setzen.

A. Bau des Auges (Längsschnitt)
B. Netzhaut (Ausschnitt)
C. Sehzelle (Stäbchen)

3. Die Bereiche der Netzhaut oberhalb und unterhalb der Zentralgrube müssen markiert werden, da dort Zapfen und Stäbchen vorkommen.

4. Das Licht fällt von oben in der Zeichnung ein, also von der Seite, auf der die ableitenden Neuriten liegen.

Arbeitsblatt 2: Einwirkung des Lichts auf Rhodopsin

1. B – C – E – F – D – A bzw. A – B – C – E – F – D

2. B: Rhodopsin, Dunkelform, 11-cis-Retinal
C: Licht ⟶ Streckung des Retinals zu All-trans-Retinal (Isomerie) E: Ablösung des Retinals von Ospin (= Sehfarbstoffzerfall) F: All-trans-Retinal abgelöst ⟶ Reduktion des All-trans-Retinals zu All-trans-Retinol durch die All-trans-Retinal-Reduktase D: Umlagerung des All-trans-Retinols durch Isomerase zu 11-cis-Retinol A: Oxidation des 11-cis-Retinols zu 11-cis-Retinal durch die 11-cis-Retinol-Oxidase ⟶ Anlagerung des 11-cis-Retinols an Opsin.

3. Vitamin A_1 ist All-trans-Retinol. Es kann also direkt in den Rhodopsinzyklus aufgenommen werden. Das Fehlen von Vitamin A führt zu Sehschwäche aufgrund von Sehfarbstoffmangel, da alle Stoffe und Verbindungen in allen Körperzellen durch Enzyme abgebaut werden. Es muß also immer Sehfarbstoff nachgeliefert werden.

Arbeitsblatt 3: Farbsehen

1. Die Empfindlichkeit der farbempfindlichen Sehzellen beruht auf der Farbempfindlichkeit der in ihnen enthaltenen Sehfarbstoffe. Die Kurven zeigen, daß die Sehfarbstoffe nicht auf eine bestimmte Wellenlänge reagieren, sondern ihre Empfindlichkeit reicht über einen bestimmten Frequenzbereich des Lichtes hinweg. Das Maximum der Empfindlichkeit gibt den Namen für den Sehfarbstoff (z. B. blauviolett-empfindlich). Die Reaktion der Sehzelle beruht auf dem Zerfall des Sehfarbstoffs in einen Proteinanteil und die Kohlenwasserstoffverbindung Rhodopsin. Der Zerfall in einem bestimmten Spektralbereich hängt von der Struktur des Proteinanteils ab. Dabei reagiert der Sehfarbstoff mehr oder weniger stark bei bestimmten Wellenlängen: Bei 400 nm reagieren nur wenige blau-violett-empfindliche Farbstoffmoleküle, die anderen Farbstoffe reagieren nicht. Bei 450 nm reagieren die blau-violett-empfindlichen Farbstoffe optimal, und einige wenige grünempfindliche Moleküle reagieren auch. Bei 540 nm reagieren sehr wenige blau-violett-empfindliche Moleküle, die grünempfindlichen reagieren optimal, und von den rotempfindlichen Molekülen reagiert etwa die Hälfte. Entsprechend stark ist die Reaktion der Sinneszellen, und entsprechend stark sind die Signale, die ans Gehirn weitergeleitet werden.
Die Maxima der Kurven der grünempfindlichen Sehfarbstoffe und der rotempfindlichen Sehfarbstoffe liegen sehr nahe beieinander. Das läßt darauf schließen, daß die Proteinstrukturen dieser beiden Farbstoffe einander sehr ähnlich sind.

2. Die Empfindlichkeitsbereiche der Sehfarbstoffe liegen im Wellenlängenbereich zwischen 400 und 650 nm. Ultraviolett-Licht hat eine Wellenlänge, die unter 400 nm liegt, Infrarot-Licht eine, die oberhalb von 650 nm liegt. Auf diese Wellenlängenbereiche können die Sehfarbstoffmoleküle nicht reagieren. Aus diesem Grund kann ultraviolettes Licht und Infrarotlicht nicht mit dem menschlichen Auge wahrgenommen werden.

3. Wie in der Antwort auf Frage 1 gezeigt worden ist, reagieren die Sehzellen nicht auf eine bestimmte Wellenlänge, sondern sie decken einen ganzen Spektralbereich ab, wobei die Empfindlichkeit einer Glokkenkurve ähnlich ist. Das bedeutet, daß eine Sehzelle mehr oder weniger intensiv Aktionspotentiale produziert, je nachdem, wie stark sie gereizt wurde. Wenn also das Gehirn zur gleichen Zeit aus einem bestimmten Netzhautbereich von den blau-violett-empfindlichen Zellen und von den grün-empfindlichen Zellen jeweils etwas weniger als die maximale Aktionspotential-Intensität empfängt, und wenn die rot-empfindlichen Zellen an dieser Stelle nur einige wenige Aktionspotentiale senden, dann ist das der Zustand, den gelbes Licht der Wellenlänge um etwa 480 nm bewirkt. Das Gehirn nimmt dieses „Aktionspotentialmuster" als „Gelb" wahr. Der Sinneseindruck „Gelb" erfolgt somit im Gehirn. Immer, wenn die drei Zapfensorten diese Kombination von Intensitäten melden, ist das Ergebnis „Gelb". Auch die anderen Farben, wie Braun, Weiß oder Grau werden aus der Kombination bestimmter Reizintensitäten in bestimmten Wellenlängenbereichen „berechnet".

Arbeitsblatt 4: Entfernungsmessung des Auges

1.

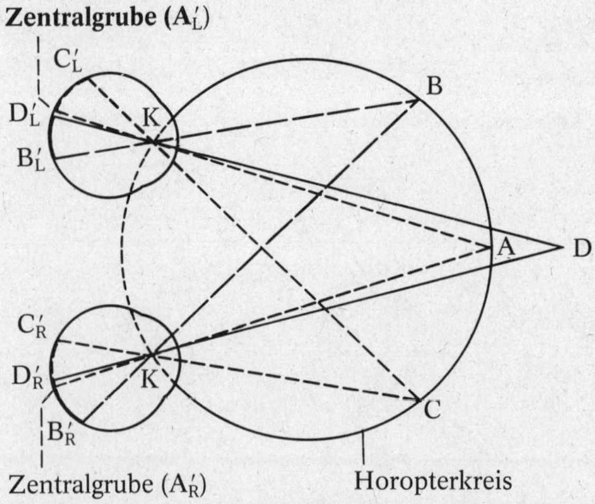

2. Die Punkte A, B und C liegen zusammen mit den Linsenzentren K auf einer Kreislinie, dem Horopterkreis. Dadurch kommen ihre Abbilder auf der Netzhaut des linken Auges (A'_{li}, B'_{li} und C'_{li}) an genau den Stellen zu liegen, die der Position von A'_{re}, B'_{re} und C'_{re} auf der Netzhaut des rechten Auges entsprechen. D'_{li} und D'_{re} liegen dagegen auf Netzhautpunkten, die einander nicht entsprechen, sie sind zur Kopfinnenseite hin verschoben. Das Gehirn wertet alle Punkte, die auf einander entsprechenden Punkten der beiden Netzhäute abgebildet sind, als in gleicher Entfernung vom Auge liegend. Punkte, deren Abbilder zur Kopfinnenseite hin verschoben sind, werden als hinter der Schärfeebene liegend interpretiert.

3. Wenn D links von A, also innerhalb des Horopterkreises liegt, sind die Abbildungen dieses Punktes auf den Netzhäuten zur Kopfaußenseite hin verschoben. Dies interpretiert das Gehirn als „näher als die Schärfeebene". – Die Schärfeebene des Auges wird durch die spezielle Anpassung der Linse an die entsprechende Bildentfernung bestimmt.

Arbeitsblatt 5: Augentypen

1.
A. Lichtsinneszelle in der Haut (z. B. bei einfachen Würmern)
B. Lichtsinneszelle, die von einer Pigmentzelle halb umgeben ist (z. B. bei Strudelwürmern)
C. Pigmentbecherauge
D. Grubenauge
E. Lochauge
F. Kameraauge

2. Pigmentzellen haben die Aufgabe, die Sehzellen von Lichteinfall aus einer bestimmten Richtung abzuschirmen. So wird einfaches Richtungssehen möglich.

3.
A. Nur Helligkeitssehen, da keine Abschirmung.
B. Einfaches Richtungssehen, da Abschirmung nach einer Seite.
C. Richtungssehen, da weitgehende Abschirmung.
D. Wie C, die Einfallsrichtung des Lichtes kann aber besser bestimmt werden.
E. Einfaches Bildsehen entsprechend dem Prinzip der Lochkamera.
F. Perfektes Bildsehen mit Hilfe der Linse.

Arbeitsblatt 6: Bau des Komplexauges

1.
① Linse
② Kristallkegel
③ Rhabdom
④ Retinula
⑤ Linse
⑥ Kristallkegel
⑦ Pigmentzellen
⑧ Lichtsinneszelle
⑨ Rhabdom
⑩ Rhabdomer

Funktion der Bestandteile des Komplexauges:

Kristallkegel und Linse: Sammeln von Licht.
Pigmentzellen: Abschirmung des Einzelommatidiums gegen Licht aus den Nachbarommatidien.
Rhabdom: Summe der Rhabdomere der acht Lichtsinneszellen eines Ommatidiums, die im Zentrum des Ommatidiums aufeinander zulaufen.
Lichtsinneszelle: Eine der acht Lichtrezeptoren eines Ommatidiums.
Rhabdomer: Aus Mikrovilli (stäbchenförmige Fortsätze am Rand der Zelle) zusammengesetzter Innensaum der Lichtsinneszelle. Hier sitzen die Sehfarbstoffe, die durch ihren Zerfall bei Belichtung die Erzeugung von Aktionspotentialen in Gang setzen.

2. B.: Ommatidium, ein Ausschnitt aus der Abbildung A (Längsschnitt)
C.: Querschnitt durch die Lichtsinneszellen eines Ommatidiums (B)
D.: Einzelne Lichtsinneszelle eines Ommatidiums, ein Ausschnitt aus der Abbildung B (Längsschnitt)

3. Die Sehfarbstoffmoleküle in den Mikrovilli sind in ihrer Struktur parallel zur Längsachse der Mikrovilli angeordnet. Moleküle, deren Längsachse in der Ebene des polarisierten Lichtes liegt, reagieren besser als Moleküle, die in einer anderen Ebene liegen. Die Mikrovilli der acht Sehzellen des Ommatidiums sind strahlig um die Längsachse des Ommatidiums angeordnet. Vom Himmelsgewölbe kommt das Licht in polarisierter Form, wobei die Schwingungsebene immer senkrecht zum durch den betrachteten Punkt laufenden Himmelsmeridian liegt. Jede Sehzelle eines Ommatidiums deckt daher einen bestimmten Bereich des Himmelsgewölbes, aus dem speziell polarisiertes Licht kommt, ab. So können sich Gliederfüßer, die Komplexaugen haben, auch bei bedecktem Himmel oder verdeckter Sonne am Sonnenstand orientieren.

4. Jedes Ommatidium sieht einen Ausschnitt des umgebenden Raumes. Dieser Ausschnitt ist um so kleiner, je kleiner der Querschnitt des Ommatidiums ist. Das Einzelauge sieht aber kein Bild, sondern es registriert Art, Menge und Richtung des einfallenden Lichtes des jeweiligen Sehfeldes. Komplexaugen mit sehr vielen Ommatidien haben deshalb ein größeres Auflösungsvermögen, weil die Sehfeldausschnitte der einzelnen Ommatidien kleiner sind als bei Augen mit wenigen, relativ großen Ommatidien.

Arbeitsblatt 7: Bau des Wirbeltierohrs

1.
① Gehörknöchelchen
② Labyrinth
③ Sinneszellen der Lagesinnesorgane
④ Schnecke
⑤ Sinneszellen des Hörorgans
⑥ rundes Fenster
⑦ ovales Fenster
⑧ Scala vestibuli
⑨ Scala cochlearis
⑩ Basilarmembran
⑪ Scala tympani
⑫ Sinneszellen des Cortischen Organs

2. Am ovalen Fenster übernimmt die Flüssigkeit der Scala vestibuli die Druckwelle der Schallschwingung. Diese wandert die Schnecke hinauf, kehrt in der Spitze in die Scala tympani um und läuft diese wieder hinab, um am runden Fenster in das Mittelohr abgegeben zu werden. Da die Basilarmembran nicht straff gespannt sondern elastisch ist, weicht sie der Druckwelle aus und gibt Teile der Bewegungsenergie schon vor dem Erreichen der Schneckenspitze an die Scala tympani ab. Dadurch wird die Schwingung gedämpft. Hohe Schwingungen werden schneller gedämpft als tiefe, so daß sie nicht so weit in die Schnecke hinauflaufen. Dazu kommt ein zweiter Effekt, der den ersten überlagert: Durch die Schwingung wird die Innenohrflüssigkeit hin und her bewegt. Die Basilarmembran wird aber nach oben hin breiter. Deshalb verkürzt sich die Wellenlänge der Schwingung mit zunehmendem Abstand vom ovalen Fenster, weil der Raum, in den die bewegte Flüssigkeit ausweichen kann, größer wird. Dämpfung und Verkürzung der Wellenlänge überlagern sich nun derart, daß die Basilarmembran an einer bestimmten, für die Schallfrequenz charakteristischen Stelle die größte Ausbuchtung bekommt. Für hohe Frequenzen liegt dieser Punkt in der Nähe des ovalen Fensters, für tiefe oben in der Schnecke. Die Schwingung wird durch das Cortische Organ registriert, das auf der Basilarmembran liegt. Es besteht aus Sinneszellen mit Sinneshaaren, die von einer segelartigen Membran einseitig abgedeckt sind. Durch die Ausbauchung der Basilarmembran wird die Flüssigkeit unter der Deckmembran nach außen gedrückt, wodurch die Sinneshaare gebogen werden und die Sinneszellen die Reizung aufnehmen.

3. Die Basilarmembran ist in der Nähe des ovalen Fensters schmal. Dieser Bereich reagiert auf hohe Schallfrequenzen. Zur Spitze der Schnecke hin wird die Basilarmembran immer breiter. Hier werden die tieferen Frequenzen registriert.

4. Schwerhörigkeit entsteht normalerweise zuerst in den hohen Frequenzbereichen, die am Anfang der Basilarmembran liegen. Dieser Membranbereich wird am stärksten beansprucht, da hier alle Schallwellen, die in die Schnecke gelangen, vorbeikommen. Dieser Bereich wird also immer beansprucht und nutzt sich daher eher ab.

5. Der Strich liegt im Bereich der Hinweislinie ⑤.

Arbeitsblatt 1: Bau und Funktion des Wirbeltierauges

Name:	Klasse / Kurs:	Datum:

A.

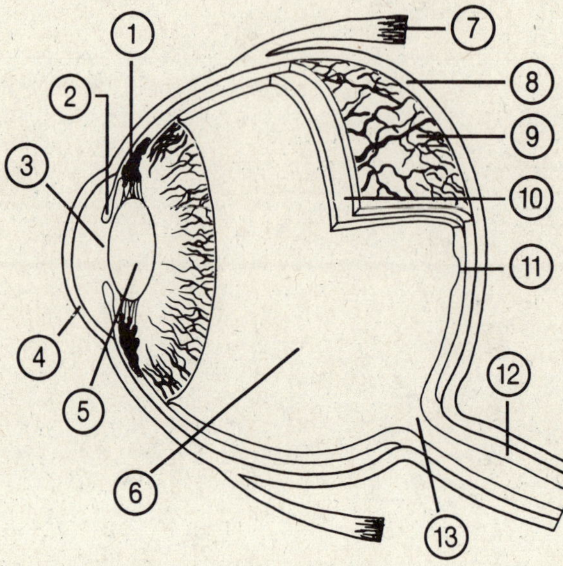

B.

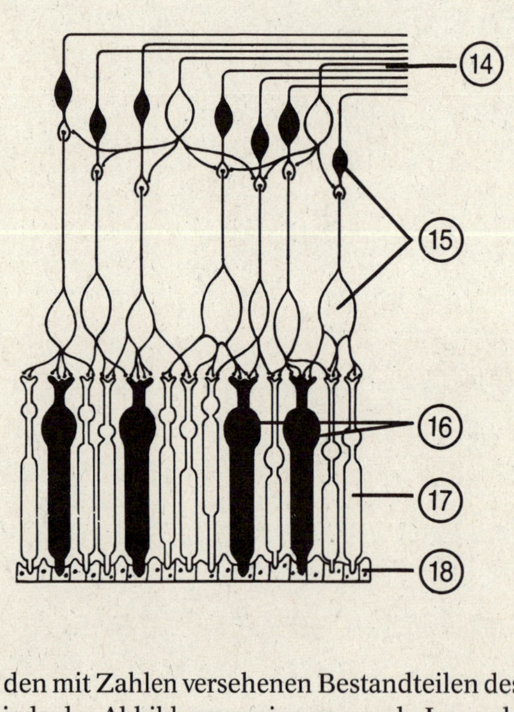

C.

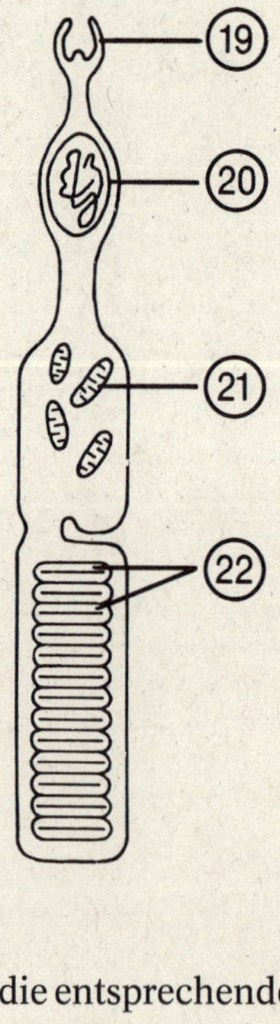

1. Ordnen Sie den mit Zahlen versehenen Bestandteilen des Auges die entsprechenden Begriffe zu! Finden Sie für jede der Abbildungen eine passende Legende!

2. Beschreiben Sie die Funktionen der in den Abbildungen A und B dargestellten Bestandteile des Auges!

3. Markieren Sie in der Abbildung A die Bereiche, deren Struktur stärker vergrößert in der Abbildung B dargestellt sind!

4. Tragen Sie in die Abbildung B ein, aus welcher Richtung das Licht einfällt!

Arbeitsblatt 2: Einwirkung des Lichts auf Rhodopsin

Name:	Klasse / Kurs:	Datum:

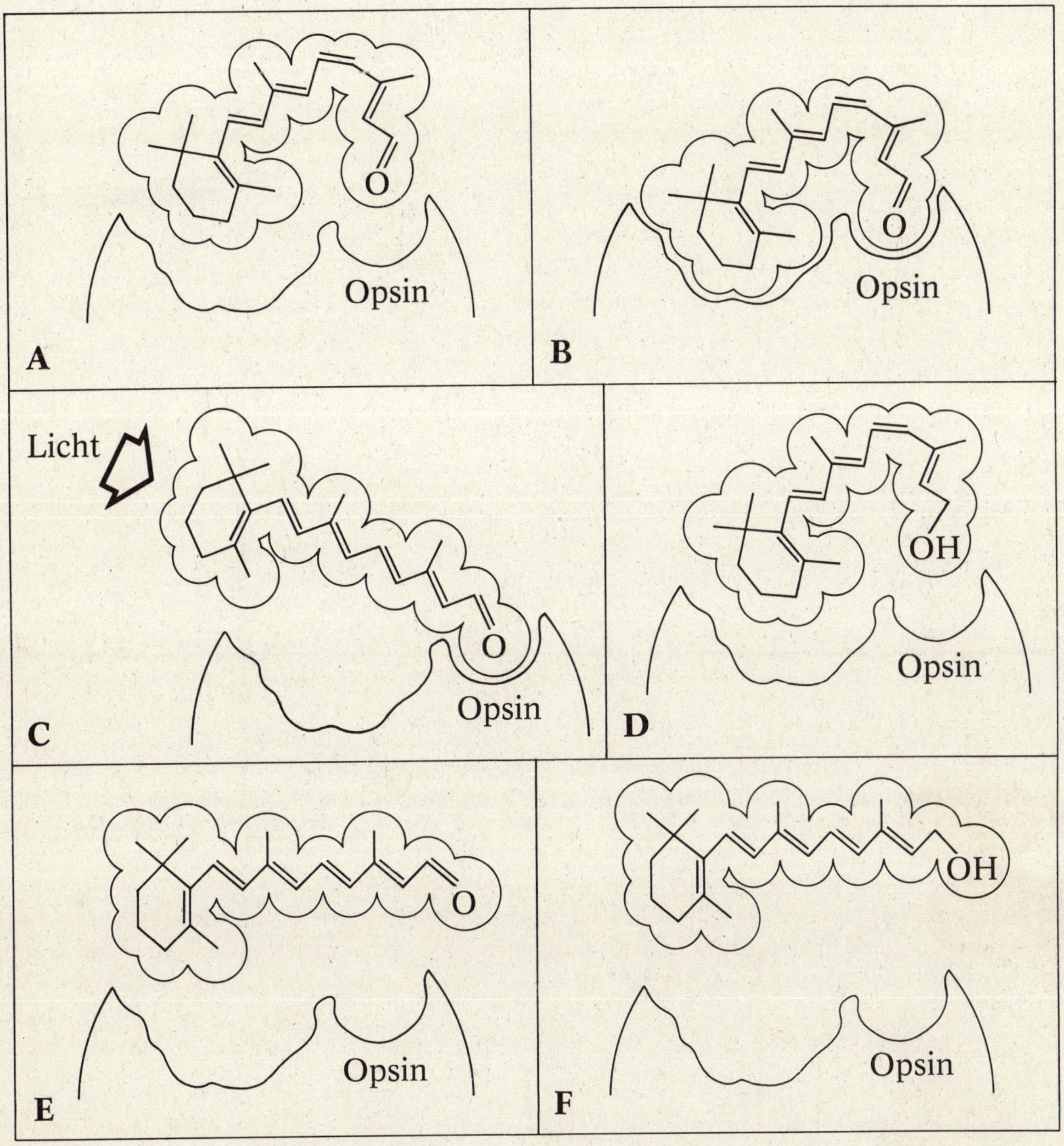

1. Die Abbildung zeigt verschiedene Phasen des Rhodopsinzyklus in ungeordneter Reihenfolge. Geben Sie die richtige Reihenfolge nach der Einwirkung von Licht an! Beginnen Sie dabei mit der Dunkelform des Rhodopsins!

2. Nennen Sie die Fachbegriffe für die jeweils dargestellten Bestandteile des Rhodopsins! Geben Sie ferner an, welche Reaktionen zwischen den dargestellten Stadien des Zyklus erfolgen!

3. In welchem Zusammenhang steht die ausreichende Aufnahme von Vitamin A mit dem dargestellten Prozeß des Sehens?

Arbeitsblatt 3: Farbsehen

Name:	Klasse / Kurs:	Datum:

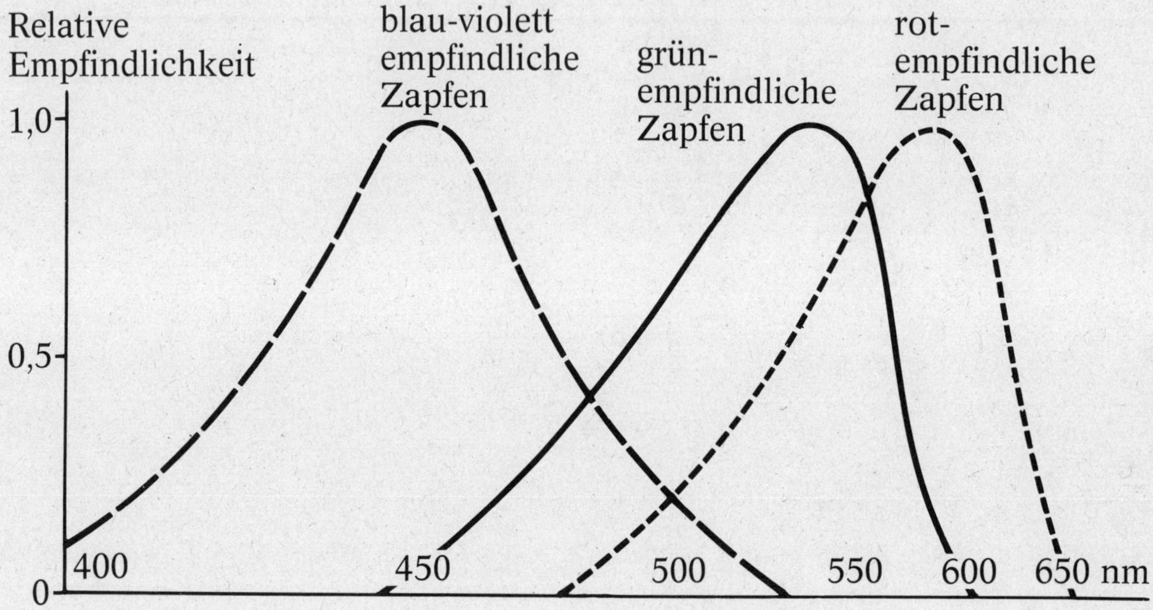

Die dargestellte Grafik zeigt die Farbempfindlichkeit der drei Zapfentypen des menschlichen Auges.

1. Beschreiben und vergleichen Sie die relative Empfindlichkeit der Zapfen für Licht bestimmter Wellenlängenbereiche!

2. Erläutern Sie anhand der Grafik, ob ein Mensch in der Lage ist, ultraviolettes Licht oder Infrarotlicht wahrzunehmen!

3. Im menschlichen Auge sind keine gelbempfindlichen Zapfen vorhanden. Wie kommt trotzdem im Gehirn der Seheindruck „Gelb“ zustande?

Arbeitsblatt 4: Entfernungsmessung des Auges

Name:	Klasse / Kurs:	Datum:

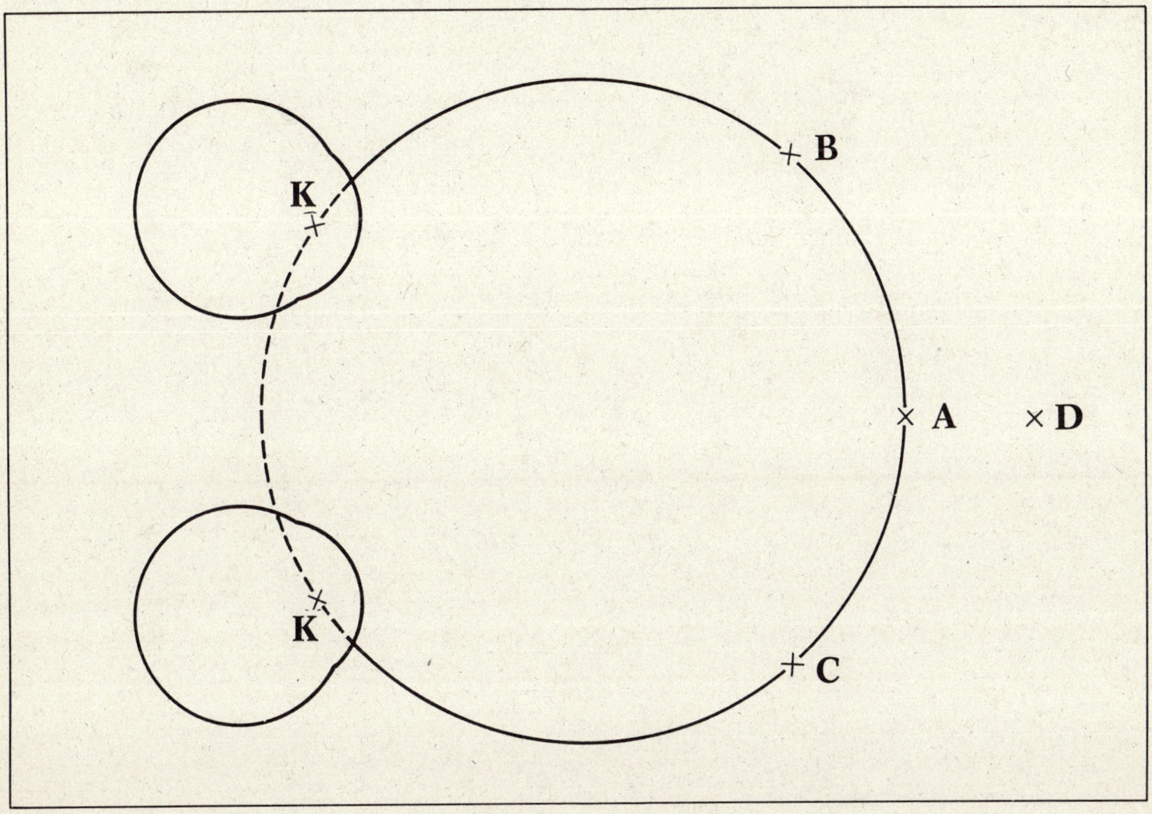

1. Konstruieren Sie die Abbildungen der Punkte A, B, C und D auf der Netzhaut beider Augen!

2. Erklären Sie die Lage der Punkte A, B, C und D auf den Netzhäuten der beiden Augen! Wie wertet das Gehirn diese Informationen aus?

3. Wie sähe die Abbildung der Punkte aus, wenn D links von A läge?

Arbeitsblatt 5: Augentypen

Name:	Klasse / Kurs:	Datum:

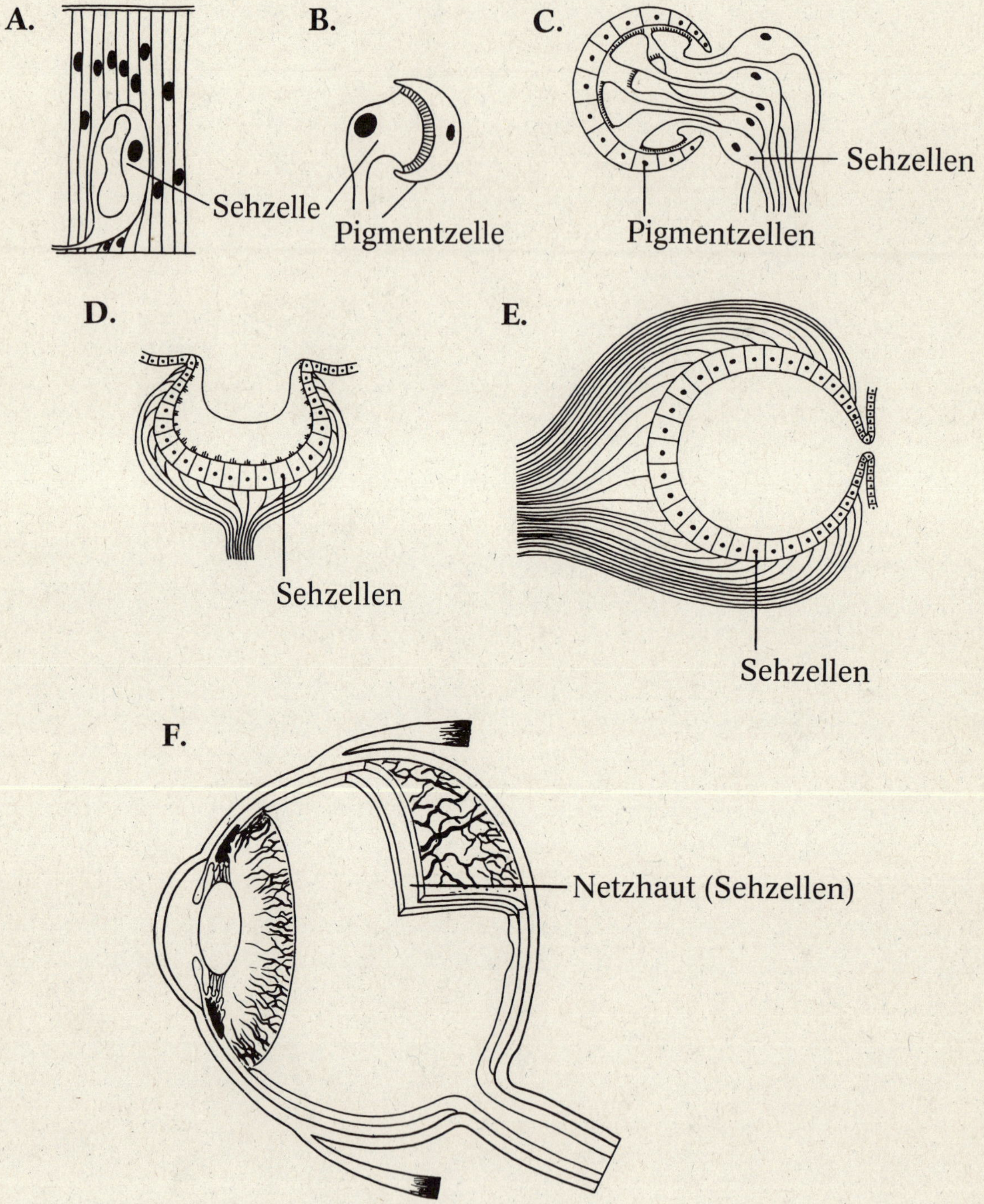

1. Beschreiben Sie kurz den Bau der Lichtsinnesorgane A. und B.! Geben Sie die Fachbegriffe für die unter C., D., E. und F. dargestellten Augentypen an!

2. Erläutern Sie die Funktion von Pigmentzellen!

3. Welche Form des Sehens, Bildsehen, Helligkeitssehen oder Richtungssehen, ermöglichen die dargestellten Augentypen? Begründen Sie Ihre Antwort!

Arbeitsblatt 6: Bau des Komplexauges

Name:	Klasse / Kurs:	Datum:

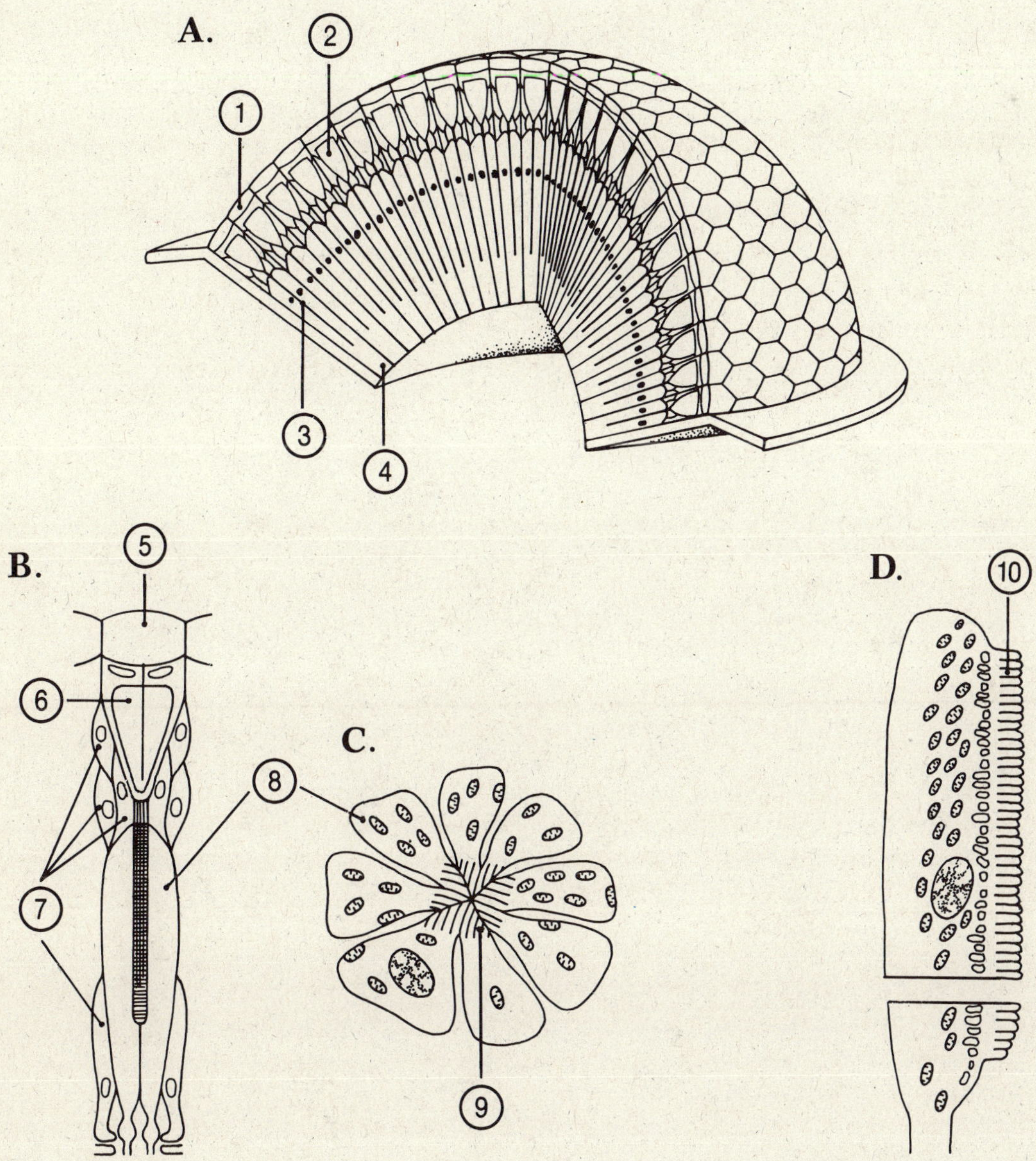

1. Ordnen Sie den Zahlen die entsprechenden Begriffe zu, und beschreiben Sie kurz die Funktion der dargestellten Bestandteile des Komplexauges!

2. Geben Sie an, welche Bestandteile des Komplexauges in welcher Schnittebene in den Abbildungen B, C und D dargestellt sind!

3. Beschreiben Sie, wie polarisiertes Licht im einzelnen Ommatidium registriert werden kann!

4. Die Anzahl der Einzelaugen der Komplexaugen verschiedener Tiere kann sehr unterschiedlich sein, sie kann von nur wenigen bis zu mehreren tausend betragen. Welchen Einfluß hat die Anzahl der Einzelaugen auf das Auflösungsvermögen, d.h. die Sehschärfe? Begründen Sie Ihre Antwort!

Arbeitsblatt 7: Bau des Wirbeltierohrs

Name:	Klasse / Kurs:	Datum:

A.

B.

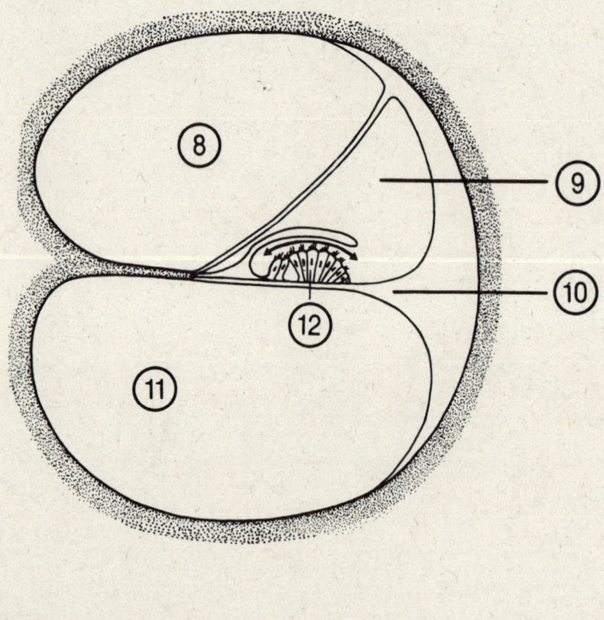

1. Ordnen Sie den Zahlen die entsprechenden Begriffe zu!

2. Beschreiben Sie die Weiterleitung des Schalles im Ohr vom Eintreffen der Schallwellen am ovalen Fenster bis zur Reaktion der Sinneszellen!

3. Wo werden hohe bzw. tiefe Töne auf der Basilarmembran wahrgenommen?

4. In welchem Frequenzbereich tritt Schwerhörigkeit normalerweise zuerst auf? Begründen Sie Ihre Antwort!

5. Markieren Sie durch einen Strich in der Abbildung A, welcher Bereich in der Abbildung B im Querschnitt dargestellt ist!

6. Komplexe Vorgänge im Nervensystem

A. Aufgaben und Versuche

A 1 *Streß durch Prüfungen*

Ein Kieler Professor registrierte bei einem mündlichen Zwischenexamen bei 67 Studenten ihre Herz- und Atemtätigkeit sowie ihre Hauttemperatur. Um festzustellen, wie nervös der jeweilige Prüfling war, überprüfte er mit Hilfe eines Impulsgebers unter dem Drehstuhl, auf dem die Prüflinge saßen, wie oft diese während des Examens hin- und herrutschten.
Das Experiment zeigte folgende Ergebnisse:
- Der Puls steigerte sich im Durchschnitt von 72 Schlägen pro Minute auf mehr als 102 Schläge, Spitzenwerte von 170 Schlägen pro Minute waren keine Seltenheit. (Allgemein wird davon ausgegangen, daß bei 140 Schlägen die Streßgrenze erreicht ist und ab etwa 200 Schlägen gesundheitliche Gefahren drohen.)
- Die Anzahl der Atemzüge stieg von normalerweise 14 auf 18 Atemzüge pro Minute, wobei besonders ängstliche Prüflinge wie bei sportlicher Betätigung in Atemnot gerieten.
- Die Prüfinge rutschten so oft auf dem Stuhl hin und her, daß die Summe aller Bewegungen in einer Minute einer Drehung von über 180 Grad entsprach. Ein Teil der sehr ängstlichen Prüflinge verfiel in eine Bewegungsstarre und hielt sich krampfhaft am Tisch fest.

Aufgaben: **a.** Erklären Sie die aufgetretenen Reaktionen! Geben Sie an, welche Teil des Nervensystems und Hormonsystems an den beschriebenen Reaktionen beteiligt sind!
b. Entwerfen Sie eine schematische Übersicht der Steuerung der geschilderten Streßzustände! Geben Sie an, welche Teile des Nervensystems und Hormonsystems an den beschriebenen Reaktionen beteiligt sind!
c. Erklären Sie den „biologischen Sinn“ der beschriebenen Reaktionen aus evolutionstheoretischer Sicht! Welche Gefahren sind zu befürchten, wenn die beschriebenen Körperzustände auf Dauer auftreten?

Lösungshinweis: **a.** Es handelt sich um typische Alarmreaktionen. Das Großhirn nimmt die Bedrohung bewußt wahr und liefert Informationen darüber an das Zwischenhirn. Dieses leitet die Information an die Hypophyse (für das Hormonsystem) und den Sympathicus (für das vegetative Nervensystem) weiter. Der Sympathicus erhöht die Werte für die Körperfunktionen Atemfrequenz, Herzschlagfrequenz, Blutdruck, Blutzuckerspiegel, Hauttemperatur und Körpertemperatur. Der Blutzuckerspiegel wird dabei durch drei Hormondrüsen, Schilddrüse, Nebennieren und Bauspeicheldrüse, beeinflußt, die sowohl von der Hypophyse als auch vom Sympathicus beeinflußt werden (siehe **b**).

b. Blockschema:

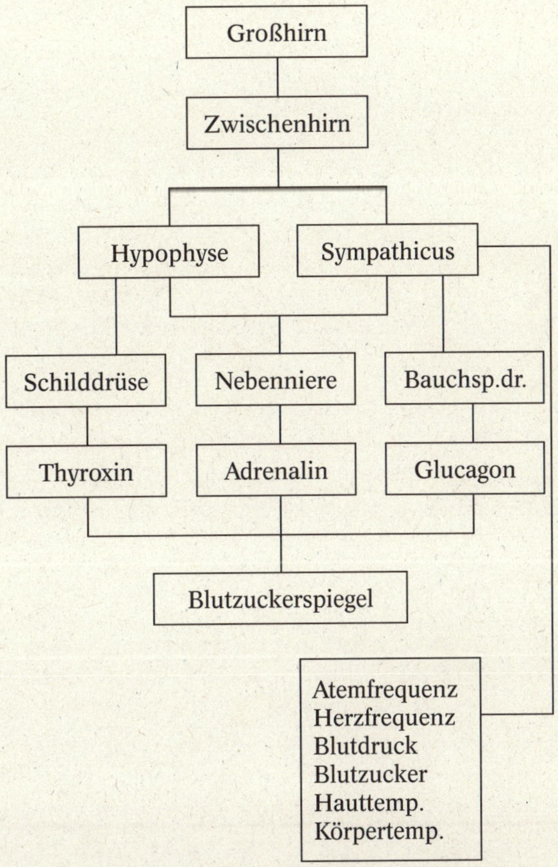

c. Das Großhirn nimmt bewußt eine gefährliche Situation wahr. Es signalisiert dies an das Zwischenhirn, wo die Gefühle Wachsamkeit, Angst, Vorsicht induziert werden. Gleichzeitig gehen vom Zwischenhirn Signale an die Hypophyse und den Sympathicus, durch die die Alarmsysteme des Körpers in Gang gesetzt werden. Der Körper wird in einen Zustand versetzt, in dem er für körperliche Höchstleistungen vorbereitet ist. Die Reaktion der körperlichen Unruhe bei den Prüflingen deutet darauf hin, daß die Bereitschaft besteht, körperlich aktiv zu werden (Angriff oder Flucht). – Diese Reaktionen waren für den Steinzeitmenschen zweckmäßig, da die Gefahren, denen er ausgesetzt war, durch körperliche Reaktionen überwunden werden konnten. Die Alarmmechanismen hatten einen positiven Selektionswert und haben sich deshalb durchgesetzt und im Erbgut verankert. Dort sind sie heute noch fixiert, aber die Bedingungen haben sich in der Zivilisationsgesellschaft geändert. Körperliche Reaktionen sind nicht mehr in allen Situationen, die als Gefahrensituationen wahrgenommen werden, zweckmäßig und werden von der Großhirnrinde bewußt unterdrückt. Die physiologischen Alarmzustände werden nicht mehr abgebaut und führen auf die Dauer zu körperlichen Störungen.

Durch eine solche Dauerbelastung treten in erster Linie die Symptome der sog. „Managerkrankheit" auf, wie Magengeschwüre, Arteriosklerose, Gefäßkrankheiten, Herzinfarkt und verschiedenartige psychosomatische Störungen, d.h. also eine große Zahl der „Zivilisationskrankheiten".

B. Literatur

NEFFE: Die entzauberte Nacht, GEO-Wissen 1987/1 (25. 5. 1987 Gehirn, Gefühl, Gedanken), Seiten 114–126.

Kommentar: Ausführliche Darstellung der Schlaf- und Traumforschung. Fotos, Zeichnungen, Diagramme. Erweiterte Unterrichtsvorbereitung, Referatthema.

SIMON: Wie das Klima den Menschen beutelt, Bild der Wissenschaft 1986, Heft 4, Seiten 134–148.

Kommentar: Darstellung des Streß, dem Menschen durch meteorologische Faktoren ausgesetzt sind. Mit Zeichnungen, Wetterkarten, einer Karte der bioklimatischen Zonen Deutschlands und einer Tabelle der Zusammenhänge von speziellen Wetterlagen und körperlichen Störungen. Referatthema.

VESTER: Phänomen Streß, Deutsche Verlags-Anstalt Stuttgart, 1976.

Kommentar: Umfassende und gründliche Darstellung von Streßsituationen und den dazugehörigen Mechanismen. Photos, Zeichnungen, Zahlenangaben, Tabellen, Flußdiagramme, Schemata. Erweiterte Unterrichtsvorbereitung, einzelne Kapitel als Referatthemen.

ZELL: Chaos bei Männern, Bild der Wissenschaft 1987, Heft 2, Seite 16.

Kommentar: Testergebnisse eines Belastungstests, Vergleich zwischen Frauen und Männern. Kurzreferatthema.

C. Zusatzinformationen –

D. Lösungshinweise zu den Arbeitsblättern

Arbeitsblatt 1: Regelsystem der Blutzuckerkonzentration

1.
① Zwischenhirn und Hypophyse
② Hypophysenhormone
③ Nervenverbindung Sympathicus
④ Nervenverbindung Parasympathicus
⑤ Bauchspeicheldrüse
⑥ B-Zellen: Insulin ⊖
⑦ A-Zellen: Glucagon ⊕
⑧ Nebenniere
⑨ Adrenalin ⊕
⑩ Schilddrüse
⑪ Thyroxin ⊕
⑫ Kohlenhydratzufuhr ⊕
⑬ Muskelarbeit ⊖
⑭ Glucose-Rezeptoren

2. Wenn der Körper Nahrung aufnimmt, die Kohlenhydrate enthält, werden diese in der Verdauung im Darm bis auf die Stufe Glucose abgebaut. Die Glucose wird ins Blut übernommen und erhöht so den Blutzuckerspiegel. Die Glucose-Rezeptoren in den Wänden der Blutgefäße, besonders im Zwischenhirn, messen den Blutzuckerspiegel. Das Zwischenhirn gibt bei zu hohen Blutzuckerwerten entsprechende Informationen an das vegetative Nervensystem, das über den Parasympathicus die B-Zellen der Bauchspeicheldrüse dazu anregt, das Hormon Insulin in das Blut abzugeben. Dieses Hormon bewirkt, daß Glucose in die Körperzellen, besonders die Muskelzellen und Zellen der Leber, aufgenommen und in die Speicherform Glycogen umgewandelt wird. Dadurch sinkt der Blutzuckerspiegel.
Die Bedeutung dieses Regelsystems besteht darin, daß der Blutzuckerspiegel konstant gehalten wird. Der Blutzuckerspiegel hat eine besondere Bedeutung, da das Gehirn für seinen Energiehaushalt ausschließlich Glucose verwendet. Sinkt der Glucosegehalt des Blutes unter einen bestimmten Wert, treten Störungen an den Nervenzellen des Gehirns auf. Er muß deshalb immer auf einem Mindestwert (Sollwert, 0,5 mMol/l) gehalten werden. Wegen der Wichtigkeit dieses Mindestwertes gibt es in dem Regelkreis drei Komponenten, die den Wert erhöhen können (Glucagon, Adrenalin und Thyroxin). Eine Erniedrigung dagegen, also eine Entfernung von Zucker aus dem Blut erfolgt nur über ein einziges Stellglied, das Insulin.

3. Beim Diabetes ist die Insulinproduktion bzw. die Reaktion des Körpers auf Insulin behindert. Da das negative Stellglied des Regelkreises fehlt, kann der Blutzuckerspiegel über den Sollwert steigen. Eine Erniedrigung des Blutzuckerspiegels kann nur noch über die Störgröße Muskelarbeit erfolgen, wobei auch die Aufnahme von Glucose in die Muskelzellen vermindert ist. Der überschüssige Zucker wird zwar dann über die Niere ausgeschieden (Name: Zuckerkrankheit!), der Blutzuckerspiegel bleibt aber auf einem hohen Niveau.

Arbeitsblatt 1: Regelsystem der Blutzuckerkonzentration

Name:	Klasse / Kurs:	Datum:

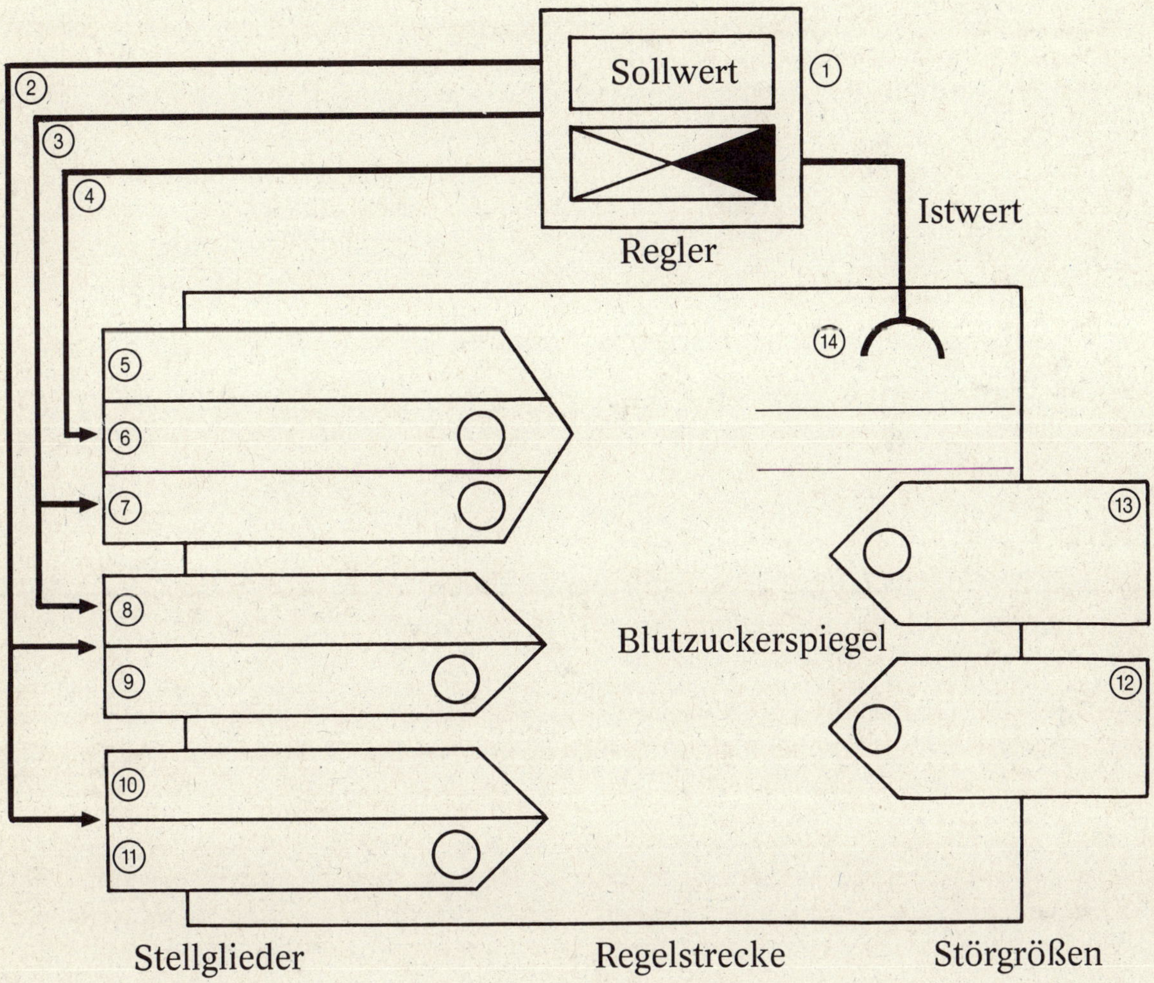

1. Vervollständigen Sie das Regelkreisschema für die Blutzuckerregulation! Ordnen Sie den Zahlen die entsprechenden Organe, Hormone und Nervenverbindungen zu, und versehen Sie die Stellglieder und Störgrößen mit ⊕ für „erhöhen" und ⊖ für „vermindern" des Blutzuckerspiegels!

2. Beschreiben Sie die Funktion des Regelsystems nach der Aufnahme von Nahrung! Welche Bedeutung hat das Regelsystem für den Organismus?

3. Welche Störung des Regelsystems tritt bei Zuckerkrankheit auf? Beschreiben Sie die Folgen anhand des Regelkreisschemas!

7. Reizbarkeit bei Pflanzen

A. Aufgaben und Versuche

V 1 *Schleuderbewegungen bei Impatiens*

Anmerkung: Der Versuch kann in der Zeit von Ende August bis Mitte September durchgeführt werden, wenn die Pflanzen reife Früchte tragen. Der Versuch muß im Freiland stattfinden, da die Früchte nicht transportabel sind.

Objekt: Pflanzen der Gattung Springkraut (Impatiens L.). Alle drei in Deutschland vorkommenden Arten können verwendet werden: Echtes Springkraut, Rühr-mich-nicht-an (I. noli-tangere L.), Kleinblütiges Springkraut (I. parviflora DC.) und Drüsiges Springkraut (I. glandulifera Royle).

Material: Papier und Bleistift; Lupen; Bandmaß.

Durchführung: 1. Die reifen Früchte werden an der Pflanze im Freiland gezeichnet.
2. Nach dem Zeichnen berührt man eine der reifen Früchte oder drückt sie leicht mit zwei Fingern zusammen. Die Reaktion der Früchte wird beobachtet und beschrieben.
3. Die explodierte Frucht wird gezeichnet.
4. Die Flugweite der weggeschleuderten Samen wird gemessen.

Aufgabe: Erklären Sie Ihre Beobachtungen!

Lösungshinweis: Die Zeichnung der reifen Frucht zeigt eine oval spitzzulaufende Kapsel mit deutlich sichtbaren Längslinien. Bei Berührung reißt die Kapsel an diesen Linien auf. Die bandförmigen Fruchtblatteile zwischen den Rißbereichen rollen sich blitzschnell auf. Dadurch werden die in der Kapsel liegenden Samen weggeschleudert. Sie können mehrere Meter weit fliegen. Nach der Explosion besteht die Restfrucht aus mehreren spiralig aufgerollten Blattbändern.
Der Mechanismus beruht auf einer Vorspannung des Fruchtkörpers, der auf unterschiedlicher Verteilung des Turgors der inneren und äußeren Fruchtwandzellen beruht. Zwischen den verwachsenen Blättern liegen „Sollbruchstellen“, die sehr leicht zerreißen. Eine geringe Berührung im reifen Zustand genügt, um die Frucht an diesen Linien aufreißen zu lassen. Die Bänder werden durch die Ungleichverteilung des Turgors aufgerollt. Dadurch werden die glatten Samenkörner herausgeschleudert.

V 2 *Turgorbewegung der Venusfliegenfalle*

Objekt: Pflanzen der Gattung Dionaea. Man erhält die Pflanzen in Gartenzentren und größeren Gärtnereibetrieben. Hier wird auch Spezialerde für tierfangende Pflanzen angeboten.

Material: Großes, verschließbares Glasgefäß (z. B. großes Gurkenglas, kleineres Aquarium mit Abdeckplatte oder ein anderes Glasgefäß mit wenigstens einer planen Seitenwand, abdeckbar); Spezialerde für tierfangende Pflanzen, ein engmaschiges Schmetterlingsnetz oder Aquarien-Fischnetz; Papier; Bleistift; Lupen.

Durchführung: Die Erde wird einige cm hoch in das Glasgefäß gebracht. Die Pflanzen werden eingepflanzt und gut angegossen. Das Gefäß wird verschlossen. Das Gefäß wird hell, aber nicht im vollen Sonnenlicht aufgestellt. Bei direktem Sonnenlicht droht Überhitzung.
Wenn man das Glas gut verschlossen hält, bleibt dieses geschlossene System über viele Monate hin ohne jegliche Pflege am Leben. Öffnet man öfter zur Fütterung, so muß das dabei als Dampf entweichende Wasser ersetzt werden, was aber nur selten nötig ist. Eine ständige Fütterung ist nicht unbedingt erforderlich, da die Pflanzen auch Stickstoff aus dem Boden aufnehmen können.
1. Ein Fangblatt der Pflanzen wird in offenem Zustand gezeichnet. Mit der Lupe sucht man nach den Sinneshärchen auf der Blattoberfläche.
2. Reizung und Beobachtung: a. Ein Fangblatt wird gereizt, indem man mit dem Bleistift die Sinneshärchen berührt. Die Beobachtung wird protokolliert.
b. Auf ein Fangblatt wird ein Steinchen gebracht. Das Blatt wird über mehrere Tage beobachtet. Das Ergebnis wird protokolliert.
c. Fütterung mit lebenden Insekten: Lebende Insekten lassen sich leicht z. B. an einem Komposthaufen fangen. Man bewegt das Netz dicht über dem Boden einige Male hin und her. Durch die Bewegung werden die da sitzenden Insekten aufgescheucht und fangen sich in dem Netz. Der Netzbeutel wird über den Netzrahmen geschlagen, so daß die Insekten nicht entweichen können. Dann werden die Insekten in ein Glas oder direkt an das Pflanzenzuchtgefäß gegeben.
d. Man legt ein kleines Stück Quark oder schwach gesalzenen Käse oder ein rohes Stück Fleisch auf ein Fangblatt, beobachtet über mehrere Tage und protokolliert.

Aufgabe: Fertigen Sie ein Versuchsprotokoll an! Erklären Sie Ihre Beobachtungen!

Lösungshinweis: Das Fangblatt der Venusfliegenfalle reagiert nach Berührung mit einer Bewegung, die beiden Hälften des Fangblattes klappen zusammen. Diese Form der Bewegung wird als Seismonastie bezeichnet. Im Gegensatz zur Thigmonastie, wo eine Reaktion auf Reibe- oder Kitzelreize erfolgt, folgt bei der Seismonastie eine Reaktion auf jeden Stoßreiz, z. B. auch auf einen aufprallenden Regentropfen. Die Bewegung wird durch schlagartige Turgoränderungen hervorgerufen (Turgorbewegung). Nach Berührung mit dem Bleistift öffnet sich das Blatt alsbald wieder, ebenso nach Reizung durch einen Stein. Bei Reizung durch ein Insekt oder durch einen eiweißhaltigen Körper bleibt das Blatt so lange geschlossen, bis die organischen Substanzen verdaut sind. Möglicherweise öffnet sich das Blatt dann wieder oder es geht zugrunde (bei sehr großer Beute). Das weist darauf hin, daß neben der Seismonastie auch chemonastische Mechanismen wirksam sind.

B. Literatur

EVANS, MOORE und HASENSTEIN: Der Schweresinn von Wurzeln, Spektrum 1987, Heft 2, Seite 124–133.

Kommentar: Ausführliche Darstellung der Wirkungsmechanismen des Geotropismus mit sehr guten Fotos und Zeichnungen. Hypothese zur Wirkung der Amyloplasten auf den Calcium-Ionen-Haushalt und seinen Einfluß auf die Wuchsstoffbildung. Referatthema.

HÄDER, D. P.: Bewegungssteuerung von Blaualgen durch Licht, BiuZ 1985, Heft 1, Seite 27–29.

Kommentar: Beschreibung und Erklärung zu Experimenten mit Blaualgen unter Lichteinfluß, mikroskopische Beobachtungen, Experimente mit Fotonegativen. Zeichnungen, Fotos. Lehrerexperiment, evtl. Schülerexperiment, Referatthema mit Experiment.

SCHILDKNECHT, H.: Turgorine – neue Signalstoffe des pflanzlichen Verhaltens, Spektrum 1986, Heft 11, Seite 44–53.

Kommentar: Historische Einleitung zum Problem „Bewegungen bei Pflanzen", Turgorbewegungen und tagesperiodische Bewegungen von z. B. Mimose und Sauerklee, ausführliche Darstellung von Signalstoffen, die den Turgor beeinflussen, und anderer Pflanzenhormone, Reaktionen auf Licht. Sehr gute Fotos, Zeichnungen und Tabellen. Zusatzinformationen zum Thema des Kapitels, Referatthema.

C. Zusatzinformationen –

D. Lösungshinweise zu den Arbeitsblättern

Arbeitsblatt 1: Bewegungen bei Pflanzen

1. Geotropismus. Unabhängig von der Neigung der Unterlage wächst die Sproßachse negativ geotrop nach oben und die Wurzel positiv geotrop nach unten, bedingt durch die Schwerkraft.

2. Thigmonastie. Die Berührung der Kanten mit einem Ast führt zu einem schnellen einseitigen Wachstum der Ranke auf der dem Ast abgewandten Seite. Die Ranke rollt sich fest um den Ast.

3. Phototropismus. Die Wurzel wächst negativ phototropisch zur lichtabgewandten Seite. Der Sproß wächst positiv phototropisch auf die Lichtquelle zu. Beide Bewegungen erfolgen durch unterschiedliches Wachstum. Bei der Wurzel ist das Wachstum auf der lichtzugewandten Seite größer, beim Sproß auf der lichtabgewandten Seite.

4. Chemotropismus. A. Die Wurzeln der Brunnenkresse wachsen positiv chemotropisch auf die Ammoniumphosphat-Lösung (Dünger-Lösung) zu. B. Auf Kochsalzlösung, die schon ab geringen Konzentrationen toxisch auf Brunnenkresse wirkt, wachsen die Wurzeln negativ chemotrop von der Lösung weg. Das Wachstum erfolgt aufgrund eines Stoffgradienten.

5. Phototropismus. Der Blütenstiel reagiert positiv phototropisch. Der Stiel der Frucht reagiert negativ phototropisch. Es liegt also eine Umstimmung der Reaktion des Blüten- bzw. Fruchtstieles vor. Die Blätter reagieren positiv phototropisch.

6. Phototaxis. Das freibewegliche Geißeltierchen bewegt sich aktiv zum Licht hin (positive Phototaxis).

Arbeitsblatt 1: Bewegungen bei Pflanzen

Name:	Klasse / Kurs:	Datum:

1.

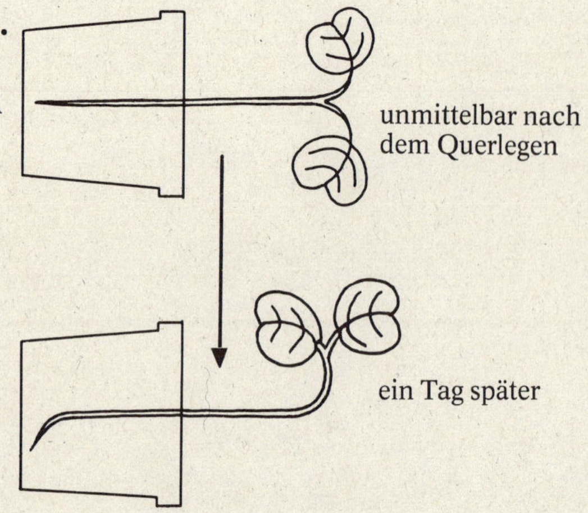

Pflanzenkeimling

2.

Zaunrübe

3.

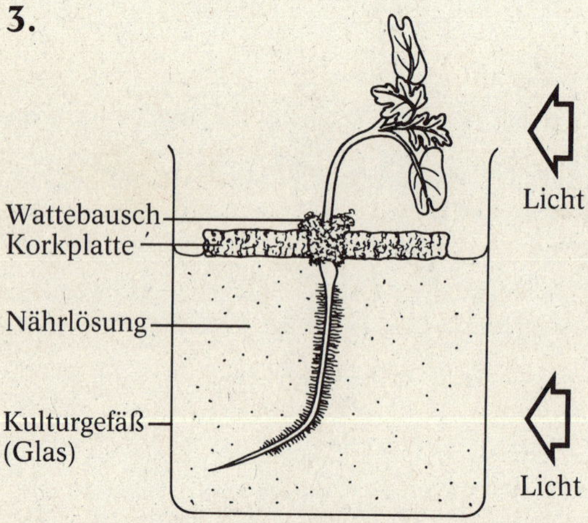

Senfkeimling

4.

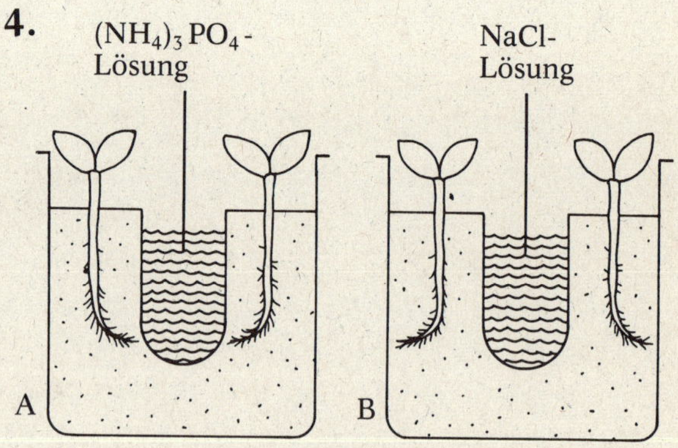

Brunnenkresse

5.

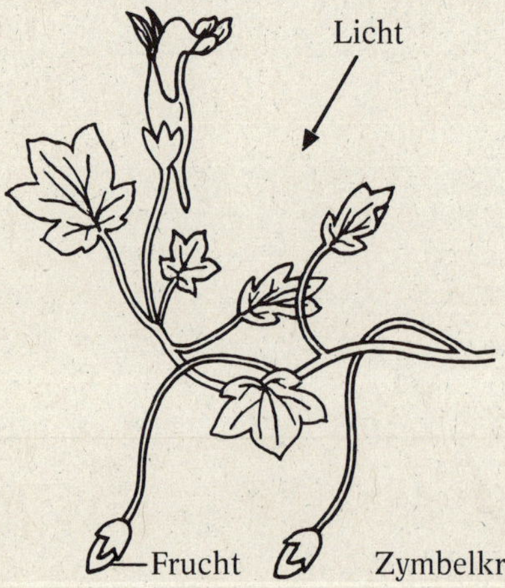

Zymbelkraut

6.

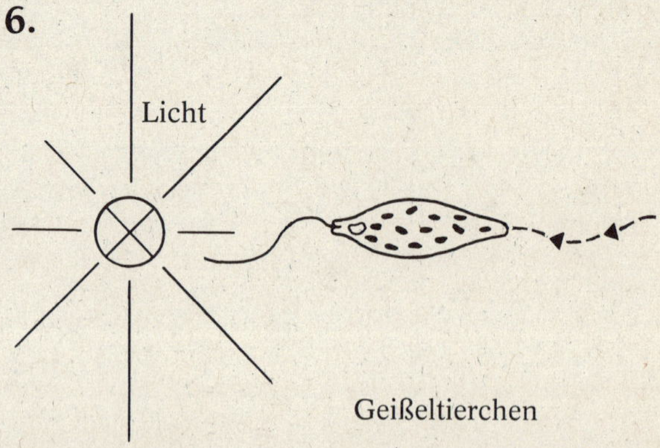

Geißeltierchen

Die Abbildungen zeigen verschiedene Formen der Bewegung von Pflanzen, ausgelöst durch bestimmte Umweltreize. Nennen Sie den Fachbegriff für die jeweilige Form der Bewegung! Beschreiben Sie, in welcher Art und Weise die Bewegung der Pflanze erfolgt!

Verhaltensbiologie

1. **Methoden der Verhaltensforschung**
2. **Angeborenes Verhalten**
3. **Erworbenes Verhalten**
4. **Verhaltensweisen von Tier und Mensch**

A. Aufgaben und Versuche

A 1 *Ablauf von Instinkthandlungen*

In einer Versuchsreihe wurde die Reaktion von Amseljungen verschiedenen Alters mit Hilfe einer Attrappe, eines Zweiges, überprüft. Abbildung A zeigt die Reaktion von Amseljungen, die seit einem Tag die Augen geöffnet haben. Abbildung B gibt die Reaktion eines Jungvogels wieder, der schon länger als zwei Tage die Augen geöffnet hat.

Abbildung 1 Abbildung 2

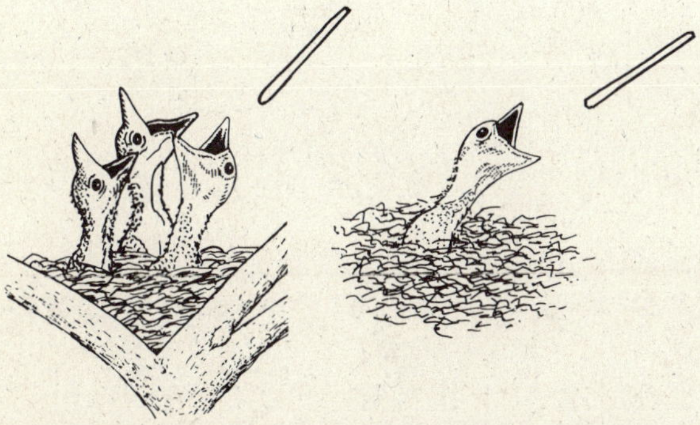

a. Beschreiben Sie das Verhalten der Jungvögel! Erfolgt die Reaktion der Amseljungen auf einen spezifischen oder unspezifischen Auslöser? Begründen Sie Ihre Antwort!
b. In welcher Weise verändert sich die Reaktion der Jungvögel mit zunehmendem Alter?
c. Auch frisch geschlüpfte Amseljunge, deren Augen noch geschlossen sind, sperren, wenn ein Altvogel anfliegt und sich auf das Nest setzt. Wodurch könnte ihre Reaktion ausgelöst werden?

Lösungshinweis: **a.** Die Jungen reagieren in beiden Fällen auf einen Auslöser, der kaum Ähnlichkeit mit dem normalen Auslöser, dem Elternvogel, hat. Der Auslöser ist also sehr unspezifisch. In der Abbildung A sind die geöffneten Schnäbel senkrecht nach oben gerichtet, nicht auf den Zweig. Die Sperr-Reaktion wird also nur ausgelöst. In der Abbildung B ist der Schnabel auf den Auslöser gerichtet.
b. Die Reaktion der Jungvögel auf die Attrappe, den Zweig, entwickelt sich von einer ungerichteten zu einer gerichteten Reaktion.
c. Auslöser könnten Geräusche, z.B. Lautäußerungen der Eltern oder Erschütterungen sein, die beim Anflug eines Altvogels entstehen. Die Jungen sperren nach oben, vermutlich schweregerichtet, wie in Abbildung A.

A 2 *Instinktmodelle*

Ein ausgewachsenes Cichliden-Männchen wurde zusammen mit einer Gruppe von Jungfischen gehalten. Griff das Männchen die Jungfische an, flohen diese immer zwischen die Wasserpflanzen. Es kam zu keinem richtigen Kampf. Die Zahl der Angriffe wurde gezählt und grafisch dargestellt. Dem erwachsenen Männchen wurde dann eine halbe Minute lang eine Männchenattrappe durch die Glasscheibe hindurch gezeigt (Pfeil). Dabei stand es ruhig im Wasser und beobachtete die Attrappe. Das Verhalten der Jungfische wurde durch die Attrappe nicht sichtbar verändert. Danach wurde die Zahl der Angriffe des Männchens auf die Jungfische wieder wie schon zuvor gezählt.

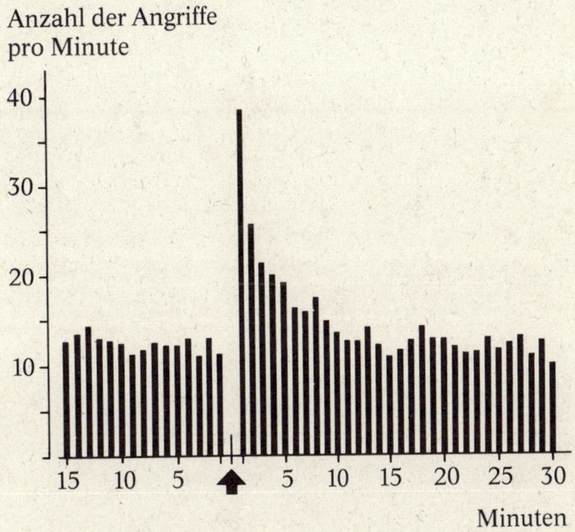

Aufgabe: Erklären Sie die Versuchsergebnisse mit Hilfe des neuen Instinktmodells von LORENZ!

Lösungshinweis: Vor dem Zeigen der Attrappe schwamm das ausgewachsene Männchen ziemlich konstant 12- bis 14mal pro Minute auf die Jungfische zu, die sofort flohen. Die Jungfische waren Auslöser für das Angriffsverhalten des Männchens.
Beim Zeigen der Attrappe verhielt sich das Männchen ruhig, die Attrappe ist kein Auslöser für Angriffsverhalten. Unmittelbar nach dem Zeigen der Attrappe verdreifachte sich die Zahl der Angriffe. Von der 2. Minute an nahm die Zahl der Angriffe wieder ab, sie pendelte sich in 12 bis 15 Minuten wieder auf dem Wert vor dem Zeigen der Attrappe ein.

Die Handlungsbereitschaft zum Angriffsverhalten hatte stark zugenommen, die Attrappe wirkte also als aufladender Reiz. Die gesteigerte Angriffsbereitschaft wird durch das Anschwimmen auf die Jungfische verringert. Eine bestimmte Angriffsbereitschaft bleibt bestehen, da die Jungfische auch als aufladende Reize wirken. Weil die Jungfische immer fliehen, findet kein richtiger Kampf statt, der die Handlungsbereitschaft zum Kämpfen stärker absenken würde.
Das Erhalten einer bestimmten Handlungsbereitschaft ist für ein revierbesitzendes Männchen biologisch sinnvoll, da es den Besitz des Reviers sichert.

A 3 *Einflüsse auf die Handlungsbereitschaft*

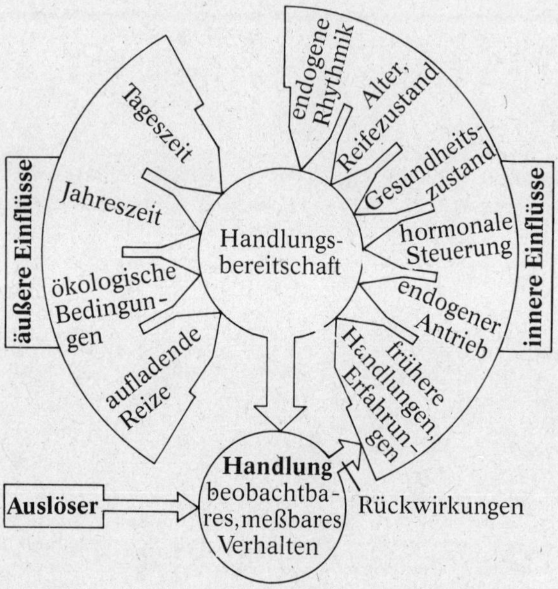

Aufgabe: Geben Sie jeweils 2 konkrete Beispiele an für die in der Abbildung dargestellten Einflüsse auf die Handlungsbereitschaft von Instinkthandlungen!

Lösungshinweis:

Tageszeit
- Beutefangen bei Fledermäusen mit Beginn der Dämmerung
- Beutefangen bei Tagraubvögeln tagsüber und bei Eulen in der Dämmerung und bei Mondschein
- Singen vieler Singvögel, besonders morgens und abends, bei der Nachtigall auch nachts

Jahreszeit
- Nahrung sammeln im Spätsommer bei Hamstern
- Vergraben und Verstecken von Nahrung im Spätsommer und Herbst bei Eichhörnchen und Eichelhäher
- Vogelzug im Frühjahr und Herbst
- Balz, Nestbau und Eierlegen im Frühjahr bei vielen Vogelarten

Ökologische Bedingungen
- fehlende Deckung oder weite Entfernung vom schützenden Gebüsch steigert die Handlungsbereitschaft zum Fliehen bei vielen Vogelarten
- Aufwinde und schönes Wetter steigern die Bereitschaft zum Fliegen bei Greifvögeln wie Bussarden oder Milanen, Regen bewirkt das Gegenteil

Aufladende Reize
- nicht erreichbare Beutetiere steigern die Jagdbereitschaft bei Raubtieren
- der Anblick oder der Geruch von leckeren Speisen vergrößern den Hunger beim Menschen
- ekelerregende Gerüche oder Anblicke lassen Menschen sich satt fühlen
- der Anblick von Getränken oder auch das Plätschern eines Baches oder Brunnens verstärken die Durstempfindung
- beim Menschen genügt auch schon die Erinnerung oder die Vorstellung, um Hunger oder Durst zu beeinflussen

Endogene Rhythmik
- Tagesaktivität wurde bei verschiedenen Tieren auch bei gleichmäßiger Helligkeit und Temperatur nachgewiesen
- Zugvögel zeigen Zugunruhe auch bei gleichmäßiger Tageslänge, z. B. Grasmücken

Alter, Reifezustand
- die Spielbereitschaft ist bei vielen Jungtieren, z. B. Hunden, groß und nimmt mit dem Älterwerden ab
- sexuelles Verhalten tritt erst in einem bestimmten Alter auf, das artverschieden ist

Gesundheitszustand
- kranke Tiere jagen, spielen, erkunden und kämpfen nicht

Hormonale Steuerung
- sexuelles Verhalten
- aggressives Verhalten wird hormonal beeinflußt, kastrierte Tiere wie Ochsen und Wallache sind friedlicher als Bullen oder Hengste

Endogener Antrieb
- gut gefütterte Hauskatzen verlassen die Wohnung, in der sie leben, und gehen jagen
- junge Hunde und Katzen suchen nach Spielgelegenheiten

Frühere Handlungen, Erfahrungen
- verschiedene Haustiere, z. B. Hunde, versuchen, bevorzugt mit bestimmten Personen zu spielen
- verschiedene Haustiere, z. B. Hunde, haben ihre speziellen Feinde, die sie besonders heftig anknurren, anbellen und angreifen wollen

A 4 *Anwendung der Instinktmodelle*

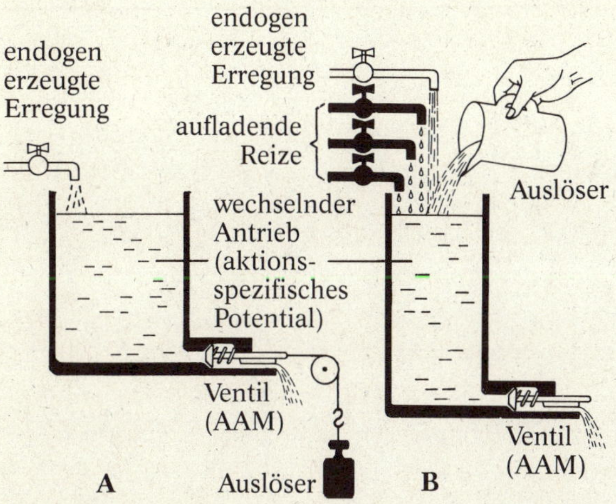

Erläutern Sie mit Hilfe der Instinktmodelle von K. LORENZ, wie sich die folgenden Tiere höchstwahrscheinlich verhalten werden:

1. Eine Katze, die nach längerem Jagen und Ansitzen fünf Mäuse gefangen und gefressen hat, trifft auf eine weitere Maus.
2. Ein allein im Käfig gehaltener Wellensittich bekommt eine Wellensittich-Nachbildung aus Plastik in den Käfig gehängt.
3. Ein Hase, der in den letzten drei Stunden sechsmal vor Hunden und Menschen etwa 100 m weit geflohen ist, sieht wieder einen Hund näherkommen.
4. Ein hungriger Löwe, der auf der anderen Seite eines Flusses viele Beutetiere wittert und gesehen hat, trifft auf ein sehr kleines Beutetier.

Lösungshinweis: 1. Niedriger Wasserspiegel, geringe Handlungsbereitschaft, kleines Gewicht bzw. geringe Wassermenge im Topf, der Wasserdruck ist zu gering, um das Ventil zu öffnen, keine Reaktion auf die Maus.
2. Hoher Pegel in den Modellen durch aufgestaute endogen erzeugte Erregung, geringes Gewicht bzw. geringe Wassermenge aus dem Topf öffnet das Ventil: Reaktion auf Ersatzobjekt.
3. Auf dieses Beispiel sind Instinktmodelle nicht anwendbar: Fluchtverhalten hat keine endogen gesteigerte Handlungsbereitschaft und keine Verringerung dieser durch erfolgreiche Fluchten. Der Hase ist sicher nicht ermüdet.
4. Eine Erklärung ist nur mit dem zweiten Modell möglich, weil die nicht erreichbaren Beutetiere aufladende Reize darstellen. Ein sehr hoher Pegel, geringe Wassermenge aus dem Topf öffnet das Ventil: Der Löwe versucht, das kleine Beutetier zu fangen.

A 5 *Werkzeuggebrauch beim Schmutzgeier*

Der Schmutzgeier verwendet Steine zum Zerschlagen von Straußeneiern:

Aufgabe: Wie kann man herausfinden, ob das Verhalten des Schmutzgeiers angeboren oder erlernt ist?

Lösungshinweis: Ob ein Verhalten angeboren oder erlernt ist, prüft man anhand von Kaspar-Hauser-Versuchen. Dazu wird ein junger Schmutzgeier isoliert aufgezogen. Er darf während der Aufzucht keine Gelegenheit haben, mit Steinen zu hantieren, ebensowenig darf er Straußeneier sehen. Wenn der Geier ausgewachsen ist, legt man ihm ein Straußenei und eine Auswahl unterschiedlich großer Steinbrocken vor. Versucht er sofort, das Ei mit einem Steinbrocken zu zerschlagen, ist das Verhalten eine Instinkthandlung (durchgeführte Experimente führten zu diesem Ergebnis).
Die Klassifizierung des Verhaltens als Instinkthandlung schließt nicht aus, daß der Vogel nach mehrfacher Ausführung der Handlung geschickter wird, z.B. Steine der effektivsten Größe bevorzugt und so schneller zum Ziel kommt.

A 6 *Lernen*

Bei einem Hund beobachtete man, daß er, wenn er ohne Leine frei laufen konnte, in einer Straße immer den gleichen Weg einschlug und an den gleichen Stellen markierte (Dreiecke).

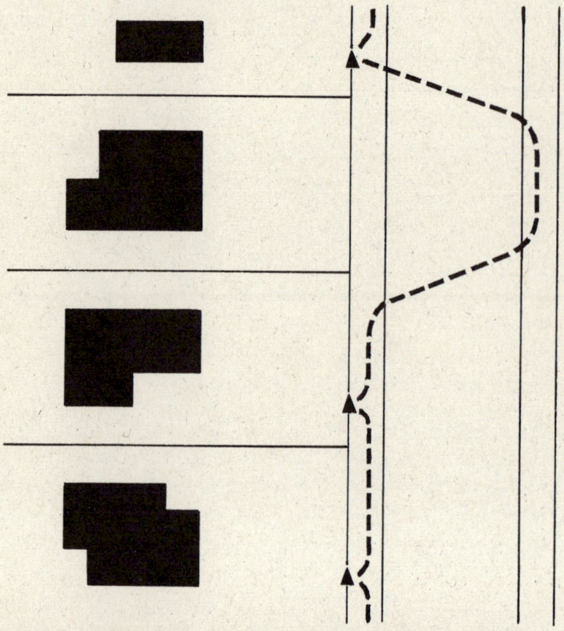

Aufgabe: Beschreiben Sie das Verhalten des Hundes! Nennen Sie mögliche Gründe für das gezeigte Verhalten!

Lösungshinweis: Der Hund kennt die Straße genau; er betrachtet sie als sein Auslaufrevier. Um das dritte eingezeichnete Grundstück macht er einen großen Bogen: Er geht auf die andere Straßenseite, anschließend jedoch sofort wieder auf die linke Seite zurück. Da er auf der rechten Seite nicht markiert, muß man den Seitenwechsel als Ausweichen deuten. Der Hund hat vermutlich eine negative Erfahrung auf dem Grundstück, dem er jetzt ausweicht, gemacht. Er hat eine bedingte Aversion ausgebildet. Was für eine negative Erfahrung zur Verhaltensänderung führte, kann man aus den Angaben nicht erschließen.

A 7 *Der Nutzen von Gruppenverhalten*

Bei Tauben wurde die Schwarmbildung und deren Nutzen bei Angriffen durch Habichte untersucht. Man erhält folgende Ergebnisse:

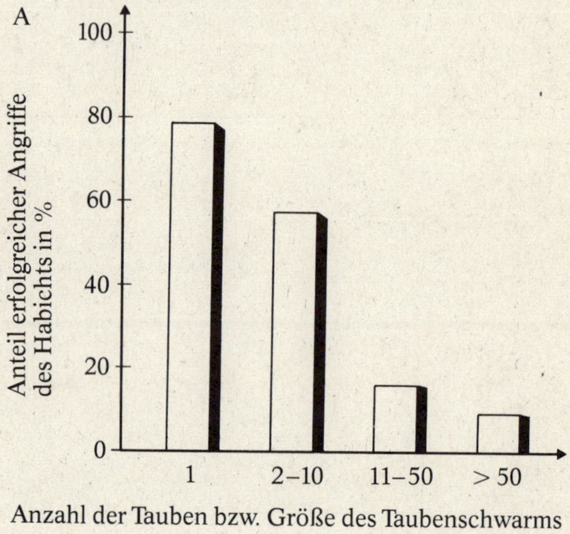

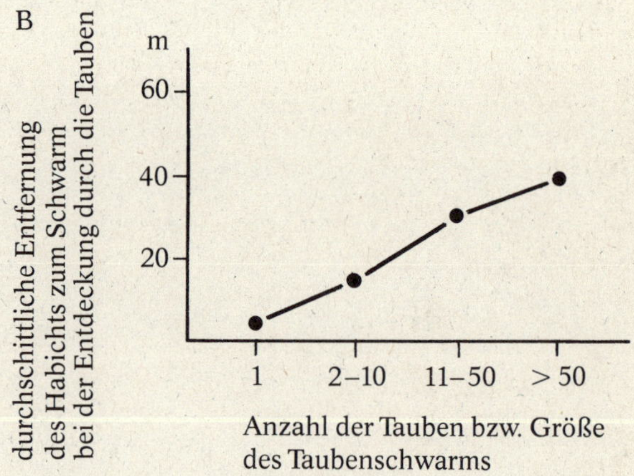

Aufgabe: Beschreiben und erklären Sie die grafisch dargestellten Versuchsergebnisse!

Lösungshinweis: Je größer der Schwarm der Tauben ist, um so weniger erfolgreich sind die Angriffe des Habichts. Eine Taube allein hat nur eine geringe Chance zu entkommen, während ein Habicht aus einem großen Schwarm kaum Tauben fangen kann. Je größer der Schwarm der Tauben ist, desto eher wird ein Habicht entdeckt und desto geringer sind seine Chancen, eine Taube zu fangen. Viele Augen sehen mehr als nur wenige oder nur zwei. Die frühe Entdekkung des Habichts und die damit lange Zeit zur Flucht ist eine Ursache für die in der Grafik A dargestellte Beziehung. Der Konfusionseffekt, der Habicht kann sich in einem Taubenschwarm nur sehr schwer auf ein einzelnes Tier fixieren, ist die andere wichtige Ursache.

A 8 *Balzaktivität und Bedrohung durch Feinde*

Man beobachtete bei Guppys, welchen Einfluß die Anwesenheit von Feinden (hier der räuberisch lebende Fisch Rivulus hartii) auf das Balzverhalten der Tiere hat. Die Ergebnisse der Untersuchungen von 9 Guppy-Populationen sind in der Abbildung wiedergegeben.

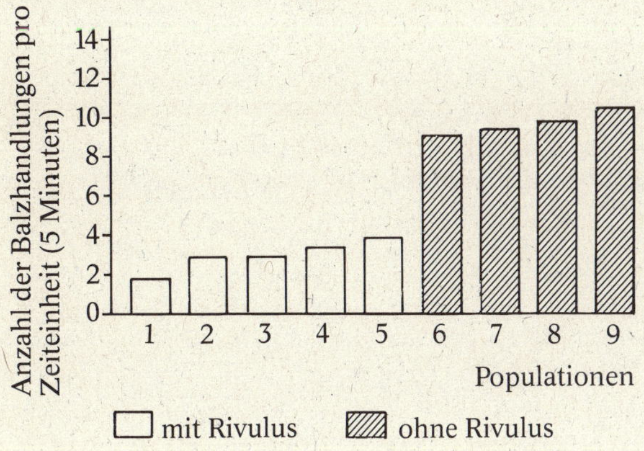

Aufgabe: Welchen Einfluß hat die Anwesenheit von Feinden auf das Balzverhalten der Guppys! Nennen Sie mögliche Gründe!

Lösungshinweis: Die Ergebnisse in den verschiedenen Populationen mit Feinden und die der Populationen ohne Feinde unterscheiden sich deutlich. Die Unterschiede zwischen den Populationen, die unter gleichen Bedingungen leben, sind dagegen relativ gering. Guppys balzen also viel weniger, wenn sie von Feinden bedroht sind. Balzende Guppys sind vermutlich leicht zu erbeuten, weil sie ihre Aufmerksamkeit auf den Sexualpartner richten. Die Änderung der Balzaktivität ist daher für das Überleben sehr wichtig.

A 9 *Revierverhalten*

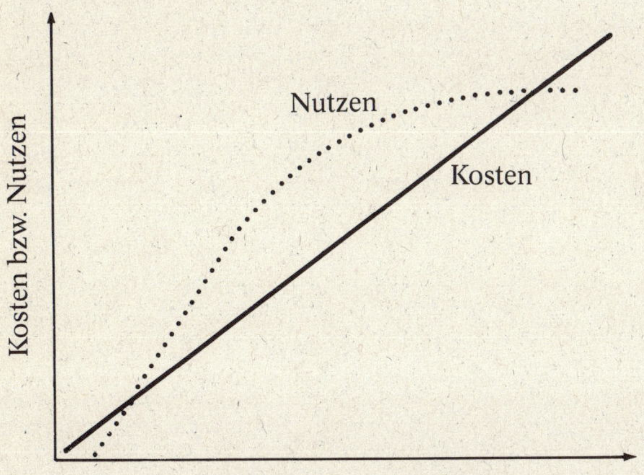

Die Abbildung zeigt grafisch den Zusammenhang von Kosten bzw. Aufwand und Nutzen eines Tieres sowie der Größe seines Reviers.

Aufgabe: **a.** Beschreiben Sie mit Hilfe der Grafik den Zusammenhang von Kosten und Nutzen sowie der Größe des Reviers!
b. Tragen Sie in die Grafik die minimale Größe (Min), die maximale Größe (Max) und die optimale Größe (Opt) ein!

Lösungshinweis: Die Abbildung ist ein Modell zur Optimierung der Reviergröße: Mit der Größe des Reviers nehmen die Kosten ebenso zu wie der Nutzen. Während die Kosten (Reviermarkieren bzw. Singen, Patrouillieren, Imponieren, Drohen, eventuell Kämpfen) proportional (Gerade) zur Größe zunehmen, steigt der Nutzen (Nutzung der Ressourcen Brutplätze bzw. Höhlen, Verstecke, vor allem Nahrung) erst steil, dann langsamer an, bis er sich nicht mehr vergrößert (ein Tier kann nur eine bestimmte Menge fressen, nur einige Höhlen haben, ...).
Reviere müssen eine Mindestgröße haben (1. Schnittpunkt der Graphen = Min) und dürfen nicht über eine Maximalgröße hinausgehen (2. Schnittpunkt = Max), da sonst die Kosten größer sind als der Nutzen. Die größte Ordinatendifferenz (Pfeil) gibt die optimale Reviergröße (= Opt) an. Bei dieser Reviergröße übertrifft der Nutzen die Kosten am stärksten.

Anmerkung: Die Darstellung von Nutzen und Kosten ist vereinfacht und verallgemeinert: Je nach Tierart und ökologischen Bedingungen sind die Graphen flacher bzw. steiler in ihrem Verlauf. Trotzdem gibt die Abbildung Beziehungen modellhaft wieder, die für jede territoriale Tierart gelten.

A 10 *Begattungserfolg bei Gruppenbalz*

Beim nordamerikanischen Wermuthuhn findet wie beim europäischen Auer- und Birkhuhn die Balz der Männchen auf gemeinsamen Balzplätzen statt, zu denen die Weibchen von weit her kommen. Die Weibchen wählen den Hahn aus, mit dem sie kopulieren. Die Abbildung zeigt den Begattungserfolg von 14 Männchen, die in einer Balzsaison auf einem Balzplatz balzten.

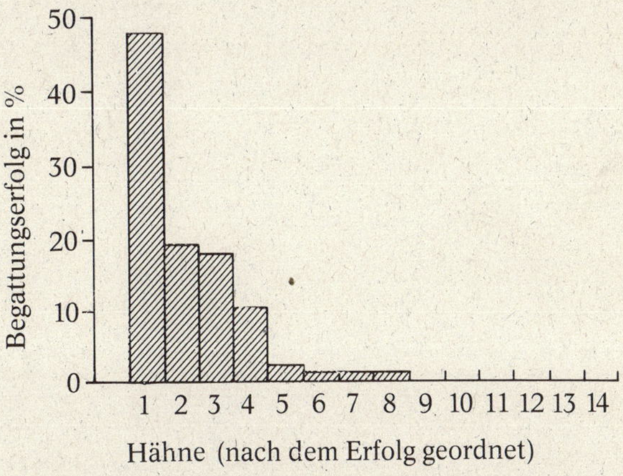

Aufgaben: **a.** Beschreiben Sie die in der Abbildung wiedergegebenen Beobachtungsdaten! Nennen Sie mögliche Gründe für den unterschiedlichen Begattungserfolg der Männchen!

b. Welche Schlüsse kann man aus dem Paarungsverhalten auf das Brutpflegeverhalten ziehen?

Lösungshinweis: **a.** Die Hennen wählten zu fast 50% ein Männchen zur Kopulation aus. Zwei andere Hähne hatten einen Anteil von knapp 20%, ein Hahn etwa 10%, 4 Hähne kamen sehr selten zur Begattung, 6 überhaupt nicht. Ein Hahn ist also besonders attraktiv, die Hennen bevorzugen ihn eindeutig. Das könnte an seiner Größe, Färbung oder Stimme liegen, aber auch an einem guten Platz in der Balzarena. Um eine solche Position finden am Anfang der Balzsaison heftige Kämpfe unter den Hähnen statt.
Der bzw. die am meisten gewählten Hähne haben positive Eigenschaften, die durch das Wahlverhalten der Hennen auf ihre Nachkommen vererbt werden.
b. Die erfolgreichen Hähne kopulieren mit vielen Hennen und haben daher sehr viele Nachkommen. Aus diesem Grund können sie sich nicht an der Brutpflege ihrer Nachkommen beteiligen. Die Brutpflege muß also allein Aufgabe der Henne sein.

Anmerkung: Häufig haben die Männchen der Vogelarten, die ein solches Fortpflanzungsverhalten aufweisen, im Gegensatz zu den Weibchen ein buntes, auffälliges Gefieder, welches bei der Brutpflege ein Nachteil sein kann, da es für Freßfeinde leichter auszumachen ist.

A 11 *Sexuelles Verhalten*

Zahnkärpflinge sind in Gruppen lebende Fische ohne feste Paarbindung. In einer Versuchsserie zählte man die Begattungsversuche, die die männlichen Tiere einer Gruppe unternahmen. In der Abbildung ist die Anzahl der Begattungsversuche in jeweils 5 Minuten als Säule dargestellt. Nach 60 Minuten wurde ein fremdes Weibchen in die Gruppe gegeben und erneut gezählt.

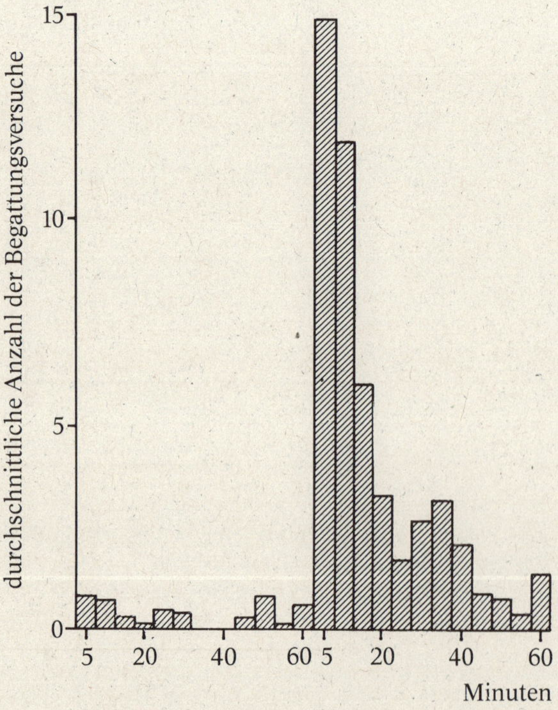

Aufgabe: Beschreiben Sie die Versuchsergebnisse! Welchen „biologischen Sinn“ kann die gezeigte Verhaltensänderung haben?

Lösungshinweis: In den ersten 60 Minuten erfolgt in der Gruppe knapp ein Begattungsversuch pro 5-Minuten-Intervall. Ein fremdes Weibchen läßt die Anzahl der Begattungsversuche im ersten 5-Minuten-Zeitraum auf knapp 15 hochschnellen. Im zweiten Intervall versuchen die Männchen knapp 12mal, im dritten nur noch etwa 5mal die Begattung. Langsam pendelt sich die Zahl der Begattungsversuche auf den Wert vor dem Zusetzen des fremden Weibchens ein.
Das fremde Weibchen erhöht die Handlungsbereitschaft zu sexuellem Verhalten stark. Sind nur die bekannten Weibchen der Gruppe vorhanden, ist die Handlungsbereitschaft dagegen relativ gering.
Die Verhaltensänderung ist biologisch sinnvoll: Die Eier der schon lange zur Gruppe gehörenden Weibchen sind mit großer Wahrscheinlichkeit schon befruchtet. Das fremde Weibchen bietet große Chancen, die eigenen Erbanlagen weiterzugeben, da es vermutlich noch nicht begattet ist.

B. Literatur –

C. Zusatzinformationen –

D. Lösungshinweise zu den Arbeitsblättern

Arbeitsblatt 1: Balzverhalten von Guppys

Die verschiedenen Formen des Nachschwimmens beim Balzverhalten von Guppymännchen werden durch die Handlungsbereitschaft der Männchen und die Größe des jeweiligen Weibchens bestimmt. Ist die Handlungsbereitschaft des Männchens gering, muß das Weibchen mindestens 3,5 cm lang sein, um ein Nachschwimmen in normaler Schwimmhaltung auszulösen. Nachschwimmen in s-förmiger Biegung ohne Flossenabspreizen und mit Flossenabspreizen können Weibchen mit einer Länge von ca. 4,5 cm oder über 4,5 cm bei Männchen mit geringer Handlungsbereitschaft auslösen.
Bei hoher Handlungsbereitschaft des Männchens werden die oben beschriebenen Verhaltensweisen durch Weibchen mit geringerer Größe, ca. 2 cm für das Nachschwimmen mit normaler Schwimmhaltung, ca. 2,5 cm für das Nachschwimmen mit s-förmiger Biegung ohne Flossenabspreizen und ca. 3 cm für das Nachschwimmen mit s-förmiger Biegung und Flossenabspreizen, ausgelöst.

Arbeitsblatt 2: Handlungsbereitschaft

Einzelne unverpaarte Lachtauben bauen nicht am Nest und bebrüten ein vorgefertigtes Nest nicht (A).
Neu zusammengesetzte Paare fangen nach ungefähr 2 Tagen zu balzen und etwas später mit dem Nestbauen an (B, C).
Neu gebildete Paare reagieren auf ein vorgefertigtes Nest mit Eiern nicht mit Brüten (B).
Neugebildete Lachtaubenpaare balzen nach 2 Tagen, dabei ist es gleich, ob sie ein vorgefertigtes Nest, eine Nistschale und Nistmaterial oder nichts davon haben (B, C).
Wenn die Lachtaubenpaare 3 bis 5 Tage lang gebalzt haben, brüten sie sowohl eigene Eier wie auch fremde Eier (B, C).
Frisch verpaarte Lachtauben reagieren nicht auf ein fertiges Nest. Sie bauen dieses Nest vielmehr um, legen nach 5 bis 7 Tagen Eier und bebrüten diese sofort (B).

Zusammenfassung: Die Handlungsbereitschaft zum Brüten kommt nur durch vorheriges Balzen zustande.

Arbeitsblatt 3: Lernen bei Singvögeln

① Amseln reagieren nicht auf Stare.
② a. Die linke Amsel zetert die ausgestopfte Eule an, die rechte blickt in die Richtung der zeternden Amsel und sieht dabei gleichzeitig den Star.
② b. Nach einiger Zeit ohne Änderung der Versuchsanordnung zetert die linke Amsel immer noch, die rechte jetzt ebenfalls.
③ a. Die linke Amsel zetert nicht beim Anblick des Stars, wohl aber die rechte wieder, was die linke Amsel aufmerksam werden läßt. Ihr Körper ist in Richtung auf das Zetern ausgerichtet, sie sieht dabei den Star.
③ b. Nach einiger Zeit zetert auch die linke Amsel beim Anblick des Stars.
Der Versuch zeigt Lernen durch Nachahmung. Ursprünglich reagieren die Amseln nicht auf Stare. Als die eine Amsel als Reaktion auf die Eule zetert, bringt die andere dieses Zetern in Verbindung mit dem Star, da sie ja die Eule, den Auslöser des Zeterns, nicht wahrnehmen kann. Sie lernt durch Nachahmung und zetert den Star an, weil ihr Artgenosse auch zetert. Die linke Amsel ahmt in Bild 5 die rechte nach und zetert nun auch gegen den Star.
Das gezeigte Verhalten der Amseln ist normalerweise sinnvoll. Daß die Amseln bei diesem Experiment etwas Falsches lernen, liegt nur an der ausgeklügelten Versuchsanordnung. In der Natur ist ein vergleichbarer Vorgang kaum möglich. Amseln können durch Nachahmung gefährliche Feinde kennenlernen, ohne selbst mit ihnen risikoreiche Erfahrungen zu machen. So werden Feinde gelernt, für die kein entsprechender AAM vorhanden ist.

Arbeitsblatt 4: Lernverhalten beim Beutefang

Die Abbildungen 1 a und 1 b sowie 2 a und 2 b zeigen, daß die Kröte eine Libelle und eine Raubfliege fängt und frißt. Auch nach der Hummel in Abbildung 3 a schnappt die Kröte. Sie spuckt sie jedoch sofort wieder aus (Abb. 3 b), weil sie gestochen wurde. Abbildung 4 zeigt, daß sie nun auf die Hummel nicht mehr reagiert, ebenso nicht mehr auf die Raubfliege, die der Hummel ähnlich ist (Abb. 5). Die Kröte fängt und frißt jedoch die Libelle (Abb. 6 a und 6 b), deren Aussehen sich deutlich von der Hummel unterscheidet.
Die Abbildungen 6 a und 6 b kann man als Kontrollversuche ansehen, die nachweisen, daß die Kröte nicht etwa durch den Stich geschädigt wurde und gar keine Beute mehr fängt. Die Versuchsserie zeigt, daß die Kröte durch den Schmerz eine bedingte Hemmung ausgebildet hat. Ihr Beutefangverhalten ist verändert worden, sie reagiert nicht mehr wie vor der schlechten Erfahrung auf Hummeln und Raubfliegen.
Die Raubfliege, die nicht stechen kann, imitiert das Aussehen der wehrhaften Hummel und hat dadurch bei lernfähigen Tieren wie der Kröte Vorteile.

Arbeitsblatt 5: Reaktion von Kleinvögeln auf ruhende Flugfeinde

1. Die Trauerschnäpper reagierten fast zu 100 % auf die Attrappe 1. Auf die wie ein echter Sperlingskauz bemalte, jedoch federlose Attrappe erfolgten fast keine Reaktionen. Ein wesentlicher Schlüsselreiz für die Haßreaktion ist also die Befiederung. Das realistische Aussehen reichte nicht aus, um die Reaktion auszulösen, wenn die Befiederung fehlte.

2. Man nahm nistende Kleinvögel, weil sie einen relativ festen Aufenthaltsort (die Nisthöhle) haben, an den sie immer wieder zurückkehren, so daß die Attrappen häufig präsentiert und die jeweiligen Reaktionen beobachtet werden konnten. Bei Kleinvögeln ist ferner ein angeborenes Verhaltensrepertoire gegenüber Eulen, ihren Feinden, zu erwarten.

3. Bei häufiger Darbietung der Attrappe gewöhnen sich die Tiere an sie und reagieren nicht mehr, weil durch die Attrappe natürlich nie ein Angriff erfolgte. Das Besondere bei diesem Versuch ist, daß die Attrappe, die keine Reaktionen auslöste, ausreicht, um die Gewöhnung zu bewirken. Der Auslöser für die Haßreaktion muß also viel genauer in den AAM passen, als die Übereinstimmung der Objekte beim Lernen durch Gewöhnung.

Arbeitsblatt 6: Revier- und Kampfverhalten

1. Beim ersten Versuch droht der Stichling a; er würde angreifen, wenn er könnte. Stichling b dagegen versucht zu fliehen. Beim zweiten Versuch ist es genau umgekehrt: a versucht zu fliehen, b droht und versucht anzugreifen.
An der Stärke der Tiere kann sich nichts verändert haben, ihr unterschiedliches Verhalten ist daher auf veränderte Handlungsbereitschaft zurückzuführen. Im ersten Experiment befinden sich beide Tiere im Revier A von Stichling a. Hier hat der Revierbesitzer die größere Handlungsbereitschaft. Die von b ist geringer, er versucht zu fliehen. Im Revier B von Stichling b ist das Verhalten umgekehrt.
Die Handlungsbereitschaft zum Kampf hängt also davon ab, ob sich der Stichling in seinem Revier befindet oder außerhalb des Reviers.

2. Durch die gesteigerte Handlungsbereitschaft kann sich auch ein schwächeres oder jüngeres Tier in seinem Revier gegen ein physisch stärkeres Stichlingsmännchen, z. B. einen Reviernachbarn, behaupten. Außerhalb seines Revieres ist dessen Bereitschaft zum Revierkampf geringer, das schwächere Tier kann ihn vertreiben. Revierlose Tiere haben allgemein eine geringere Handlungsbereitschaft als Revierbesitzer. Junge und schwache Tiere können dadurch ihre Reviere behaupten, wenn sie erst einmal welche errungen haben. Starke Tiere dehnen ihre Reviere nicht allzuweit aus. Sie besetzen zumeist jedoch die besten und größten Reviere.

Arbeitsblatt 7: Agressionsverhalten

a. Die Tiere stehen sich drohend Seite an Seite gegenüber, ihre Flossen sind gespreizt.
b. Die beiden Fische umschwimmen sich, vermutlich langsam. Insbesondere beim rechten Fisch ist der dunkle Streifen deutlich breiter geworden (Drohphase des Kampfes).
c. Die dunklen Streifen sind noch breiter geworden, es sind Querstreifen bzw. -zacken dazugekommen. Der eine Fisch schlägt mit dem Schwanz gegen den Kopf des Gegners, vermutlich geschieht das wechselseitig.
d. Die Tiere fassen sich mit den Mäulern.
e. Sie ziehen heftig an den Mäulern. An der Flossenstellung des rechten Fisches kann man erkennen, daß er versucht, nach hinten zu schwimmen und dabei den anderen mitzuziehen.
f. Der vordere Fisch hat aufgegeben. Er hat eine andere Färbung, seine Flossen sind angelegt. Der hintere Fisch zeigt seine weiterhin hohe Kampfbereitschaft durch Färbung und Flossenhaltung.
Der Kampf ist ein Kommentkampf. Verletzungen kommen bei dieser Art zu kämpfen nicht häufig vor, leichte Verletzungen können lediglich in den Phasen d und e auftreten.

Anmerkung: Bei sehr unterschiedlicher Größe der Tiere oder bei verschieden großer Handlungsbereitschaft kann der Kampf in den Phasen a–c enden.

Arbeitsblatt 8: Aggressions- und Revierverhalten

1. Der Revierbesitzer gewinnt immer oder jedenfalls fast immer, da Reviere auch in Ausnahmefällen ohne den vorherigen Tod des Inhabers den Besitzer wechseln. Die Kämpfe sind Scheinkämpfe, man könnte sie auch als Fitness-Konkurrenzen bezeichnen. Der Revierbesitzer verfügt über eine größere, länger anhaltende Handlungsbereitschaft als der Konkurrent. An der körperlichen Stärke kann der Ausgang der Kämpfe nicht gelegen haben, wie die Teilversuche 5. und 6. zeigen.

2. Beide Tiere fühlten sich als Revierbesitzer. Sie haben daher eine hohe, anhaltende Handlungsbereitschaft zum Revierkampf. Aus diesem Grund kam es zu einem ernsthaften Kampf.

Arbeitsblatt 9: Innerartliche Kämpfe

1. Die Klapperschlangen versuchen, sich gegenseitig auf den Boden zu drücken. Sie beißen sich nicht.
Die Oryxantilopen drücken mit ihrem Gehörn oder mit den Köpfen aneinander und versuchen, den Gegner fortzuschieben oder an den Boden zu drücken. Sie führen keine Stöße mit ihren langen spitzen Hörnern aus. Solche Stöße z. B. in die Flanken könnten für den Gegner tödlich sein.
Beide Kämpfe sind ritualisierte Kommentkämpfe, bei denen die gefährlichen Waffen (Giftzähne und Gehörn) nicht eingesetzt werden.

2. Diese Form der Kämpfe hat für beide beteiligten Tiere Vorteile. Bei Einsatz der gefährlichen Zähne und Hörner würde vermutlich auch das stärkere und erfahrenere Tier wie im Kommentkampf gewinnen. Sieger und Verlierer würden aber wahrscheinlich Verletzungen davontragen. Der aus Kommentkämpfen unverletzt hervorgehende Verlierer kann später seine Chancen wahrnehmen, vor allem, wenn er noch jung ist. Dem Sieger würde ein Sieg wenig nützen, wenn er schwere Verletzungen im Kampf erleidet. Nur unverletzt hat die Ressource, um die er gekämpft hat, den vollen Wert für ihn.

Arbeitsblatt 10: Attrappenversuche mit Samtfaltern

1. Die Grafik 2 a zeigt die Wirksamkeit der Attrappen mit unterschiedlichen Grautönen von Weiß bis Schwarz. Je dunkler die Farbe ist, desto wirksamer löst sie das Nachfliegen der Samtfaltermännchen aus. Die Unterschiede sind jedoch nicht hoch: Weiß erreicht ca. 75 % der Wirksamkeit, die die wirksamste Farbe Schwarz hat.
Aus der Grafik 2 b geht hervor, daß die Form der Attrappe keine Rolle spielt, da auf alle Formen in gleicher Weise von den Samtfaltermännchen reagiert wird. Sicher ein überraschendes Ergebnis.
Einen deutlichen Einfluß auf die Reaktion der Samtfaltermännchen haben die Abstände, in denen den Samtfaltermännchen die Attrappen präsentiert werden. Die Grafik 2 c zeigt, daß signifikant mehr Reaktionen auftreten, je näher die Attrappe präsentiert wird.
Die in der Grafik 2 d dargestellten Versuchsergebnisse beweisen, daß der Art der Bewegung der Attrappe die größte Bedeutung zukommt. Bei einer wellenförmigen Bewegung der Attrappe fliegen mehr Samtfaltermännchen hinter ihr her als bei einer geradlinigen Bewegung.

2. Die Attrappenversuche zeigen, daß das Nachfliegen der Samtfaltermännchen durch einen schwarzen, wellenförmig bewegten Gegenstand fast beliebiger Form in ihrer unmittelbaren Nähe am wirksamsten ausgelöst wird.

Arbeitsblatt 11: Gruppenverhalten und Umwelt

Der Knut geht in relativ dichten Gruppen auf Nahrungssuche. Er ertastet seine Nahrung im Schlick. Dazu steckt er den Schnabel tief in den Schlick und bewegt ihn langsam hin und her. Dabei kann er relativ lange nicht nach oben sehen und nach Feinden Ausschau halten. Nur in dichten Verbänden mit vielen Tieren, von denen immer einige sichern, können Feinde rechtzeitig entdeckt werden. Der Schlick ist nahrungsreich, so daß die Tiere auch in dichten Gruppen noch genügend Nahrung finden.
Die Sandregenpfeifer suchen in lockeren Gruppen nach Nahrung. Sie brauchen den Kopf nur etwas anzuheben, um nach Feinden Ausschau zu halten. So kann jedes einzelne Tier oft sichern, ohne daß die Nahrungssuche ständig untebrochen wird. Auch eine lockere Gruppe ist so vor Überraschungsangriffen von Feinden sicher. Der Strand bietet, verglichen mit dem Schlick, weniger Nahrung; in einer dichten Gruppe würde das Einzeltier zu wenig Nahrung finden oder zu lange Wege gehen müssen.
Das Gruppenverhalten wird also bei beiden Arten durch das Nahrungsangebot und das Verhalten zum Schutz vor Feinden bestimmt.

Arbeitsblatt 12: Lernen und Vererbung

1. Die Fehlerkurven sind bei der F_1-Generation noch nahezu gleich, die Nachkommen der klugen Ratten der Ausgangsgeneration und derjenigen, die viele Fehler machten, unterscheiden sich also nicht in ihrer Fähigkeit, den Weg durch ein Labyrinth schnell zu erlernen. Ihre Nachkommen zeigen aber schon deutlich erkennbare Unterschiede, insbesondere bei den Spitzen der Kurven und auch in den Intervallen, über die sich die Kurven erstrecken, also bei den Spannweiten der Fehlerzahlen. Diese Unterschiede werden von Generation zu Generation deutlicher. In der letzten Versuchsgeneration überschneiden sich die Kurven kaum noch; nur noch ganz wenige Ratten der Selektion auf viele Fehler machen so wenig Fehler wie die der Züchtung auf wenig Fehler. Die am häufigsten gezählten Fehlerzahlen liegen sehr weit auseinander, die Unterschiede der Lernleistungen sind also sehr groß. Damit ist nachgewiesen, daß es eine vererbte Disposition für das Erlernen von Wegen in einem Labyrinth bei Ratten gibt.

2. Schon die in der Aufgabe verwendeten Bezeichnungen klug und dumm sind genaugenommen nicht richtig oder zumindest irreführend. Die Ergebnisse beziehen sich nur auf die Fehlerzahlen in dem getesteten Labyrinth. Bezüglich anderer Lernleistungen der Versuchstiere oder allgemein der Lernleistungen von Ratten lassen sich keine gesicherten Aussagen machen. Es können höchstens Arbeitshypothesen aufgestellt werden, die dann durch neue Versuche überprüft werden müssen. Auf keinen Fall kann man die Ergebnisse auf andere Tierarten oder sogar auf den Menschen übertragen.

Arbeitsblatt 13: Transport von Nistmaterial

1. Pfirsichköpfchen tragen die Grashalme im Schnabel, Rosenköpfchen stecken das Nistmaterial zwischen die Schwanzfedern. Der Bastard zeigt eine Zwischenform zwischen dem Verhalten von Rosenköpfchen und Pfirsichköpfchen. Er steckt ein Ende des Grashalmes zwischen die Schwanzfedern, das andere Ende hält er im Schnabel. Die Bastarde zeigen beide Verhaltensweisen. Da beide Papageienarten wie auch die Bastarde dieses Verhalten zeigen, wenn sie isoliert aufgezogen wurden, muß die Art des Transportes von Nistmaterial vererbt sein. Die angeborenen Handlungsprogramme werden beim Bastard beide ausgeführt; dieses läßt auf einen kodominanten Erbgang schließen.

2. Dieses Verhalten kann darauf beruhen, daß eine Art des Transportes von Nistmaterial erlernt wird bzw. eine der beiden Instinkthandlungen setzt sich durch.

Arbeitsblatt 14: Mimik bei Schimpansen

A Aufmerksamkeit,
B Erregung,
C Lachen,
D Feixen,
E Angst,
F Heulen,
G Wut,
H Abscheu.

Arbeitsblatt 1: Balzverhalten von Guppys

Name:	Klasse / Kurs:	Datum:

Beim Guppy kann man unter bestimmten experimentellen Bedingungen die Balzstimmung der Männchen an ihrer Farbe erkennen und somit leicht feststellen. Balzende Guppymännchen zeigen drei verschiedene Reaktionen auf Weibchen:

① Sie folgen ihnen in normaler Schwimmhaltung.
② Sie folgen ihnen in s-förmiger Biegung des Körpers, ohne die Flossen abzuspreizen.
③ Sie folgen ihnen in s-förmiger Biegung des Körpers.

In der folgenden Abbildung sind die Ergebnisse von Untersuchungen des Balzverhaltens männlicher Guppys dargestellt. Die Kurven geben die Kombinationen an, bei denen das gleiche Verhalten ausgelöst wird.

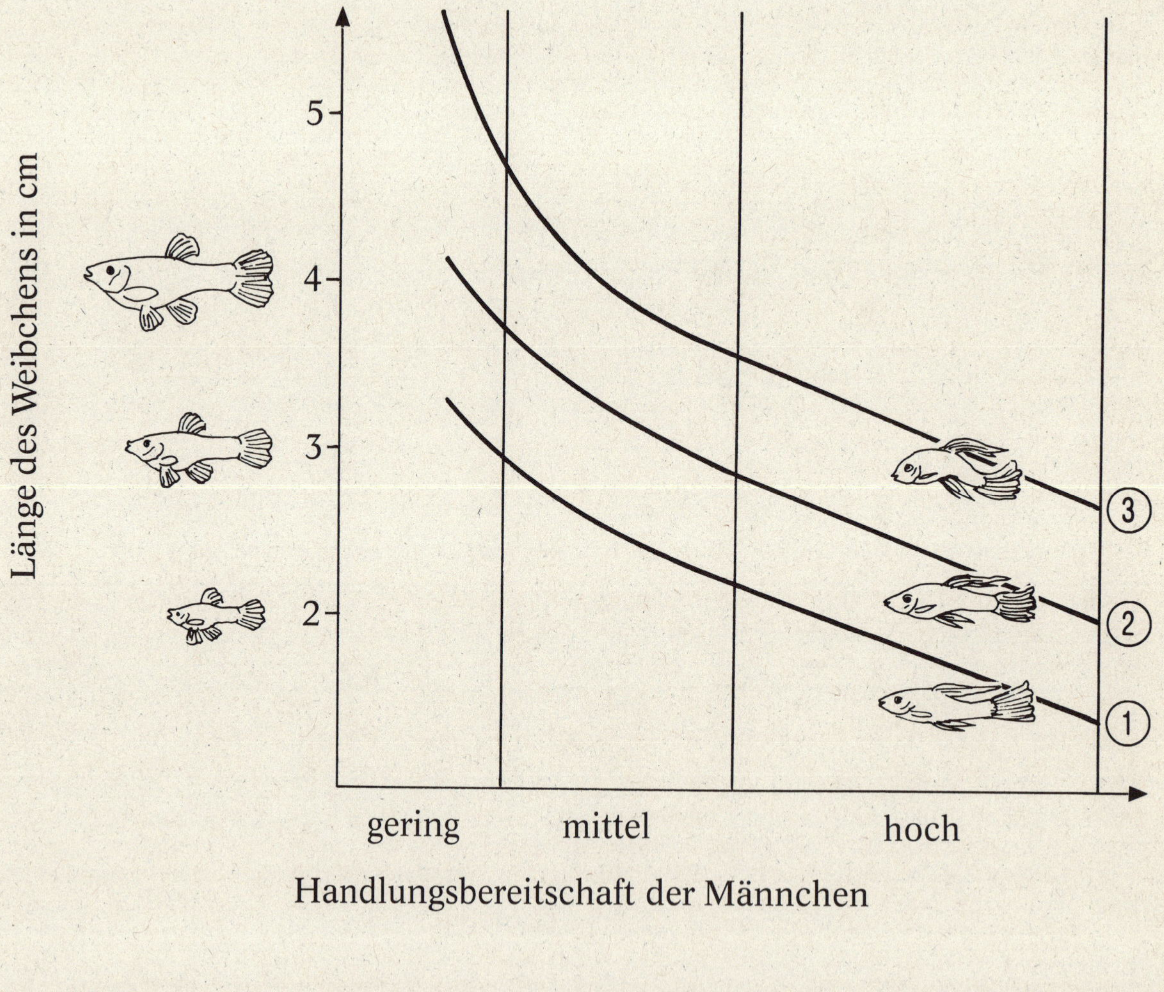

Beschreiben Sie die Versuchsergebnisse! Welche Faktoren bestimmten die Form des Nachschwimmens der Männchen?

Arbeitsblatt 2: Handlungsbereitschaft

Name:	Klasse / Kurs:	Datum:

In einer Versuchsserie wurde an Lachtauben untersucht, wodurch die Handlungsbereitschaft zum Brüten gesteuert und Brutverhalten ausgelöst wird. Es wurde mit 4 Gruppen zu je 8 Paaren oder 16 Einzeltieren experimentiert. Aus den Ergebnissen der Versuche wurden Durchschnittswerte errechnet. Die Anzahl der brütenden Tiere wurde als Säulendiagramm dargestellt. Man beobachtete weiterhin, wann die Tiere balzten und wann sie Nester bauten.

Versuch A: Lachtaubenweibchen und -männchen wurden getrennt voneinander einzeln in Käfigen gehalten. Nach 7 Tagen setzte man Nistmaterial und ein vorgefertigtes Nest mit 2 Eiern hinzu.

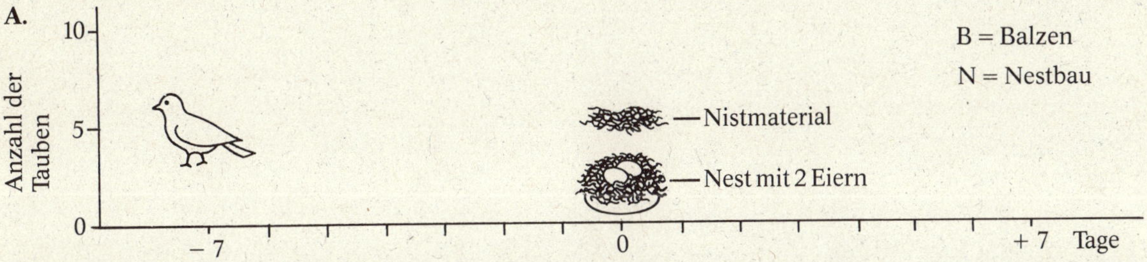

Versuch B: Jeweils ein Männchen und ein Weibchen, vorher einzeln gehalten, wurden zusammen in den Käfig gesetzt, in dem sich ein fertiges Nest mit 2 Eiern befand. Nach 5 bis 7 Tagen legten die Weibchen Eier, und beide Tiere bebrüteten diese.

Versuch C: Jeweils ein Paar zuvor einzeln gehaltener Lachtauben (♂ und ♀) wurde zusammen in einen Käfig mit leerer Nistschale und Nistmaterial gesetzt. Nach 7 Tagen wurde das selbstgebaute Nest durch ein vorgefertigtes Nest mit zwei Eiern ersetzt. Die Tauben fingen innerhalb von zwei Stunden an zu brüten.

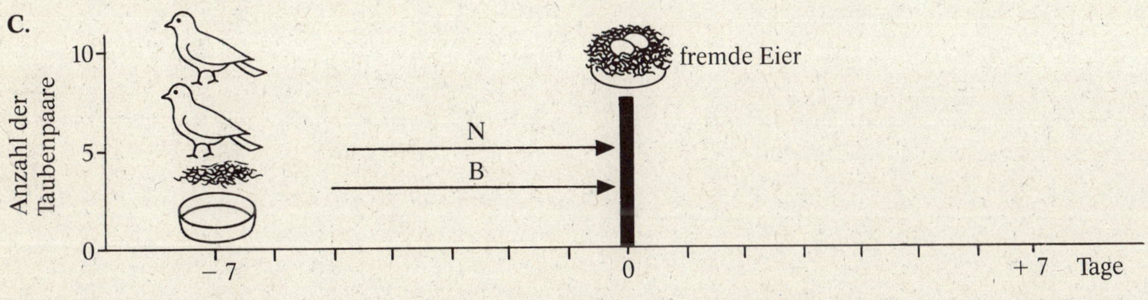

Beschreiben Sie die Versuchsergebnisse und erklären Sie anhand der Versuchsreihe, wodurch die Handlungsbereitschaft zum Brüten gesteuert wird!

Arbeitsblatt 3: Lernen bei Singvögeln

Name:	Klasse / Kurs:	Datum:

Zwischen 2 Käfigen mit je einer Amsel steht eine vierkammerige drehbare Box. Jede Amsel kann nur in die ihr zugedrehte Kammer sehen. Sie kann unter der Box hindurch ihren Artgenossen gegenüber beobachten. In die Kammern wurden ausgestopfte Stare oder ein Star und eine Eule gestellt.

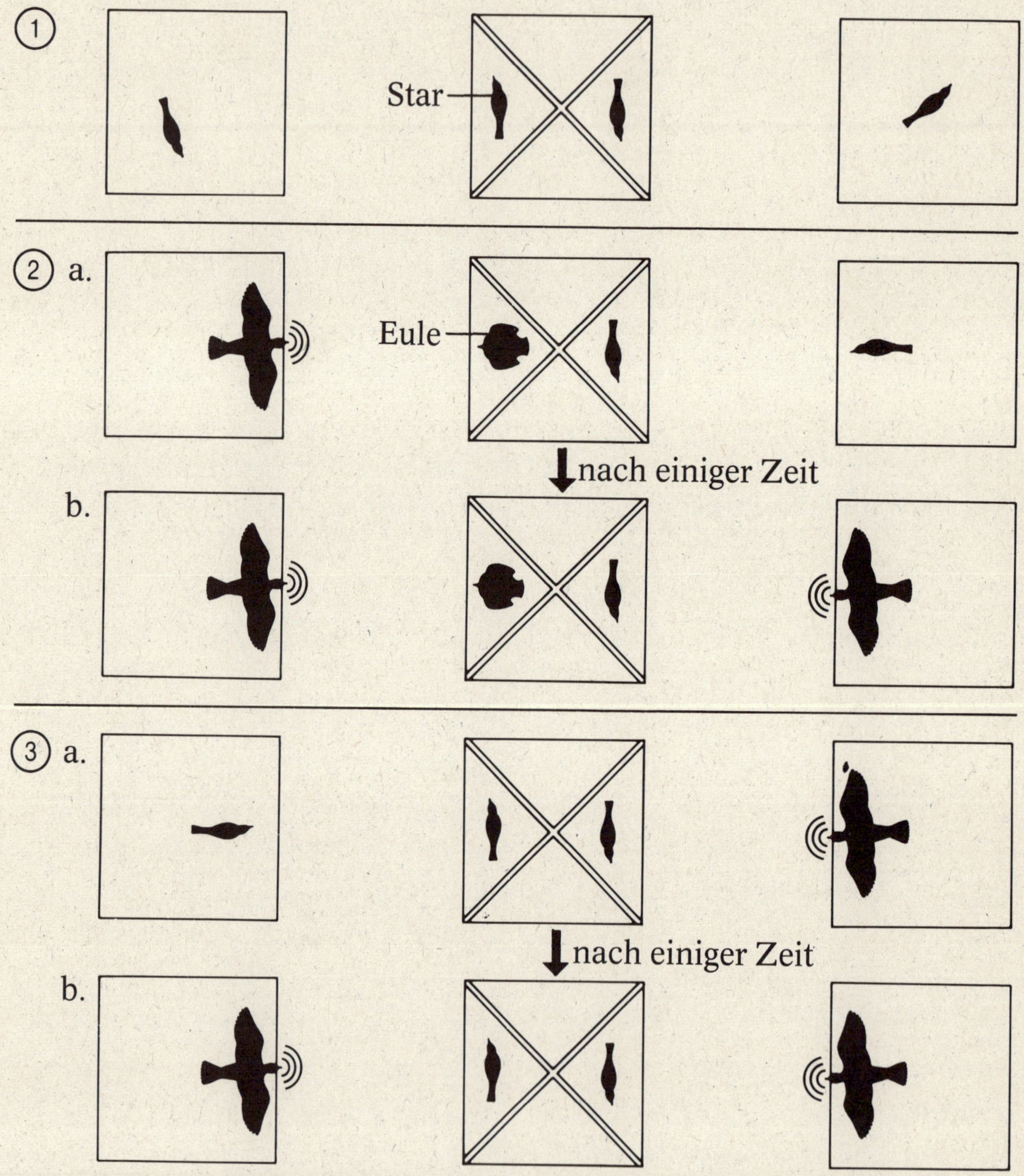

Beschreiben Sie die dargestellten Versuchsergebnisse! Erklären Sie das Verhalten der Amseln! Ist das gezeigte Verhalten der Amseln sinnlos oder hat es einen Nutzen für die Tiere?

Arbeitsblatt 4: Lernverhalten beim Beutefang

Name:	Klasse / Kurs:	Datum:

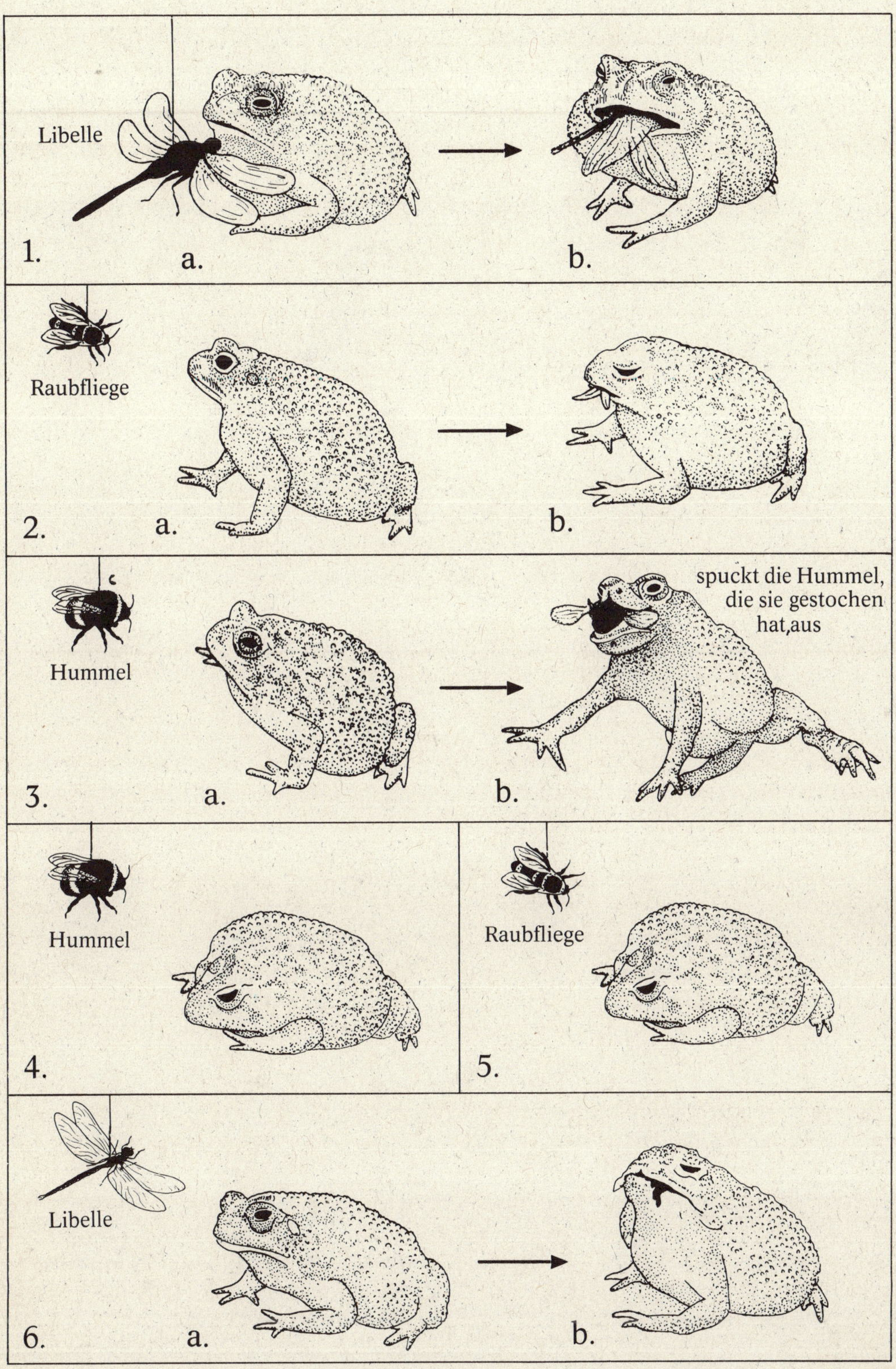

Beschreiben und erklären Sie das Verhalten der hungrigen Erdkröte in der dargestellten Versuchsserie!

Arbeitsblatt 5: Reaktion von Kleinvögeln auf ruhende Flugfeinde

Name:	Klasse / Kurs:	Datum:

In einem Freilandversuch wurde die „Haßreaktion" kleiner Singvögel, das heißt die Alarmhandlungen wie Warnrufe und Flügelschlagen als Reaktion auf einen ruhenden Freßfeind, untersucht. Untersuchungsobjekt waren nistende Trauerschnäpper, denen verschiedene Attrappen des Sperlingskauzes, eines Freßfeindes des Trauerschnäppers, in der Nähe der Nisthöhle dargeboten wurden. Die jeweiligen Reaktionen wurden protokolliert.

Attrappe 1: Ein befiederter Sperlingskauzbalg

Attrappe 2: Ein realistisch bemaltes aber federloses Modell

Alarmreaktionen der Trauerschnäpper auf die Attrappen:

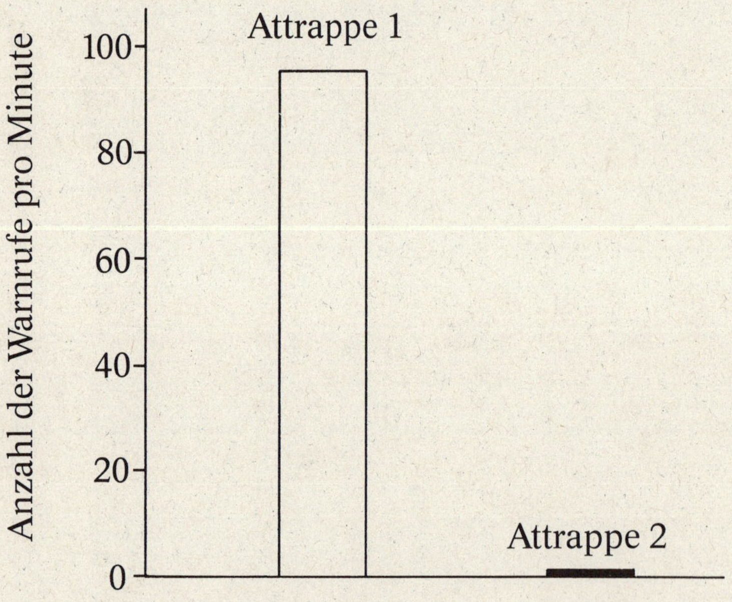

1. Beschreiben und erklären Sie die Versuchsergebnisse!

2. Begründen Sie, weshalb nistende Kleinvögel als Untersuchungsobjekt ausgewählt wurden!

3. Wurden die Attrappen wiederholt dargeboten, fielen die Reaktionen zunehmend schwächer aus. Wenn die federlose Attrappe wiederholt dargeboten worden war und anschließend der ausgestopfte Balg gezeigt wurde, erfolgte auch auf den Balg keine Reaktion der Trauerschnäpper.
Vergleichen Sie diese Reaktion der Trauerschnäpper mit den oben dargestellten und erklären Sie das veränderte Verhalten! Welche spezifische Funktion hat die federlose Attrappe bei den letztgenannten Versuchen?

Arbeitsblatt 6: Revier- und Kampfverhalten

Name:	Klasse / Kurs:	Datum:

Bei vielen Tierarten, die Reviere einnehmen, wurde eine ähnliche Beziehung zwischen Revier- und Aggressionsverhalten nachgewiesen, wie sie der dargestellte Versuch mit Dreistacheligen Stichlingen (♂) zeigt. Beide Versuche wurden in kurzen Abständen voneinander durchgeführt.

Ausgangsposition:

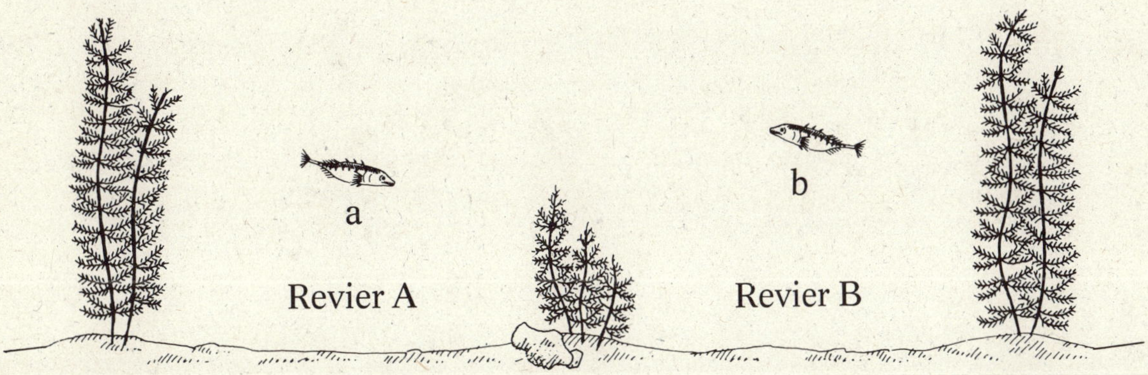

1.

2.

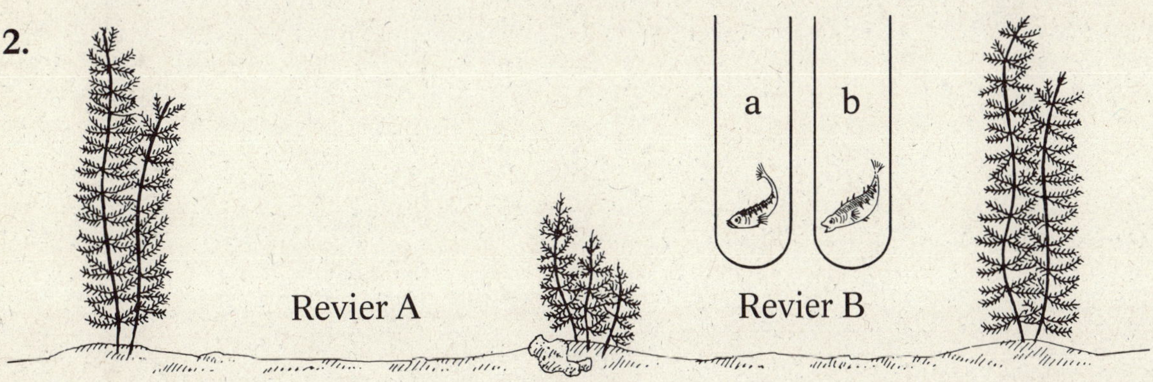

1. Beschreiben Sie die dargestellten Versuche und werten Sie sie aus!

2. Welche Auswirkungen hat die Beziehung zwischen Revier- und Kampfverhalten für schwächere und jüngere Tiere?

Arbeitsblatt 7: Aggressionsverhalten

Name:	Klasse / Kurs:	Datum:

Die Abbildung zeigt Szenen aus dem Kampf zweier Blaupunkt-Buntbarsch-Männchen. Diese Fischart kann ihr Aussehen (Zeichnung und Färbung) sehr stark verändern.

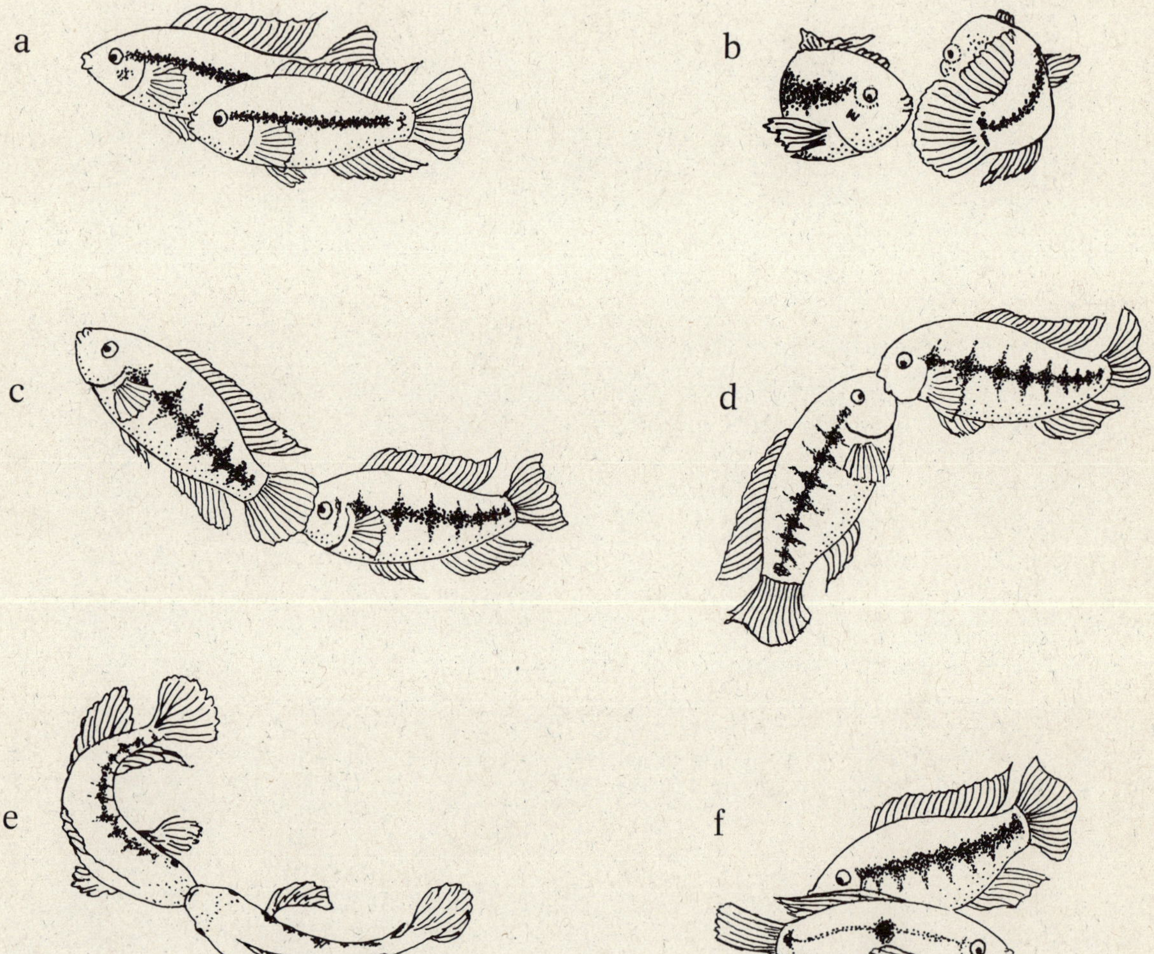

Beschreiben Sie die einzelnen Phasen des Kampfes und versuchen Sie, das Verhalten insgesamt zu erklären! Welche besondere Form des Rivalenkampfes ist dargestellt?

Arbeitsblatt 8: Aggressions- und Revierverhalten

Name:	Klasse / Kurs:	Datum:

Waldbrettspiele sind Schmetterlinge, die in lichten Wäldern leben. Die Männchen konkurrieren um Balzplätze am Waldboden, von denen aus sie vorüberfliegende Weibchen anlocken, um sich mit ihnen zu paaren. Weil lichte Stellen am Waldboden rar sind, findet zwischen den Männchen um diese Plätze eine heftige Konkurrenz statt. Männchen ohne Balzplatz warten in den Baumkronen, um freiwerdende Plätze sofort einzunehmen oder um besetzte Plätze zu erobern. Häufig kommt es zu „Luftkämpfen“ zwischen Platzbesitzern und Konkurrenten. Diese sehr schnellen Luftkämpfe konnten durch Zeitlupenaufnahmen als wildes Herumkurven in der Luft mit Scheinangriffen identifiziert werden.
Man führte mit Waldbrettspielen folgende Versuche durch:

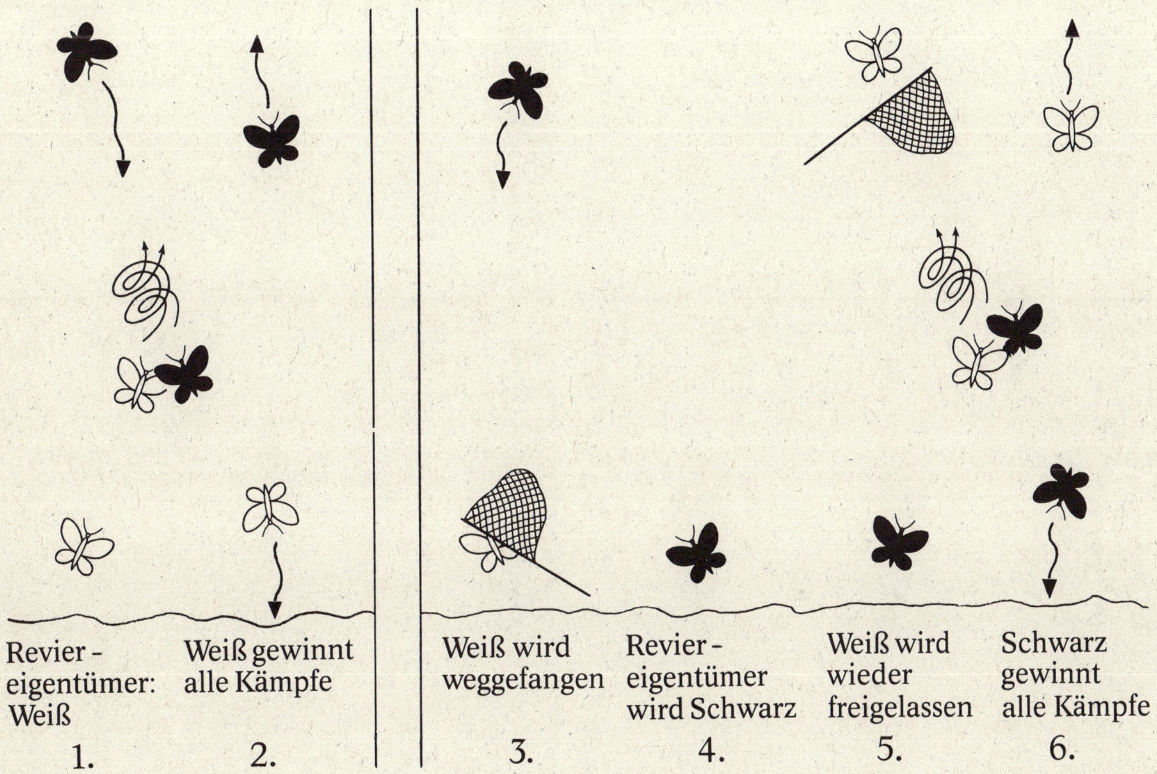

1. Beschreiben und erklären Sie die Versuchsergebnisse!

2. Bei einem Versuch wurden zwei Männchen in zwei Käfige mit einem Sichtschutz dazwischen eingesperrt. Dann ließ man sie gleichzeitig frei. Es kam zu einem heftigen, ernsthaften Kampf zwischen diesen beiden Männchen. Beide Tiere verletzten sich gegenseitig so stark, daß auch der Sieger dieses Kampfes anschließend nicht sein Revier gegen andere Männchen halten konnte. Erklären Sie dieses Versuchsergebnis!

Arbeitsblatt 9: Innerartliche Kämpfe

Name:	Klasse / Kurs:	Datum:

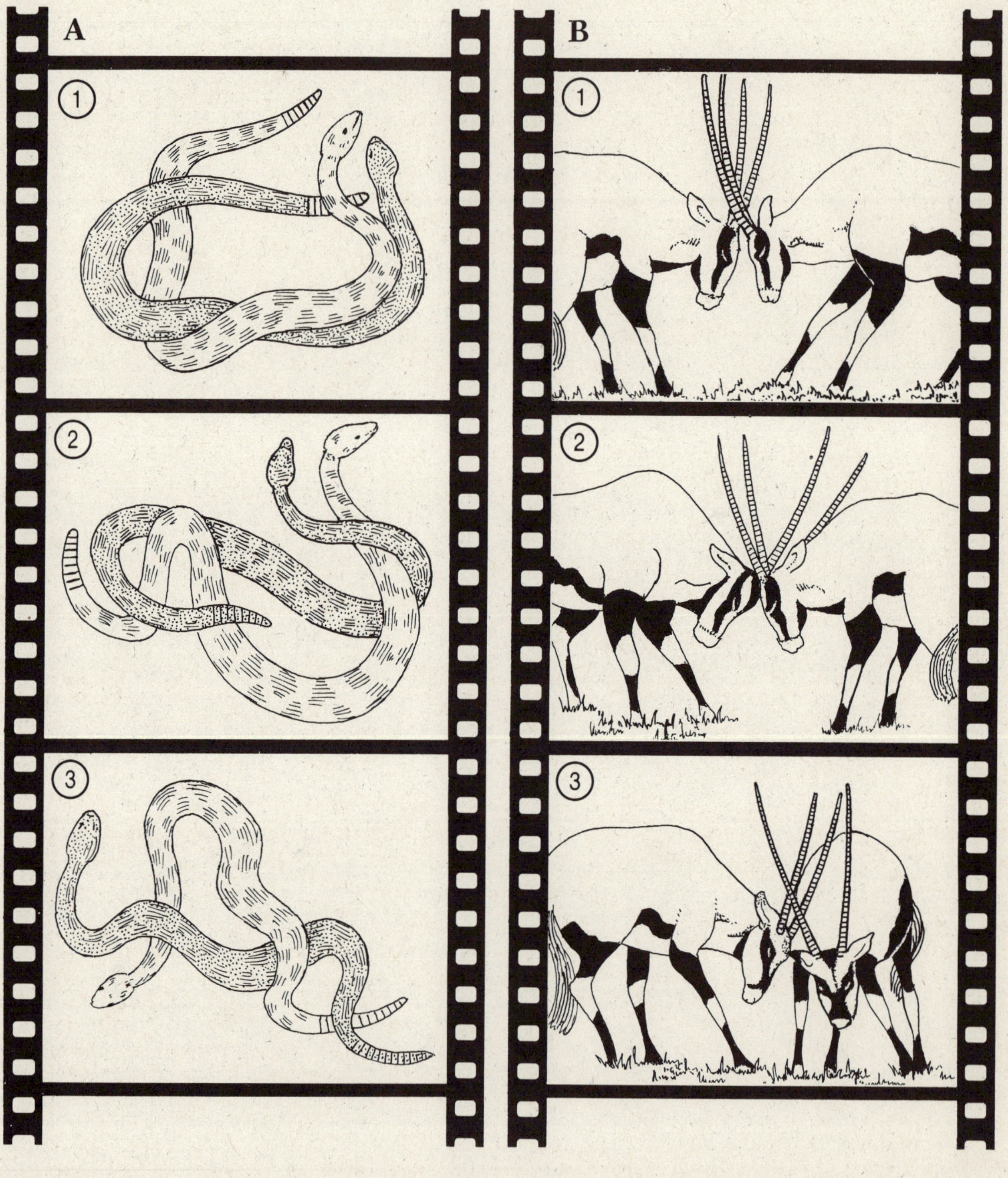

1. Beschreiben Sie die Kämpfe der Klapperschlangen (A) und Oryxantilopen (B)! Nennen Sie den Fachbegriff für diese Form des Rivalenkampfes!

2. Welche Vorteile hat die Art der Kämpfe für die beteiligten Tiere?

Arbeitsblatt 10: Attrappenversuche mit Samtfaltern

Name:	Klasse / Kurs:	Datum:

Bei Samtfaltern führte man Attrappenversuche zur Untersuchung des sexuellen Verhaltens durch. Man testete, welche Attrappen das Nachfliegen der Männchen auslösen. Das Nachfliegen der Männchen kann zu einer Annäherung an Weibchen führen und zur Balz und Paarung, falls die Weibchen auch in Paarungsstimmung sind. Abbildung 1 zeigt die Durchführung der Versuche, die Säulendiagramme 2 a–d geben die Wirksamkeit der unterschiedlichen Attrappen und deren Art der Präsentierung wieder.

Abb. 1

Abb. 2 a. Farbe der Attrappe

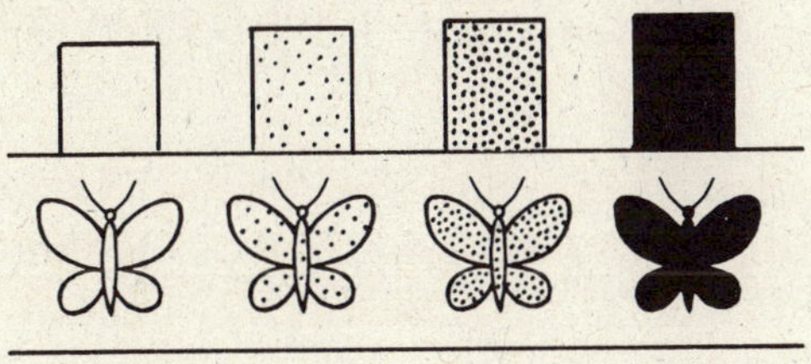

b. Form der Attrappe

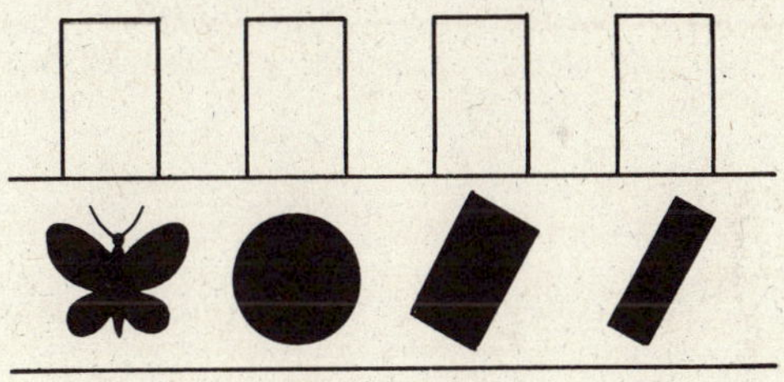

c. Entfernung zur Attrappe

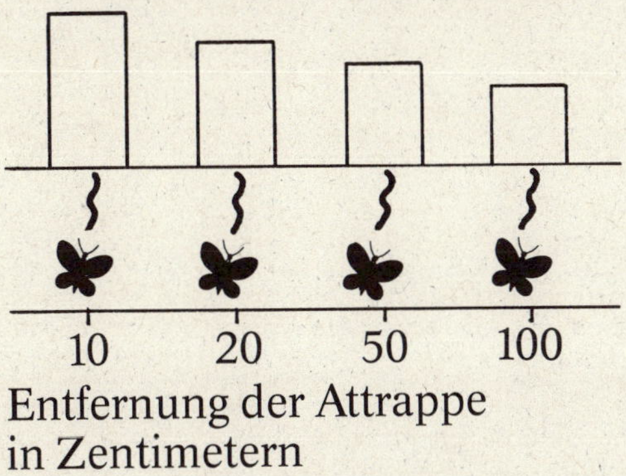

d. Bewegung der Attrappe

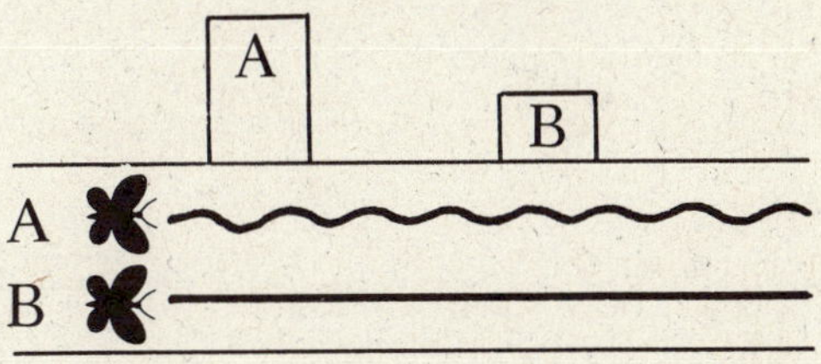

1. Beschreiben Sie die Ergebnisse der einzelnen Versuchsschritte! Formulieren Sie für jeden Teilversuch das Resultat!

2. Formulieren Sie das Gesamtergebnis der Attrappenversuche!

Arbeitsblatt 11: Gruppenverhalten und Umwelt

Name:	Klasse / Kurs:	Datum:

Der Knut ertastet seine Nahrung im nährreichen Schlick, wobei er relativ lange nicht aufschauen und das umliegende Gelände beobachten kann. Der Sandregenpfeifer sucht nach Beutetieren auf dem Strand, der verglichen mit dem Schlick weniger Nahrung bietet. Er braucht den Kopf bei der Nahrungsaufnahme nur etwas zu heben, um Ausschau zu halten.
Die Abbildungen zeigen die für beide Vogelarten typische soziale Organisation bei der Nahrungssuche.

Beschreiben Sie die soziale Organisation bei der Nahrungssuche! Setzen Sie die soziale Organisation bei der Nahrungssuche in Beziehung zu den ökologischen Bedingungen! Wordurch wird das Gruppenverhalten beider Vogelarten bestimmt?

Arbeitsblatt 12: Lernen und Vererbung

Name:	Klasse / Kurs:	Datum:

Man testete die Lernleistung von Ratten in einem Labyrinth. Die Tiere mit den wenigsten Fehlern kreuzte man untereinander, ebenso die Tiere mit den meisten Fehlern. So erhielt man die beiden F_1-Populationen B_p und D_p (B von bright = klug, D von dull = dumm, p für Population). Die Ratten von B_p mit den wenigsten Fehlern wurden wieder untereinander verpaart, bei den Ratten von D_p nahm man wiederum die mit den meisten Fehlern. So erhielt man die Populationen B_1 und D_1, mit denen man wieder genauso verfuhr.
Die Abbildung gibt die Ergebnisse von 8 Rattengenerationen wieder.

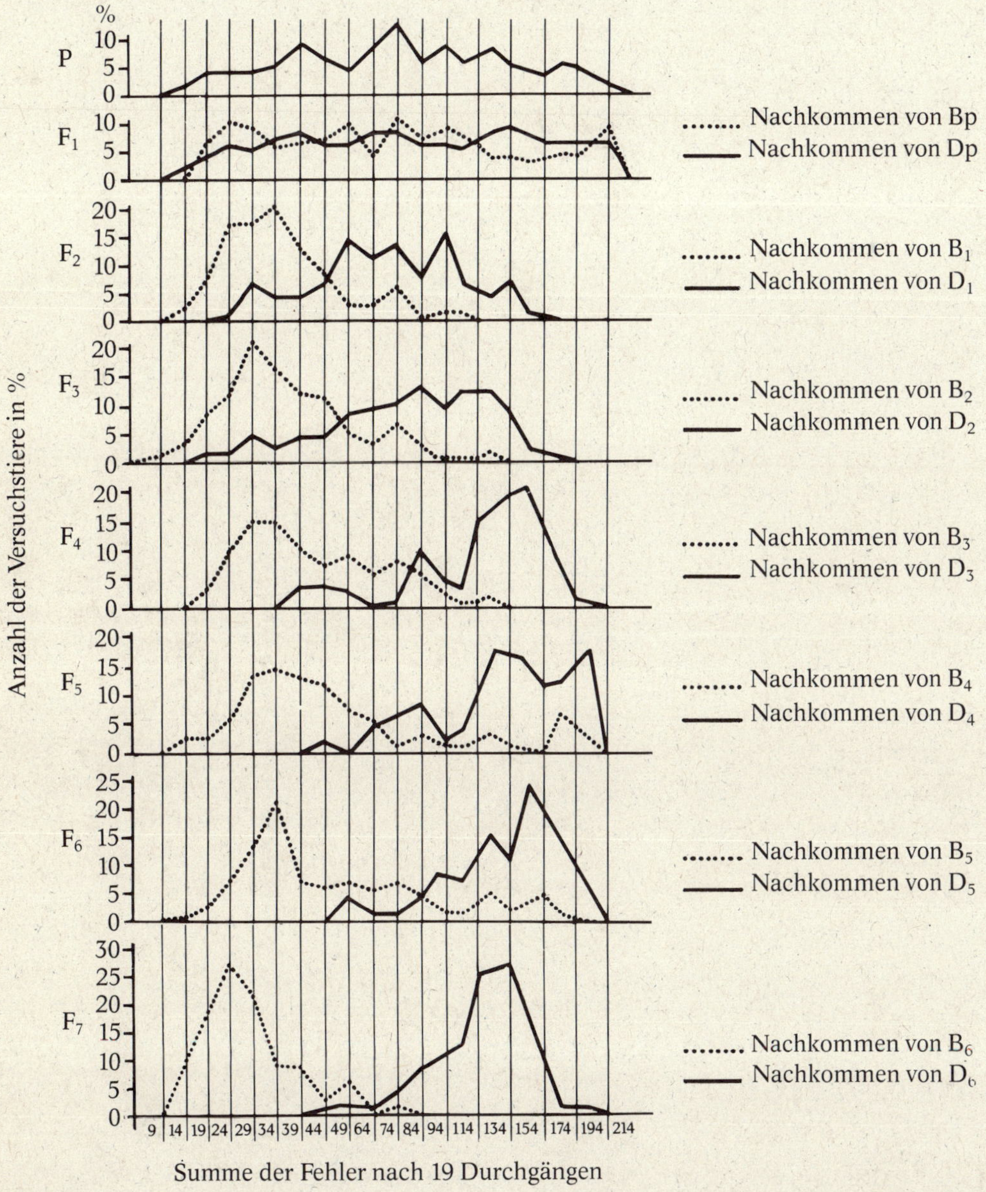

1. Beschreiben Sie die Versuchsergebnisse und werten Sie sie aus!

2. Kann man die dargestellten Versuchsergebnisse auf andere Verhaltensweisen der Ratten oder auf andere Tierarten übertragen?

Arbeitsblatt 13: Transport von Nistmaterial

Name:	Klasse / Kurs:	Datum:

Pfirsichköpfchen und Rosenköpfchen sind zwei sehr eng miteinander verwandte Kleinpapageienarten, die sich in Gefangenschaft sogar miteinander kreuzen lassen. Die Bastarde sind fruchtbar. Die folgenden Abbildungen zeigen das Transportverhalten von Nistmaterial (Grashalme) der beiden Papageienarten sowie des Bastards. Die dargestellten Verhaltensweisen zeigen beide Papageienarten und der Bastard, auch wenn sie isoliert aufgezogen werden.

Pfirsichköpfchen

Rosenköpfchen

Bastard

1. Beschreiben Sie das jeweilige Transportverhalten! Geben Sie an, wodurch die Art und Weise des Transportes von Nistmaterial bestimmt sein könnte!

2. Der Bastard ist durch seine Art des Transportes nicht in der Lage, mit dem langhalmigen Nistmaterial, das er für das Nest benötigt, zu fliegen, so daß er nicht zum Brüten kommt. Nach ca. 3 Jahren tragen die Bastarde auch das Nistmaterial nur im Schnabel und können erfolgreich brüten. Wie könnte dieses Verhalten erklärt werden?

Arbeitsblatt 14: Mimik bei Schimpansen

Name:	Klasse / Kurs:	Datum:

Schimpansen haben einen fast menschenartigen Formenreichtum der Gesichtsmotorik. Die Zeichnung gibt einige Gesichtsausdrücke eines jungen Schimpansen wieder. Geübte Schimpansenkenner können die verschiedenen Gesichtsausdrücke unterschiedlichen Stimmungen genau zuordnen.

Versuchen Sie, die gezeichneten Gesichtsausdrücke den folgenden Stimmungen zuzuordnen: Abscheu, Angst, Aufmerksamkeit, Erregung, Feixen, Heulen, Lachen, Wut.

Evolution

1. Entwicklung des Evolutionsgedankens

2. Argumente für die Evolutionstheorie

A. Aufgaben und Versuche

V 1 *Vergleich von Wirbeltiergliedmaßen*

Material: Gliedmaßenskelette von Vertretern der Wirbeltierklassen Säuger, Vögel, Amphibien und Reptilien aus der Biologiesammlung, z.B. Mensch, Pferd, Rind, Reh, Schwein, Robbe, Hund, Maulwurf, Fledermaus, Taube oder Huhn, Frosch und Eidechse; Zeichenpapier, Kugelschreiber, Bleistift und Farbstifte.

Aufgaben: **a.** Betrachten Sie zunächst das Armskelett des Menschen, und skizzieren Sie die verschiedenen Knochen mit unterschiedlichen Farben!
b. Vergleichen Sie die anderen gewählten Gliedmaßenskelette jeweils mit dem Armskelett des Menschen! Skizzieren Sie jeweils, und wählen Sie für Übereinstimmendes die gleichen Farben!
Überprüfen Sie dann – wo es möglich ist – Ihre Skizzen mit Hilfe der entsprechenden Abbildung in Ihrem Lehrbuch!
c. Vergleichen Sie den Bau der einzelnen Knochen der Skelette auch untereinander! Halten Sie Ihre Beobachtungen in einer Tabelle fest!
d. Versuchen Sie für die von Ihnen untersuchten Skelette einen Zusammenhang zwischen dem besonderen Bau einer Extremität und deren Funktion herzustellen!
e. Formulieren Sie die wichtigsten Ergebnisse der Skelettvergleiche in einigen Sätzen!

Lösungshinweis: **a** –; **b** –;
c. (Ein Beispiel für die Tabelle. Daneben z.B. Robbe, Huhn, Frosch)

	Pferd
Oberarmknochen	Stark verkürzt, schräg nach hinten/unten gerichtet, im Körper liegend.
Unterarmknochen	Elle und Speiche sind miteinander verwachsen, das Ellenbogengelenk liegt noch im Rumpf.
Handwurzelknochen	Insgesamt reduziert. Die Handwurzel liegt hoch, vom Boden entfernt.
Mittelhandknochen	Stark zurückgebildet, nur der 3. Knochen ist vollständig und kräftig ausgebildet. Die benachbarten, zurückgebildeten, dünnen Knochen links und rechts: Griffelbeine.
Fingerknochen	Stark reduziert. Nur der Mittelfinger ist stark ausgebildet. Er besteht aus drei Knochen, Fesselbein, Kronbein und Hufbein. Nur letzteres berührt den Boden.
Oberschenkelknochen	Stark verkürzt, schräg nach vorn/unten verlaufend, im Körper liegend.
Unterschenkelknochen	Wadenbein und Schienbein sind miteinander verwachsen, Kniegelenk im Körper liegend.
Fußwurzelknochen	Reduziert. Die Fußwurzel liegt hoch, vom Boden entfernt.
Mittelfußknochen	Nur der 3. vollständig ausgebildet. Links und rechts liegen die Griffelbeine.
Zehenknochen	Stark reduziert. Nur die 3. Zehe ist kräftig ausgebildet. Nur der unterste der drei Knochen der Mittelzehe, das Hufbein, setzt auf dem Boden auf.

d. (Beispiel) Der Fuß des Pferdes besteht praktisch nur noch aus einem Finger bzw. einer Zehe. Nur die mit einem Huf umkleidete Zehen- bzw. Fingerspitze dieses Fingers setzt auf dem Boden auf. Das Pferd ist ein Zehenspitzengänger. Die Berührung des Bodens mit einer kleinen, harten Fläche erlaubt dem Pferd, schnell und ausdauernd zu laufen.
e. Alle untersuchten Gliedmaßenskelette zeigen übereinstimmend eine Gliederung in Oberarm-, Unterarm-, Handwurzel-, Mittelfinger- und Fingerknochen respektive Oberschenkel-, Unterschenkel-, Fußwurzel-, Mittelfuß- und Zehenknochen. Obwohl sich die verschiedenen Wirbeltiergliedmaßen äußerlich oft kaum ähneln, wie das Beispiel von Vogelflügel und Rinderbein zeigt, lassen ihre Skelette deutlich einen gemeinsamen Bauplan erkennen. Es sind homologe Organe. Amphibien, Reptilien, Säuger und Vögel haben eine gemeinsame Abstammung. Die einzelnen Elemente sind aber bei den verschiedenen Gliedmaßenskeletten, der Lebensweise entsprechend, deutlich unterschiedlich gestaltet.

Anmerkung: Enthält eine Sammlung eine umfangreiche Zahl unterschiedlicher Gliedmaßenskelette, kann man gut arbeitsteilig in Gruppen untersuchen lassen.
Jede Gruppe trägt ihre Ergebnisse in eine vorbereitete möglichst große, übersichtliche gemeinsame Tabelle, die z.B. gut auf einem größeren Tapetenrest erstellt werden kann, ein.

Zum gleichen Thema können Schüler einen Dia-Vortrag vorbereiten. Aus der FWU-Diareihe 10 02463: „Homologie und Rückbildung von Organen" lassen sich dafür die folgenden Dias gut verwenden: 1. Menschliche Hand, 2. Pentadactyle Extremität und 3. Vordergliedmaßen (Vergleich), mit Gliedmaßen von Salamander, Schwein, Maulwurf, Wal, Flugsaurier, Flughund und Taube.

Auch andere Elemente des Gesamtskeletts lassen sich, je nach Ausstattung der Biologiesammlung, für entsprechende Vergleiche verwenden, z.B. Schädel der Vertreter verschiedener Wirbeltierklassen.

A 2 *Vergleich von Wirbeltierskeletten*

Material: Skelette von Vertretern der verschiedenen Wirbeltierklassen aus der Biologiesammlung, z.B. Karpfen, Frosch, Eidechse, Taube oder Huhn, Mensch, Hund, Katze, Kaninchen, Fledermaus. Außerdem Kugelschreiber und Schreibpapier.

Aufgaben: **a.** Untersuchen Sie das Skelett eines Säugetiers, z.B. einer Katze oder eines Hundes! Notieren Sie, in welche Elemente sich das Skelett gliedern läßt!
b. Vergleichen Sie das untersuchte Skelett mit dem eines anderen Säugetiers, z.B. mit dem eines Kaninchens oder mit dem einer Fledermaus!
c. Untersuchen Sie ein Skelett eines Vertreters einer anderen Wirbeltierklasse, z.B. eines Fisches, einer Eidechse oder einer Taube!
d. Versuchen Sie für die von Ihnen untersuchten Skelette jeweils einen Zusammenhang zwischen dem besonderen Bau und der Funktion herzustellen!
e. Formulieren Sie die wichtigsten Ergebnisse der Skelettvergleiche in einigen Sätzen!

Lösungshinweis **a.** (Beispiel). Das Skelett der Katze: Die aus einzelnen Wirbeln aufgebaute Wirbelsäule ist die tragende Stütze des Skeletts. Sie reicht vom Hinterhaupt bis zum letzten Schwanzwirbel. Weitere Elemente: Schädelkapsel, Schulterblätter, Rippe, Becken und Extremitäten.
b. Beispiel: Fledermaus. Im Vergleich zum Skelett der Katze fallen auf:
Kleinheit des Skeletts, das insgesamt leicht wirkt. Der Brustkorb wirkt gedrungen, zusammengeschoben. Die Wirbelsäule ist eigenartig gekrümmt. Der längliche Kopf sitzt auf einem kurzen Hals. Oberarm, Unterarm und Finger der Vordergliedmaßen sind außerordentlich verlängert, wobei die Finger deutlich länger sind als der Oberarm! (Zwischen den Fingern, dem Oberarm, dem Körper und dem Schwanz spannt sich auf jeder Seite die Flughaut.)
c. –
d. Beispiel: Vogel: Brust-, Lenden- und Beckenwirbelsäule sind verwachsen, was dem Vogelkörper die für den Flug notwendige Festigkeit verleiht. Ein kräftig entwickelter Brustbeinkamm dient dem Ansatz der Flugmuskulatur. Die vorderen Gliedmaßen sind zu Flügeln umgestaltet. Die Knochen sind leicht (hohl).
e. Obgleich die verschiedenen Wirbeltierskelette je nach Funktion deutliche Konstruktionsunterschiede zeigen, stimmen sie in der Gliederung in Kopf, Wirbelsäule, Extremitäten usw. deutlich überein, sind also homolog.

A 3 *Homologiekriterien*

1. Entwicklung des Saugnapfes der Karpfenlaus

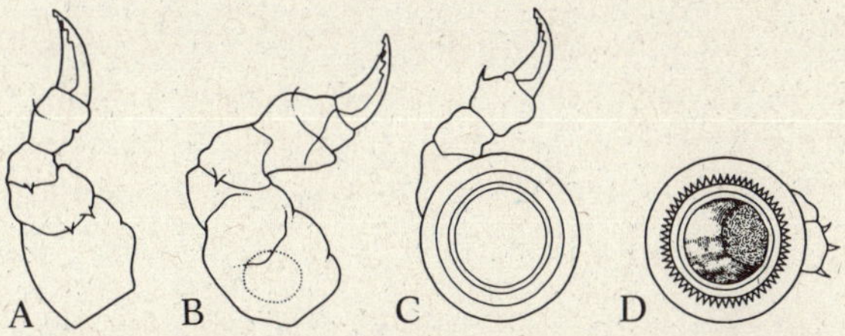

A–C die erste Maxille (Kiefer) von Jugendstadien der Karpfenlaus, D funktionsfähiger Saugnapf (Die Karpfenlaus ist ein kleiner parasitisch auf Fischen lebender Krebs. Er hält sich mit Saugnäpfen an seinen Wirten fest.)

2. Schneidezahn des Menschen A und Hautschuppe vom Hai B

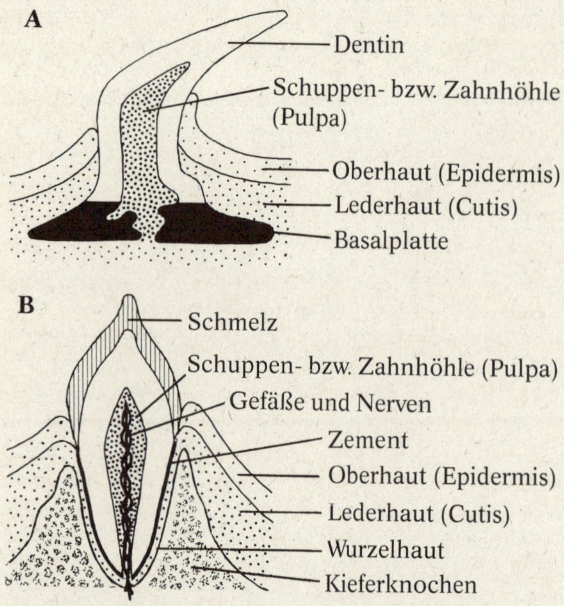

Aufgabe: Welche Homologiekriterien werden von den Abbildungen verdeutlicht? Begründen Sie Ihre Antwort!

Lösungshinweis: Abb. 1: Während die verschiedenen Jugendstadien auf dem Weg zur Karpfenlaus durchlaufen werden, zeigt sich, daß der Saugnapf aus der ersten Maxille, einem Kopfgliedmaßenpaar, hervorgeht. Die Abbildung 1 C zeigt eine Zwischenform, die noch deutlich erkennen läßt, daß es sich um eine gegliederte Extremität handelt, aber auch der entstehende Saugnapf ist schon deutlich zu erkennen. Hier zeigt also eine Zwischenform der Embryonalentwicklung, daß der Saugnapf des ausgewachsenen Parasiten mit der 1. Maxille homolog ist. Ein kleines rudimentäres Endglied ist ein letzter Hinweis darauf, daß der Saugnapf aus einer gegliederten Extremität hervorgegangen ist. Die Abbildung 1 veranschaulicht das Kriterium der Verknüpfung durch Zwischenformen.

Abb. 2: Die Hautschuppen des Hais und die Zähne eines Säugers stimmen in vielen Einzelheiten überein. Beide bestehen hauptsächlich aus dem Dentin. Bei beiden liegt innen eine Höhle (Schuppen- bzw. Zahnhöhle). Beide liegen in der Lederhaut usw. ... Hier wird also Homologie mit Hilfe des Kriteriums der spezifischen Qualität bestätigt.

A 4 *Mundwerkzeuge von Insekten*

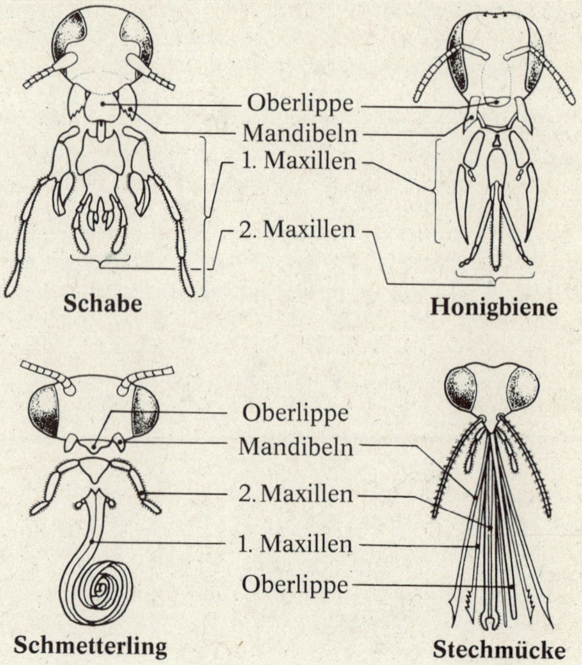

Aufgaben: **a.** Fertigen Sie mit Hilfe der Abbildungen eine Tabelle an (s. u.), in der Sie in Stichpunkten den besonderen Bau von Mandibeln, 1. Maxillen und 2. Maxillen der vier Insekten beschreiben! Geben Sie an, welche Art der Nahrungsaufnahme durch den jeweiligen Typ von Mundwerkzeugen ermöglicht wird!

b. Vergleichen Sie den Bau der Mundwerkzeuge unter evolutionären Aspekten!

Lösungshinweis:

Insekt	Mandibeln	1. Max.	2. Max.
Schabe *Kauende Mundwerkzeuge*	Einfache, ungegliederte, kräftige Kauladen mit gezähnten Rändern zum Beißen und Kauen.	Innenladen, die beim Zerkleinern helfen. Außentaster, Geschmackssinnesorgan.	Grundglieder zur Unterlippe verwachsen.

Insekt	Mandibeln	1. Max.	2. Max.
Honigbiene *Leckend-saugende Mundwerkzeuge*	Ähnlich der Schabe zum Beißen und Kneten.	Außenladen zu rinnenförmigen Scheiden umgewandelt. Umhüllen die Zunge.	Innenladen bilden Zunge, die als Saugrohr dient. Taster zu rinnenförmiger Scheide ausgebildet.
Schmetterling *Saugende Mundwerkzeuge*	Reduziert.	Innenladen lang und halbrinnenförmig. Bilden zusammen Saugrohr. (In Ruhe aufgerollt)	Reduziert, nur Taster erhalten.
Stechmücke *Stechend-saugende Mundwerkzeuge*	Zu Stechborsten gewandelt.	Kauladen zu Stechborsten gewandelt.	Unterlippe bildet Rinne (zusammen mit Oberlippe Führungsrohr für Stechborsten).

b. Die Mundwerkzeuge der Insekten sind unterschiedlich gestaltet. Der jeweilige Typ der Mundwerkzeuge ermöglicht eine bestimmte Form der Nahrungsaufnahme. Die verschiedenen Elemente, Oberlippe, Unterlippe, Mandibeln, 1. und 2. Maxillen, sind bei allen vorhanden. Die verschiedenen Typen der Insektenmundwerkzeuge sind homolog.

Anmerkung: Zum gleichen Thema können Schüler einen kleinen Dia-Vortag vorbereiten. Sie benutzen dazu das Bild 15, Insektenmundwerkzeuge, aus der FWU-Diareihe 10 02463 „Homologien und Rückbildungen von Organen". Das Beiheft zur Reihe gibt kurze, nützliche Hinweise.

A 5 *Homologie von Insektenbeinen*

Material: Dauerpräparate von Insektengliedmaßen aus der Schulsammlung, z. B. von Heuschrecke, Laufkäfer, Kopflaus, Maulwurfsgrille, Honigbiene, Wasserwanze, Gelbrandkäfer, Gottesanbeterin, Stubenfliege, Mistkäfer, Schnake; Mikroskop oder Standlupen, Zeichenpapier, Bleistift, Kugelschreiber.

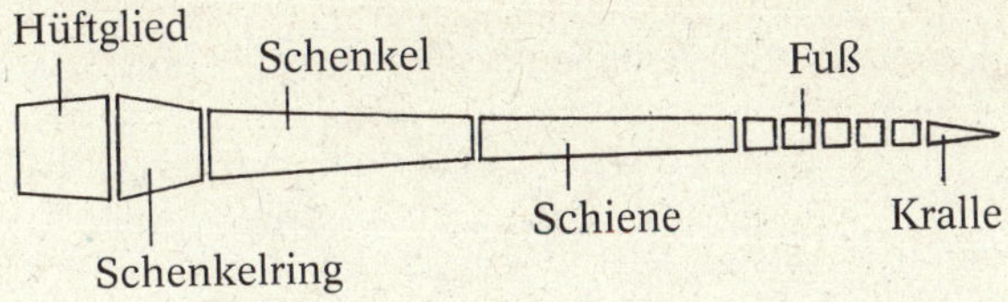

Die Abbildung zeigt schematisch den Grundtyp eines Insektenbeins.

Aufgaben: **a.** Untersuchen und zeichnen Sie das Bein eines Laufkäfers! Vergleichen Sie Ihre Zeichnung mit dem dargestellten Grundtyp eines Insektenbeins! Beschriften Sie Ihre Zeichnung!
b. Untersuchen und zeichnen Sie weitere Insektengliedmaßen! Beschriften Sie Ihre Zeichnung!
c. Vergleichen Sie jedes Insektenbein mit dem Grundtyp! Nennen Sie übereinstimmende Merkmale!
d. Versuchen Sie, für das jeweils untersuchte Bein einen Zusammenhang zwischen dem besonderen Bau und der Funktion herzustellen!
e. Ziehen Sie Schlußfolgerungen aus dem Vergleich der Baupläne der Insektenbeine! Erklären Sie die evolutionäre Bedeutung!

Lösungshinweis: **a.** und **b.**

Laufkäfer
Laufbein (Grundtyp)

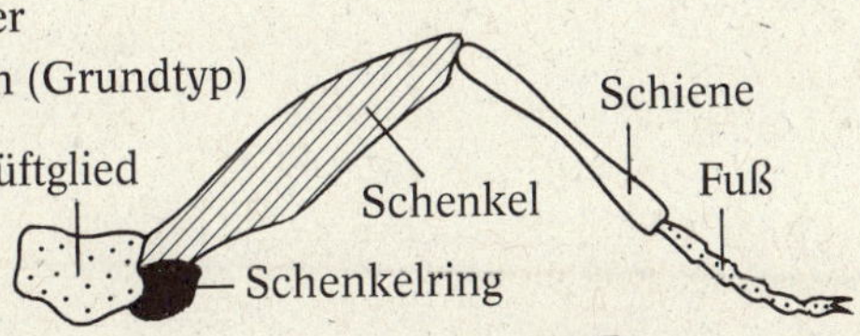

Heuschrecke
Sprungbein

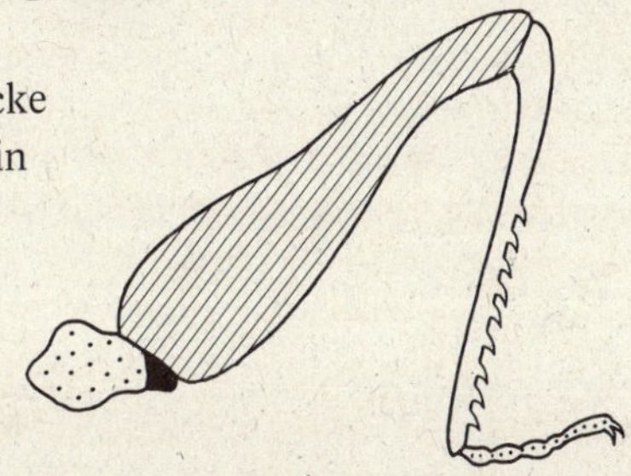

Kopflaus
Klammerbein

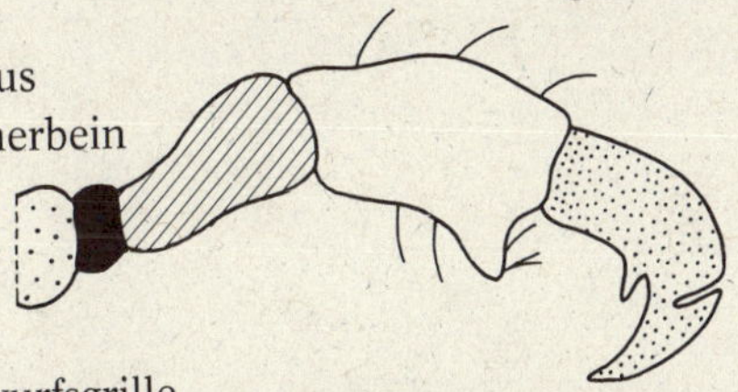

Maulwurfsgrille
Grabbein

Honigbiene
Sammelbein

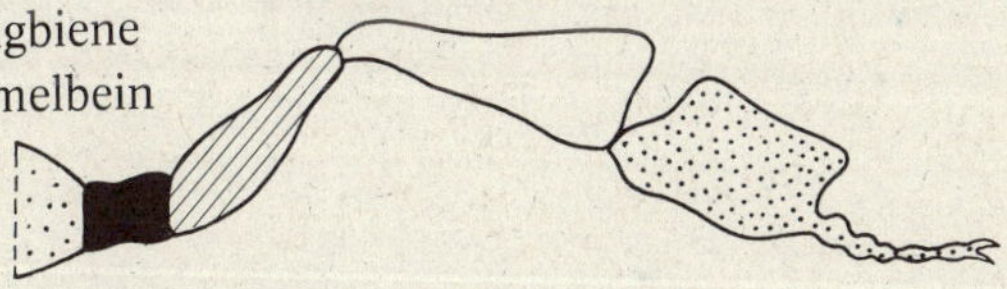

c. –

d. Beispiele: Maulwurfsgrille: Das 1. Gliedmaßenpaar ist stark verkürzt. Der Fuß ist bis auf wenige kleine Glieder reduziert. Das Bein wirkt durch die Verbreiterung der einzelnen Elemente kompakt. Es ist ein Grabbein, das durch seine Flächigkeit und dadurch, daß es einen sehr kurzen Hebel darstellt, gut für die Aufgabe des Grabens geeignet ist.
Gelbrandkäfer: Die Hinterbeine stimmen weitgehend mit dem Grundtyp überein. Die Borsten an den Gliedern des Fußes und an der Schiene sorgen aber für eine Verbreiterung der Fläche. Es handelt sich um ein Schwimmbein.
Kopflaus: Bei den sehr kleinen Gliedmaßen zeigen die Elemente Fuß und Schiene eine relativ starke Ausbildung. Der Fuß ist hakenartig ausgebildet und ist geeignet, sich im Haar festzuhalten. Es handelt sich um ein Klammerbein.

e. Die verschiedenen Insektenbeine zeigen unterschiedlich starke Abwandlungen gegenüber dem Grundtyp. Sie haben vielfältige Funktionen. Oft ist die Funktion aus der Form gut zu erschließen. Man erkennt aber auch bei stärkerer Abwandlung, daß sie alle zum gleichen Bauplan gehören. Es liegt Homologie vor, was uns auf eine gemeinsame Abstammung schließen läßt.

A 6 *Regressionsreihen*

1. Flügelskelette

ⓐ
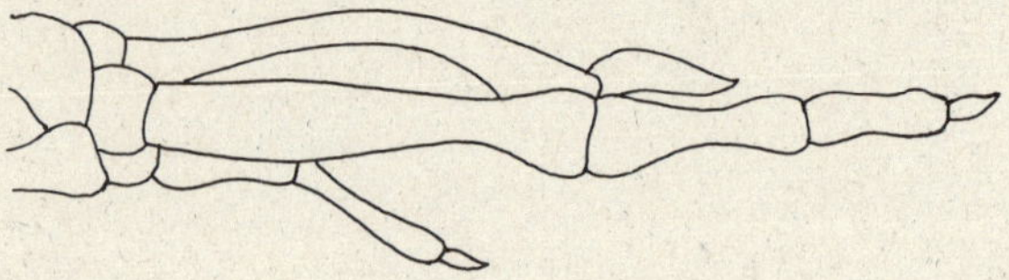
ⓑ

ⓒ
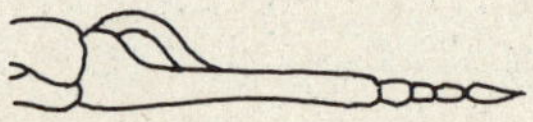
ⓓ

ⓔ
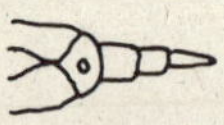

ⓐ Afrikanischer Strauß ⓑ Nandu ⓒ Emu ⓓ Kasuar ⓔ Kiwi

2. Rückbildung der Gliedmaßen bei Reptilien.

ⓐ
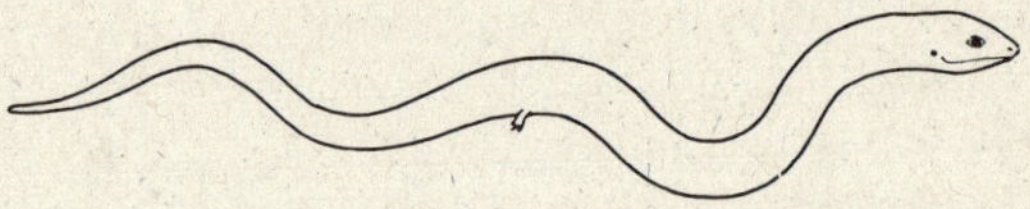
ⓑ
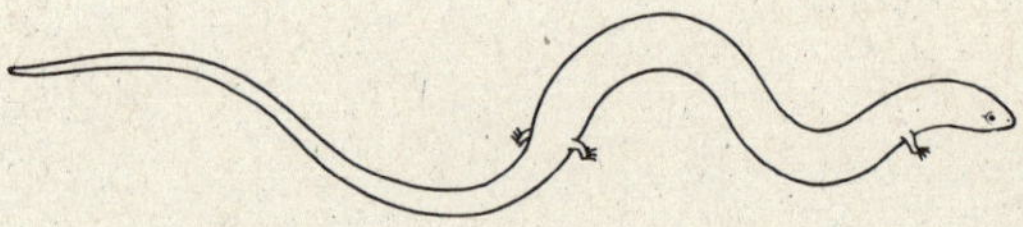
ⓒ

ⓓ

ⓐ Zauneidechse ⓑ Erzschleiche ⓒ Scheltopusik ⓓ Blindschleiche

Die beiden Abbildungen zeigen sogenannte Regressionsreihen.

Aufgaben: **a.** Erklären Sie den Begriff Regressionsreihe anhand der abgebildeten Beispiele!
b. Im Zusammenhang mit Regressionsreihen wird manchmal behauptet, daß die Vertreter einer solchen Reihe einer aus dem anderen hervorgegangen sind. Nehmen Sie dazu Stellung!
c. Erläutern Sie am Beispiel der Abbildungen die Begriffe homologe Organe und rudimentäre Organe!

Lösungshinweis: **a.** Die Abbildung 1 zeigt die Rückbildung des Flügelskeletts bei verschiedenen Straußenvögeln. Sie sind alle flugunfähig. Beim Strauß ist die Reduktion des Flügelskeletts am wenigsten fortgeschritten. Drei Finger sind noch erkennbar. Die folgenden Skelette zeigen eine immer stärkere Reduktion. Der Kiwi läßt schließlich nur noch einen stark reduzierten Finger erkennen.
Abbildung 2 zeigt vier Reptilien, deren Beine fortschreitend reduziert sind, bis hin zur beinlosen Blindschleiche. Für manche Tiergruppen lassen sich unterschiedlich weit fortgeschrittene Rückbildungen bei den verschiedenen Arten feststellen. Sie lassen sich zu Reihen zusammenstellen, die man als Regressionsreihen bezeichnet.
b. Die Behauptung ist falsch. Eine solche Reihe darf nicht dahingehend mißverstanden werden, als wären ihre Vertreter einer aus dem anderen hervorgegangen. Sie haben vielmehr gemeinsame Vorfahren.
c. Die gut entwickelten fünfzehigen Vorder- und Hinterbeine der Zauneidechse, die kurzen dreizehigen Gliedmaßen der Erzschleiche und die funktionslosen, stummelförmigen Hinterbeine des Scheltopusik haben im Skelett der drei Tiere die jeweils gleiche Lage. Sie sind homolog. Während der Evolution funktionslos gewordenen Organe, die nur noch als verkümmerte Reste auftreten, nennt man rudimentär.

Anmerkung: Zum Thema Regressionreihen können für ein Schülerreferat gut die Bilder 4–11 der Diareihe FWU 1002463, Homologie und Rückbildung von Organen, verwendet werden. Sie zeigen: Gliedmaßenskelette von Schlangen-Gürtelechsen, Marokkanische Schleiche/Hinterextremität, Erzschleiche, Afrikanischer Strauß, Nandu, Emu, Kasuar, Kiwi.
Die Schüler müssen im Zusammenhang mit der unterschiedlich weit fortgeschrittenen Reduktion des Flügelskeletts bei Laufvögeln darauf hingewiesen werden, daß die Auffassung, diese flugunfähigen Vögel stammten von flugfähigen Ahnen ab, heute mindestens fragwürdig ist! (Siehe z. B. Kurzberichte aus der Wissenschaft, in Naturwissenschaftliche Rundschau 38. Jhrg., Heft 9, 1985)

A 7 *Konvergenz im Tierreich*

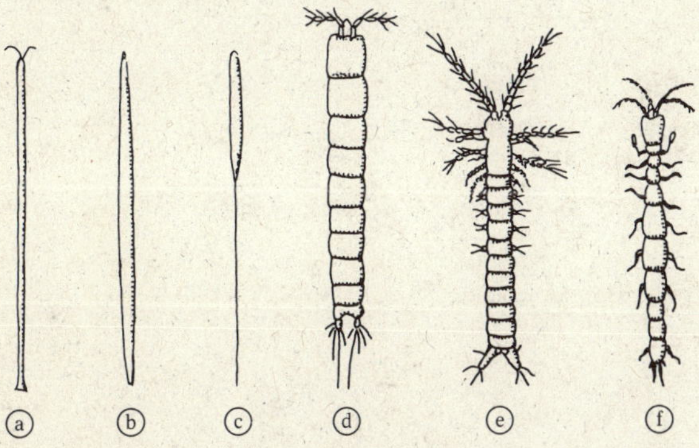

Bewohner des Sandlückensystems (Auswahl)

ⓐ Ringelwurmart ⓑ Strudelwurm ⓒ Gastrotrich (Bauchhaarling) ⓓ Ruderfußkrebs ⓔ Krebsart ⓕ Asselart

Aufgaben: **a.** Erläutern Sie die Begriffe Konvergenz und Lebensformtyp an Hand der Abbildung!
b. Versuchen Sie, konvergente Entwicklung bei Tieren aus verschiedenen Verwandtschaftsgruppen zu erklären!
c. Nennen Sie weitere Beispiele für Konvergenz!

Lösungshinweis: **a.** Alle abgebildeten Tiere zeigen eine außerordentlich langgestreckte Körpergestalt. Sie gehören aber ganz unterschiedlichen Tiergruppen an. Ihre Gestalt hängt also nicht mit Verwandtschaft, sondern mit ihrer übereinstimmenden Lebensweise zusammen. Sie leben in den engen Räumen des Sandlückensystems.
Sie haben in ihrer Evolution eine konvergente Entwicklung durchlaufen. Sie gehören dem Lebensformtyp „Sandlückensystem-Bewohner" an.
b. Die Herausbildung eines gestreckten Körpers während der Evolution bei Vertretern verschiedener Tiergruppen ist Folge des gleichgerichteten Selektionsdruckes im gemeinsamen Lebensraum.
c. Andere Beispiele für Konvergenz sind: Grabende Tiere, wie Maulwurf und Maulwurfsgrille; Tiere mit Fischgestalt, wie Hecht, Ichthyosaurier, Pinguin und Delphin; Tiere mit Wurmgestalt, wie Regenwurm, Aal und Schlange.

Anmerkung: Für ein Referat über Konvergenz bei Pflanzen läßt sich die FWU-Reihe 1002404 Konvergenz bei Pflanzen – Stammsukkulenz einsetzen. Die Reihe veranschaulicht, wie gleichgerichteter Selektionsdruck infolge klimatischer Bedingungen zu Sukkulenz bei Vertretern ganz unterschiedlicher Pflanzenfamilien geführt hat.

A 8 *Embryonalentwicklung des Vogelflügels*

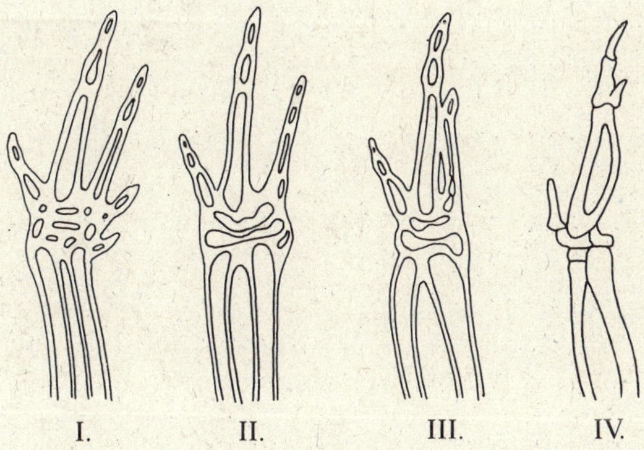

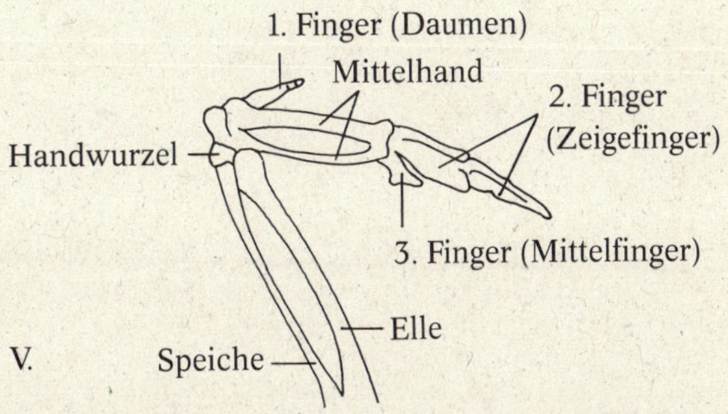

Die Abbildung zeigt vier Stadien des Vogelflügels (I, II, III, IV), wie sie in der abgebildeten Reihenfolge in der Embryonalentwicklung heute lebender Vögel auftreten, und das fertig ausgebildete Flügelskelett V.

Aufgaben: **a.** Beschreiben Sie die 4 Stadien und den Verlauf der Entwicklung!
b. Was läßt sich aus der Embryonalentwicklung des Vogelflügels für die Stammesgeschichte der Vögel folgern?
c. Erläutern Sie am gegebenen Beispiel den Begriff Rudiment bzw. rudimentäres Organ und seine Bedeutung für die Evolutionstheorie!
d. Formulieren Sie unter Nutzung des Beispiels HAECKELS biogenetische Grundregel! Machen Sie dabei deutlich, welche Einschränkungen der Regel unbedingt beachtet werden müssen!

Lösungshinweis: **a.** Im Stadium I sind – wenn auch unterschiedlich ausgebildet – noch fünf Finger erkennbar. In der weiteren Entwicklung werden zwei Finger vollständig zurückgebildet. Parallel dazu wird die zunächst hohe Zahl der Mittelhandknochen reduziert (Stadium II). Von den verbleibenden drei Fingern verwachsen zwei weitgehend miteinander. Der dritte bleibt frei (Stadium III). Im Stadium IV ist die Verschmelzung der beiden Finger vorangeschritten. Ein einzelner Finger bleibt als kleiner Fortsatz erhalten. Es ist der Daumen. Am Ende der Entwicklung wird der Vogelflügel vom Daumen und den miteinander verwachsenen Fingern zwei und drei gebildet.

b. Vögel hatten offenbar Vorfahren mit fünffingrigen Extremitäten.

c. Im Laufe der Evolution können Organe ihre Funktion ganz oder teilweise verlieren. Bei diesem über viele Generationen laufenden Prozeß der Rudimentation verschwinden die Organe meist nicht vollständig, weil die genetische Information zu ihrer Ausbildung eben nicht vollständig verlorengeht. Die Abbildung läßt erkennen, daß die Finger vier und fünf des Vogelflügels embryonal noch als funktionslose Rudimente (rudimentäre Organe) angelegt werden, dann aber, im Laufe der weiteren Entwicklung, verschwinden. Beim fertigen Vogelflügel (V) bleiben der dritte Finger und der Daumen als Rudimente erhalten, wobei der Daumen durchaus noch eine Funktion hat (Daunenfittich).

d. Das Auftreten von Merkmalen bei den Embryonen (im gewählten Beispiel vierter und fünfter Finger des Vogelembryos), die dem erwachsenen Tier fehlen, hat HAECKEL in der biogenetischen Grundregel formuliert. Sie lautet: Die Keimesentwicklung ist eine verkürzte, schnelle Wiederholung der Stammesentwicklung.

Diese stark vereinfachte Formulierung läßt Irrtümer zu. Schon HAECKEL selbst hat Einschränkungen vorgenommen. Es treten nämlich nicht ursprüngliche Organe, sondern deren Anlagen in der Keimesentwicklung wieder auf. Solche Strukturen (im Beispiel der Vögel der 3. und 4. Finger) verweisen auf die Verwandtschaft der Vögel mit fünffingrigen Tieren. Ein Tier (im Beispiel der Vogel) wiederholt aber niemals in seiner Ontogenese die Erwachsenenform eines stammesgeschichtlichen Vorfahren sondern nur noch nicht vollständig ausgebildete Merkmale seines Bauplans.

A 9 *Hinweise für die Evolution aus der Embryologie*

A.

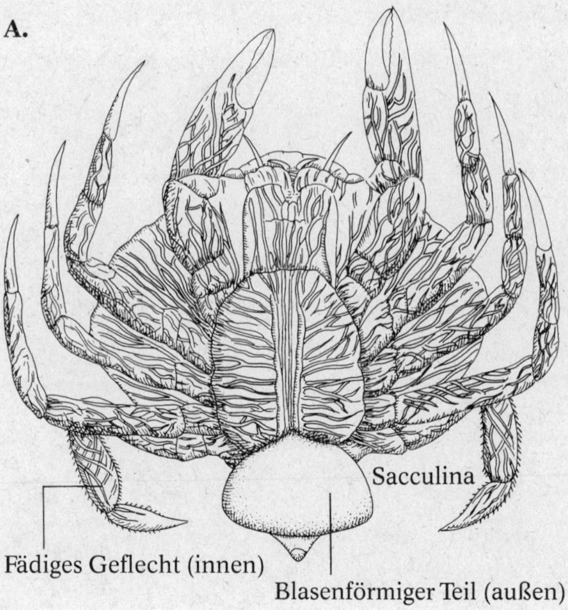

B.

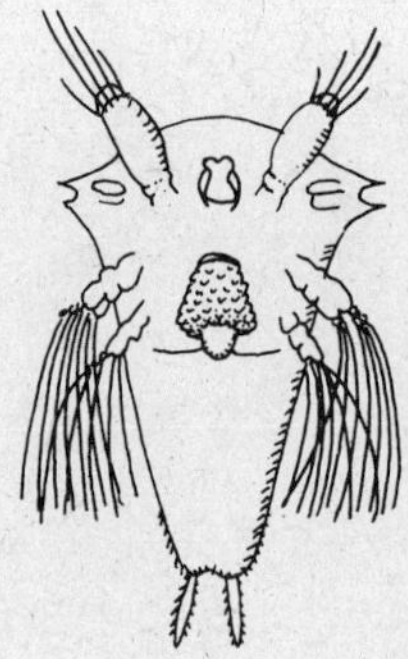

1.
A. Sacculina auf ihrem Wirtstier, einer Krabbe,
B. Naupliuslarve, Larvenstadium von Sacculina

Wie die Abbildung zeigt, besteht der Parasit Sacculina aus einem Geflecht wurzelartiger Ausläufer, die die Organe seines Wirts, einer Krabbe, umspinnen und einem blasenförmigen Teil, der aus dem Wirt heraushängt und die Ovarien und die Hoden enthält. In seiner Entwicklung durchläuft der Parasit freilebende Larvenstadien.

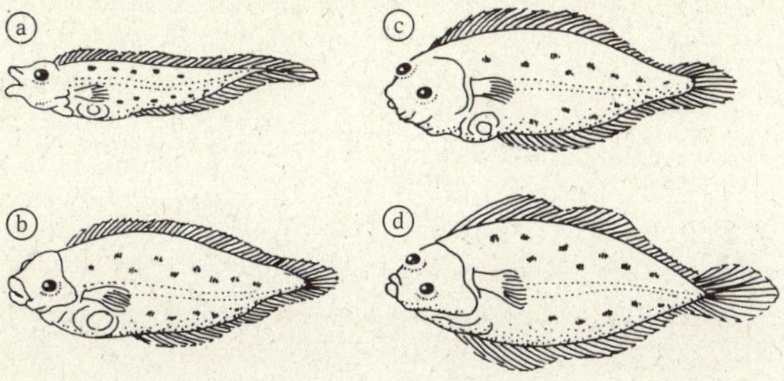

2. Stadien aus der Larvalentwicklung der Scholle

Die zu den Plattfischen gehörende Scholle ist ein seitlich stark abgeplatteter, asymmetrischer Bodenfisch. Die Seite, mit der das Tier dem Boden aufliegt, ist augenlos, und die Kiemenöffnung ist zurückgebildet. Die nach oben zeigende andere Seite ist nur physiologisch die Oberseite. Sie ist dunkler pigmentiert und kann sich dem Untergrund anpassen (Tarnfärbung). Diese Seite hat einen voll funktionsfähigen Kiemenkanal.

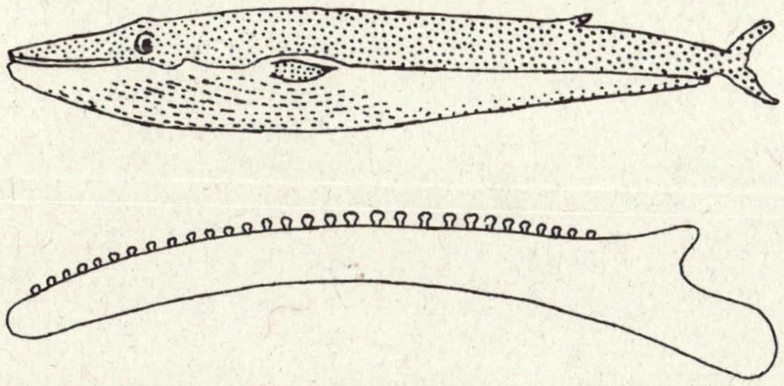

3. Die Abbildung zeigt einen Finnwal, der zu den Bartenwalen gehört und darunter den Unterkiefer des Embryos mit zahlreichen Zahnkeimen. Die erwachsenen Tieren haben keine Zähne, sondern Barten.

Aufgabe: Geben Sie für jedes Beispiel an, welche Entwicklung im Laufe der Evolution stattgefunden hat! Welche Gemeinsamkeit weisen alle drei Beispiele auf?

Lösungshinweis: 1. Der außerhalb des Wirtes hängende Sack und das „Wurzelgeflecht" im Körper der Krabbe erlauben es nicht, zu entscheiden, welcher Tiergruppe der Parasit Sacculina angehört. Die freischwimmende Naupliuslarve läßt aber erkennen, daß es sich um einen Krebs handelt. Hier hat sich also ein Krebs im Laufe seiner Evolution so stark verändert, daß er nicht mehr als ein solcher zu erkennen ist. Die Embryonalentwicklung über eine freischwimmende Nauplius-Larve ist aber ein Hinweis auf seine Herkunft.
2. Die abgeplattete, asymmetrische Körperform der Scholle verrät ihre Lebensweise. Sie lebt in flachen Küstengewässern am Boden und kann sich zum Schutz vor Feinden flach einwühlen. Sie lebt dort räuberisch von Würmern, Schnecken und Krebsen. Daß diese „Funktionsgestalt" sich während der Evolution herausgebildet hat, verraten die aus dem Ei schlüpfenden Larven der Scholle. Sie sind wie andere Fische bilateralsymmetrisch gebaut. Die Augen liegen bei der Larve dementsprechend auf den beiden Seiten des Tiers. Erst im Laufe der weiteren Entwicklung werden sie auf eine Seite verlagert, was auch für die Nasenöffnungen und das Maul gilt. Diese Entwicklung ist ein deutlicher Hinweis auf bilateralsymmetrisch gebaute Vorfahren der Scholle.
3. Die Barten der Bartenwale sind Horngebilde und hängen vom Gaumen in zwei Reihen herab. Auf ihrer Innenseite tragen sie haarartige Fransen. Wenn aufgenommenes Wasser aus dem Maul wieder herausgepreßt wird, bleiben Kleintiere, wie Krebschen, in diesem Reusensystem hängen. Die Anlage von Zahnkeimen bei den Embryonen der Bartenwale zeigt, daß die ihre Nahrung herausseihenden Bartenwale von bezahnten Vorfahren abstammen.
In allen drei Fällen wird deutlich, daß die Evolution einen starken Wandel des Körperbaus der betroffenen Arten zur Folge hatte. Ihre Embryonalentwicklung gibt aber jeweils deutliche Hinweise auf den Körperbau ihrer Vorfahren.

A 10 *Embryonale Rudimente*

Gegenüber den höheren Säugern haben Beuteltiere eine andere Keimesentwicklung. Ihr Aufenthalt in der Gebärmutter ist mit 8–42 Tagen sehr viel kürzer als der der Keimlinge der höheren Säuger. Dementsprechend sind die Jungen der Beuteltiere bei ihrer Geburt nur 0,5 bis 3 cm groß. Das Junge gleitet über eine Schleimrinne in den Beutel, saugt sich dort für seine weitere Entwicklung dauerhaft an einer Zitze fest und bekommt Milch eingespritzt. Die Placenta der Beuteltiere, die vielen Vertretern ganz fehlt, wird nicht nur anders gebildet, sie ist auch weniger leistungsfähig.
Beuteltiere entwickeln sich aber immerhin für eine bestimmte Zeit im Mutterleib und werden dort z. T. durch eine Placenta ernährt. Erstaunlicherweise haben ihre Eier neben Dotter und Eiweiß auch eine Schale und die Embryonen haben eine Eizahnpapille.

Aufgaben: **a.** Bewerten Sie die Aussagen unter Gesichtspunkten der Abstammungslehre!
b. Erklären Sie am gegebenen Beispiel den Begriff Rudiment!

Lösungshinweis: **a.** Die, wenn auch wenig entwikkelten, aber doch lebend geborenen Jungen lassen eigentlich unbeschalte Eier erwarten. Sowohl die Schalen als auch die Eizahn-Papille sind Hinweise auf Vorfahren der Beuteltiere. Es sind Hinweise auf ihre Reptilienherkunft.
b. Gebilde, die ursprünglich eine Funktion hatten, wie der Eizahn, mit dem die Eischalen geöffnet werden, die im Laufe der Evolution aber ihre Funktion verloren haben und nur noch als Reste auftreten, wie hier als Eizahn-Papille, werden als Rudimente bezeichnet.

A 11 *Fossilienformen und die Bedeutung der Fossilien als Indizien für die Evolution*

Es ist gewisz ganz richtig, dasz die erloschenen Formen weite Lücken zwischen den jetzt noch bestehenden Gattungen, Familien und Ordnungen ausfüllen helfen; ... Wenn wir unsere Aufmerksamkeit entweder auf die lebenden oder auf die erloschenen Species der nämlichen Classe allein richten, so ist die Reihe viel minder vollkommen als wenn wir beide in ein gemeinsames System zusammenfassen. ... Ein anderer augezeichneter Paläontolog, GAUDRY, hat nachgewiesen, dasz viele von ihm in Attica entdeckten fossilen Säugethiere in der offenbarsten Weise die Scheidewände zwischen jetzt lebenden Gattungen niederreiszen. ... Selbst der weite Abstand zwischen Vögeln und Reptilien wird, zum Theil in der unerwartetsten Weise ausgefüllt, und zwar auf der einen Seite durch den Strauss und den Archaeopteryx, ...

(CHARLES DARWIN, Die Entstehung der Arten durch natürliche Zuchtwahl; Übersetzer H. G. Bronn; Stuttgart 1876)

Aufgaben: **a.** Stellen Sie die wichtigsten Aussagen DARWINS aus den Zitaten zusammen!
b. Erläutern Sie die besondere Rolle der Fossilien als Indizien für die Evolution!
c. Welche Informationen lassen sich anhand von Fossilien über den Prozeß der Evolution gewinnen?
d. Füllen Sie die folgende Tabelle zur Entstehung von Fossilien aus:

Fossilienbildungen	ihre Entstehung	Beispiele
Hartteile		
Abdruck		
Steinkern		
Einschlüsse		
Spurenfossilien		

Lösungshinweis: **a.** Fossilien füllen Lücken, die sich im Vergleich bei lebenden Oranismengruppen zeigen. Der Zusammenhang zwischen den Lebewesen wird deutlicher, wenn Fossilien und lebende Organismen zu einem System verbunden werden können. Der Paläontologe GAUDRY hat das am Beispiel der in Attika gefundenen fossilen Säuger gezeigt. Selbst verwandtschaftlich weiter entfernte Gruppen wie Vögel und Reptilien werden durch den Archaeopteryx überbrückt.
b. Die Paläontologie liefert mit den Fossilien unmittelbare Belege für die frühere Existenz von Lebensformen und damit für die Stammesgeschichte. (Vergleichende Anatomie, vergleichende Embryologie und andere Disziplinen liefern dagegen nur mittelbare Beweise, d.h. sie sind Schlußfolgerungen, also mehr oder weniger zwingende Indizienbeweise.)
c. Folgende Informationen lassen sich an Hand von Fossilien ermitteln: Es gab in früheren Erdepochen Lebewesen, die es heute nicht mehr gibt. Nicht alle Lebewesen waren von Anfang an da, vielmehr traten die verschiedenen Gruppen zeitlich nacheinander auf. (Muscheln und Krebse haben schon lange vor den Wirbeltieren auf der Erde gelebt. Lurche und Reptilien traten erst lange nach dem „Erscheinen" der Fische auf.) Fossilien lassen uns eine schrittweise Differenzierung und Spezialisierung erkennen. In älteren Gesteinsschichten finden sich Fossilien einfach gebauter Lebewesen, in jüngeren Gesteinsschichten solche von Organismen mit komplizierterem Körperbau. Je jünger die Schicht ist, aus der die Fossilien stammen, desto ähnlicher sind diese den heute lebenden Formen. Fossilien liefern einen Überblick über die Evolutionszeiträume.
d.

Fossilienformen	Ihre Entstehung	Beispiele
Hartteile	Sie bleiben häufig erhalten.	Schuppen, Knochen, Zähne, Schalen, Gehäuse, Steinkerne von Früchten u. a.
Abdruck	Er entsteht, wenn Lebewesen oder Teile von ihnen in Substrat, z. B. Schlamm so eingeschlossen werden, daß sie sich nicht zersetzen. Verfestigt sich später das Substrat, so entsteht ein Negativabdruck.	Muschelschalen, Rinden von Schuppenbäumen, Skelettabdrücke, Quallen usw.
Steinkern	Vorhandene oder durch Zersetzung entstandene Hohlräume werden mit später erhärtendem Sediment gefüllt.	Ammoniten. Steinkerne von Muscheln tragen z. B. auf ihrer Oberfläche den inneren Schalenabdruck.
Einschlüsse	In Bernstein, Erdwachs, Salzschichten und Eis.	In Bernstein eingeschlossene Insekten, Wasserlebewesen in Salz.
Körperfossil	Der ganze Körper ist erhalten.	Sibirisches Mammut in Eis.
Spurenfossilien	Hinterlassung von Lebensspuren unterschiedlichster Art.	Fraßspuren von Insekten oder Würmern. Trittsiegel von Sauriern u. a.

A 12 *Fossilien – spärliche Reste oder überwältigende Vielfalt?*

Wissenschaftler schätzen, daß alle bisher vorliegenden Fossilienfunde etwa 1% aller Arten ausmachen, die jemals auf der Erde gelebt haben.

Etwa 1400000 Tierarten und ca. 400000 Pflanzenarten sind bis heute beschrieben worden.

Mit dem Beginn des Kambriums, das vor 600 Millionen Jahren begann und etwa 100 Millionen Jahre dauerte, gab es Lebewesen nur im Meer, aber alle Stämme der Wirbellosen existierten bereits. Mit dem Beginn des Kambriums tritt eine Vielfalt von Fossilien auf. Ältere Schichten weisen dagegen nur spärliche Reste auf.

Aufgaben: **a.** Stellen Sie zu den oben gegebenen Informationen unter Berücksichtigung der Überschrift einige Überlegungen an und notieren Sie sie! Versuchen Sie dabei auch, Erklärungen für die niedrige Zahl von 1% zu geben!
b. Verschaffen Sie sich in Partnerarbeit einen Überblick über die Fossilien der Biologiesammlung Ihrer Schule! Stellen Sie an Hand der Beschriftungen für die von Ihrer Gruppe untersuchten Fossilien fest: Name, Alter und zu welcher Gruppe von Lebewesen sie gehören! Ermitteln Sie lebende Verwandte! Tragen Sie die Ergebnisse aller Arbeitsgruppen des Kurses zusammen, und halten Sie sie in entsprechenden Spalten einer Tabelle mit den Epochen der Erdgeschichte fest, die Sie aus Ihrem Biologielehrbuch entnehmen!
c. Stellen Sie fest, um welche Fossilienformen es sich bei den Fossilien Ihrer Biologiesammlung jeweils handelt!

Lösungshinweis: **a.** Mit 1% der Arten, die auf der Erde gelebt haben, ist nur ein relativ kleiner Teil fossil überliefert. Fossilienfunde sind also außerordentlich lückenhaft. Damit muß unsere Übersicht über die ausgestorbenen Arten natürlich ebenfalls lückenhaft sein.
Für diese Zahl von nur einem Prozent gibt es viele Gründe: In der Regel werden tote Organismen von Mikroorganismen zersetzt, hinterlassen also keine Spuren. Viele günstige Umstände müssen zusammentreffen, damit ein Fossil entsteht. Durch Verformung der Erdkruste und durch Verwitterungsprozesse werden viele Fossilien später wieder zerstört. Das ist der Grund, warum in Gesteinsschichten mit zunehmendem Alter immer weniger Fossilien gefunden werden. Schließlich hängt auch das Auffinden vorhandener Fossilien, z.B. bei der Arbeit in Steinbrüchen, von vielen Zufällen ab.

Eine andere Frage ist, wieweit die gefundenen Fossilien den Bauplan von Organismengruppen exemplarisch widerspiegeln. Zweifellos ist die Paläontologie mit dem Fossilienmaterial, das vorliegt, eine wesentliche Disziplin der Abstammungslehre. Die Anzahl der beschriebenen Pflanzen und Tiere läßt natürlich auch erkennen, daß die absolute Zahl der gefundenen Fossilien sehr groß ist.

Das plötzliche Auftreten einer Fossilienvielfalt ab Beginn des Kambriums könnte z.B. damit zusammenhängen, daß erst vom Kambrium an leichter überdauernde Skelettelemente, Schalen und andere Hartteile in größerer Zahl auftraten.
b. –; **c.** –

Anmerkung: Liegt in der Biologiesammlung nur wenig fossiles Material vor, können die Gruppen eines Kurses auch gut mit FWU-Diareihen arbeiten, um einen Überblick darüber zu gewinnen, was für Fossilien gefunden wurden.
Die FWU-Diareihen 1002626 bis 1002630, Tierische Fossilien, liefern eine Fülle an Material und mit den entsprechenden Beiheften auch viele wertvolle Informationen, die in hohem Maße Selbsttätigkeit der Schüler zu initiieren vermögen.
Die Reihen Entfaltung des Lebens; Wirbellose: Erdaltertum/Wirbellose: Erdmittelalter und Erdneuzeit/ Evolution der Fische und Amphibien/Evolution der Reptilien/Evolution der Säugetiere stellen Fossilien folgender Tiergruppen vor: Hohltiere, Gliedertiere, Weichtiere (Schnecken, Muscheln, Kopffüßler), Brachiopoden, Foraminiferen, Fische, Amphibien, Reptilien, Saurier, Vögel und Säuger. Auch in naturwissenschaftlichen Museen oder Heimatmuseen finden sich häufig gute Beispiele für Fossilien, die im Rahmen von Exkursionen oder eines Projektes entsprechend der Aufgabe behandelt werden können.

A 13 *Eine Hypothese zum Aussterben der Saurier*

Es gibt viele Vermutungen und Hypothesen zum Aussterben der Saurier. Eine recht interessante Hypothese verdanken wir dem Paläontologen H. K. ERBEN. Er entdeckte an Eischalen der letzten Dinosaurier-Populationen in Frankreich Schalenverdopplungen und auch Schalenverdünnungen. Als mögliche Ursachenkette für ein kurzfristiges Aussterben führt er an: Klimaänderungen führten zu ökologischen Veränderungen und damit zu populationsdynamischen Veränderungen. Eine biologische Prosperitätssituation könnte zu Überbevölkerung und damit verbunden zu Streß geführt haben. Auf dem Wege eines physiologischen Wirkungsmechanismus könnten auftretende Störungen im Hormonhaushalt die Produktion geschädigter Eier zur Folge gehabt haben.

Aufgaben: **a.** Bringen Sie die hypothetische Ursachenkette des Paläontologen ERBEN in ein Fließschema!
b. Erklären Sie, warum es sich um eine Hypothese handelt!

Lösungshinweis: **a.**

Klima-Änderung

führt zu

↓

Änderung der ökologischen Bedingungen

Folge

↓

Prosperität der Saurier mit Überbevölkerung

das führt zu

↓

Streß und Störung des Hormonhaushaltes

im Ergebnis

↓

Schäden an den Eischalen

dadurch

↓

Absterben der Embryonen.

b. Bei dieser Erklärung handelt es sich natürlich nicht um gesicherte wissenschaftliche Erkenntnisse, sondern um eine Hypothese dazu, wie es gewesen sein könnte. Die Saurier sind ausgestorben. Es gibt also keine lebenden Eier von ihnen. Die Hypothese ist deshalb z. B. nicht experimentell zu überprüfen.

Anmerkung: Der Artikel, „Warum starben die Saurier aus? Theoriengeschichte und die Problematisierung von wissenschaftlichen Modellen“, in PdN 1/35. Jahrgang 1986, S. 12–24 ist dem Lehrer in diesem Zusammenhang sehr zu empfehlen.
Man findet ausgezeichnete Hinweise, wie im Zusammenhang mit dem Thema den Schülern der Unterschied zwischen wissenschaftlichen Modellvorstellungen und endgültig gesicherten Erkenntnissen verdeutlicht werden kann.

A 14 *Altersbestimmung von Fossilien*

Im ersten Heft des Jahres 1990 meldet eine naturwissenschaftliche Zeitschrift: „Das bisher älteste Reptil-Fossil entdeckt“. Man erfährt, daß in Sedimentgesteinen des Unterkarbons Schottlands der Skelettrest eines kleinen Wirbeltiers gefunden wurde, das von Fachleuten als Reptil angesehen wird. Die Fundschichten liegen zwischen vulkanischen Lagen, deren Alter auf 340 Millionen Jahre bestimmt wurde. Die fossile Echse, „Lizzie“ genannt, ist damit um ca. 50 Millionen Jahre älter als das bisher älteste gefundene Reptilienfossil. Damit ist Lizzie zugleich erheblich älter als die sogenannten Anthracosaurier. Das sind bestimmte Amphibien des Karbons. Man meinte bisher, daß die Reptilien von den Anthracosauriern abstammen könnten.

Aufgaben: **a.** Welche konventionelle Ansicht über die Abstammung einer Tiergruppe stellt die Meldung in Frage?
b. Begründen Sie am gegebenen Beispiel die dringende Notwendigkeit, das Alter von Fossilien zu bestimmen!
c. Führen Sie möglichst viele, Ihnen bekannte Methoden auf, mit denen man das Alter von Fossilien bestimmen kann!
d. Erläutern Sie die Radiocarbonmethode!
e. Begründen Sie, warum im vorliegenden Beispiel des Reptils Lizzie die Radiocarbonmethode ein ungeeignetes Instrument der Altersbestimmung ist!
f. Könnte die Kalium-Argon-Methode prinzipiell zur Altersbestimmung von Lizzie gedient haben?

Lösungshinweis: **a.** Die Auffassung, die Reptilien stammten von Amphibien des Karbons ab, ist damit in Frage gestellt. Man erkennt, die Abstammungslehre stützt sich auf Indizien. Man gelangt auf Grund der Indizien aus unterschiedlichen Disziplinen zu Hypothesen, die mehr oder weniger durch Fakten, z. B. durch Fossilienfunde gestützt werden. Der vorliegende Fall zeigt, daß neue Befunde hinzukommen können, durch die sich solche Annahmen als zweifelhaft erweisen können oder gar als falsch herausstellen.
b. Die Altersbestimmung des gefundenen Fossils erweist sich im gegebenen Beispiel als außerordentlich wichtig. Sie ist mitentscheident für die Frage, ob die Reptilien, wie bisher vermutet, von bestimmten Amphibien des Karbons abstammen könnten.
c. Von bekannten Gesteinsbildungsprozessen her kennt man das Alter bestimmter Schichten wie z. B. das Alter von Muschelkalk. Man weiß, daß eine Muschelkalkschicht von einem Meter Dicke in etwa 20 000 Jahren gebildet wird. Aus dem bekannten Alter solcher Schichten kann man dann auf das Alter darin eingeschlossener Fossilien schließen.
Salzlager zeigen manchmal Bänderungen im Zusammenhang mit dem Auskristallisieren, das temperaturabhängig ist. Die Bänderung ist den Jahresringen von Bäumen vergleichbar und erlaubt in manchen Fällen, das Alter eingeschlossener Fossilien zu bestimmen.
Charakteristische Fossilien, die in manchen Gesteinsschichten in großen Mengen auftreten, werden als Leitfossilien bezeichnet. Aus deren bekanntem Alter kann man auf das Alter miteingeschlossener anderer Fossilien schließen.
Manche Funde lassen sich dadurch recht genau datieren, daß sie zwischen schon gefundene und altersbestimmte Fossilien einzuordnen sind.
Der Zerfall radioaktiver Substanzen kann ebenfalls für Datierungen genutzt werden.
d. Die Radiocarbonmethode ist eine solche Methode, bei der der radioaktive Zerfall genutzt wird. Der Zerfall erfolgt in regelmäßigen Raten. Man hat eine radioaktive Uhr.

e. Die Radiocarbonmethode nutzt den Zerfall des radioaktiven ^{14}C-Isotops. Die Halbwertszeit beträgt 5740 Jahre. Die Methode ist für Fossilien bis zu einem Alter von etwa 50 000 Jahren geeignet; im vorliegenden Fall also unbrauchbar.
f. Ja, die Kalium-Argon-Methode ist prinzipiell geeignet, das Alter der vorliegenden Gesteinsschicht (340 Millionen Jahre) zu bestimmen. Das ^{40}K-Isotop hat eine Halbwertszeit von 1,3 Milliarden Jahren. Untersucht werden mit dieser Methode nicht die Sedimente sondern das Vulkangestein unter und über der Sedimentschicht, in welcher sich das Fossil befindet.

B. Literatur

FWU-Diareihe 1002463 Homologie und Rückbildung von Organen – mit Beiheft

Kommentar: Die Reihe bietet viele gute Beispiele für Extremitätenskelette der Wirbeltiere, Schädelvergleiche und Insektenmundwerkzeuge. Die Diareihe ist besonders dann wichtig, wenn die eigene Schulsammlung in bezug auf Extremitätenskelette spärlich ausgerüstet ist.

FWU-Diareihen 1002626 bis 1002630, Tierische Fossilien – mit Beiheften

Kommentar: Die Reihen sind sehr gut. Selbst bei gut mit Fossilien ausgestatteter Sammlung erweitern Sie den Überblick über fossiles Material.

BILS, W./DÜRR, G. Übungsaufgaben und Antworten zu Kernthemen des Biologieunterrichts auf der Sekundarstufe II, Quelle und Meyer, Heidelberg.

Kommentar: Es handelt sich um eine umfangreiche Aufgabensammlung, die außer der Evolution weitere Gebiete der Biologie umfaßt. Der Lehrer erhält, auch wenn vieles geläufig ist, allein schon durch die Zusammenstellung der Aufgaben wertvolle Anregungen.

HAUBOLD, H./KUHN, O. Lebensbilder und Evolution fossiler Saurier, Brehm-Bücherei 509

Kommentar: Ein lohnendes Bändchen aus der Brehm-Reihe, das nicht nur viele interessante Abbildungen zum Thema enthält, man gewinnt auch wichtige Informationen über die Schwierigkeiten bei der Rekonstruktion solcher Lebensbilder.

KENNETH, J. Was verursachte das Massensterben im Erdmittelalter? Umschau 83, Heft 3, S. 77–80

Kommentar: Der Artikel greift die Frage auf, warum die Saurier vor etwa 65 Millionen Jahren ausstarben. Die Frage wird in größere Zusammenhänge gestellt, aus historischer Sicht geschildert und aus moderner Sicht gut problematisiert.

KRUMBIEGEL, W. Fossilien, Sammeln, Präparieren, Bestimmen, Auswerten, VEB Deutscher Verlag für Grundstoffindustrie, Leipzig

Kommentar: Ein grundlegendes Buch über Fossilien, das dem Lehrer bei der Erarbeitung paläontologischer Belege für die Evolutionstheorie unentbehrlich ist.

KUHN, O. Die Tierwelt des Solnhofener Schiefers, Brehm-Bücherei 318

Kommentar: Das Heftchen gibt einen Einblick in die Geschichte des Solnhofener Schiefers. Es vermittelt aber auch einen Überblick über die vielen Fossilienfunde, die dort, über den Archaeopteryx hinaus, gemacht wurden.

MAISEL, G. Die Evolution der Pferde, Praxis der Naturwissenschaften Biologie, 1/35. Jahrgang 1986. S. 34–39

Kommentar: Eine didaktisch gut aufbereitete Hilfestellung für den Lehrer, der mit seinen Schülern über die Abstammung der Pferde arbeitet! Die vorliegenden Arbeitsblätter sind der Arbeitsökonomie dienlich.

SCHMIDT, H. Warum starben die Saurier aus? Praxis der Naturwissenschaften Biologie, 1/35. Jahrgang 1986, S. 12–24

Kommentar: Eine didaktisch ausgezeichnet aufbereitete Hilfestellung für den Lehrer. Dabei werden viele verschiedene Vorstellungen untersucht und diskutiert. Wer Schülern den Unterschied zwischen gesicherten Erkenntnissen und wissenschaftlichen Modellvorstellungen verdeutlichen will, findet hier das richtige Material. Ein Flußdiagramm eines möglichen Unterrichtsverlaufs wird mit angeboten.

SIBLEY, C. G. / AHLQUIST, J. E. Der DNA-Stammbaum der Vögel, Spektrum 1986, Heft 5, Seiten 96–107

Kommentar: Darstellung der Methoden des DNA-Vergleichs und ihrer Auswertung in systematischer Beziehung. Zeichnungen, Stammbäume, Schmelzkurven. Unterrichtserweiterung, eventuell Referatthema.

SIMON, E. Problemlösung Fliegen – Flugsaurier und Urvögel, Praxis der Naturwissenschaften Biologie 4/35. Jahrgang 1986, S. 37–40

Kommentar: Wer für seine Schüler über die Information hinaus Problematisierung und anschließende Untersuchung der Problemlösung für einen Bereich, wie z. B. das Fliegen, sucht, sollte diesen Artikel nutzen, zumal ein Flußdiagramm über einen möglichen Unterrichtsverlauf auch noch erhebliche Hilfestellung anbietet.

WILSON, A. C. Die molekulare Grundlage der Evolution, Spektrum 1985, Heft 12, Seiten 160–170

Kommentar: Vergleich der Basensequenzen der DNA-Dehydrogenase von Mensch, Schimpanse, Gorilla, Orang-Utan und Gibbon. Aufstellung von Stammbäumen. Referatthema.

Das bisher älteste Reptil-Fossil entdeckt, Kurzberichte aus der Wissenschaft, Naturwissenschaftliche Rundschau, 43. Jahrgang, Heft 1, 1990, S. 36

Kommentar: Es ist gut für die Erkenntnisgewinnung des Schülers, wenn er erfährt, daß neue Funde alte Vorstellungen über die Abstammung durchaus abzuwandeln vermögen.

Zur Evolution der Strauße, Kurzberichte aus der Wissenschaft, in Naturwissenschaftliche Rundschau, 38. Jahrgang, Heft 9, 1985, S. 391

Kommentar: Neue Funde sind oft mit neuen Annahmen über Verwandtschaftsverhältnisse verbunden. Das muß der Schüler erfahren!

C. Zusatzinformation –

D. Lösungshinweise zu den Arbeitsblättern

Arbeitsblatt 1: Homologie und Analogie bei Pflanzen

A. Homologe Organe lassen sich auf den gleichen Grundbauplan zurückführen. Sie können – entsprechend ihrer jeweiligen Funktion – unterschiedlich ausgebildet sein.
1. Es sind homolog: ①, ②, ⑤, ⑥, ⑦, ⑨ und ⑭. Alle Organe sind aus Sprossen entstanden. Funktionen: Speicherung ②, ⑦, ⑨ und ⑭; Ausbreitung ①; Kletterorgan ⑤; Wehrorgan ⑥.
2. ③, ④, ⑪, ⑬, ⑮, ⑰, ⑱, ⑲ und ⑳. Alle Organe sind auf Blätter zurückzuführen.
Funktionen: Kletterorgan ③ und ⑱; Insektenfang ④ und ⑳; Fortpflanzung ⑪; Wehrorgan ⑬ und ⑮; Assimilation ⑰; Speicherung ⑲.
3. ⑧, ⑩, ⑫ und ⑯. Alle Organe sind aus Wurzeln entstanden.
Funktionen: Speicherung ⑧ und ⑯; Wehrorgan ⑩; Kletterorgan ⑫.

B. Analoge Organe sind wegen der gleichen Funktion oft ähnlich gestaltet, zeigen Anpassungsähnlichkeiten. Sie haben aber verschiedene Grundbaupläne. Sie sind also nicht homolog.
Es sind analog: **1.** ⑨ und ⑯; Funktion: Speicherorgane. Knollen, gebildet aus dem Sproß ⑨ oder der Wurzel ⑯.

2. ⑤, ⑫ und ⑱; Funktion: Klettern. Ranken, gebildet aus dem Sproß ⑤, aus der Wurzel ⑫ oder dem Blatt ⑱.

3. ⑥, ⑩ und ⑬; Funktion: Abwehr von Fraßfeinden. Dornen, gebildet aus dem Sproß ⑥, der Wurzel ⑩ oder dem Blatt ⑬.

4. ⑦ und ⑲; Funktion: Wasserspeicher, gebildet aus dem Sproß ⑦ oder dem Blatt ⑲.

Arbeitsblatt 2: Homologie und Analogie bei Tieren

A. Homologe Organe lassen sich auf den gleichen Grundbauplan zurückführen. Sie können – entsprechend ihrer jeweiligen Funktion – unterschiedlich ausgebildet sein.
Es sind homolog: **1.** ② und ⑩, beide bestehen aus Knochensubstanz, dem Zahnbein; Funktion: Schutz ②, Zerkleinerung der Nahrung ⑩.

2. ③, ⑦, ⑬ und ⑱, Mundwerkzeuge der Insekten und Krebse sind von gleicher Herkunft, nämlich zu Mundwerkzeugen umgestaltete Gliedmaßen. Funktion: Saugen ③, Stechen ⑦, Kauen ⑬, Festhalten ⑱ (Karpfenlaus, Krebs).

3. ④, ⑧, ㉓ und ㉕ sind gleichermaßen in Oberarm, Elle und Speiche und Handskelett gegliedert; Funktion: Fliegen ④, Laufen ⑧, Rudiment ㉓ und Graben ㉕.

4. ⑤ und ㉖. Die Gehörknöchel der Säuger und Knochenelemente des Kiefergelenkes der Fische sind stammesgeschichtlich von gleicher Herkunft. Funktion: Kieferbewegung (Fisch), Hören (Säuger).

5. ⑪ und ⑳. Beide Formen des Insektenbeines sind aus einer Grundform entstanden; Funktion: Laufen ⑪ und Graben ⑳.

6. ⑮ und ⑲. Die Federn der Vögel leiten sich stammesgeschichtlich von der Hornschuppe der Reptilien ab. Beide sind, wie die Haare der Säuger, Epidermisgebilde; Funktion: Schutz vor Verletzungen und Austrocknen ⑮, Wärmeschutz, Konturgebung, Tasten, Tarnung, zwischenartliche Kommunikation, Signale bei der Balz usw. ⑲.

7. ⑯ und ⑰. Übereinstimmend aus Teilen des Vorderdarms entstanden; Funktion: Schwimmen ⑯ und Atmen ⑰.

B. Analoge Organe sind wegen der gleichen Funktion oft ähnlich gestaltet, zeigen Anpassungsähnlichkeit. Sie haben aber verschiedene Grundbaupläne. Sie sind also nicht homolog.
Es sind analog: **1.** ① und ⑥; Funktion: Aufnahme von Lichtreizen. Gebildet aus einer Zwischenhirnvorstülpung ① bzw. Bildung der Epidermis ⑥.

2. ④ und ㉑; Funktion: Fliegen. Extremität mit Knochenskelett ④, aus einer Hautausstülpung entstanden ㉑.

3. ⑧ und ⑪; Funktion: Laufen. Extremität mit Knochenskelett ⑧, chitinisierte gegliederte Extremität (Außenskelett) ⑪.

4. ⑨ und ⑫; Funktion: Sammeln des Lichtes. Epidermis-Zellgebilde ⑨, cuticulare Ausscheidung von Augenblase und Epidermis ⑫.

5. ⑭ und ㉔; Funktion: Sauerstoffaufnahme aus dem Wasser. Ausstülpungen des Entoderms, das die Kiemenbögen umgibt ⑭. Dünnhäutige Anhänge der Extremitäten ㉔.

6. ⑰ und ㉒; Funktion: Atmungsorgane. Aus Teilen des Vorderdarms entstanden ⑰, Leisten der Mantelhöhle ㉒.

7. ⑳ und ㉕; Funktion: Grabbeine. Gegliederte Extremität mit Chitinskelett (Außenskelett) ⑳, Extremität mit knöchernem Innenskelett ㉕.

Arbeitsblatt 3: Mundgliedmaßen von Insekten

1.

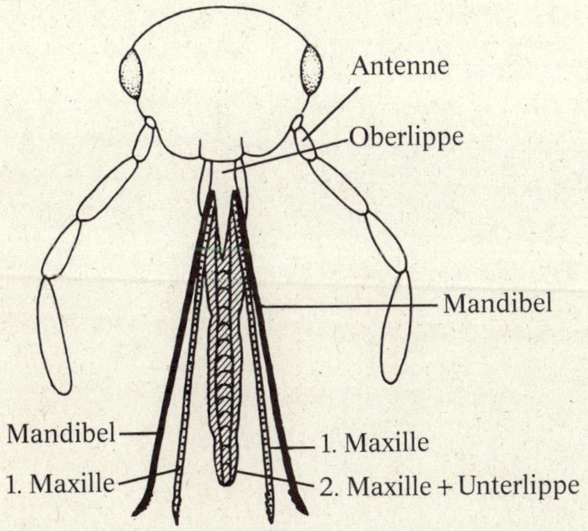

2. Die Küchenschabe hat kauende Mundwerkzeuge. Dieser Typ von Mundwerkzeugen ist die ursprünglichste Form von Mundgliedmaßen der Insekten. Die Mandibeln sind kräftige, am Rand gezähnte Kauladen. Sie können zum Beißen zangenartig gegeneinander bewegt werden. Die 1. Maxillen bestehen jeweils aus zwei Grundgliedern und drei auf ihnen sitzenden Ästen. Ihre äußeren Äste dienen als Taster. Die innere kompakt gebaute Lade dient als Kaulade, die äußere ist mit Geschmackssinnesorganen versehen und dient der Kontrolle der Nahrung. Die Grundglieder der beiden 2. Maxillen sind zur Unterlippe verwachsen. Die Mundwerkzeuge der Wanze weichen von diesem Grundtyp erheblich ab. Insgesamt sind hier die Mundwerkzeuge langgestreckt. Die 2. Maxille ist zu einer Führungsrinne für die Stechborsten umgewandelt. Der am Kopf gelegene Teil dieser Führungsrinne wird von der Oberlippe bedeckt. Mandibeln und Teile der 1. Maxillen sind zu Stechborsten geworden, die in der Rinne gleiten. Der Querschnitt durch die Mundwerkzeuge zeigt: Die aus den 1. Maxillen entstandenen Stechborsten haben auf ihren Innenseiten Rinnen und bilden aneinander gelegt zwei Kanäle (einer zum Abfließen des Speichels, der zweite zum Aufsaugen der Säfte). Die Mundwerkzeuge der Wanze gehören zum stechend-saugenden Typ.

3. Die verschiedenen Elemente der Mundwerkzeuge sind bei Schabe und Wanze entsprechend ihrer Funktion unterschiedlich gestaltet. Sie bestehen aber bei beiden Tieren aus den gleichen Elementen. Sie entsprechen dem gleichen Grundbauplan. Es liegt Homologie vor. Sie haben eine gemeinsame Abstammung.

Arbeitsblatt 4: Herkunft der Gehörknöchelchen

1. Wie die Abbildungen zeigen, entsprechen die Gehörknöchel der Säugetiere zwei Kieferknochen und einem weiteren Schädelknochen der Knochenfische. Das Hyomandibulare entspricht der Columella der Reptilien. Beide entsprechen dem Steigbügel der Säuger. Quadratum und Articulare, die beim Knochenfisch das primäre Kiefergelenk bilden, sind beim Säuger zu Amboß und Hammer gewandelt.

2. Der Vergleich zeigt, daß Elemente des primären Kiefergelenks der Fische und die Gehörknöchel der Säuger homolog sind. Es hat also während der Stammesgeschichte der Wirbeltiere ein Funktionswandel bestimmter Schädelknochen stattgefunden. Dieser Wandel ist ein Indiz für die Evolutionstheorie.

3. Zunächst spielt das Kriterium der Lagegleichheit eine Rolle. Das Kriterium der Verknüpfung durch Zwischenformen spielt insofern eine Rolle, als mit dem vorübergehend ausgebildeten primären Kiefergelenk des Säugerembryos eine Zwischenform vorliegt, zumal ein kleines Knorpelstück dieses Gelenks später zum Amboß wird.

Arbeitsblatt 5: Regressionsreihe

1. Die Reihenfolge lautet: Königskerze, Leinkraut, Gnadenkraut und Ehrenpreis.

2. Die Blüten lassen sich in eine Reihe stellen, in der die Anzahl der Staubblätter zunehmend reduziert ist. Die Königskerze hat fünf Staubblätter, das Leinkraut hat nur noch vier, eines ist reduziert. Beim Gnadenkraut sind es nur noch zwei fruchtbare Staubblätter, zwei sind steril, und eines ist reduziert. Beim Ehrenpreis schließlich sind zwei fruchtbare Staubblätter vorhanden, drei sind reduziert. Reihen aus Vertretern einer Pflanzengruppe mit unterschiedlich weit fortgeschrittenen Rückbildungen werden als Regressionsreihen bezeichnet.

3. Die Aussage ist falsch. Die Vertreter solcher Reihen haben gemeinsame Vorfahren. Die Regressionsreihe darf nicht dahingehend mißverstanden werden, daß ihre Vertreter einer aus dem anderen hervorgegangen sind.

4. Über Homologie wird mit Hilfe bestimmter Kriterien befunden. Das Kriterium der Kontinuität besagt, unähnliche Organe oder auch Organsysteme sind dann homolog, wenn sie durch Zwischenformen verbunden sind. Im vorliegenden Beispiel gibt es zwischen der Königskerze mit fünf Staubblättern und dem Ehrenpreis mit nur zwei Staubblättern sogar verschiedene Zwischenglieder.

5. Die beiden unfruchtbaren Staubblätter des Gnadenkrauts gehen auf den gleichen Grundbauplan zurück wie die entsprechenden fruchtbaren Staubblätter des Leinkrautes und der Schwarzen Königskerze. Die Staubblätter sind alle homolog.
Wir finden in dieser Regressionsreihe Blüten mit stark reduzierten Staubblättern, die im Lauf ihrer Evolution ihre Funktion verloren haben und unfruchtbar geworden sind. Es sind rudimentäre Organe.

Arbeitsblatt 6: Progressionsreihen

1. Die Kreislauf-Schemata der Vertreter der Wirbeltiere zeigen: Im einfachen geschlossenen Blutkreislauf der Fische wird der Kreislauf durch ein Herz mit einer Vorkammer und einer Herzkammer angetrieben. Das Blut fließt vom Herzen in die Kiemen, von dort durch den Körper zum Herzen zurück. Das Fischherz führt nur venöses Blut. Bei den Kriechtieren besteht das Herz aus zwei vollständig getrennten Vorkammern. Die Herzkammern sind dagegen noch nicht vollständig getrennt. In ihnen mischt sich

also sauerstoffreiches Blut aus der Lunge mit sauerstoffarmem aus dem Körper. Es gibt einen Lungenkreislauf und einen Körperkreislauf. Der Blutkreislauf der Kriechtiere als wechselwarmer Landtiere ist schon leistungsfähiger als der der Fische.
Bei den gleichwarmen Vögeln und Säugern sind Vorkammern und Herzkammern und damit auch Lungen- und Körperkreislauf vollständig getrennt. Damit werden die Organe nur mit sauerstoffreichem Blut versorgt. Vögel und Säugetiere haben die leistungsfähigsten Kreislaufsysteme.

2. Die Blutkreisläufe von Fisch, Kriechtier, Vogel und Säuger lassen sich in dieser Reihenfolge zu einer Progressionsreihe ordnen. In dieser Reihe nimmt die Differenzierung der Herzen bis zur vollständigen Trennung von Vorkammern und Kammern, und damit von Lungen- und Körperkreislauf, bei Vögeln und Säugern zu.

3. In der Progressionsreihe werden Organe bzw. Organsysteme verglichen und vom Einfachen zum Komplizierten geordnet.

4. Bei den abgebildeten Lungen nimmt die innere Oberfläche durch Einstülpung, Röhren- und Bläschenbildung von den Molchen bis zu den Säugern und Vögeln fortschreitend zu. Zwischen der einfachen sackförmigen Lunge der Molche und den aus vielen Lungenbläschen aufgebauten Lungen der Säuger gibt es Zwischenformen. Die verschiedenen Lungen sind untereinander, aber auch mit der Fischblase homolog, stammesgeschichtlich sind sie aus Teilen des Vorderdarms entstanden.

Arbeitsblatt 7: Vergleich von Linsenaugen

1. Die Abbildung zeigt: Bei den Tintenfischen führt eine Einstülpung des Ektoderms zu einem Becher, der sich schließlich an der Einstülpungsstelle zur Augenblase schließt. Bei den Wirbeltieren ist die Entstehung des Augenbechers gänzlich anders. Er bildet sich nämlich durch eine Ausstülpung des Zwischenhirns.

2. Die Iris oder Regenbogenhaut, die die Pupille begrenzt, ist bei den Tintenfischen eine Epidermisfalte, bei den Wirbeltieren ist sie der vordere Rand des Augenbechers. Die Hornhaut ist bei den Tintenfischen wiederum eine Hautfalte, die über der Irisfalte liegt und durchsichtig ist. Bei den Wirbeltieren ist es eine durchsichtige Stelle der Haut. Die Netzhaut ist bei den Tintenfischen ein einfaches Sinnesepithel. Seine reizaufnehmenden Fortsätze in der Augenblase sind zum Licht hin gerichtet. Bei den Wirbeltieren ist die Netzhaut mehrschichtig. Die Sehzellen sind vom Lichteinfall weggerichtet.

3. Die beiden Linsenaugen sind analoge Organe, also nicht homolog. Beide haben im Laufe der Evolution in Anpassung an die gleiche Funktion ähnliche Form und Gestalt entwickelt. Es liegt eine konvergente Entwicklung vor.

Arbeitsblatt 8: Embryonalentwicklung und Herkunft von Bartenwalen

1. HAECKELs biogenetische Grundregel besagt, daß die Keimesentwicklung eine verkürzte und schnelle Wiederholung der Stammesentwicklung ist. Bezogen auf die Wale bedeutet das, die in der Embryonalentwicklung auftretenden Extremitätenknospen der Hintergliedmaßen sind ein Hinweis auf vierfüßige Ahnen der Wale. Entsprechend läßt das embryonale Haarkleid auf behaarte Vorfahren der Wale schließen.

2. Die stark vereinfachte Formulierung der biogenetischen Grundregel wurde schon durch HAECKEL selbst eingeschränkt. Man muß wissen, daß die Keimesentwicklung nicht einfach die Stammesentwicklung wiederholt. Nicht ursprüngliche Organe, also im Fall der Wale nicht die Hintergliedmaßen werden wiederholt, sondern lediglich deren Anlagen treten in der Keimesentwicklung wieder auf.

3. Organe, die im Laufe der Evolution ihre Aufgabe verloren haben, sind häufig reduziert und werden als Rudimente bezeichnet. Dabei können durchaus Teilfunktionen wie im Fall der Beckenrudimente der Wale bestehen bleiben. Die Beckenreste der Bartenwale sind als Rudimente anzusprechen.

4. Aus den gegebenen Informationen kann man für die Evolution der Wale folgern: Diese Wassersäuger müssen Landsäuger als Vorfahren gehabt haben. Sie sind also, wenn man auf die Entwicklung im größeren Umfang zurückblickt, ins Wasser zurückgekehrt, aus dem die Vorfahren der Landsäuger ja stammten. Dabei hat die Evolution dazu geführt, daß die Schwanzflosse zum Fortbewegungsorgan wurde, die Hintergliedmaßen dagegen zu Rudimenten zurückgebildet wurden. Das Haarkleid, der Wärmeschutz der Landvorfahren, ist beim Wal durch eine dicke Speckschicht ersetzt. Auch die Zähne wurden vollständig zurückgebildet. Die embryonalen Zahnkeime der Bartenwale sind ebenfalls Hinweis auf ihre Vorfahren.

Arbeitsblatt 9: Epochen der Erdgeschichte und Lebensformen

Die Zuordnung der Texte zu den Epochen: Quartär Ⓒ, Tertiär Ⓗ, Kreide Ⓕ, Jura Ⓐ, Trias Ⓖ, Perm Ⓙ, Karbon Ⓔ, Devon Ⓚ, Silur Ⓑ, Ordovicium Ⓜ, Kambrium Ⓓ, Praekambrium Ⓛ.

Arbeitsblatt 10: Rekonstruktion des Archaeopteryx

1. A zeigt die Fundplatte mit dem versteinerten Skelett des Archaeopteryx. B Eine Rekonstruktion des Skeletts, auch wenn sie nur zeichnerisch erfolgt, muß berücksichtigen, ob alle Teile vorhanden sind. Welche Knochen fehlen? (Vergleich mit schon vorliegenden Funden.) Die einzelnen Elemente müssen in die richtige Lage gebracht werden. Fehlendes wird mehr oder weniger spekulativ ergänzt. C Die Rekonstruktion ist fortgesetzt worden. Ein gedachter möglicher Körperumriß ist hinzugekommen. Entsprechend den auf der Fundplatte angeordneten Federn ist eine Teilbefiederung zeichnerisch angedeutet.

Mit D und E wird der vollständige Urvogel, dessen jeweiliger Körperbau zu einem großen Teil auf Annahmen beruht, in seiner Lebensweise gezeigt. Während die Abbildung D von einem flugfähigen Tier ausgeht, das auf einem Baum landet, geht E eher von der Annahme aus, daß die Vordergliedmaßen kaum zum Fliegen, sondern eher zum Beutefang benutzt wurden.

2. Der Archaeopteryx zeigt Vogelmerkmale und Reptilienmerkmale. Tiere, die Merkmale von zwei Tiergruppen aufweisen, werden als Brückentiere bezeichnet, weil sie zeigen, daß eine Tiergruppe aus einer anderen Tiergruppe hervorgegangen ist.

Arbeitsblatt 11: Funktionswechsel beim Verhalten

1. Der Haushahn scharrt bei der Balz auf dem Boden, tritt dann zurück und pickt unter Locken den Boden. Das tut er auch dann, wenn kein Futter vorhanden ist. Die Henne läuft herbei und sucht nach Futter. Beim Jagdfasan ist dieses Futterlocken ähnlich und noch wenig ritualisiert. Beim Glanzfasan ist die Ritualisierung dagegen ausgeprägt. Er scharrt nicht, pickt aber kräftig und verneigt sich mit gefächertem Schwanz in Richtung Henne. Läuft sie herbei, verharrt er in hockender Stellung, spreizt Schwingen und Schwanzfedern und bewegt den Schwanz vor und zurück. Der Pfaufasan verbeugt sich und zeigt sein Schwanzgefieder. Der Pfau spreizt nur noch sein Schwanzgefieder.

2. Es hat ein Funktionswechsel im Verhalten der Fasanenvögel im Laufe der Evolution stattgefunden. Ihre Balzbewegungen sind durchweg auf das Futterlocken zurückzuführen.

3. Diese den Tieren angeborenen Verhaltensweisen stellen sich als homolog heraus, was, wie die Homologie im anatomisch-morphologischen Bereich, auf gemeinsame Vorfahren schließen läßt.

4. Prinzipiell sind bestimmte Verhaltensweisen ebenso konstante, kennzeichnende Merkmale von Arten, Gattungen oder größeren systematischen Einheiten wie körperliche Merkmale. Hier wie da kann man homologisieren. Da es auch beim Verhalten Konvergenzen gibt, und Homologie und Analogie hier oft schwer zu unterscheiden sind, sollte eine Verhaltensweise nie isoliert betrachtet werden, sondern in Beziehung zum Gesamtverhalten der untersuchten Tierart gesehen werden.

Arbeitsblatt 12: Darwinfinken

1. Aus einer Ursprungsform sind 14 verschiedene Arten mit sehr unterschiedlichem Habitus entstanden. Die Schnäbel zeigen, daß die Tiere auf unterschiedliche Nahrung spezialisiert sind, vom Körner- bis zum Insektenfresser. Die unterschiedlichen Schnabelformen innerhalb der Gruppen der Insektenfresser oder Körner-/Pflanzenfresser zeigen eine Spezialisierung auf bestimmte Nahrung auch innerhalb dieser Gruppen.

2. Körnerfressende Bodenfinken wanderten vom südamerikanischen Festland auf die Galapagos-Inseln ein. Auf den Inseln gab es keine Konkurrenten. Aus den Einwanderern entwickelten sich viele verschiedene Finkenarten. Sie spezialisierten sich unter dem Druck gegenseitiger Konkurrenz auf bestimmte Nahrungsquellen. Sie besetzten unterschiedliche ökologische Nischen.
Auf dem südamerikanischen Festland waren die ökologischen Nischen im Gegensatz zu den Galapagos-Inseln schon besetzt, so daß eine ähnliche Entwicklung der Bodenfinken dort nicht stattfinden konnte.

Arbeitsblatt 13: Vergleich von Cytochromstrukturen

Vorbemerkung: Die Aufgabenstellung läßt die Auswahl der zu vergleichenden Arten offen, sie werden vor dem Kopieren der Arbeitsblätter bei a, b und c eingesetzt. Aus der Kombination von 23 Elementen in Dreiergruppen ohne Wiederholung ergibt sich, daß das Arbeitsblatt für 1771 unterschiedliche Aufgaben zu verwenden ist.

1. Die folgende Tabelle enthält die Aminosäure-Unterschiede für alle im Arbeitsblatt aufgeführten Artenkombinationen, so daß die Lösungen für die jeweils gewählte Aufgabe abgelesen werden können.

	Br	Bä	He	En	Bo	Kü	Ko	Ab	Ba	Bu	Se	So	We	Gi	Gk	Gw	Ka	Hu	Sc	Es	Pf	Rh	Me
Br	0	42	43	58	56	54	53	55	55	57	55	55	56	59	50	48	48	48	48	48	48	51	52
Bä	42	0	28	55	53	51	50	49	50	49	51	50	49	53	47	47	47	47	47	47	48	47	48
He	43	28	0	57	53	52	51	51	52	56	53	53	52	59	52	52	52	51	52	52	53	53	54
En	58	55	57	0	28	28	26	27	27	23	26	26	26	23	52	51	51	52	53	53	54	52	52
Bo	56	53	53	28	0	6	6	10	8	16	8	13	18	24	51	50	50	50	51	51	52	50	51
Kü	54	51	52	28	6	0	3	8	8	17	6	14	15	23	48	48	48	47	48	48	49	46	47
Ko	53	50	51	26	6	3	0	9	7	15	8	14	12	21	49	47	47	47	48	48	49	47	48
Ab	55	49	51	27	10	8	9	0	3	14	7	12	17	22	48	47	47	46	47	48	49	46	47
Ba	55	50	52	27	8	8	7	3	0	14	7	12	15	22	50	48	48	48	49	50	51	48	49
Bu	57	49	56	23	16	17	15	14	14	0	14	16	17	18	46	44	43	44	45	46	47	44	45
Se	55	51	53	26	8	6	8	7	7	14	0	12	17	23	45	45	45	44	45	46	47	43	44
So	55	50	53	26	13	14	14	12	12	16	12	0	16	25	47	46	46	46	47	47	48	45	46
We	56	49	52	26	18	15	12	17	15	17	17	16	0	19	49	47	47	47	48	48	49	47	48
Gi	59	53	59	23	24	23	21	22	22	18	23	25	19	0	50	48	48	48	49	50	51	49	50
Gk	50	47	52	52	51	48	49	48	50	46	45	47	49	50	0	5	5	6	5	7	6	10	10
Gw	48	47	52	51	50	48	47	47	48	44	45	46	47	48	5	0	2	3	2	4	5	11	12
Ka	48	47	52	51	50	48	47	47	48	43	45	46	47	48	5	2	0	5	4	5	6	10	11
Hu	48	47	51	51	50	47	47	46	48	44	44	46	47	48	6	3	5	0	3	5	6	12	13
Sc	48	47	52	52	51	48	48	47	49	45	45	47	48	49	5	2	4	3	0	2	3	11	12
Es	48	47	52	53	51	48	48	48	50	46	46	47	48	50	7	4	5	5	2	0	1	12	13
Pf	48	48	53	54	52	49	49	49	51	47	47	48	49	51	6	5	6	6	3	1	0	13	14
Rh	51	47	53	52	50	46	47	46	48	44	43	45	47	49	10	11	10	12	11	12	13	0	3
Me	52	48	54	52	51	47	48	47	49	45	44	46	48	50	10	12	11	13	12	13	14	3	0

BEDEUTUNG DER ABKÜRZUNGEN:
Br: Brotschimmel, Bä: Bäckerhefe, He: Hefe, En: Enteromorpha, Bo: Bohne, Kü: Kürbis, Ko: Kohl, Ab: Abutilon, Ba: Baumwolle, Bu: Buchweizen, Se: Sesam, So: Sonnenblume, We: Weizen, Gi: Ginkgo, Gk: Großes Känguruh, Gw: Grauwal, Ka: Kaninchen, Hu: Hund, Sc: Schwein, Es: Esel, Pf: Pferd, Rh: Rhesusaffe, Me: Mensch

2. Berechnung des Stammbaums:
Die Berechnung des Cytochrom-c-Stammbaums soll an Hand eines Beispiels gezeigt werden: Die Analyse der Aminosäuren der Cytochrome der Lebewesen X,Y und Z hat folgende Anzahlen unterschiedlicher Aminosäuren ergeben:

$$\overleftrightarrow{\qquad\qquad 28 \qquad\qquad}$$
$$X \xleftrightarrow{\;24\;} Y \xleftrightarrow{\;32\;} Z$$

Das bedeutet, zwischen X und Y bestehen 24 Unterschiede, zwischen Y und Z 32 und zwischen X und Z 28. Wir nehmen an, daß sich die drei Lebewesen an einem gemeinsamen Verzweigungspunkt V in der Stammesgeschichte trennten:

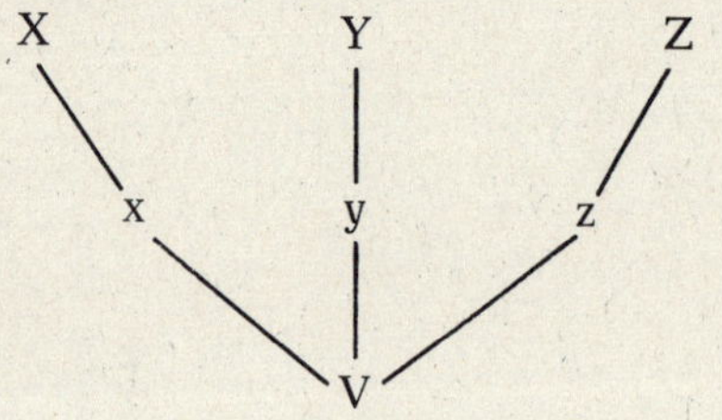

Die Zahlen x, y und z stehen für die Anzahl der Mutationen, die auf dem Entwicklungsweg auftraten. Zwischen V und X also z.B. x Mutationen. Der Aminosäure-Unterschied XY ergibt sich daher aus der Summe x + y. Entsprechend gilt:

1. $XY = x + y$
2. $XZ = x + z$
3. $YZ = y + z$

Diese Gleichungen lassen sich folgendermaßen lösen:

4. aus 1.: $x = XY - y$
5. aus 2.: $x = XZ - z$
6. gleichgesetzt: $XY - y = XZ - z$
7. aus 3.: $y = YZ - z$
8. y ersetzt: $XY - (YZ - z) = XZ - z$
9. $XY - YZ + z = XZ - z$
10. nach z auflösen: $2z = XZ - XY + YZ$
11. $z = \dfrac{XZ - XY + YZ}{2}$
12. z berechnen: $z = \dfrac{28 - 24 + 32}{2}$
13. $z = 18$

Auf dem Wege von V nach Z sind also 18 wirkungslose Mutationen am Cytochrom-c aufgetreten.

Die Berechnung von y und x folgt aus 7 und 4:

14. $y = 32 - 18$
15. $y = 14$
16. $x = 24 - 14$
17. $x = 10$

Ergebnis: $x = 10$; $y = 14$; $z = 18$

Der vorläufige Stammbaum sieht daher so aus:

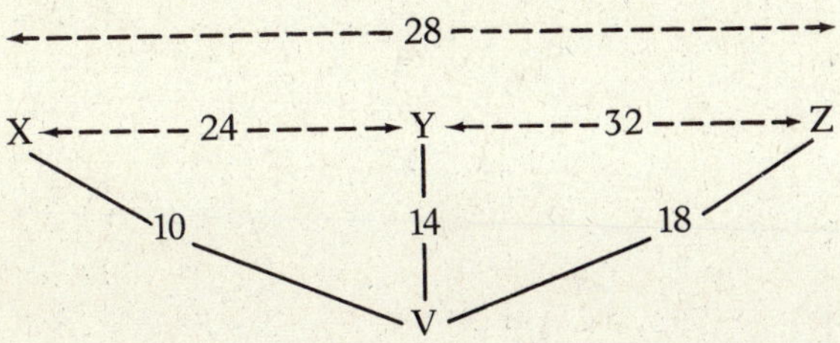

Der verwandtschaftliche Abstand zwischen X und Y ist aber kleiner als der zwischen Y und Z, da hier weniger Unterschiede auftreten. Es ist also wahrscheinlich, daß X und Y sich später getrennt haben. Man muß also einen zweiten Verzweigungspunkt V2 annehmen, so daß sich folgender Stammbaum ergibt:

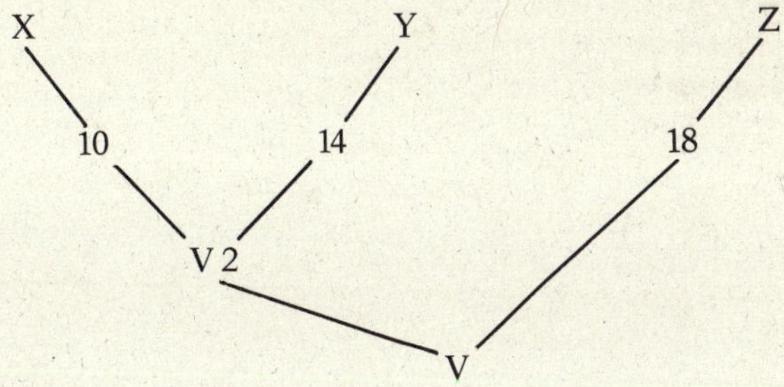

Diese Berechnungen müssen jedoch nicht jedesmal neu durchgeführt werden. Wenn ein PC zur Verfügung steht, können die Berechnungen mit fogendem BASIC-Programm schnell durchgeführt werden:

```
10  PRINT „BERECHNUNG VON STAMMBÄUMEN AUF DER BASIS VON AMINOSÄURE-
          SEQUENZUNTERSCHIEDEN"
20  PRINT „                              AMISTA "
30  PRINT
40  INPUT „NUMMER?“,Nr
41  PRINT „NUMMER “;Nr
50  INPUT „WIEVIELE UNTERSCHIEDE ZWISCHEN X UND Z?“,Xz
60  PRINT „ZWISCHEN X UND Z BESTEHEN „;Xz;“ UNTERSCHIEDE"
70  INPUT „WIEVIELE UNTERSCHIEDE ZWISCHEN X UND Y?“, Xy
80  PRINT „ZWISCHEN X UND Y BESTEHEN „;Xy;“ UNTERSCHIEDE"
90  INPUT „WIEVIELE UNTERSCHIEDE ZWISCHEN Y UND Z?“, Yz
100 PRINT „ZWISCHEN Y UND Z BESTEHEN „;Yz;“ UNTERSCHIEDE"
110 Z=(Xz–Xy+Yz)/2
120 Y=Yz–Z
130 X=Xy–Y
140 PRINT
150 IF (Z>X) AND (Z>Y) THEN 190
160 IF (Y>X) AND (Y>Z) THEN 250
170 IF (X>Z) AND (X>Y) THEN 310
190 PRINT "←——————————————";Xz;"——————————————→"
200 PRINT "X ←——————";Xy;"——————→Y←——————";Yz;"——————→ Z"
210 PRINT " |                  |                   |"
220 PRINT X;"                ";Y;"                ";Z
230 PRINT " |                  |                   |"
240 GOTO 360
250 PRINT "←——————————————";Xy;"——————————————→"
260 PRINT "X ←——————";Xz;"——————→Z←——————";Yz;"——————→ Y"
270 PRINT " |                  |                   |"
280 PRINT X;"                ";Z;"                ";Y
290 PRINT " |                  |                   |"
300 GOTO 360
310 PRINT "←——————————————";Xy;"——————————————→"
320 PRINT "Y ←——————";Yz;"——————→Z←——————";Xz;"——————→ X"
330 PRINT " |                  |                   |"
340 PRINT Y;"                ";Z;"                ";X
350 PRINT " |                  |                   |"
360 PRINT "----------------- V2 -----------------      |
370 PRINT "          |                                 |"
380 PRINT "          ------------------------------ V1 ----------------------------"
381 PRINT
382 PRINT
383 GOTO 40
390 END
```

Das Programm erstellt automatisch den Stammbaum, der die Lösung von Aufgabe 2 bildet.

Arbeitsblatt 14: DNA- und Aminosäuresequenzen der NAD-Dehydrogenase (Ausschnitt)

Vorbemerkung: In Aufgabe 3 muß vor dem Kopieren bei a, b und c jeweils der Name einer der aufgeführten Gattungen eingetragen werden. So ergeben sich für das Arbeitsblatt mehrere mögliche Aufgabenstellungen.

1. und **2.**:

1	ATA	UAU	Tyr	ATA	UAU	Tyr	ATA	UAU	Tyr	ACA	UGU	Cys	ATA	UAU	Tyr
2	ACC	UGG	Trp	ACC	UGG	Trp	ACT	UGA	Stp	GCC	CGG	Arg	GCA	CGU	Arg
3	ATG	UAC	Tyr	ATG	UAC	Tyr	ATG	UAC	Tyr	ATG	UAC	Tyr	ATG	UAC	Tyr
4	CAC	GUG	Val	TAT	AUA	Ile	TAC	AUG	Met	TTT	AAA	Lys	TAC	AUG	Met
5	ACT	UGA	Stp	ACT	UGA	Stp	GCT	CGA	Arg	ACC	UGG	Trp	ACC	UGG	Trp
6	ACT	UGA	Stp	ACC	UGG	Trp	ACC	UGG	Trp	ACC	UGG	Trp	ACC	UGG	Trp
7	ATA	UAU	Tyr	ATA	UAU	Tyr	ATA	UAU	Tyr	ATA	UAU	Tyr	ATA	UAU	Tyr
8	ACC	UGG	Trp	ACC	UGG	Trp	ACC	UGG	Trp	ACT	UGU	Stp	GCC	CGG	Arg
9	ACC	UGG	Trp	ACC	UGG	Trp	ACC	UGG	Trp	GCC	CGG	Arg	ATT	UAA	Stp
10	CTA	GAU	Asp	TTA	AAU	Asn	TTA	AAU	Asn	CTC	GAG	Glu	CTA	GAU	Asp
11	ACC	UGG	Trp	ACC	UGG	Trp	GCC	CGG	Arg	ACC	UGG	Trp	ACG	UGC	Cys
12	CTG	GAC	Asp	CTA	GAU	Asp	CTA	GAU	Asp	TTA	AAU	Asn	CTA	GAU	Asp
13	ACT	UGA	Stp	ACT	UGA	Stp	ACT	UGA	Stp	ACT	UGA	Stp	ACC	UGG	Trp
14	TCC	AGG	Arg	CCC	GGG	Gly	TCC	AGG	Arg	TCC	AGG	Arg	TCC	AGG	Arg
15	CTA	GAU	Asp	TTA	AAU	Asn	TTA	AAU	Asn	CTA	GAU	Asp	CTA	GAU	Asp
16	ATT	UAA	Stp	ATT	UAA	Stp	ATT	UAA	Stp	ATT	UAA	Stp	ATT	UAA	Stp
17	CCC	GGG	Gly	CTC	GAG	Glu	CCC	GGG	Gly	CCC	GGG	Gly	CCC	GGG	Gly
18	CCC	GGG	Gly	CCC	GGG	Gly	CCT	GGA	Gly	CCC	GGG	Gly	CCC	GGG	Gly
19	ATC	UAG	Stp	ATC	UAG	Stp	ATC	UAG	Stp	ATT	UAA	Stp	ATT	UAA	Stp
20	CTT	GAA	Glu	CTC	GAG	Glu	CTT	GAA	Glu	ACC	UGG	Trp	ACA	UGU	Cys
21	ACC	UGG	Trp	ACC	UGG	Trp	ACC	UGG	Trp	GCT	CGA	Arg	GCC	CGG	Arg
22	ACC	UGG	Trp	ACC	UGG	Trp	ACC	UGG	Trp	ACC	UGG	Trp	ACC	UGG	Trp
23	CTC	GAG	Glu	CTC	GAG	Glu	TTC	AAG	Lys	CTC	GAG	Glu	CTT	GAA	Glu
24	GTT	CAA	Gin	ATT	UAA	Stp	ATC	UAG	Stp	ATT	UAA	Stp	ATT	UAA	Stp
25	AAC	UUG	Leu	AAC	UUG	Leu	AAT	UUA	Leu	AAC	UUG	Leu	AAC	UUG	Leu
26	CCT	GGA	Gly	CCT	GGA	Gly	CCT	GGA	Gly	CCC	GGG	Gly	CCC	GGG	Gly
27	AAC	UUG	Leu	AAC	UUG	Leu	AAC	UUG	Leu	AAC	UUG	Leu	AAT	UUA	Leu
28	AAA	UUU	Phe	AAA	UUU	Phe	AAA	UUU	Phe	AAA	UUU	Phe	AAA	UUU	Phe
29	AAA	UUU	Phe	AAA	UUU	Phe	AAA	UUU	Phe	AAA	UUU	Phe	AAG	UUC	Phe
30	AAC	UUG	Leu	AAC	UUG	Leu	AGC	UCG	Ser	AAC	UUG	Leu	AAC	UUG	Leu
31	TCA	AGU	Ser	TCA	AGU	Ser	TCA	AGU	Ser	CCA	GGU	Gly	TTA	AAU	Asn
32	TAC	AUG	Met	TAT	AUA	Ile	TAC	AUG	Met	TAC	AUG	Met	TAC	AUG	Met
33	CCC	GGG	Gly	CCC	GGG	Gly	CCC	GGG	Gly	CCC	GGG	Gly	CCG	GGC	Gly
34	CAT	GUA	Val	CAT	GUA	Val	CAT	GUA	Val	CAC	GUG	Val	CAC	GUG	Val
35	TAT	AUA	Ile	TAT	AUA	Ile	TAC	AUG	Met	TAT	AUA	Ile	TAC	AUG	Met
36	GTA	CAU	His	GTG	CAC	His	GTA	CAU	His	GTA	CAU	His	GTA	CAU	His
37	AAA	UUU	Phe	AAA	UUU	Phe	AAA	UUU	Phe	AAA	UUU	Phe	AAA	UUU	Phe
38	TCC	AGG	Arg	TCC	AGG	Arg	TCT	AGA	Arg	ACG	UGC	Cys	ATG	UAC	Tyr
39	ATT	UAA	Stp	ATT	UAA	Stp	ATC	UAG	Stp	GCC	CGG	Arg	ACC	UGG	Trp
40	GTC	CAG	Gln	ATC	UAG	Stp	GTC	CAG	Gln	ATC	UAG	Stp	ATT	UAA	Stp
41	GCA	CGU	Arg	GCG	CGC	Arg	GCA	CGU	Arg	GCA	CGU	Arg	GCC	CGG	Arg
42	TCC	AGG	Arg	TCC	AGG	Arg	TCC	AGG	Arg	TCC	AGG	Arg	TCT	AGA	Arg
43	ACC	UGG	Trp	ACC	UGG	Trp	ACC	UGG	Trp	GCC	CGG	Arg	ACC	UGG	Trp
44	TTT	AAA	Lys	TTT	AAA	Lys	TTT	AAA	Lys	TTT	AAA	Lys	TTT	AAA	Lys
45	ATT	UAA	Stp	ATC	UAG	Stp	ATC	UAG	Stp	ACT	UGA	Stp	ATA	UAU	Tyr
46	ATC	UAG	Stp	ATT	UAA	Stp	ATC	UAG	Stp	ATC	UAG	Stp	ATC	UAG	Stp
47	AGT	UCA	Ser	AGC	UCG	Ser	AGC	UCG	Ser	AGC	UCG	Ser	AGC	UCG	Ser
48	CTC	GAG	Glu	CTT	GAA	Glu	CTC	GAG	Glu	CTT	GAA	Glu	CTA	GAU	Asp
49	TTC	AAG	Lys	TTC	AAG	Lys	TTC	AAG	Lys	ATC	UAG	Stp	TTT	AAA	Lys
50	CCC	GGG	Gly	CCC	GGG	Gly	CCC	GGG	Gly	CCA	GGU	Gly	CCC	GGG	Gly
51	ACA	UGU	Cys	ACA	UGU	Cys	ACA	UGU	Cys	ACA	UGA	Cys	ACA	UGU	Cys
52	ACA	UGU	Cys	ACA	UGU	Cys	ACA	UGU	Cys	ACA	UGU	Cys	ATA	UAU	Tyr
53	ATA	UAU	Tyr	ATA	UAU	Tyr	ATA	UAU	Tyr	ATA	UAU	Tyr	ATA	UAU	Tyr
54	TTC	AAG	Lys	TTC	AAG	Lys	TTT	AAA	Lys	TTT	AAA	Lys	TTC	AAG	Lys
55	ATG	UAC	Tyr	ATA	UAU	Tyr	CTA	GAU	Asp	ATC	UAG	Stp	ATG	UAC	Tyr
56	TGC	ACG	Thr	TGC	ACG	Thr	TGC	ACG	Thr	TGC	ACG	Thr	TGC	ACG	Thr
57	CTA	GAU	Asp	CTA	GAU	Asp	CTA	GAU	Asp	CTA	GAU	Asp	ACA	UGU	Cys
58	GAC	CUG	Leu	GAC	CUG	Leu	GAC	CUG	Leu	GGA	CCU	Pro	GAC	CUG	Leu
59	CAA	GUU	Val	CAA	GUU	Val	CAA	GUU	Val	CAA	GUU	Val	CAA	GUU	Val

60	GAA	CUU	Leu	GAA	CUU	Leu	GAA	CUU	Leu	GAA	CUU	Leu	GAA	CUU	Leu
61	GTT	CAA	Gln	GCT	CGA	Arg	GCT	CGA	Arg	ACC	UGG	Trp	ACC	UGG	Trp
62	ATT	UAA	Stp	ATT	UAA	Stp	ATT	UAA	Stp	ATC	UAG	Stp	ATT	UAA	Stp
63	ATC	UAG	Stp	ATC	UAG	Stp	ATC	UAG	Stp	GTC	CAG	Gln	ATT	UAA	Stp
64	TCG	AGC	Ser	TCA	AGU	Ser	TCA	AGU	Ser	ACA	UGU	Cys	TCA	AGU	Ser
65	AAC	UUG	Leu	AAC	UUG	Leu	AGC	UCG	Ser	AAC	UUG	Leu	AAC	UUG	Leu
66	TGA	ACU	Thr	TGG	ACC	Thr	TGA	ACU	Thr	TGA	ACU	Thr	TGA	ACU	Thr
67	CAC	GUG	Val	CAC	GUG	Val	CAC	GUG	Val	TGC	ACG	Thr	CAC	GUG	Val
68	TGA	ACU	Thr	TGA	ACU	Thr	TGA	ACU	Thr	TGA	ACU	Thr	TGA	ACU	Thr
69	GCC	CGG	Arg	GCA	CGU	Arg	GCA	CGU	Arg	ACA	UGU	Cys	ACT	UGA	Stp
70	ACA	UGU	Cys	ACA	UGU	Cys	ACA	UGU	Cys	ACC	UGG	Trp	GCA	CGU	Arg
71	ACC	UGG	Trp	ACC	UGG	Trp	ACC	UGG	Trp	ACC	UGG	Trp	ACC	UGG	Trp
72	CAA	GUU	Val	CAA	GUU	Val	CAA	GUU	Val	CAG	GUC	Val	CAA	GUU	Val
73	ACA	UGU	Cys	ACA	UGU	Cys	ACA	UGU	Cys	ACA	UGU	Cys	ACG	UGC	Cys
74	ACC	UGG	Trp	ACC	UGG	Trp	ATT	UAA	Stp	CTA	GAU	Asp	CTA	GAU	Asp
75	CAG	GUC	Val	CAG	GUC	Val	CAA	GUU	Val	CAA	GUU	Val	CAA	GUU	Val
76	CTC	GAG	Glu	CTC	GAG	Glu	CTC	GAG	Glu	CTC	GAG	Glu	CTC	GAG	Glu
77	TCC	AGG	Arg	TCC	AGG	Arg	TCC	AGG	Arg	TCA	AGU	Ser	TCC	AGG	Arg
78	CTA	GAU	Asp	CTA	GAU	Asp	CTA	GAU	Asp	CTA	GAU	Asp	CTA	GAU	Asp
79	AGC	UCG	Ser	AGC	UCG	Ser	AGC	UCG	Ser	AGC	UCG	Ser	AGC	UCG	Ser

3. und **4.**: Für die Basen-Unterschiede ergeben sich folgende Kombinationen:

	Me	Sc	Go	Or	Gi
Me	0	23	29	56	54
Sc	23	0	28	54	56
Go	29	28	0	58	56
Or	56	54	58	0	53
Gi	54	56	56	53	0

5.: Siehe Lösungshinweis zu Arbeitsblatt 13: Vergleich von Cytochromstrukturen, Aufgabe 2

Für die Aminosäure-Unterschiede gelten folgende Kombinationen:

	Me	Sc	Go	Or	Gi
Me	0	10	15	28	24
Sc	10	0	14	29	26
Go	15	14	0	32	26
Or	28	29	32	0	27
Gi	24	26	26	27	0

Arbeitsblatt 1: Homologie und Analogie bei Pflanzen

Name:	Klasse / Kurs:	Datum:

① Die Wurzelstöcke des Maiglöckchens sind mit schuppenförmigen Blättchen besetzt. Das zeigt, daß sie unterirdische Sprosse, also Erdsprosse, sind.

② Die Küchen- und die Tulpenzwiebel sind verkürzte Sprosse mit verdickten, fleischigen Schuppenblättern, die der Speicherung von Nährstoffen dienen.

③ Bei der Erbse sind die endständigen Fiederblättchen zu Ranken umgewandelt.

④ Der in nährstoffarmen Hochmooren lebende Sonnentau hat Fangeinrichtungen für Insekten. Es sind mit Tentakeln besetzte tierfangende Blätter. Die Tentakel tragen Drüsenköpfchen, die ein klebriges Sekret absondern.

⑤ Der an Fassaden kletternde Wilde Wein hat Ranken mit Haftscheiben. Die Ranken sind umgebildete Sprosse.

⑥ Die Dornen der Schlehe stehen in den Achseln von Blättern. Dies und die reduzierten Blättchen am Dorn zeigen, daß es sich dabei um Sproßdornen handelt.

⑦ Die ohrförmigen Teile eines Feigenkaktus sind Flachsprosse. Funktion: Assimilation und Wasserspeicher.

⑧ Bei der Möhre ist die Hauptwurzel zu einem verdickten Speicherorgan umgewandelt.

⑨ Kartoffelknollen sind unterirdische, verdickte Sproßteile, also Sproßknollen. Sie sind Speicherorgane und dienen zugleich der Vermehrung.

⑩ Einige Palmen haben Wurzeldornen.

⑪ Blumenkronenblätter, Staub- und Fruchtblätter unserer Blütenpflanzen sind aus Laubblättern entstanden.

⑫ Die Vanille klettert mit Wurzelranken.

⑬ Die Fraßfeinde abwehrenden Dornen der Berberitze sind aus Blättern entstanden, sie sind also Blattdornen.

⑭ Beim Radieschen ist ein Teil des Sprosses zum Speicherorgan verdickt.

⑮ Die Dornen des Feigenkaktus sind umgewandelte Blätter.

⑯ Die Dahlie überwintert mit verdickten Speicherwurzeln. Sie hat Wurzelknollen.

⑰ Die Nadeln der Kiefer sind Blätter.

⑱ Bei der Platterbse ist die gesamte Blattspreite zur Ranke geworden.

⑲ Die dickfleischigen Blätter von Dickblattgewächsen dienen als Wasserspeicher.

⑳ Die kannenartigen Blätter der Kannenpflanze dienen dem Insektenfang.

Unter ① bis ⑳ sind Herkunft und Funktion verschiedener Pflanzenorgane beschrieben.

A. Erklären Sie den Begriff homologe Organe, und stellen Sie aus den Beispielen Gruppen homologer Organe zusammen; benutzen Sie dabei die Zahlen ①–⑳! Bilden Sie aus den Gruppen jeweils Untergruppen, in denen Organe mit gleicher Funktion zusammengefaßt sind!

B. Erklären Sie den Begriff analoge Organe, und stellen Sie anschließend aus den Beispielen Gruppen analoger Organe zusammen; benutzen Sie dabei die Zahlen ①–⑳! Geben Sie für jedes Organ an, woraus es entstanden ist!

Arbeitsblatt 2: Homologie und Analogie bei Tieren

Name:	Klasse / Kurs:	Datum:

① Die Netzhaut ist der den Lichtreiz aufnehmende Teil des Wirbeltierauges. Die Netzhaut ist bei den Wirbeltieren mehrschichtig. Entwicklungsgeschichtlich ist sie Teil einer becherförmigen Vorstülpung des Zwischenhirns.

② Die Hautschuppen (Placoidschuppen) der Haie bestehen aus Knochensubstanz, dem Zahnbein. Sie haben Schutzfunktion.

③ Der Saugrüssel der Schmetterlinge hat sich in der Stammesgeschichte dieser Tiere aus den 1. Maxillen gebildet.

④ Das Flügelskelett eines Vogels läßt Oberarmknochen, Elle, Speiche und Knochenelemente dreier Finger erkennen.

⑤ Die Gehörknöchelchen der Säugetiere, Amboß, Hammer und Steigbügel, entsprechen Knochenelementen des Körperbaus der Fische.

⑥ Auch bei den Tintenfischen ist die Netzhaut der den Lichtreiz aufnehmende Teil des Auges. Die Netzhaut ist hier einschichtig. Sie ist Teil einer von der Epidermis abgeschnürten Blase.

⑦ Die Stechborsten der Stechmücke entsprechen den Mandibeln und 1. Maxillen der Küchenschabe.

⑧ Das Pferd läuft auf den Mittelfingern bzw. Mittelzehen. Die Zahl der Handwurzelknochen ist reduziert. Von den Mittelhandknochen ist nur der dritte kräftig ausgebildet. Mittelhandknochen 2 und 4 existieren stark reduziert als sogenannte Griffelbeine.

⑨ Die Linse des Wirbeltierauges ist ein Gebilde aus Zellen, die sich aus der Epidermis als Bläschen abschnüren.

⑩ Der Aufbau eines Schneidezahns eines Säugers entspricht dem der Placoidschuppe des Haies. Stammesgeschichtlich sind die Säugerzähne, die der Zerkleinerung der Nahrung dienen, von den Placoidschuppen der Haie abzuleiten.

⑪ Das Bein eines Laufkäfers zeigt folgende Elemente: Hüftglied, Schenkelring, Schenkel, Schiene und den aus mehreren Gliedern bestehenden Fuß.

⑫ Die Linse des Tintenfischauges ist eine cuticulare Ausscheidung von Augenblase und Epidermis.

⑬ Die Mandibeln der Schabe sind in der Insektenevolution aus Gliedmaßen dieser Tiergruppe entstanden, weshalb man bei Mandibeln und Maxillen auch von Mundgliedmaßen spricht.

⑭ Fische haben unter den Kiemendeckeln ihre roten Kiemenblätter, mit denen sie den Sauerstoff aus dem Wasser aufnehmen. Fischkiemen sind entodermaler Herkunft.

⑮ Die Schuppen der Kriechtiere sind Hornschuppen, die von der Epidermis gebildet werden.

⑯ In der Stammesgeschichte der Fische hat sich die Schwimmblase der Fische aus Teilen des Vorderdarms gebildet.

⑰ Die Lungen der Vögel, Säuger und der Amphibien sind stammesgeschichtlich aus Teilen des Vorderdarms entstanden. Die Lunge der Molche ist noch sackförmig wie die Schwimmblase der Fische.

⑱ Die Karpfenlaus ist ein parasitischer Krebs, der bei seinen Wirten, Fischen, Blut saugt. Er hält sich mit Saugnäpfen an der Haut des Wirts fest. Der Saugnapf entsteht während der Ontogenese aus der 1. Maxille.

⑲ Bei den Vögeln und Säugern besteht die Hautbedeckung aus Federn bzw. aus Haaren. Beide Gebilde sind Epidermisgebilde. Sie haben Schutzfunktion und dienen der Aufrechterhaltung der Körpertemperatur der Gleichwarmen.

⑳ Die Vorderbeine der Maulwurfsgrille sind gegenüber den beiden anderen Beinpaaren stark verbreitert und verkürzt. Sie stellen kurze Hebel dar und dienen als Grabbeine.

㉑ Die Flügel der Insekten sind doppelwandige Hautausstülpungen.

㉒ Bei den Lungenschnecken ist in Anpassung an das Luftleben die Mantelhöhle zur Lungenhöhle umgestaltet. Deren Wand trägt Leisten mit Blutgefäßen, die der Respiration dienen.

㉓ Der Wal hat keine Hinterextremitäten. Im Körper des Tiers finden sich aber noch Knochenreste von Oberschenkelknochen, Sitzbein und Schambein.

㉔ Krebse haben an ihren Extremitäten dünnhäutige Anhänge, die Kiemen, mit denen sie atmen.

㉕ Beim Maulwurf sind die Vordergliedmaßen stark verkürzt und kompakt. Sie verraten durch ihre Form die Funktion als Grabschaufeln.

㉖ Das primäre Kiefergelenk der Knochenfische besteht aus drei Knochen.

Unter ① bis ㉖ sind die Herkunft und die Funktion verschiedener Organe von Tieren beschrieben.

A. Erklären Sie den Begriff homologe Organe, und stellen Sie anschließend aus den Beispielen Gruppen homologer Organe zusammen! Benutzen Sie dabei die Zahlen ① bis ㉖ jeweils stellvertretend für die Beispiele! Geben Sie für jedes Organ die jeweilige Funktion an!

B. Erklären Sie den Begriff analoge Organe, und stellen Sie anschließend aus den Beispielen Gruppen analoger Organe zusammen! Benutzen Sie dabei die Zahlen ① bis ㉖ jeweils stellvertretend für die Beispiele! Geben Sie für jedes Organ an, woraus es entstanden ist!

Arbeitsblatt 3: Mundgliedmaßen von Insekten

Name:	Klasse / Kurs:	Datum:

Küchenschabe

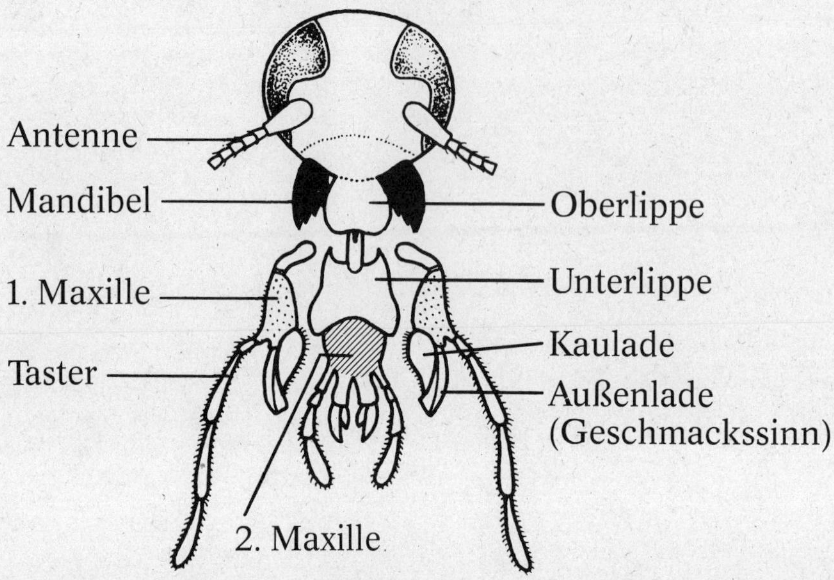

Wanze

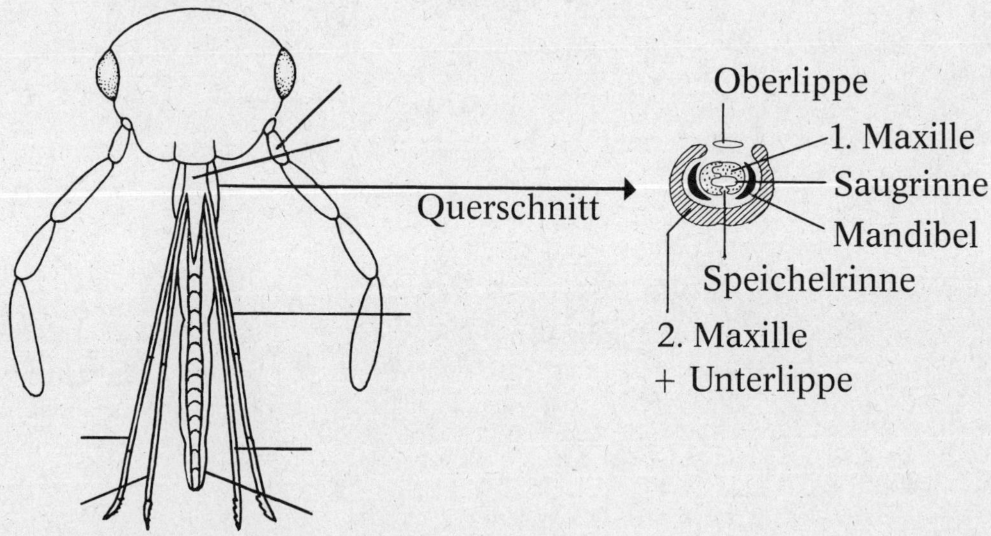

Die Mundwerkzeuge der Insekten können sehr unterschiedlich gestaltet sein, was die abgebildeten Mundteile von Küchenschabe und Wanze deutlich zeigen.

1. Markieren Sie die entsprechenden Teile der Mundwerkzeuge der Wanze entsprechend denen der Schabe (schwarz, schraffiert, gepunktet). Beschriften Sie die Mundteile der Wanze! Nehmen Sie dazu die Beschriftung der Mundgliedmaßen der Schabe zu Hilfe!

2. Beschreiben Sie Bau und Funktion der Mundwerkzeuge beider Tiere! Geben Sie an, um welchen Typ von Mundwerkzeugen es sich jeweils handelt!

3. Erklären Sie, inwiefern die verschiedenen Typen von Mundwerkzeugen Indizien für die Evolution darstellen!

Arbeitsblatt 4: Herkunft der Gehörknöchelchen

Name:	Klasse / Kurs:	Datum:

Fischschädel (schematisch)

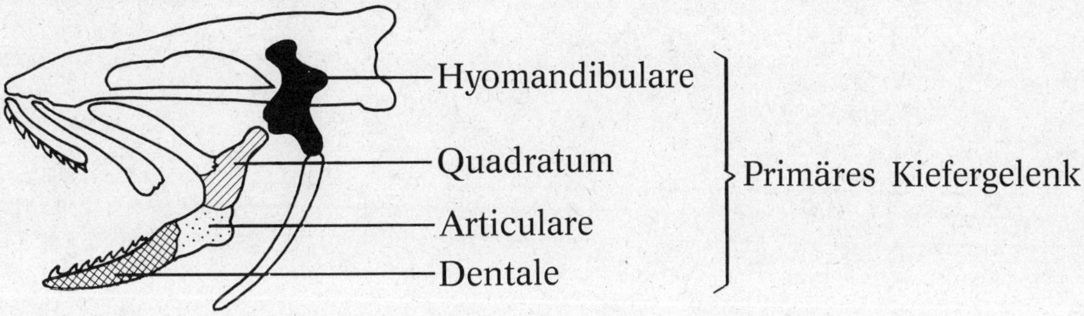

Reptilienschädel (schematisch)

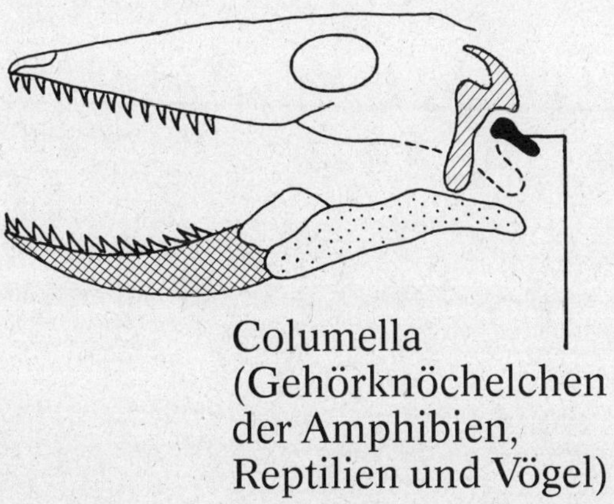

Säugerschädel (schematisch)

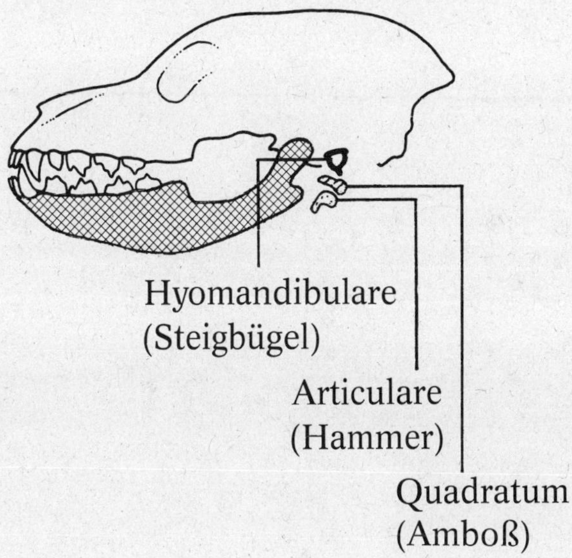

Neben dem Vergleich der drei Schädel gibt die Embryonalentwicklung der Säuger Hinweise auf die Herkunft der Gehörknöchelchen. Beim Säugerembryo wird nämlich ein primäres Kiefergelenk vorübergehend ausgebildet. Ein kleines Knorpelstück dieses Gelenks wird später zum Amboß.

1. Was zeigt der Vergleich der drei Wirbeltier-Kiefergelenke in bezug auf die Gehörknöchelchen des Säugers?

2. Erläutern Sie, welche Indizien der Vergleich für die Evolutionstheorie liefert!

3. Welche Homologiekriterien spielen beim dargestellten Beispiel eine Rolle?

Arbeitsblatt 5: Regressionsreihe

Name:	Klasse / Kurs:	Datum:

Leinkraut

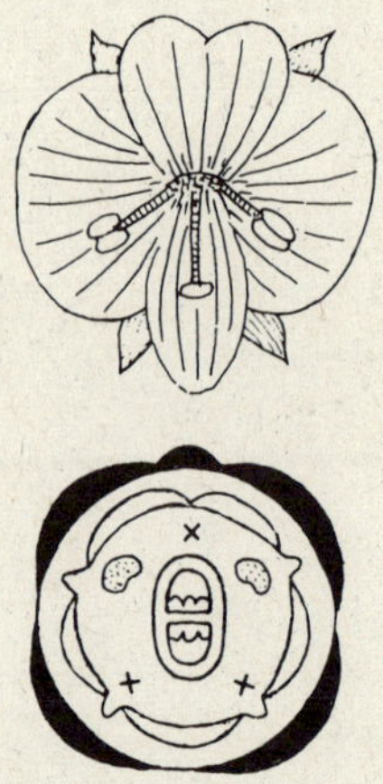

Ehrenpreis

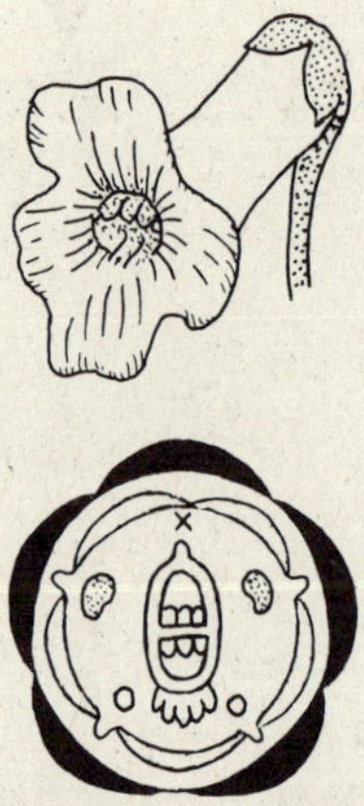

Gnadenkraut

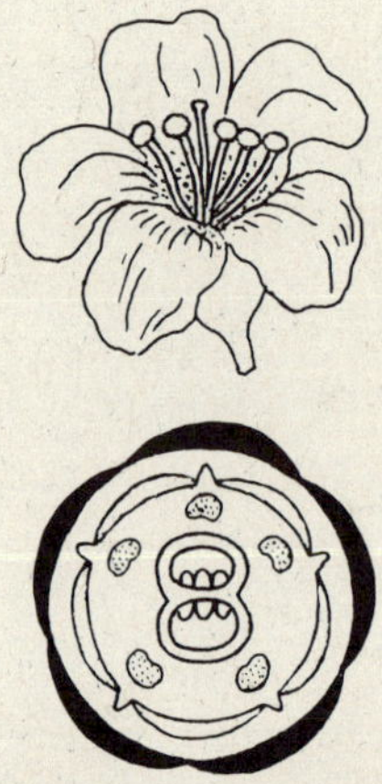

Schwarze Königskerze

Die Abbildung zeigt Blüten und Blütendiagramme von vier Vertretern der Rachenblütler in willkürlicher Reihenfolge. Fruchtbare Staubgefäße sind punktiert, unfruchtbare als kleine Kreise und völlig reduzierte durch ein Kreuz kenntlich gemacht. Die vier Blüten kann man in eine Regressionsreihe stellen.

1. Ordnen Sie die vier Abbildungen zu einer Regressionsreihe!

2. Erklären Sie den Begriff Regressionsreihe an Hand des oben dargestellten Beispiels!

3. Im Zusammenhang mit Regressionsreihen kann man manchmal hören, daß die Vertreter einer solchen Reihe einer aus dem anderen hervorgegangen sein sollen. Nehmen Sie zu dieser Aussage Stellung!

4. Erläutern Sie am gegebenen Beispiel das Homologiekriterium der Kontinuität!

5. Erklären Sie am gegebenen Beispiel, was homologe Organe und was rudimentäre Organe sind!

Arbeitsblatt 6: Progressionsreihen

Name:	Klasse / Kurs:	Datum:

1. Blutkreisläufe

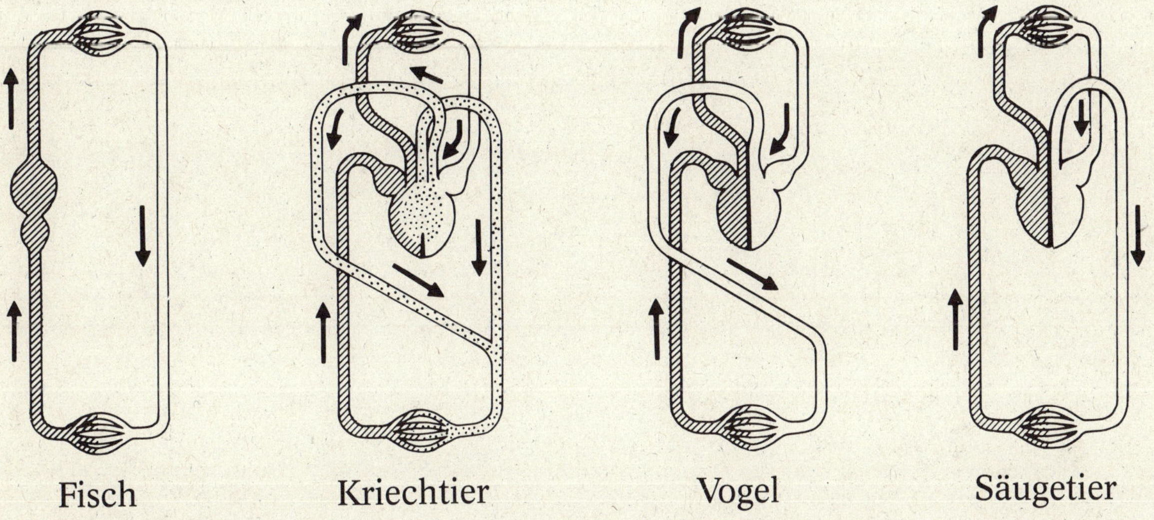

2. Schwimmblase/Lungen

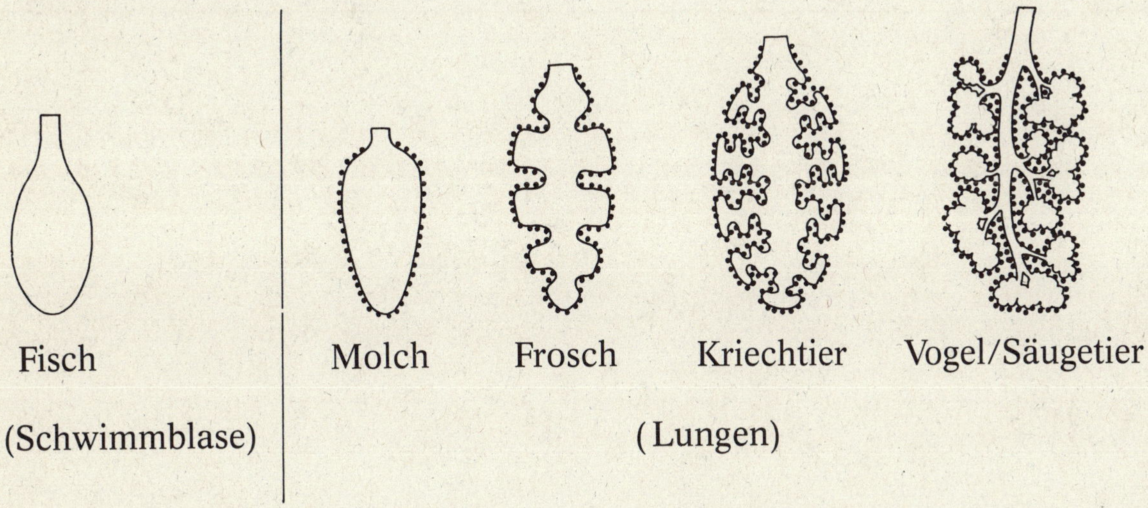

Die Abbildungen zeigen zwei Beispiele für Progressionsreihen.

1. Erläutern Sie die vier abgebildeten Blutkreisläufe unter Berücksichtigung von Bau und Funktion!

2. Erklären Sie dabei, inwiefern sie eine Progressionsreihe darstellen!

3. Erklären Sie den Begriff Progressionsreihe!

4. Erklären Sie das Lungenbeispiel unter Verwendung des Homologiekriteriums der Kontinuität!

Arbeitsblatt 7: Vergleich von Linsenaugen

Name:	Klasse / Kurs:	Datum:

Untersucht man die Linsenaugen von Tintenfischen und Wirbeltieren, so ist man geneigt, sie wegen ihrer Übereinstimmung im Bau für homolog zu halten. Beides sind hochentwickelte Lichtsinnesorgane, mit Augenlidern, Iris, Linse, Glaskörper und Netzhaut.
Vergleicht man ihre ontogenetische Entwicklung, kommt man zu folgendem Ergebnis:

A. Tintenfische

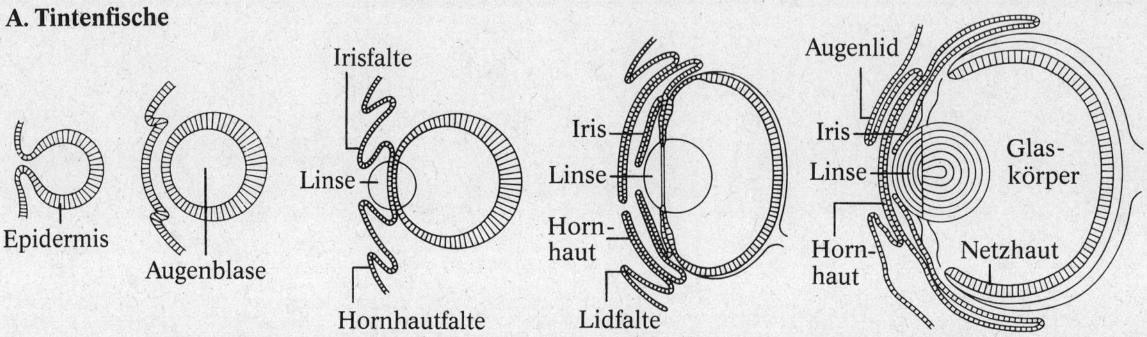

B. Wirbeltiere

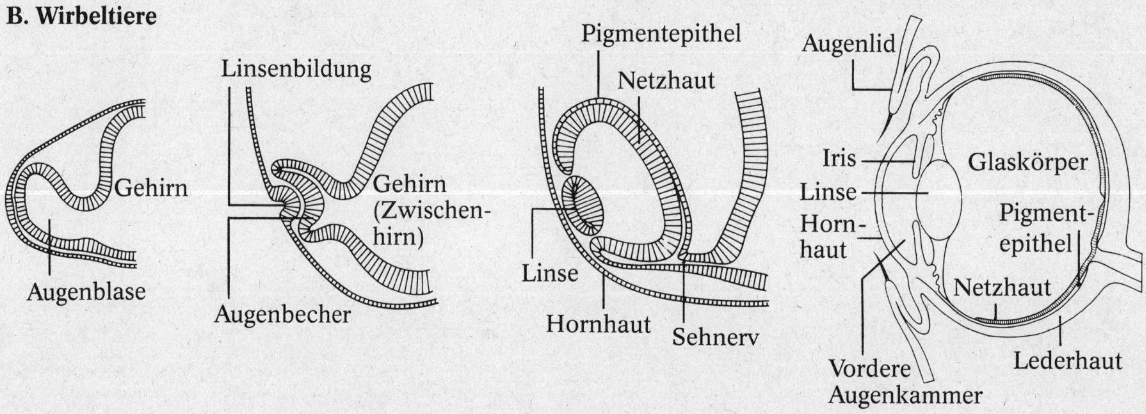

Ontogenese: **A.** des Tintenfischauges, **B.** des Wirbeltierauges

1. Erklären Sie anhand der obigen Abbildungen die grundlegenden Unterschiede der ontogenetischen Entwicklung beider Augentypen!

2. Vergleichen Sie jeweils bei beiden Augentypen Iris, Hornhaut und Netzhaut!

3. Sind die Linsenaugen von Tintenfischen und Wirbeltieren analoge oder homologe Organe? Was für eine Form der Entwicklung zeigt der Vergleich der Ontogenese von Tintenfischen und Wirbeltieren?

Arbeitsblatt 8: Embryonalentwicklung und Herkunft von Bartenwalen

Name:	Klasse / Kurs:	Datum:

Merkmale der erwachsenen Tiere:

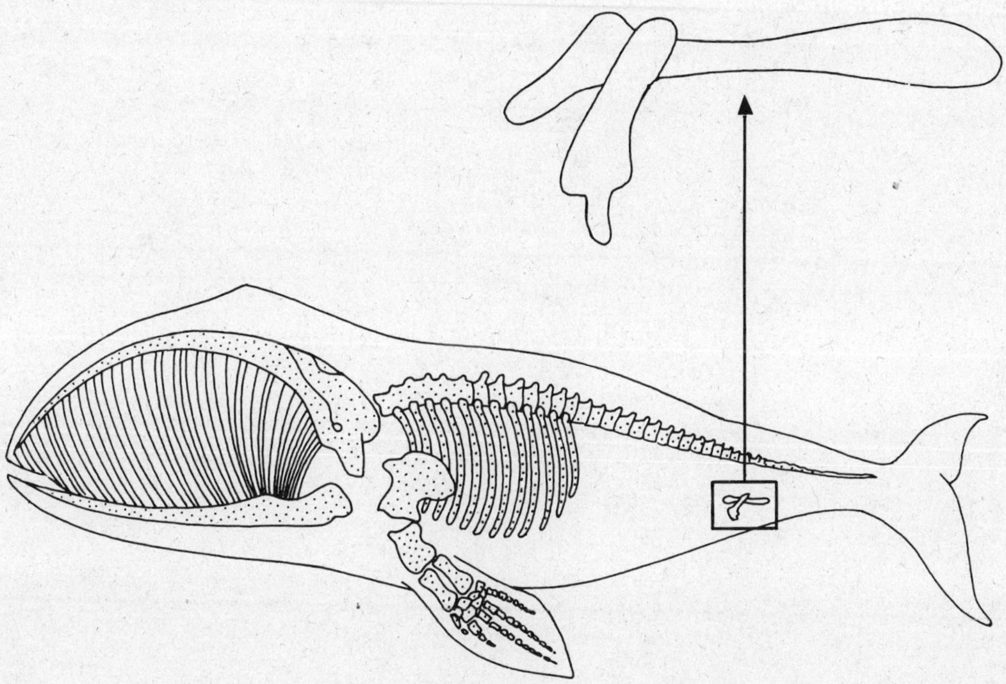

Die Abbildung zeigt, Bartenwale haben zwar keine Hintergliedmaßen, aber im Körperinneren liegen Reste des Beckengürtels und Beinknochen. Die Reste des Beckengürtels dienen dem erwachsenen männlichen Tier noch als Ansatzstelle für einen Muskel zur Penis-Erektion. Die Zähne fehlen. Die Nahrung wird mit den Barten herausgefiltert. Die Halswirbel sind sehr klein und verwachsen. Das Tier hat keinen Hals.

Merkmale der Embryonen:
Bei den Embryonen mancher Wale werden Extremitätenknospen der Hintergliedmaßen angelegt. Bartenwalembryonen zeigen ein Haarkleid, zahlreiche Zahnkeime im Unterkiefer und einen Hals mit sieben freien Halswirbeln.

1. Wenden Sie die „Biogenetische Grundregel" auf das gegebene Beispiel an!

2. Welche Einschränkungen der „Biogenetischen Grundregel" sind wichtig, um nicht zu falschen Folgerungen zu gelangen?

3. Sind die Reste des Beckengürtels ein Rudiment? Begründen Sie Ihre Antwort!

4. Welche Rückschlüsse kann man aus den oben gegebenen Informationen über die Evolution der Bartenwale ziehen?

Arbeitsblatt 9: Epochen der Erdgeschichte und Lebensformen

Name:	Klasse / Kurs:	Datum:

Beg. vor Mio. Jahren	Zeitalter	Epoche
ca. 2	Erdneuzeit	Quartär
70		Tertiär
135	Erdmittelalter	Kreide
190		Jura
220		Trias
280	Erdaltertum	Perm
380		Karbon
410		Devon
435		Silur
500		Ordovicium
600		Kambrium
5–6 Mrd.	Erdurzeit	Praekambrium

Ⓐ Hauptzeit der Saurier. Sie erobern alle Lebensräume. Flugsaurier, Ichtyosaurier, Landsaurier, Urvogel, verschiedene Gruppen der ersten Säugetiere, Nacktsamer/Nadelbäume.

Ⓑ Im Wasser: Kopffüßler und Panzerfische. Die ersten Landpflanzen treten auf, die Nacktfarne. Erste Landtiere, Tausendfüßler, Skorpione.

Ⓒ Riesenhirsch und Mammut. Auftreten des Menschen.

Ⓓ Noch ist das Leben auf das Meer beschränkt. Fast alle wirbellosen Stämme existieren bereits. Charakteristisch sind die Trilobiten. Grün- und Rotalgen.

Ⓔ Wir befinden uns in der Epoche der Steinkohlenwälder. Bärlappe (Siegel- und Schuppenbäume), Schachtelhalme. Amphibien und erste Reptilien treten auf. Die ersten Insekten, Riesenlibellen.

Ⓕ Große Saurier. Pflanzenfresser, aber auch Raubsaurier (Tyrannosaurus). Die Saurier sterben zum Ende der Epoche bis auf die heutigen Restgruppen der Reptilien aus.

Ⓖ Reptilien. Entwicklung stark fortgeschritten, Saurier entstanden, Reptilien, die auch schon Säugermerkmale zeigen. Nacktsamer vorherrschend.

Ⓗ Gewaltige Entwicklung der Säugetiere. Blütenpflanzen. Pflanzen und Tiere nähern sich den heutigen Formen.

Ⓙ Vorherrschend: Nacktsamer wie Gingko, aber auch erste Nadelhölzer. Entfaltung der Wirbeltiere.

Ⓚ Mannigfaltikeit der Fische. Knochenfische, auch Quastenflosser, als Ausgangsform der Landwirbeltiere.

Ⓛ In dieser Epoche entsteht das Leben. Erste Lebensformen, Bakterien, Algen.

Ⓜ Erste Fische, Rundmäuler, Algen, z. B. Braunalgen.

Ordnen Sie die Beschreibungen den entsprechenden Epochen der Erdgeschichte zu!

Arbeitsblatt 10: Rekonstruktion des Archaeopteryx

Name:	Klasse / Kurs:	Datum:

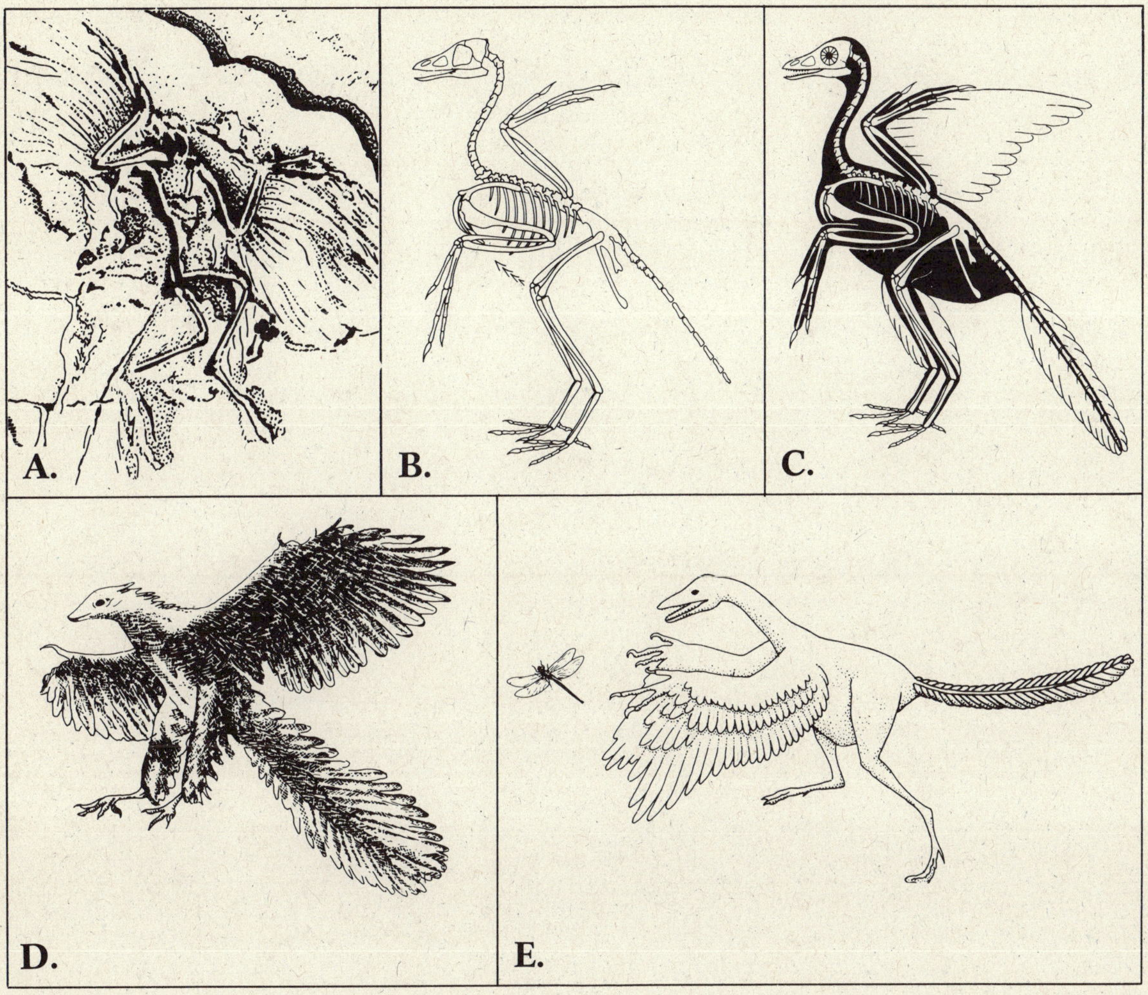

1. Erläutern Sie ausgehend von der Abbildung A die Schritte der Rekonstruktion des Archaeopteryx aus dem Fossilienfund! Gehen Sie dabei auf jedes Bild einzeln ein, und überlegen Sie, welche Schwierigkeiten auftreten können! Erläutern Sie die Abbildungen D und E im Vergleich!

2. Erklären Sie den Begriff Brückentier am Beispiel des Archaeopteryx!

Arbeitsblatt 11: Funktionswechsel beim Verhalten

Name:	Klasse / Kurs:	Datum:

Haushahn

Jagdfasan

Glanzfasan

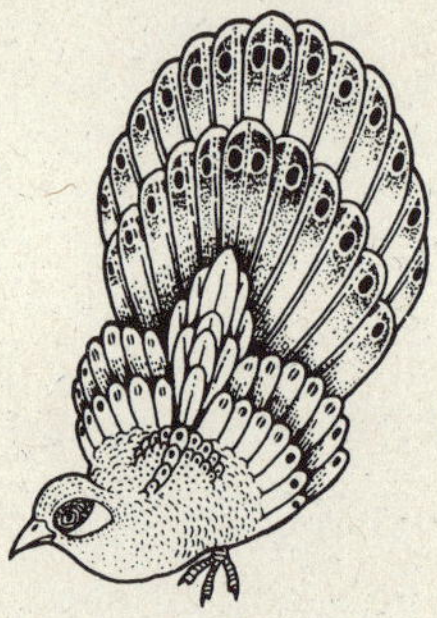

Pfaufasan

Pfau

1. Beschreiben Sie das Verhalten der abgebildeten Fasanenartigen!

2. Erklären Sie, inwiefern die Abbildungen einen Funktionswechsel des Verhaltens darstellen!

3. Begründen Sie, weshalb ein solcher Funktionswechsel ein Indiz für stammesgeschichtliche Zusammenhänge ist!

4. Geben Sie Hinweise zum Homologisieren von Verhaltensweisen! Was sollte in diesem Zusammenhang beachtet werden, um nicht zu Fehlurteilen zu gelangen?

Arbeitsblatt 12: Darwinfinken

Name:	Klasse / Kurs:	Datum:

Von Südamerika aus gelangten körnerfressende Bodenfinken auf die Galapagos-Inseln. Aus ihnen entstanden die in der Abbildung dargestellten Darwinfinken.

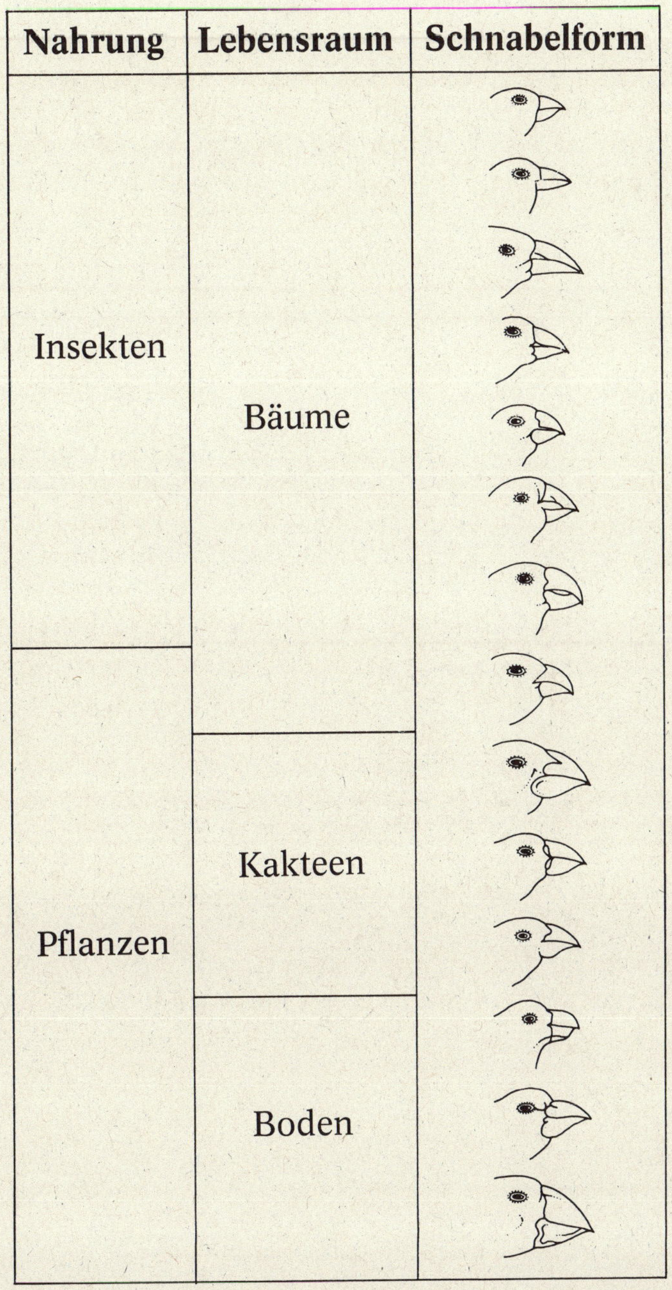

1. Beschreiben Sie mit Hilfe der Abbildung, welche Unterschiede die Schnäbel der Darwinfinken aufweisen und ziehen Sie daraus Folgerungen für die unterschiedlichen Lebensweisen der Vögel!

2. Erklären Sie, wie die hohe Anzahl von Finkenarten aus einer Ursprungsform auf den Galapagos-Inseln entstehen konnte! Weshalb hat eine ähnliche Entwicklung der Finken nicht auf dem südamerikanischen Festland stattgefunden?

Arbeitsblatt 13 (Teil 1): Vergleich von Cytochromstrukturen

Name:	Klasse / Kurs:	Datum:

	Br	Bä	He	En	Bo	Kü	Ko	Ab	Ba	Bu	Se	So	We	Gi	GK	Gw	Ka	Hu	Sc	Es	Pf	Rh	Me
1	.	.	.	a	a	a	a	a	a	a	a	a	a	a	.	.	.	.	.	.	.	.	.
2	.	.	.	S	A	A	A	A	A	A	A	A	A	A	.	.	.	.	.	.	.	.	.
3	.	.	h	T	S	S	S	S	S	T	S	S	S	T	.	.	.	.	.	.	.	.	.
4	.	h	P	F	F	F	F	F	F	F	F	F	F	F	.	.	.	.	.	.	.	.	.
5	h	T	A	A	B	B	B	Z	Z	S	B	A	S	S	.	.	.	.	.	.	.	.	.
6	G	E	P	B	E	E	E	E	E	E	E	E	E	E	.	.	.	.	.	.	.	.	.
7	F	F	F	A	A	A	A	A	A	A	A	A	A	A	.	.	.	.	.	.	.	.	.
8	S	K	E	P	P	P	P	P	P	P	P	P	P	P	.	.	.	.	.	.	.	.	.
9	A	A	Q	P	P	P	P	P	P	P	P	A	P	P	a	a	a	a	a	a	a	a	a
10	G	G	G	G	G	G	G	G	G	G	G	G	G	G	G	G	G	G	G	G	G	G	G
11	D	S	S	B	B	B	B	B	B	N	B	D	N	D	D	D	D	D	D	D	D	D	D
12	S	A	A	P	S	S	S	A	A	I	V	P	P	P	V	V	V	V	V	V	V	V	V
13	K	K	K	A	K	K	K	K	K	K	K	T	D	K	E	E	E	E	E	E	E	E	E
14	K	K	K	K	S	A	A	A	A	S	S	T	A	A	K	K	K	K	K	K	K	K	K
15	G	G	G	G	G	G	G	G	G	G	G	G	G	G	G	G	G	G	G	G	G	G	G
16	A	A	A	A	E	E	E	E	E	E	E	A	A	E	K	K	K	K	K	K	K	K	K
17	N	T	T	K	K	K	K	K	K	K	K	K	K	K	K	K	K	K	K	K	K	K	K
18	L	L	L	I	I	I	I	I	I	I	I	I	I	I	I	I	I	I	I	I	I	I	I
19	F	F	F	F	F	F	F	F	F	F	F	F	F	F	F	F	F	F	F	F	F	F	F
20	K	K	K	K	K	K	K	K	K	K	K	K	K	K	V	V	V	V	V	V	V	I	I
21	T	T	T	A	T	T	T	T	T	T	T	T	T	T	Q	Q	Q	Q	Q	Q	Q	M	M
22	R	R	R	G	K	K	K	K	K	K	K	K	K	K	K	K	K	K	K	K	K	K	K
23	C	C	C	C	C	C	C	C	C	C	C	C	C	C	C	C	C	C	C	C	C	C	C
24	A	E	A	A	A	A	A	A	A	A	A	A	A	A	A	A	A	A	A	A	A	S	S
25	E	L	E	Z	Q	Q	Q	Q	Q	Q	Q	Q	Q	Q	Q	Q	Q	Q	Q	Q	Q	Q	Q
26	C	C	C	C	C	C	C	C	C	C	C	C	C	C	C	C	C	C	C	C	C	C	C
27	H	H	H	H	H	H	H	H	H	H	H	H	H	H	H	H	H	H	H	H	H	H	H
28	G	T	T	T	T	T	T	T	T	T	T	T	T	T	T	T	T	T	T	T	T	T	T
29	E	V	I	V	V	V	V	V	V	V	V	V	V	V	V	V	V	V	V	V	V	V	V
30	G	E	E	B	D	D	D	E	D	E	D	E	D	Z	E	E	E	E	E	E	E	E	E
31	G	K	A	A	K	K	K	K	K	K	K	K	A	K	K	K	K	K	K	K	K	K	K
32	N	G	G	G	G	G	G	G	G	G	G	G	G	G	G	G	G	G	G	G	G	G	G
33	L	G	G	A	A	A	A	A	A	A	A	A	A	A	G	G	G	G	G	G	G	G	G
34	T	P	P	G	G	G	G	G	G	G	G	G	G	G	K	K	K	K	K	K	K	K	K
35	Q	H	H	H	H	H	H	H	H	H	H	H	H	H	H	H	H	H	H	H	H	H	H
36	K	K	K	K	K	K	K	K	K	K	K	K	K	K	K	K	K	K	K	K	K	K	K
37	I	V	V	Q	Q	Q	Q	Q	Q	Q	Q	Q	Q	Q	T	T	T	T	T	T	T	T	T
38	G	G	G	G	G	G	G	G	G	G	G	G	G	G	G	G	G	G	G	G	G	G	G
39	P	P	P	P	P	P	P	P	P	P	P	P	P	P	P	P	P	P	P	P	P	P	P
40	A	N	N	N	N	N	N	N	N	N	N	N	N	N	N	N	N	N	N	N	N	N	N
41	L	L	L	L	L	L	L	L	L	L	L	L	L	L	L	L	L	L	L	L	L	L	L
42	H	H	H	N	N	N	N	N	N	N	N	N	H	H	H	H	H	H	H	H	H	H	H
43	G	G	G	G	G	G	G	G	G	G	G	G	G	G	G	G	G	G	G	G	G	G	G
44	L	I	I	A	L	L	L	L	L	L	L	L	L	L	I	L	L	L	L	L	L	L	F
45	F	F	F	F	F	F	F	F	F	F	F	F	F	F	F	F	F	F	F	F	F	F	G
46	G	G	S	G	C	G	G	G	G	G	G	G	G	G	G	G	G	G	G	G	G	G	G
47	R	R	R	R	R	R	R	R	R	R	R	R	R	R	R	R	R	R	R	R	R	R	R
48	K	H	H	T	Q	Q	Q	Q	Q	Q	Q	Q	Q	Q	K	K	K	K	K	K	K	K	K
49	T	S	S	S	S	S	S	S	S	S	S	S	S	S	T	T	T	T	T	T	T	T	T
50	G	G	G	G	G	G	G	G	G	G	G	G	G	G	G	G	G	G	G	G	G	G	G
51	S	Q	Q	T	T	T	T	T	T	T	T	T	T	T	Q	Q	Q	Q	Q	Q	Q	Q	Q
52	V	A	A	T	T	T	T	T	T	T	T	T	T	T	A	A	A	A	A	A	A	A	A
53	D	Q	Q	A	A	P	A	P	A	A	P	A	A	A	P	V	V	P	P	P	P	P	P
54	G	G	G	G	G	G	G	G	G	G	G	G	G	G	G	G	G	G	G	G	G	G	G
55	Y	Y	Y	Y	Y	Y	Y	Y	Y	Y	Y	Y	Y	Y	F	F	F	F	F	F	F	Y	Y
56	A	S	S	S	S	S	S	S	S	S	S	S	S	S	T	S	S	S	S	S	T	S	S
57	Y	Y	Y	Y	Y	Y	Y	Y	Y	Y	Y	Y	Y	Y	Y	Y	Y	Y	Y	Y	Y	Y	Y
58	T	T	T	S	S	S	S	S	S	S	S	S	S	S	T	T	T	T	T	T	T	T	T
59	D	D	D	T	T	A	A	A	A	A	A	A	A	T	D	D	D	D	D	D	D	A	A
60	A	A	A	G	A	A	A	A	A	A	A	A	A	G	A	A	A	A	A	A	A	A	A
61	N	N	N	N	N	N	N	N	N	N	N	N	N	N	N	N	N	N	N	N	N	N	N
62	K	I	K	K	K	K	K	K	K	K	K	K	K	K	K	K	K	K	K	K	K	K	K
63	Q	K	R	N	N	N	N	N	N	N	N	N	N	N	N	N	N	N	N	N	N	N	N
64	K	K	A	K	M	R	K	M	M	K	M	M	K	K	K	K	K	K	K	K	K	K	K
65	G	N	G	A	A	A	A	A	A	A	A	A	A	A	G	G	G	G	G	G	G	G	G
66	I	V	V	V	V	V	V	V	V	V	V	V	V	V	I	I	I	I	I	I	I	I	I
67	T	L	E	N	I	I	E	N	Q	T	I	I	E	N	I	T	T	T	T	T	T	I	I

BEDEUTUNG DER ABKÜRZUNGEN:
Br: Brotschimmel, Bä: Bäckerhefe, He: Hefe, En: Enteromorpha (Grünalge), Bo: Bohne, Kü: Kürbis, Ko: Kohl, Ab: Abutilon (Schönmalve), Ba: Baumwolle, Bu: Buchweizen, Se: Sesam, So: Sonnenblume, We: Weizen, Gi: Ginkgo, GK: Großes Känguruh, Gw: Grauwal, Ka: Kaninchen, Hu: Hund, Sc: Schwein, Es: Esel, Pf: Pferd, Rh: Rhesus-Affe, Me: Mensch

A: Alanin, B: Asparagin oder Asparaginsäure, C: Cystein, D: Asparaginsäure, E: Glutaminsäure, F: Phenylalanin, G: Glycin, H: Histidin, I: Isoleucin, K: Lysin, L: Leucin, M: Methionin, N: Asparagin, P: Prolin, Q: Glutamin, R: Arginin, S: Serin, T: Threonin, V: Valin, W: Tryptophan, x: methyliertes Lysin, Z: Glutamin oder Glutaminsäure, a: Acetylrest, h: Wasserstoff.

Arbeitsblatt 13 (Teil 2): Vergleich von Cytochromstrukturen

Name:	Klasse / Kurs:	Datum:

	Br	Bä	He	En	Bo	Kü	Ko	Ab	Ba	Bu	Se	So	We	Gi	Gk	Gw	Ka	Hu	Sc	Es	Pf	Rh	Me
68	W	W	W	W	W	W	W	W	W	W	W	W	W	W	W	W	W	W	W	W	W	W	W
69	D	D	A	G	E	E	E	G	G	G	G	E	E	G	G	G	G	G	G	K	K	G	G
70	E	E	E	Z	E	E	E	E	E	E	E	E	E	Z	E	E	E	E	E	E	E	E	E
71	N	N	P	Z	K	K	K	N	N	D	N	N	N	Z	D	E	D	E	E	E	E	D	D
72	T	N	T	T	T	T	T	T	T	T	T	T	T	T	T	T	T	T	T	T	T	T	T
73	L	M	M	L	L	L	L	L	L	L	L	L	L	L	L	L	L	L	L	L	L	L	L
74	F	S	S	Y	Y	Y	Y	Y	Y	Y	Y	Y	Y	Y	M	M	M	M	M	M	M	M	M
75	E	E	D	E	D	D	D	D	D	E	D	D	D	E	E	E	E	E	E	E	E	E	E
76	Y	Y	Y	Y	Y	Y	Y	Y	Y	Y	Y	Y	Y	Y	Y	Y	Y	Y	Y	Y	Y	Y	Y
77	L	L	L	L	L	L	L	L	L	L	L	L	L	L	L	L	L	L	L	L	L	L	L
78	E	T	E	L	E	E	E	E	E	L	E	E	L	L	E	E	E	E	E	E	E	E	E
79	N	N	N	N	N	N	N	N	N	N	N	N	N	N	N	N	N	N	N	N	N	N	N
80	P	P	P	P	P	P	P	P	P	P	P	P	P	P	P	P	P	P	P	P	P	P	P
81	X	X	X	X	X	X	X	X	X	X	X	X	X	X	K	K	K	K	K	K	K	K	K
82	K	K	K	K	K	K	K	K	K	K	K	K	K	K	K	K	K	K	K	K	K	K	K
83	Y	Y	Y	Y	Y	Y	Y	Y	Y	Y	Y	Y	Y	Y	Y	Y	Y	Y	Y	Y	Y	Y	Y
84	I	I	I	I	I	I	I	I	I	I	I	I	I	I	I	I	I	I	I	I	I	I	I
85	P	P	P	P	P	P	P	P	P	P	P	P	P	P	P	P	P	P	P	P	P	P	P
86	G	G	G	G	G	G	G	G	G	G	G	G	G	G	G	G	G	G	G	G	G	G	G
87	T	T	T	T	T	T	T	T	T	T	T	T	T	T	T	T	T	T	T	T	T	T	T
88	K	K	K	K	K	K	K	K	K	K	K	K	K	K	K	K	K	K	K	K	K	K	K
89	M	M	M	M	M	M	M	M	M	M	M	M	M	M	M	M	M	M	M	M	M	M	M
90	A	A	A	V	V	V	V	V	V	V	V	V	V	V	I	I	I	I	I	I	I	I	I
91	F	F	F	F	F	F	F	F	F	F	F	F	F	F	F	F	F	F	F	F	F	F	F
92	G	G	G	P	P	P	P	P	P	P	P	P	P	P	A	A	A	A	A	A	A	V	V
93	G	G	G	G	G	G	G	G	G	G	G	G	G	G	G	G	G	G	G	G	G	G	G
94	L	L	L	L	L	L	L	L	L	L	L	L	L	L	I	I	I	I	I	I	I	I	I
95	K	K	K	X	X	X	X	X	X	X	X	X	X	X	K	K	K	K	K	K	K	K	K
96	K	K	K	K	K	K	K	K	K	K	K	K	K	K	K	K	K	K	K	K	K	K	K
97	D	E	A	P	P	P	P	P	P	P	P	P	P	P	K	K	K	T	K	K	K	K	K
98	K	K	K	Q	Q	Q	Q	Q	Q	Q	Q	Q	Q	Z	G	G	D	G	G	T	T	E	E
99	D	D	D	E	D	D	D	D	D	E	E	E	D	Z	E	E	E	E	E	E	E	E	E
100	R	R	R	R	R	R	R	R	R	R	R	R	R	R	R	R	R	R	R	R	R	R	R
101	N	N	N	A	A	A	A	A	A	A	A	A	A	A	A	A	A	A	E	E	E	A	A
102	D	D	D	D	D	D	D	D	D	D	D	D	D	D	D	D	D	D	D	D	D	D	D
103	I	L	L	L	L	L	L	L	L	L	L	L	L	L	L	L	L	L	L	L	L	L	L
104	I	I	V	I	I	I	I	I	I	I	I	I	I	I	I	I	I	I	I	I	I	I	I
105	T	T	T	A	A	A	A	A	A	A	A	A	A	S	A	A	A	A	A	A	A	A	A
106	F	Y	Y	F	Y	Y	Y	Y	Y	Y	Y	Y	Y	Y	Y	Y	Y	Y	Y	Y	Y	Y	Y
107	M	L	M	L	L	L	L	L	L	L	L	L	L	L	L	L	L	L	L	L	L	L	L
108	K	K	L	K	K	K	K	K	K	K	K	K	K	K	K	K	K	K	K	K	K	K	K
109	E	K	E	D	E	E	E	E	E	D	E	T	K	Q	K	K	K	K	K	K	K	K	K
110	A	A	A	A	S	A	A	S	S	S	A	S	A	A	A	A	A	A	A	A	A	A	A
111	T	C	S	T	T	T	T	T	T	T	T	T	T	T	T	T	T	T	T	T	T	A	T
112	A	E	K	A	A	A	A	A	A	E	A	A	S	S	N	N	N	K	N	N	N	N	N
113	.	.	.	.	.	.	.	.	.	.	.	.	S	Q	E	E	E	E	E	E	E	E	E
114	.	.	.	.	.	.	.	.	.	.	.	.	.	E	.	.	.	.	.	.	.	.	.

BEDEUTUNG DER ABKÜRZUNGEN:
Br: Brotschimmel, Bä: Bäckerhefe, He: Hefe, En: Enteromorpha (Grünalge), Bo: Bohne, Kü: Kürbis, Ko: Kohl, Ab: Abutilon (Schönmalve), Ba: Baumwolle, Bu: Buchweizen, Se: Sesam, So: Sonnenblume, We: Weizen, Gi: Ginkgo, GK: Großes Känguruh, Gw: Grauwal, Ka: Kaninchen, Hu: Hund, Sc: Schwein, Es: Esel, Pf: Pferd, Rh: Rhesus-Affe, Me: Mensch

A: Alanin, B: Asparagin oder Asparaginsäure, C: Cystein, D: Asparaginsäure, E: Glutaminsäure, F: Phenylalanin, G: Glycin, H: Histidin, I: Isoleucin, K: Lysin, L: Leucin, M: Methionin, N: Asparagin, P: Prolin, Q: Glutamin, R: Arginin, S: Serin, T: Threonin, V: Valin, W: Tryptophan, x: methyliertes Lysin, Z: Glutamin oder Glutaminsäure, a: Acetylrest, h: Wasserstoff.

1. Vergleichen sie die Cytochromstrukturen der Arten

a. ____,

b. ____ und

c. ____,

und stellen Sie fest, wieviele Aminosäure-Unterschiede zwischen ihnen bestehen!

2. Berechnen Sie anschließend mit Hilfe der Anzahl der Aminosäure-Unterschiede den Stammbaum dieser Arten!

Arbeitsblatt 14 (Teil 1): DNA- und Aminosäuresequenzen der NAD-Dehydrogenase (Ausschnitt)

Name:	Klasse / Kurs:	Datum:

1. Der Genetische Code der RNA:

Erste Base	Zweite Base				Dritte Base
5'-Ende	U	C	A	G	3'-Ende
U	Phe	Ser	Tyr	Cys	U
	Phe	Ser	Tyr	Cys	C
	Leu	Ser	„Stop“	„Stop“	A
	Leu	Ser	„Stop“	Trp	G
C	Leu	Pro	His	Arg	U
	Leu	Pro	His	Arg	C
	Leu	Pro	Gln	Arg	A
	Leu	Pro	Gln	Arg	G
A	Ile	Thr	Asn	Ser	U
	Ile	Thr	Asn	Ser	C
	Ile	Thr	Lys	Arg	A
	Met (Start)	Thr	Lys	Arg	G
G	Val	Ala	Asp	Gly	U
	Val	Ala	Asp	Gly	C
	Val	Ala	Glu	Gly	A
	Val	Ala	Glu	Gly	G

2. DNA-Sequenz

	Mensch			Schimpanse			Gorilla			Orang Utan			Gibbon		
	DNA	RNA	AS	DNA	RNA	AS	DNA	RNA	AS	DNA	RNA	AS	DNA	RNA	AS
1	ATA			ATA			ATA			ACA			ATA		
2	ACC			ACC			ACT			GCC			GCA		
3	ATG			ATG			ATG			ATG			ATG		
4	CAC			TAT			TAC			TTT			TAC		
5	ACT			ACT			GCT			ACC			ACC		
6	ACT			ACC			ACC			ACC			ACC		
7	ATA			ATA			ATA			ATA			ATA		
8	ACC			ACC			ACC			ACT			GCC		
9	ACC			ACC			ACC			GCC			ATT		
10	CTA			TTA			TTA			CTC			CTA		
11	ACC			ACC			GCC			ACC			ACG		
12	CTG			CTA			CTA			TTA			CTA		
13	ACT			ACT			ACT			ACT			ACC		
14	TCC			CCC			TCC			TCC			TCC		
15	CTA			TTA			TTA			CTA			CTA		
16	ATT			ATT			ATT			ATT			ATT		
17	CCC			CTC			CCC			CCC			CCC		
18	CCC			CCC			CCT			CCC			CCC		
19	ATC			ATC			ATC			ATT			ATT		
20	CTT			CTC			CTT			ACC			ACA		
21	ACC			ACC			ACC			GCT			GCC		
22	ACC			ACC			ACC			ACC			ACC		
23	CTC			CTC			TTC			CTC			CTT		
24	GTT			ATT			ATC			ATT			ATT		
25	AAC			AAC			AAT			AAC			AAC		
26	CCT			CCT			CCT			CCC			CCC		

Arbeitsblatt 14 (Teil 2): DNA- und Aminosäuresequenzen der NAD-Dehydrogenase (Ausschnitt)

Name:	Klasse / Kurs:	Datum:

	Mensch			Schimpanse			Gorilla			Orang Utan			Gibbon		
	DNA	RNA	AS	DNA	RNA	AS	DNA	RNA	AS	DNA	RNA	AS	DNA	RNA	AS
27	AAC			AAC			AAC			AAC			AAT		
28	AAA			AAA			AAA			AAA			AAA		
29	AAA			AAA			AAA			AAA			AAG		
30	AAC			AAC			AGC			AAC			AAC		
31	TCA			TCA			TCA			CCA			TTA		
32	TAC			TAT			TAC			TAC			TAC		
33	CCC			CCC			CCC			CCC			CCG		
34	CAT			CAT			CAT			CAC			CAC		
35	TAT			TAT			TAC			TAT			TAC		
36	GTA			GTG			GTA			GTA			GTA		
37	AAA			AAA			AAA			AAA			AAA		
38	TCC			TCC			TCT			ACG			ATG		
39	ATT			ATT			ATC			GCC			ACC		
40	GTC			ATC			GTC			ATC			ATT		
41	GCA			GCG			GCA			GCA			GCC		
42	TCC			TCC			TCC			TCC			TCT		
43	ACC			ACC			ACC			GCC			ACC		
44	TTT			TTT			TTT			TTT			TTT		
45	ATT			ATC			ATC			ACT			ATA		
46	ATC			ATT			ATC			ATC			ATC		
47	AGT			AGC			AGC			AGC			AGC		
48	CTC			CTT			CTC			CTT			CTA		
49	TTC			TTC			TTC			ATC			TTT		
50	CCC			CCC			CCC			CCA			CCC		
51	ACA			ACA			ACA			ACA			ACA		
52	ACA			ACA			ACA			ACA			ATA		
53	ATA			ATA			ATA			ATA			ATA		
54	TTC			TTC			TTT			TTT			TTC		
55	ATG			ATA			CTA			ATC			ATG		
56	TGC			TGC			TGC			TGC			TGC		
57	CTA			CTA			CTA			CTA			ACA		
58	GAC			GAC			GAC			GGA			GAC		
59	CAA			CAA			CAA			CAA			CAA		
60	GAA			GAA			GAA			GAA			GAA		
61	GTT			GCT			GCT			ACC			ACC		
62	ATT			ATT			ATT			ATC			ATT		
63	ATC			ATC			ATC			GTC			ATT		

Arbeitsblatt 14 (Teil 3): DNA- und Aminosäuresequenzen der NAD-Dehydrogenase (Ausschnitt)

Name:	Klasse / Kurs:	Datum:

	Mensch			Schimpanse			Gorilla			Orang Utan			Gibbon		
	DNA	RNA	AS	DNA	RNA	AS	DNA	RNA	AS	DNA	RNA	AS	DNA	RNA	AS
64	TCG			TCA			TCA			ACA			TCA		
65	AAC			AAC			AGC			AAC			AAC		
66	TGA			TGG			TGA			TGA			TGA		
67	CAC			CAC			CAC			TGC			CAC		
68	TGA			TGA			TGA			TGA			TGA		
69	GCC			GCA			GCA			ACA			ACT		
70	ACA			ACA			ACA			ACC			GCA		
71	ACC			ACC			ACC			ACC			ACC		
72	CAA			CAA			CAA			CAG			CAA		
73	ACA			ACA			ACA			ACA			ACG		
74	ACC			ACC			ATT			CTA			CTA		
75	CAG			CAG			CAA			CAA			CAA		
76	CTC			CTC			CTC			CTC			CTC		
77	TCC			TCC			TCC			TCA			TCC		
78	CTA			CTA			CTA			CTA			CTA		
79	AGC			AGC			AGC			AGC			AGC		

1. Übersetzen Sie die DNA-Sequenz von

a. ______________________________,

b. ______________________________ und

c. ______________________________

in die entsprechende m-RNA-Sequenz!

2. Übersetzen Sie anschließend für a, b und c die m-RNA-Sequenz in die Aminosäure-Sequenz!

3. Stellen Sie fest, wieviele Aminosäure-Unterschiede zwischen den drei Gattungen bestehen!

4. Berechnen Sie anhand der Anzahl der Aminosäure-Unterschiede den Stammbaum der drei Gattungen!

3. Mechanismen und Gesetzmäßigkeiten der Evolution

A. Aufgaben und Versuche

A 1 *CUVIER und die Lehre von der Konstanz der Arten*

GEORGE BARON DE CUVIER (1769–1832), ein bedeutender französischer Naturforscher, ließ umfangreiche Ausgrabungen in den Gesteinsschichten des Pariser Beckens vornehmen und wertete die fossilen Funde sorgfältig aus. Er galt als einer der besten Paläontologen seiner Zeit. In seinem Buch „Die Umwälzung der Erdrinde in naturwissenschaftlicher und geschichtlicher Beziehung" (Paris 1828, dt. Ausgabe Bonn 1829) schrieb er:

„Warum, wird man mir einwenden, sollten die vorhandenen Rassen nicht Abänderungen von jenen alten Rassen sein, welche man im fossilen Zustande findet: Abänderungen, welche durch örtliche Umstände und verändertes Klima veranlaßt und durch die lange Folge der Jahre bis zu dieser äußersten Abweichung gelangt sein könnten?
Dieser Einwurf muß besonders denen wichtig scheinen, welche an unbegrenzte Möglichkeit der Wandlung der Gestalten organischer Körper glauben und der Meinung sind, daß durch Jahrhunderte und Gewöhnung alle Arten sich ineinander verwandeln oder von einer einzigen abstammen könnten.
Aber man kann ihnen, in ihrem eigenen Vorstellungssysteme, antworten, daß, wenn die Arten sich nach und nach geändert hätten, man Spuren von diesen stufenweisen Umwandlungen finden müßte; daß man zwischen dem Paläotherium *(Anm.: ausgestorbene Gattung der Huftiere des Alttertiärs, ein Vorfahre der Pferde)* und den heutigen Arten Mittelformen entdecken müßte, wovon sich aber bis jetzt noch nicht ein Beispiel gezeigt hätte. Warum haben die Eingeweide der Erde uns nicht die Denkmäler einer so merkwürdigen Genealogie aufbewahrt? Gewiß darum nicht, weil die Arten der früheren Zeiten ebenso beständig als die unsrigen waren, oder wenigstens, weil die Umwälzung, welche sie zerstört hat, ihnen nicht Zeit ließ, sich ihren Änderungen zu überlassen. ... Die Natur hat auch für die Verhinderung des Umwandelns der Arten, welches aus Geschlechtsvermischung hervorgehen würde, durch den, den verschiedenen Arten beigelegten, gegenseitigen Abscheu gesorgt. Es bedarf aller List und der ganzen Kraft des Menschen, um solche Verbindungen einzuleiten, selbst bei Arten, welche einander am meisten ähnlich sind; und ist auch die Frucht dieser Durchkreuzung fortpflanzungsfähig, was selten der Fall ist, so geht doch ihre Fruchtbarkeit nicht über einige Generationen hinaus ..."

Aufgaben: **a.** CUVIER, ein blendender Paläontologe, vertrat die Lehre von der Konstanz der Arten. Nennen Sie seine Argumente!
b. Was besagt CUVIERs Katastrophentheorie?

Lösungshinweis: **a.** CUVIER argumentierte: Gäbe es eine Änderung der Arten, so müßten die Fossilien durch „Mittelformen" Zeugnis von diesem Wandlungsprozeß ablegen. CUVIER kannte keine solchen Zwischenformen und meinte, es gäbe sie auch nicht. Nach seiner Auffassung sind die Arten früher genauso beständig gewesen wie heute auch. Die Natur habe auch dafür gesorgt, daß die Arten Abscheu voreinander haben, so daß sie sich nicht kreuzen. Selbst dem Menschen gelingt es nicht, Arten zu kreuzen und Nachkommen zu erzielen, die über Generationen hinaus fruchtbar sind.
b. Die Unterschiedlichkeit der Fossilien verschiedener Schichten und die Andersartigkeit gegenüber lebenden Formen erklärt CUVIER damit, daß die Organismen in immer wiederkehrenden Katastrophen umgekommen seien. Nach jeder Katastrophe gab es dann wieder eine Neuschöpfung.

A 2 *Erklärung für Körpergestalt und Horn an den Füßen*

„Aus dieser Gewohnheit, täglich große Mengen von Nahrungsstoffen zu verzehren, welche die aufnehmenden Organe ausdehnen, und aus der Gewohnheit, nur mäßige Bewegungen zu machen, hat sich ergeben, daß der Körper dieser Tiere sich beträchtlich verdickt hat, schwer und massiv geworden ist und einen großen Umfang erlangt hat, wie dies bei dem Elephanten, Rhinozeros, Ochsen, Büffel, Pferd usw. zu sehen ist.
Die Gewohnheit, beinahe den ganzen Tag auf den Füßen zu stehen, um zu weiden, hat die Entstehung eines dicken Hornes veranlaßt, welches das Ende der Zehen ihrer Füße umhüllt, und da diese Zehen zu keiner Bewegung gebraucht wurden und zu keinem anderen Gebrauche dienten, als den Körper und den übrigen Teil der Beine zu tragen, so haben sich die meisten verkürzt, sie sind verkümmert und schließlich ganz verschwunden."

Aufgaben: **a.** Welchem bekannten Evolutionstheoretiker ordnen Sie diesen Text zu? Begründen Sie Ihre Antwort!
b. Welche Ursachen werden im Text für den besprochenen Wandel genannt? Erläutern Sie Ihre Antwort am Beispiel von Horn und Zehen!

Lösungshinweis: **a.** Der Text stammt von LAMARCK, (Zoologische Philosophie, Deutsch Heinrich Schmidt, Kröner Verlag Leipzig 1909, S. 79/80). Die Gewohnheit, viel zu fressen und sich wenig zu bewegen, führt zum Massigwerden der Körper. Es erfolgt also eine aktive Anpassung an Umweltgegebenheiten.

b. Als Ursachen für den Wandel werden Gebrauch und Nichtgebrauch von Organen genannt. Das ständige auf den Füßen stehen beim Weiden führt dazu, daß eine dicke Hornschicht ausgebildet wird. Da die Zehen dabei nicht bewegt und nicht gebraucht werden, werden sie reduziert oder verschwinden ganz. (Beim Pferd ist nur eine Zehe erhalten.)

A 3 *Gejagte Tiere sind schneller*

„Es gibt indessen unter den pflanzenfressenden Tieren und hauptsächlich unter den Wiederkäuern solche, die in den wüsten Ländern, die sie bewohnen, unaufhörlich der Raublust der fleischfressenden Tiere ausgesetzt sind und ihr Heil nur in der schleunigsten Flucht finden können. Die Notwendigkeit hat sie gezwungen, sich im schnellen Laufen zu üben, und durch diese Gewohnheit ist ihr Körper leichter und sind ihre Beine viel schlanker geworden. Beispiele dafür sind die Antilopen, die Gazellen ..."
(LAMARCK, Zoologische Philosophie)

Aufgaben: **a.** Welche für LAMARCKs Theorie wichtigen Ursachen der Entwicklung sind im Zitat direkt angesprochen? Welche Ursachen kann man herauslesen, welche ist hier nicht angesprochen?
b. Bringen Sie das von LAMARCK gewählte Beispiel in ein Fließschema!
c. Schreiben Sie das Zitat im Sinne DARWINs um!

Lösungshinweis: **a.** Angesprochen ist der Gebrauch von Organen, hier das ständige Üben, vor Feinden zu flüchten, was zu der für die Flucht geeigneten schlankeren Körperform mit entsprechend leistungsfähigen Beinen geführt hat.
Aus dem Zitat wird die Notwendigkeit deutlich, vor Feinden flüchten zu müssen. Hier läßt sich also ein weiteres LAMARCKsches Prinzip herauslesen: Im Tier entsteht ein inneres Bedürfnis, vor den Feinden flüchten zu können. Nicht angesprochen ist das Prinzip der Vererbung erworbener Eigenschaften.
b.

Weidetiere werden von Freßfeinden bedroht

↓

Bei den zunächst plumpen, langsamen Vorfahren der Antilope entsteht das Bedürfnis, vor den Feinden flüchten zu können, schneller zu sein als diese.

↓

Bei Fluchtversuchen benutzt sie die Beine, übt und stählt sie.

↓

Die ständige Gewohnheit dieses Tuns läßt die Beine leistungsfähiger, den zunächst plumperen Körper schlanker und windschnittiger werden.

↓

Diese erworbenen neuen Eigenschaften werden auf die Nachkommen übertragen, also vererbt.

c. DARWIN würde z. B. begründen: Die verschiedenen Individuen der etwas schwerfälligen plumpen Antilopen-Vorfahren zeigen individuelle Unterschiede in bezug auf viele Körpermerkmale. Ein Individuum hat etwas leistungsfähigere Beine und ist schlanker und leichter. Im Kampf ums Dasein, in diesem Fall bei der Flucht vor Freßfeinden, wäre dieses Tier etwas schneller als die anderen Individuen der Herde. Seine Chancen wären größer, zu entkommen. Damit hat es auch größere Chancen, mehr Junge hervorzubringen als die anderen Tiere, die ihren Feinden früher zum Opfer fallen. Die natürliche Zuchtwahl begünstigt also schnellere, schlankere, ausdauernde Flüchter. Ist unter seinen Nachkommen in späteren Generationen ein Tier, das erblich noch etwas leichter, schlanker und damit schneller ist, wiederholte sich dieser Prozeß entsprechend.
Die Evolution führte dann von einem schwerfälligen Weidetier hin zu einem „antilopenschlanken" Tier, das eine reelle Chance hatte, seinen Feinden zu entkommen.

A 4 *DARWIN zur Entstehung der Arten*

„Wenn ein Naturforscher über den Ursprung der Arten nachdenkt, so ist es wohl begreiflich, dasz er in Erwägung der gegenseitigen Verwandtschaftsverhältnisse der Organismen, ihrer embryonalen Beziehungen, ihrer geographischen Verbreitung, ihrer geologischen Aufeinanderfolge und andrer solcher Thatsachen zu dem Schlusse gelangt, die Arten seien nicht selbständig erschaffen, sondern stammen wie Varietäten von andern Arten ab. Demungeachtet dürfte eine solche Schluszfolgerung, selbst wenn sie wohl gegründet wäre, kein Genüge leisten, so lange nicht nachgewiesen werden könnte, auf welche Weise die zahllosen Arten, welche jetzt unsre Erde bewohnen, so abgeändert worden sind, dasz sie die jetzige Vollkommenheit des Baues und gegenseitigen Anpassung innerhalb ihrer jedesmaligen Lebensverhältnisse erlangten, welche mit Recht unsre Bewunderung erregen.
Es ist nun aber von der gröszten Wichtigkeit eine klare Einsicht in die Mittel zu gewinnen, durch welche solche Umänderungen und Anpassungen bewirkt werden."

„Da viel mehr Individuen jeder Art geboren werden, als möglicherweise fortleben können, und demzufolge das Ringen um Existenz beständig wiederkehren musz, so folgt daraus, dasz ein Wesen, welches in irgend einer für dasselbe vortheilhaften Weise von den übrigen, so wenig es auch sei, abweicht, unter den zusammengesetzten und zuweilen abändernden Lebensbedingungen mehr Aussicht auf Fortdauer hat und demnach von der Natur zur Nachzucht gewählt werden wird. Eine solche zur Nachzucht ausgewählte Varietät strebt dann nach dem strengen Erblichkeitsgesetze jedesmal seine neue und abgeänderte Form fortzupflanzen."

„Niemand glaubt, dasz alle Individuen einer Art genau nach demselben Modell gebildet seien. Diese individuellen Verschiedenheiten sind nun gerade von der gröszten Bedeutung für uns, weil sie oft vererbt werden, wie wohl Jedermann schon zu beobachten Gelegenheit hatte;“
(DARWIN, Die Entstehung der Arten durch natürliche Zuchtwahl)

Aufgaben: Untersuchen Sie die obenstehenden Zitate unter den folgenden Fragestellungen:
a. Welche beiden Grundfragen der Evolutionstheorie unterscheidet DARWIN deutlich?
b. Welche Auffassung hat er von der Entstehung der Arten?
c. Wie begründet er seine Auffassung von der Entstehung der Arten?
d. Wie erklärt er die Entstehung von „Abänderungen und Anpassungen“?
e. Vergleichen Sie den Begriff Anpassung bei DARWIN und LAMARCK!

Lösungshinweis: **a.** DARWIN unterscheidet die Frage nach den Fakten, also die Frage des „daß“ und die Frage nach den Ursachen für die Evolution, also die Frage des „wie“. Dabei weist er ausdrücklich darauf hin, daß es, so wichtig die Fakten aus den verschiedenen Disziplinen auch sind, von größter Wichtigkeit ist, „eine klare Einsicht in die Mittel zu gewinnen, durch welche solche Umänderungen und Anpassungen bewirkt werden“.
b. DARWIN geht davon aus, daß die Arten nicht unabhängig voneinander erschaffen worden sind, sondern jeweils von anderen Arten abstammen.
c. Er begründet das mit der Verwandtschaft der Lebewesen, ihren embryonalen Übereinstimmungen, ihrer geographischen Verbreitung und der Aufeinanderfolge der Fossilien in den geologischen Schichten.
d. Es werden viel mehr Individuen jeder Art geboren als überleben können. Zwischen ihnen herrscht ein ständiger Kampf ums Dasein. Zwischen den einzelnen Individuen gibt es erbliche Merkmalsunterschiede. Jedes Individuum, das sich von den anderen durch vorteilhafte Merkmale unterscheidet, wird von der Natur zur Zucht ausgewählt und kann seine vorteilhaften Merkmale an die Nachkommen weitergeben. Triebfeder der Evolution ist also nach DARWIN die natürliche Zuchtwahl.
e. Die Anpassung bei DARWIN ist eine passive. Erbliche vorteilhafte Merkmale werden durch die natürliche Zuchtwahl ausgelesen. Ihre Träger kommen bevorzugt zur Fortpflanzung. Sie werden also Individuen mit nachteiligen Merkmalen verdrängen.
Bei LAMARCK ist Anpassung eine aktive, aus einem inneren Bedürfnis heraus erfolgende Veränderung des Lebewesens als Reaktion auf Umweltgegebenheiten. Diese erworbenen Veränderungen werden nach LAMARCKs Auffassung an die Nachkommen weitergegeben.

A 5 *Die zwei Naturgesetze LAMARCKs*

1. Naturgesetz LAMARCKs

Bei jedem Tiere, welches den Höhepunkt seiner Entwicklung noch nicht überschritten hat, stärkt der häufigere und dauernde Gebrauch eines Organs dasselbe allmählich, entwickelt, vergrößert und kräftigt es proportional der Dauer dieses Gebrauchs; der konstante Nichtgebrauch eines Organs macht dasselbe unmerkbar schwächer, verschlechtert es, vermindert fortschreitend seine Fähigkeiten und läßt es endlich verschwinden.

2. Naturgesetz LAMARCKs

Alles, was die Individuen durch den Einfluß der Verhältnisse, denen ihre Rasse lange Zeit hindurch ausgesetzt ist, und folglich durch den Einfluß des vorherrschenden Gebrauchs oder konstanten Nichtgebrauchs eines Organs erwerben oder verlieren, wird durch die Fortpflanzung auf die Nachkommen vererbt, vorausgesetzt, daß die erworbenen Veränderungen beiden Geschlechtern oder den Erzeugern dieser Individuen gemein sind.
(LAMARCK, Zoologische Philosophie)

Aufgabe: Welche Aussagen in den Gesetzen LAMARCKs haben sich später, auch wenn sie immer wieder einmal in neueren Evolutionsvorstellungen auftreten, als unzutreffend herausgestellt?

Lösungshinweis: Die Eigenschaften, die ein Individuum erwirbt, sind nicht erblich. Ein durch ständige Übung gebrauchtes Organ führt zwar bei dem betreffenden Individuum zur Kräftigung des betreffenden Organs, seine Nachkommen erben aber das gekräftigte Organ nicht. Auch das durch Nichtüben geschwächte Organ wird nicht auf die Nachkommen übertragen. Konstanter Nichtgebrauch läßt ein Organ auch nicht verschwinden. Das ist nur durch entsprechende Erbgutveränderungen möglich.

A 6 *Kannibalismus im Tierreich*

Das Auffressen von Artgenossen empfinden wir als grausame Angelegenheit. Besonders makaber erscheint uns dieses Verhalten, wenn es unter engeren Verwandten auftritt. Es bleibt aber festzustellen, daß Kannibalismus in sehr verschiedenen Tiergruppen vorkommt.
So wird das Männchen bei einigen Spinnen nach der Paarung vom Weibchen gefressen. Auch bei Gottesanbeterinnen und Tiefseefischen gibt es Arten, bei denen das männliche Tier als Nahrungsquelle genutzt wird.
Es gibt Raubvögel, bei denen das größere, erste Junge das zweite Junge regelmäßig tötet und frißt. Muß ein Löwe seine Pascha-Stellung aus Gründen der Entkräftung aufgeben, so wird die Gruppe von einem anderen Männchen übernommen. Dieses tötet die jüngsten Nachkommen seines Vorgängers, die noch nicht ein bestimmtes Alter erreicht haben. Die Löwinnen, die ihre Jungen verloren haben, werden innerhalb von kurzer Zeit wieder brünstig.

Aufgaben: **a.** Erläutern Sie das Aufgefressenwerden des Männchens durch das Weibchen nach der Paarung (z. B. bei einigen Spinnen) unter den Gesichtspunkten moderner Evolutionsvorstellungen!
b. Versuchen Sie, das Töten der Jungen durch den neuen Pascha des Löwenrudels im Hinblick auf den Evolutionsprozeß zu erklären!

Lösungshinweis: **a.** Der Zeitpunkt nach erfolgter Begattung ist evolutorisch von größter Bedeutung. Das Nutzen des Männchens nach erfolgter Begattung als Energiegewinn für das Muttertier dürfte auch den Fortpflanzungserfolg beeinflussen, also vorteilhaft für die Aufzucht der Nachkommen sein. Im Existenzkampf zwischen Individuen der gleichen Art (intraspezifische Konkurrenz) erweist sich Kannibalismus insofern als sinnvolle Strategie der Arterhaltung.
Von der Selektion werden innerhalb einer Population die Individuen begünstigt, in deren Erbgut die Information für ein Verhalten vorliegt, das mit geringerem Aufwand den gleichen oder einen höheren Energiegewinn ermöglicht. Individuen ohne Nutzung dieser besonderen Nahrungsquelle sind entsprechend benachteiligt und werden zurückgedrängt.
b. Löwen, die ein Rudel übernehmen, töten die Löwenjungen, damit die Löwinnen innerhalb von kurzer Zeit wieder brünstig werden und von ihnen erfolgreich begattet werden können. Würde der Löwe die Jungen nicht töten, wären die Löwinnen erst nach der Aufzucht der Jungen (was bis zu 2 Jahren dauern kann) paarungsbereit. Durch das beschriebene Verhalten wird sichergestellt, daß schon kurz nach der Übernahme des Rudels die Gene des neuen Paschas weitergegeben werden. Die Gene des Rivalen werden eliminiert.

A 7 *Insekten werden getäuscht*

Die Röhrenblüten des Roten Fingerhutes sind in den Eingängen mit auffälligen Flecken besetzt. Wie man inzwischen weiß, sind das Nachahmungen von Staubbeuteln.

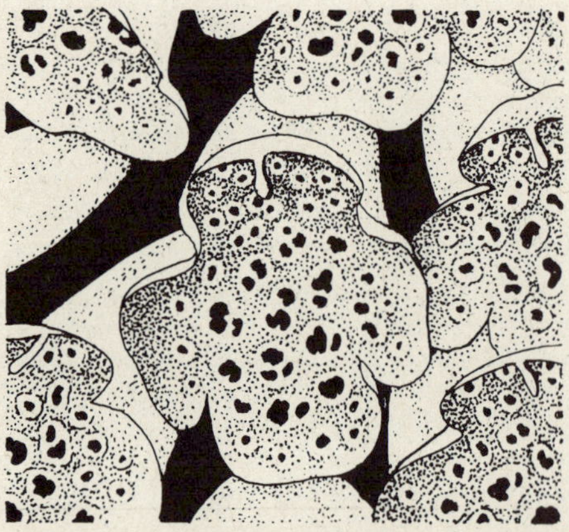

Deckt man diese Flecke im Versuch mit einem leichten Farbauftrag ab, sinkt die Anflugrate für die betreffenden Blüten auf unter 20% der Anflugrate unbehandelter Blüten.

Aufgabe: Wie erklären Sie sich die Entstehung der Flecken während der Evolution dieser Pflanze? Berücksichtigen Sie, daß Insekten Nektar oder Pollen als Nahrung aus den Blüten holen!

Lösungshinweis: Blütenpflanzen brauchen häufig Insekten für die Bestäubung. Sie müssen diese durch Farbe, Geruch und Nahrung anlocken. Pollen enthält viele Nährstoffe, die von der Pflanze bereitgestellt werden müssen. Es kann für Pflanzen energiesparender sein, Insekten mit Nachahmungen von Staubbeuteln anzulocken. Die niedrigere Anflugrate bei abgedeckten Flecken verdeutlicht, daß die Flecken, die durch Mutationen aufgetreten sind, einen sehr positiven Selektionswert gehabt haben. Die Pflanzen mit Flecken in den Blüteneingängen wurden häufiger durch Insekten angeflogen. Das führt häufiger zu Bestäubung, also zu mehr Nachkommen bei gefleckten Vertretern.

A 8 *Evolution bei Laubenvögeln*

Bei den in Australien und Neuguinea lebenden Laubenvogelarten bauen die Männchen am Erdboden laubenartige Balznester. Sie dienen nie als Nest. Ihre Ausführung ist unterschiedlich. Es sind mal Tunnel, mal Türme, dekorierte Gärten oder auch Alleen. Die Nester werden mit Blumen, Beeren, Blättern, Steinchen und ähnlichem geschmückt.
Bemerkenswerterweise sind die Lauben durch den Schmuck sehr auffällig, die Männchen selbst sind dagegen recht unscheinbar gefärbt.
Biologen untersuchten nun das Verhalten des Seidenlaubenvogels. Die Männchen dieser Vogelart bauen Alleen aus Zweigen, die sie mit verschiedenen farbigen Objekten schmücken. Besonders fallen dabei blaue Papageienfedern auf. Die Biologen stellten bei ihren Beobachtungen fest: Je mehr blaue Papageienfedern ein Männchen verbaut, desto größer ist sein Balzerfolg.
Da die blauen Federn selten sind, stehlen sich die Männchen diese Federn gegenseitig.
Man stellte durch Markierung der Federn fest, daß eine Feder im Durchschnitt alle 10 Tage ihren Besitzer wechselt. Vögel mit vielen Federn haben nicht mehr Federn gefunden als ihre Konkurrenten, sondern zeigen eine höhere Diebstahlsfrequenz.

Aufgaben: **a.** Würden Sie im Falle der Laubenvögel von geschlechtlicher Zuchtwahl sprechen? Begründen Sie Ihre Entscheidung!
b. Gäbe es für die Farbprächigkeit der Lauben und die Unscheinbarkeit der Männchen eine Evolutionsgesichtspunkte berücksichtigende Erklärung?
c. Welche Rolle könnte der Federndiebstahl spielen?
d. Wie beurteilen Sie die Aussage der Biologen, die erklären, es müßte noch experimentell geklärt werden, ob das Verhalten, Federn zu stehlen, genetisch fixiert ist?

Lösungshinweis: **a.** Man kann wohl von geschlechtlicher Zuchtwahl sprechen. Allerdings wird das Männchen nicht selbst ausgewählt, sondern das von ihm hergestellte Bauwerk. Aber dessen Beschaffenheit ist gewissermaßen etwas individuelles, ans Männchen geknüpftes.
b. Allgemein hat Farbenprächtigkeit der Männchen ja einerseits den Vorteil in bezug auf die geschlechtliche Zuchtwahl, andererseits aber auch einen erheblichen Nachteil, nämlich die Auffälligkeit gegenüber Feinden. Bei den Laubenvögeln ist es offenbar gelungen, dieses Dilemma zu lösen. Die Prächtigkeit, die den Fortpflanzungserfolg fördert, wird auf die Lauben übertragen. Das gleichzeitig unauffällige Männchen hat einen besseren Schutz vor seinen Feinden.
c. Der Federndiebstahl läßt die Alleen farbiger werden. Männchen mit vielen Federn haben größere Balzerfolge. Ferderndiebstahl wirkt also als positiver Selektionsfaktor.
d. Abzuklären, ob das Verhalten, Federn zu stehlen, erblich fixiert ist, ist unumgänglich, wenn man die Frage beantworten will, ob Federndiebstahl ein positiver Selektionsfaktor ist.

A 9 *Das Resistenzproblem in der Medizin*

Noch immer sind heute an der Malaria weltweit ca. 200 Mill. Menschen dauererkrankt. Noch immer sterben ca. 1 Mill. Menschen jährlich an dieser durch die von der Anopheles-Mücke übertragenen Krankheit. Dabei glaubte man, wie bei anderen Infektionskrankheiten, viele Jahre lang, auch das Problem der Malaria im Griff zu haben. Bei ordentlich durchgeführter Prophylaxe mit entsprechenden Medikamenten war der in Malariagebiete reisende Tourist sicher geschützt. Ganz plötzlich zeigte sich dann aber, daß die Krankheit wieder häufiger auftrat. Die eingesetzten Medikamente verfehlten ihre Wirkung. Die Ursache war schnell gefunden. Es war das bereits bekannte Problem. Resistente Formen des Erregers hatten sich herausgebildet.
Auch im Kampf mit Insektiziden gegen die übertragende Anopheles zeigte sich das Problem, daß zunächst erfolgreiche Bekämpfungsmittel durch die Herausbildung von Resistenz zur stumpfen Waffe wurden.

Aufgaben: **a.** Erklären Sie, wie man nach LAMARCK das Entstehen solcher Resistenzen erklären müßte!
b. Wie wäre die Erklärung nach der synthetischen Evolutionstheorie?
c. Erläutern Sie den sehr komplexen Sachverhalt, der hinter folgender Aussage steht: Tatsächlich gibt es zwischen Krankheitserregern und den von ihm befallenen Individuen der Wirtsart gewissermaßen einen ständigen evolutionären Wettlauf!
d. Der oben angesprochene Wettlauf ist ein Beispiel für Co-Evulution. Erklären Sie den Begriff!

Lösungshinweis: **a.** Nach LAMARCK führt eine allmähliche Gewöhung der Erreger an das Medikament dazu, daß die Erreger nicht mehr abgetötet werden. Die erworbene Eigenschaft geht an ihre Nachkommen über.
b. Nach der synthetischen Theorie treten entweder durch Rekombination oder durch Mutation unter der riesigen Zahl von Erregern einige wenige auf, denen das Medikament nichts anhaben kann. Dabei handelt es sich natürlich um erbliche Varianten. Ihre Nachkommen sind also ebenfalls resistent. Die Selektion begünstigt diese resistenten Erreger, und bei der großen Vermehrungsgeschwindigkeit entstehen sehr schnell neue Populationen resistenter Malariaerreger.
c. Die Selektion fördert das Überleben und die Fortpflanzung jener Wirtsindividuen, die durch eine Mutation über einen entsprechenden Abwehrmechanismus verfügen. Sie werden sich durchsetzen und vermehren. Individuen ohne diesen Abwehrmechanismus werden hingegen eliminiert.
Bei den Krankheitserregern werden wiederum diejenigen von der Selektion bevorzugt, die die Fähigkeit zur Überwindung des Abwehrmechanismus haben. Ein solcher evolutionärer Wettlauf könnte z.B. zu einer Art Waffenstillstand führen.
d. Co-Evolution bedeutet, daß zwei Organismen, wie hier Parasit und Wirt, wechselseitig voneinander abhängen. Die evolutive Veränderung des einen bedeutet zugleich die Veränderung der Lebensbedingungen des anderen. Zwei Organismen entwickeln sich in gegenseitiger Abhängigkeit miteinander. Bei solchen Wechselbeziehungen in der Evolution zwischen zwei Lebewesen spricht man von Co-Evolution. Sie führt oft zu einem geradezu verblüffenden Aneinanderangepaßtsein.

B. Literatur

BURMEISTER: Kannibalismus: Makabre biologische Verdrehung oder sinnvolle Arterhaltungsstrategie, Naturw. Rundschau, 43. Jhrg., Heft 5, 1990

KÖCK, H.: Evolution des Diebstahls bei Laubenvögeln, Kurzberichte aus der Wissensch., Naturw. Rundsch., 40 Jhrg., Heft 8, 1987

Sexuelle Fortpflanzung: Abwehrmechanismen gegen Krankheitserreger, Naturw. Rundsch., 36. Jhrg., Heft 4, 1983

Sex festigt Partnerschaft bei Stachelschweinen, Kurzberichte aus der Wissensch., Naturwissensch. Rundsch., 43. Jhrg., Heft 5, 1990

Vortäuschung falscher Tatsachen beim Fingerhut, Kurzberichte aus der Wissenschaft, Naturw. Rundsch., 43. Jhrg., Heft 1, 1990

Kommentar: Die angegebenen Literaturstellen bieten durchweg Beispiele für das Wirken der verschiedenen Evolutionsfaktoren, die so interessant sind, daß sie motivierend wirken.

GASPER, B., ILBERTZ, H.: Evolution, CoMET Verlag für Unterrichtssoftware, Duisburg 1990

Kommentar: Evolution ist ein im Unterricht einsetzbares Programm für IBM-kompatible Computer mit mindestens 256 KB Hauptspeicher, einem Laufwerk und MS-DOS ab Version 2.11. Für die Graphik ist eine Karte HGC (Hercules), CGA (Color), EGA (Enhanced) oder VGA (Video) mit entsprechendem Bildschirm erforderlich. Das Programm wird mit Kopierschutz in Einzelplatz- oder Zehnplatz-Version geliefert.
Das Programm modelliert die Entwicklung einer monohybriden Population über bis zu 120 Generationen. Die Größe der Population kann variiert werden, so daß Gendrift-Effekte sehr deutlich gemacht werden können. Tabellen zeigen die Anzahlen der Genotypen bzw. der Allelfrequenzen. Diese Werte können auch als graphische Kurven ausgegeben werden. Variablen, die vom Schüler verändert werden können: Populationsgröße, Allelfrequenz p und q für die Gene A und B, Zahl der Generationen, die Mutationsrate A- > B und B- > A, die Selektion gegen AA, AB und BB.
Ein sehr ausführliches Handbuch informiert sehr eingehend über die Benutzung, aber auch über die theoretischen Grundlagen des Themas. Für die praktische Arbeit sehr gut geeignet.

C. Zusatzinformationen –

D. Lösungshinweise zu den Arbeitsblättern

Arbeitsblatt 1: Die Ursachen der Evolution bei LAMARCK

1. **Inneres Bedürfnis:** Beispiel der Wiederkäuer, die sonst keine Waffen für den Rivalenkampf haben. Inneres Gefühl lenkt die Säfte auf den entsprechenden Teil des Kopfes, so daß Hornsubstanz entsteht, bzw. Horn- und Knochensubstanz gebildet werden, aus denen Hörner und Geweihe entstehen.
Gebrauch und Nichtgebrauch von Organen. Die nichtgebrauchten Vorderbeine der Känguruhs sind klein und kraftlos, die Hinterbeine, die den Körper tragen und Sprünge ausführen, sind groß und stark geworden.
Vererbung erworbener Eigenschaften. Die von beiden Eltern erworbenen Eigenschaften werden an die Nachkommen weitergegeben.

2. Entstehung von Hörnern bzw. Geweihen bei Wiederkäuern nach LAMARCK:
a. Im Tier entsteht das Bedürfnis nach Waffen, um sich im Rivalenkampf zu behaupten.
b. Die entstandenen Hörner und Geweihe werden immer wieder im Kampf benutzt.
c. Die ständige Gewohnheit läßt die Geweihe und Hörner immer kräftiger und stärker werden.
d. Die erworbene Eigenschaft, starke Geweihe, kräftige Gehörne, wird auf die Nachkommen vererbt. Von diesen gehen die Veränderungen auf immer weitere Folgegenerationen über.

3. DARWINs Erklärung: Zwischen den verschiedenen Individuen einer Wiederkäuerart gibt es viele Unterschiede in bezug auf die Ausbildung der Stirn. Ein Tier hat z. B. erblich Knochen- oder Hornhöcker an der Stirn.
Im Kampf um die Weibchen hätte dieses Tier gegenüber seinen Rivalen Vorteile, es könnte sich wirkungsvoller verteidigen, aber auch erfolgreicher angreifen. Gegen Freßfeinde könnte es sich mit Hilfe der Hörner besser verteidigen.
Ein solches Individuum würde wahrscheinlich relativ häufiger zur Fortpflanzung gelangen und damit auch mehr Nachkommen haben. Natürliche Zuchtwahl würde also für die Verbreitung der Tiere mit Stirnhöcker und für Zurückdrängung der anderen sorgen.
Tritt unter den Nachkommen eine Mutante mit noch stärker ausgebildeten Knochen- oder Horngebilden auf, so wiederholt sich der angegebene Prozeß.

Arbeitsblatt 2: Die Ursachen der Evolution bei DARWIN

1. Ererbte individuelle Unterschiede bei Nachkommen derselben Eltern oder zwischen Individuen einer Art liefern der natürlichen Zuchtwahl das Material. Individuen mit – wenn auch nur geringfügig – vorteilhafteren Merkmalen überleben und bringen ihresgleichen hervor. Schädliche Abänderungen werden zurückgedrängt und vernichtet, denn es werden viel mehr Individuen hervorgebracht als überleben können. DARWIN nennt diesen Sachverhalt: natürliche Zuchtwahl oder Überleben des Passendsten (Tüchtigsten).
Natürliche Zuchtwahl verbessert die Anpassung der Lebewesen an ihre Umwelt. Sie berücksichtigt auch solche Strukturen und Eigenschaften, die uns unbedeutend erscheinen.
Geschlechtliche Zuchtwahl ist eine Form der natürlichen Zuchtwahl.

2. Die geschlechtliche Zuchtwahl ist nach DARWIN eine Spielart der natürlichen Zuchtwahl.
Geschlechtliche Zuchtwahl bedeutet Kampf zwischen den Individuen eines Geschlechts, meistens ein Kampf der Männchen um die Weibchen. DARWIN hält die geschlechtliche Zuchtwahl für weniger streng als den normalen Kampf ums Dasein.

Arbeitsblatt 3: Blindheit bei Höhlentieren

1. Erklärung nach LAMARCKS Theorie: Die sehenden Vorfahren der blinden Höhlentiere sind vielleicht bei Hochwasser aus einem See oder einem Fluß in eine Höhle ohne Licht gelangt. Sie sind damit einer veränderten Umwelt ausgesetzt. Die Augen werden hier nicht benutzt. Dieser Nichtgebrauch führt zu ihrer Reduktion. Die erworbene Eigenschaft wird auf die Nachkommen übertragen. Auf die nächsten Generationen wirken die gleichen Umstände ein. Der fortgesetzte Nichtgebrauch führt dann schließlich zum vollständigen Schwinden der Augen.

2. Der Ausgangspunkt ist für die synthetische Theorie der gleiche. Sehende Fische geraten z. B. durch Hochwasser in eine Höhle ohne Licht, aus der sie, nach dem das Wasser wieder gesunken ist, nicht hinausgelangen. Durch Vermehrung bilden sie eine von

den Vorfahren isolierte Population. Rekombination und Mutationen können zu Varianten mit leicht reduzierten Augen führen. Da der Besitz von Augen in der Höhle keinen Selektionsvorteil bietet, existiert in dieser Beziehung kein Selektionsdruck. Das Nicht-Sehen-Können bedeutet keinen Selektionsnachteil. So bleiben die Gene für reduzierte Augen im Genpool erhalten. Durch Gendrift kann in einer relativ kleinen Population zufällig eine Veränderung in der Art stattfinden, daß sich die für die reduzierten Augen verantwortlichen Gene anhäufen. Entsprechend könnten die für vollständig ausgebildete Augen verantwortlichen Gene auch ganz verschwinden.
Da der Mutationsprozeß und auch die Rekombinationen weiterlaufen, könnten schließlich in Folgegenerationen Varianten mit noch weiter reduzierten Augen auftreten, die vorher angesprochenen Prozesse wiederholen sich, bis nach vielen Generationen eine augenlose Population vorliegt. Theoretisch besteht natürlich auch die Möglichkeit, daß das Fehlen von Augen infolge des geringeren „Materialbedarfs" für deren Aufbau in der gegebenen „Höhlensituation" einen Selektionsvorteil mit sich bringt. Dann käme es zu einer Auslese der augenlosen Tiere.

3. Zweifellos besteht in einer Umwelt mit Licht ein Selektionsdruck, der dahingehend wirkt, daß der Besitz von Pigmenten einen Selektionsvorteil darstellt. Pigmentierung kann z. B. bei der Partnerwahl eine wichtige Rolle spielen. (Bei Landtieren ist die Pigmentierung ein wichtiger Schutz des Körpers gegen das UV-Licht.) Dort, wo das Licht fehlt, steht das Fehlen von Farbe aber nicht unter Selektionsdruck. Farblose Individuen haben hier keinen Selektionsnachteil. Die fehlende Pigmentierung läßt sich also auch nach der synthetischen Theorie der Evolution erklären.

4.

Für eine Tierart verändern sich die Umweltverhältnisse so, daß sie zu Höhlentieren werden. In völliger Dunkelheit haben die Lichtsinnesorgane keine Funktion mehr.

LAMARCK

Das Tier hat das innere Bedürfnis, Nahrung zu finden und sich in der neuen Umwelt zu orientieren.

↓

Da es die Augen nicht benutzen kann, versucht es immer wieder, sich mit Hilfe des Tast- und des Geruchssinnes zu orientieren.

↓

Durch den ständigen Gebrauch dieser Sinnesorgane entwickeln sich diese und werden leistungsfähiger.

↓

Die erworbene Eigenschaft, besser zu riechen und zu tasten, wird auf die Nachkommen übertragen.

DARWIN

Die verschiedenen Individuen der Höhlenpopulation zeigen Unterschiede in bezug auf viele Merkmale.

↓

Ein Individuum hat etwas leistungsfähigere Geruchs- und Tastorgane.

↓

Im Kampf ums Dasein, Konkurrieren um Nahrung, Flucht vor Feinden usw. hat es die größeren Chancen.

↓

Folgerichtig wird es mehr Nachkommen hervorbringen. Durch natürliche Zuchtwahl werden sich die Individuen mit besserem Tast- und Geruchssinn ausbreiten, die anderen werden zurückgedrängt.

↓

Tritt unter den Nachkommen ein Individuum mit noch besserem Tast- und Geruchssinn auf, wiederholt sich der Prozeß.

Arbeitsblatt 4: Wirkung von Selektions- und Mutationsdruck

1. Die Vollnährböden in den vier Petrischalen werden mit Coli-Bakterien definierter Konzentration beimpft. Die Petrischalen B und D enthalten einen Antibiotikumzusatz. Die Bakterien, die auf die Schalen C und D geimpft werden, wurden vorher mit UV-Licht bestrahlt.

2. Auf den Schalen A und C bilden sich nach Bebrütung dichte Bakterienrasen. Die Schale B zeigt nur drei Kolonien. Die Schale D zeigt zwar auch nur einzelne Kolonien, aber doch erheblich mehr als Kolonie B.
Im Versuch wirkt das Antibiotikum als Selektionsfaktor. Der Selektionsdruck, den es auf die Bakterien ausübt, führt zur Ausmerzung der nicht resistenten Bakterien. Diesem Selektionsdruck wirkt der Mutationsdruck entgegen, der durch die in den Kulturen entstehenden Mutationen hervorgerufen wird.
Daß die Schale D erheblich mehr Kolonien enthält als die Schale B, liegt daran, daß dem starken Selektionsdruck, dem B und D durch das Antibiotikum ausgesetzt sind, in Schale D ein starker Mutationsdruck entgegenwirkt. (Die UV-Strahlung bewirkt, daß wesentlich mehr Mutationen auftreten.)

3.

Bakterienkultur (Wildtyp)

↓

Veränderung der Erbinformation
durch
MUTATION und REKOMBINATION

↓

Entstehung genetischer Variabilität

↓

SELEKTION
(Selektionsfaktor: ein Antibiotikum)

↓

Absterben aller Bakterin des Wildtyps.
Überleben weniger Zellen mit Resistenzgen.

↓

Vermehrung eines einzelnen resistenten
Bakteriums zu einer Kultur resistenter
Bakterien.

Arbeitsblatt 5: Populationsgenetik I

1. Zu Beginn besteht die Population fast nur aus Individuen mit dem Genotyp AA. Ein Tausendstel (0,001) der Individuen trägt das Gen B, das sind 1000 Individuen. Möglicherweise sind sie eingewandert. Die Alteingesessenen haben den Neuankömmlingen gegenüber jedoch einen beträchtlichen Selektionsnachteil. Sie geben ihr Erbgut nur zu 70 % an die Nachkommen weiter. Demzufolge beginnt ihr Anteil an der Population bis etwa zur 30. Generation rapide zu sinken. Da die Wahrscheinlichkeit der Paarung zwischen A-Trägern und B-Trägern anfangs wesentlich höher ist als die der Paarung zwischen B-Trägern, steigt anfangs die Zahl der Heterozygoten stark an, was dadurch begünstigt ist, daß sie nicht der Selektion ausgesetzt sind. Nachdem aber der Anteil der homozygoten A-Individuen unter 25 % gesunken ist, nehmen auch die Heterozygoten ab, da der Anteil des Gens A durch die Selektion gegen AA ständig sinkt. Gleichwohl bleibt der Anteil der A-Träger in Form der Heterozygoten unter dem Schutz des Phänotyps B noch lange in der Population erhalten.

2. Das neu in die Population gekommene Gen B ist dominant.
Begründung: Die Selektion greift am Phänotyp an. In den Bedingungen wird gesagt, daß ausschließlich gegen den Genotyp AA selektiert wird. Die Heterozygoten tragen das Erscheinungsbild des Gens B. Demzufolge ist B dominant.

3. Hier muß das HARDY-WEINBERG-GESETZ angewendet werden:
$p^2 + 2pq + q^2 = 1$. p^2 entspricht AA, 2 pq entspricht AB, und q^2 entspricht BB. p^2 und q^2 sind, wie aus dem Diagramm ersichtlich, gleich 25 % bzw. ¼. Die Wurzel aus ¼ ist ½. Demzufolge sind die Gene A und B in der 23. Generation zu gleichen Teilen in der Population enthalten.

4. Die Anteile der einzelnen Gene und ihrer Kombinationen in der Population folgen dem HARDY-WEINBERG-GESETZ.
Es wird deutlich, daß die Selektion am Phänotyp angreift.
Auch wenn faktisch keine homozygoten A-Individuen mehr in der Population auftreten, bleibt ein gewisser, unsichtbarer Anteil A-Gene bei den Heterozygoten noch im Gen-Pool erhalten. Dies ist ein Reservoir für weitere, durch Rekombination hervorgerufene Evolutionsschritte.

Arbeitsblatt 6: Populationsgenetik II

1. Gemeinsamkeiten: Zwischen den Graphiken A und B einerseits und C andererseits gibt es außer den Startbedingungen keine Gemeinsamkeiten.
Die Graphiken A und C zeigen qualitativ einen ähnlichen Verlauf: Die Kurve für den Genotyp AA fällt relativ schnell stark ab, das beruht darauf, daß die sehr starke Selektion voll gegen den Phänotyp A wirkt. Die Kurve für BB steigt stark an, da der Phänotyp B gegenüber A Selektionsvorteile hat. Da die Wahrscheinlichkeit der Kreuzung von AA und BB anfangs sehr hoch ist, steigt der Anteil der Heterozygoten sehr schnell. Die Selektion gegen AA sorgt jedoch dafür, daß der Anteil der Heterozygoten bald wieder sinkt. Diese Gemeinsamkeiten entsprechem dem Fall, daß die Population sehr viele Individuen enthält. Im Fall C stirbt das Gen A jedoch schon in der fünfzigsten Generation aus. Im Fall A bleibt es jedoch bis in die 120. Generation und darüber hinaus erhalten. Dies und die unregelmäßige Form der Kurven sind durch den Zufall bedingt, der in der relativ kleinen Population (nur 1000 Individuen) eine sehr große Rolle spielt.
Das unterschiedliche, vom Zufall bedingte Schicksal des neuen Gens wird als Gendrift bezeichnet.

2. Die Kurve B bringt zum Ausdruck, daß das eine Individuum, das am Anfang der Modellsimulation das Gen B trägt, keine Chance zur Fortpflanzung hatte. Es stirbt sofort aus und ist in den Folgegenerationen nicht mehr festzustellen. Auch diese Situation ist zufallsbedingt.

3. Der Fall B (sofortiges Aussterben des neuen Gens) hat die größte Wahrscheinlichkeit. Das Gen ist zwar dominant (keine Selektion gegen AB), aber in der kleinen Population spielen sehr viele Faktoren eine Rolle, die das neue Gen zufällig gefährden können.

Anmerkung: Das Arbeitsblatt kann in Zusammenhang mit dem Arbeitsblatt „Populationsgenetik I" als Aufgabe vorgelegt werden, da hier der Normalfall in einer großen Population dargestellt wird. Das Wirken der Gendrift wird in diesem Vergleich besonders deutlich, da hier gegenüber „Populationsgenetik I" nur ein Parameter, die Größe der Modellpopulation geändert wurde.

Arbeitsblatt 7: Populationsgenetik III

1. In Graphik A verläuft die Entwicklung der Population zunächst erwartungsgemäß so, daß die Individuen mit dem Genotyp AA langsam zurückgedrängt werden, da die Selektion – wenn auch moderat – gegen sie wirkt. Dementsprechend steigt die Frequenz der Individuen, die das Gen B tragen. Nichtsdestoweniger scheint die Wirkung der Selektion nach der fünfzigsten Generation aufgehoben, denn die Zahl der benachteiligten Genotypen steigt wieder. Nach einem steilen Abfall nach der sechzigsten Generation steigt dann wider Erwarten die Zahl der AA-Individuen an. der Kurvenverlauf ist sehr unregelmäßig. – Erklärung: Die Modellpopulation ist sehr klein (nur tausend Individuen). Deshalb spielt hier der Zufall für das Schicksal der Einzelgene eine sehr große Rolle. Die Bedeutung der Selektion, die in diesem Beispiel besonders schwach ist, tritt demgegenüber zurück. Deshalb verlaufen die Kurven so unregelmäßig. – Entsprechend dem Zufall verlaufen die Kurven in den Graphiken B und C auch ganz anders. In A stirbt das Gen B sofort nach seinem Auftauchen wieder aus, in C führt es eine kurze Existenz über nicht ganz 25 Generationen, um auch hier wieder auszusterben. Das Aussterben kann man sich so vorstellen, daß die Population z. B. von einer Krankheit erfaßt wird. Bei nur 1000 Individuen pro Population ist die Wahrscheinlichkeit für das Einzelindividuum, der Krankheit zu erliegen, viel größer als in einer sehr großen Population. Diese Wahrscheinlichkeit bringen die Graphiken B und C zum Ausdruck.

2. Nach der Begründung zu Aufgabe 1. hat die Graphik A in der Realität die geringste Chance.

3. Bei einer sehr großen Population würde die Zahl der Individuen mit dem Genotyp AA langsam sinken. Der Anteil der Heterozygoten würde bis auf 50% ansteigen und dann ganz allmählich abnehmen, entsprechend der Abnahme der AA-Individuen. Der Anteil von BB würde ständig zunehmen. (Vergleiche auch Arbeitsblatt „Populationsgenetik I".)

Anmerkung: Das Arbeitsblatt kann in Verbindung mit Arbeitsblatt „Populationsgenetik II" als Aufgabe gestellt werden. In beiden Arbeitsblättern kommt das Phänomen der Gendrift zum Ausdruck. In Arbeitsblatt „Populationsgenetik II" hat aber die Selektion eine wesentlich größere Bedeutung (30%) als hier (nur 2%), so daß sie sich auch in den Kurven ausdrückt. Die Bedeutung der Selektion kommt übrigens auch darin zum Ausdruck, daß die Ausgangsfrequenz q für das Gen B hier mit 0,004 gewählt werden mußte, um überhaupt zu einer Graphik wie Beispiel A zu kommen. Mit einer Selektion von 2% und einer Frequenz q für das Gen B von 0,001 verlaufen fast alle Simulationen so wie Graphik B.

Arbeitsblatt 8: Populationsgenetik IV

1. Die Kurven beginnen in der ersten Generation entsprechend dem HARDY-WEINBERG-GESETZ bei den Werten 25% für die Homozygoten und 50 % für die Heterozygoten. Die Kurve für die Träger von BB steigt steil an, da die Mutationsrate für die Umwandlung von Gen A in Gen B sehr hoch ist (3%). Dementsprechend sinken die Anteile von AA und AB in der Population prozentual stark ab. – In der 60. Generation setzt eine sehr starke Selektion ein, die gegen den Phänotyp B gerichtet ist. Das Gen B ist rezessiv, wie aus den Ausgangsbedingungen hervorgeht (S1 und S2 gleich 0). Die Träger von BB werden stark dezimiert, aufgrund der Rezessivität bleibt jedoch ein großer Teil der B-Gene unter dem Schutz des Gens A in den Heterozygoten in der Population erhalten. Nach der 90. Generation hat sich ein neues Gleichgewicht eingestellt, die Kurven laufen parallel zur Abszisse.

2. Die Kurven zeigen das Gegeneinander von Mutationsdruck und Selektionsdruck. In den Generationen 1 bis 59 sorgt der starke Mutationsdruck zugunsten von B für ein Überschießen des Anteils der BB-Individuen. Unter dem Einfluß des starken Selektionsdrucks nach der sechzigsten Generation, der gegen den Phänotyp B gerichtet ist, sinkt der Anteil der BB-Träger. Nach der neunzigsten Generation hat sich ein neues Gleichgewicht eingespielt, das nun unter dem gleichbleibendem Druck von Mutationen und Selektion stabil ist. Die Zahl der homozygoten Träger des rezessiven Gens, gegen die die Selektion wirkt, wird immer wieder aus dem Reservoir der Heterozygoten und durch die hohe Mutationsrate regeneriert.

Arbeitsblatt 1: Die Ursachen der Evolution bei LAMARCK

Name:	Klasse / Kurs:	Datum:

„Die Wiederkäuer, deren Beine nur zum Tragen des Körpers gebraucht werden können, und die in ihren Kiefern, welche nur zum Abbeißen und Zerreiben des Grases tauglich sind, wenig Kraft besitzen, können sich nur durch Stoßen mit dem Kopfe bekämpfen, indem sie die Stirn gegeneinander richten.

Bei ihren Wutausbrüchen, die hauptsächlich bei den Männchen häufig sind, lenkt ihr inneres Gefühl durch seine Anstrengungen die Fluida stärker auf diesen Teil des Kopfes hin, und es erfolgt hier bei den einen eine Absonderung von Hornsubstanz, bei den anderen eine Abscheidung von Knochensubstanz vermischt mit Hornsubstanz, wodurch feste Fortsätze gebildet werden; daher die Hörner und Geweihe, mit denen der Kopf der Mehrzahl dieser Tiere bewaffnet ist.“

„Gibt es ein treffenderes Beispiel als das des Känguruhs? ...
1. Seine Vorderbeine, die es sehr wenig gebraucht, und auf die es sich nur dann stützt, wenn es seine aufrechte Haltung aufgibt, sind im Verhältnis zu den übrigen Teilen in ihrer Entwickelung zurückgeblieben und sind mager, äußerst klein und beinahe kraftlos geblieben.
2. Die Hinterbeine, die beinahe immer in Tätigkeit sind, entweder um den Körper zu tragen oder um die Sprünge auszuführen, haben hingegen eine beträchtliche Entwickelung erlangt und sind sehr groß und stark geworden.“

„Jede Veränderung eines Organs vererbt sich auf die Jungen, wenn sie beiden Individuen gemein war, die durch die Befruchtung zur Fortpflanzung ihrer Art beigetragen haben. Diese Veränderung pflanzt sich weiter fort und geht so auf alle aufeinanderfolgenden Nachkommen über, die sich in denselben Verhältnissen befinden, ohne daß sie dieselbe auf dem Wege, auf dem sie wirklich gebildet worden ist, erwerben müßten.“

(LAMARCK, Zoologische Philosophie)

1. Stellen Sie aus den Zitaten in Stichpunkten alle Aussagen zusammen, die für die Evolutionstheorie LAMARCKs eine Rolle spielen!

2. Beschreiben Sie den Ablauf der Entstehung von Hörnern und Geweihen, wie sich LAMARCK ihn vorstellte! Nehmen Sie dazu die obenstehenden Zitate zu Hilfe und berücksichtigen Sie alles, was für LAMARCK Triebfeder der Evolution war!

3. Verfassen Sie einen kurzen Text, in dem Sie die Herausbildung von Hörnern und Geweihen im DARWINschen Sinne beschreiben!

Arbeitsblatt 2: Die Ursachen der Evolution bei DARWIN

Name:	Klasse / Kurs:	Datum:

1. „Die vielen geringen Verschiedenheiten, welche oft unter den Abkömmlingen von einerlei Eltern vorkommen, oder unter solchen, von denen man einen derartigen Ursprung annehmen kann, kann man individuelle Verschiedenheiten nennen, da sie bei Individuen der nämlichen Art beobachtet werden, welche auf begrenztem Raume nahe beisammen wohnen. Niemand glaubt, dasz alle Individuen einer Art genau nach demselben Modell gebildet seien. Diese individuellen Verschiedenheiten sind nun gerade von der grószten Bedeutung für uns, weil sie oft vererbt werden, wie wohl Jedermann schon zu beobachten Gelegenheit hatte; hierdurch liefern sie der natürlichen Zuchtwahl Material zur Einwirkung und zur Häufung, in gleicher Weise wie der Mensch in seinen cultivirten Rassen individuelle Verschiedenheiten in irgend einer gegebenen Richtung häuft."

2. „... bleibt dann noch zu bezweifeln, (wenn wir uns daran erinnern, dasz offenbar viel mehr Individuen geboren werden, als möglicher Weise fortleben können,) dasz diejenigen Individuen, welche irgend einen, wenn auch noch so geringen Vortheil vor andern voraus besitzen, die meiste Wahrscheinlichkeit haben, die andern zu überdauern und wieder ihresgleichen hervorzubringen? Andererseits können wir sicher sein, dasz eine im geringsten Grade nachtheilige Abänderung unnachsichtlich zur Zerstörung der Form führt. Diese Erhaltung günstiger individueller Verschiedenheiten und Abänderungen und die Zerstörung jener, welche nachtheilig sind, ist es, was ich natürliche Zuchtwahl nenne oder Überleben des Passendsten."

3. „Man kann figürlich sagen, die natürliche Zuchtwahl sei täglich und stündlich durch die ganze Welt beschäftigt, eine jede, auch die geringste Abänderung zu prüfen, sie zu verwerfen, wenn sie schlecht, und sie zu erhalten und zu vermehren, wenn sie gut ist. Still und unmerkbar ist sie überall und allezeit, wo sich die Gelegenheit darbietet, mit der Vervollkommnung eines jeden organischen Wesens in Bezug auf dessen organische und unorganische Lebensbedingungen beschäftigt."

4. „Dies veranlaszt mich einige Wort über das zu sagen, was ich sexuelle Zuchtwahl genannt habe. Diese Form der Zuchtwahl hängt nicht von einem Kampfe um's Dasein in Beziehung auf andere organische Wesen oder auf äuszere Bedingungen ab, sondern von einem Kampfe zwischen den Individuen des einen Geschlechts, meistens den Männchen um den Besitz des andern Geschlechts. Das Resultat desselben besteht nicht im Tode, sondern in einer spärlicheren oder ganz ausfallenden Nachkommenschaft des erfolglosen Concurrenten. Diese geschlechtliche Auswahl ist daher minder rigorös als die natürliche. Im Allgemeinen werden die kräftigsten, die ihre Stelle in der Natur am besten ausfüllenden Männchen die meiste Nachkommenschaft hinterlassen. In manchen Fällen jedoch wird der Sieg nicht sowohl von der Stärke im Allgemeinen, sondern von besonderen nur dem Männchen verliehenen Waffen abhängen. Ein geweihloser Hirsch und spornloser Hahn haben wenig Aussicht zahlreiche Erben zu hinterlassen."

1. Stellen Sie aus den Zitaten in Stichpunkten alle Aussagen zusammen, die für die Evolutionstheorie DARWINs eine Rolle spielen!

2. Erklären Sie den Begriff geschlechtliche Zuchtwahl bei DARWIN! Wie setzt er ihn von der natürlichen Zuchtwahl ab?

Arbeitsblatt 3: Blindheit bei Höhlentieren

Name:	Klasse / Kurs:	Datum:

Bei Tieren, die ständig in Höhlen leben, sind die Pigmentierung und die Augen oft weitgehend zurückgebildet. Dafür ist der Tastsinn häufig besonders gut ausgeprägt. Das trifft übrigens für Tiere aus sehr unterschiedlichen systematischen Gruppen zu. Beispiele sind Höhlenfische, der Grottenolm (Amphibium), einige Spinnen und Insekten.

LAMARCK schreibt in seiner Zoologischen Philosophie:

„Das Licht dringt nicht überall ein; folglich haben die Tiere, welche gewohnheitsmäßig an Orten leben, wo es nicht hingelangt, keine Gelegenheit, das Sehorgan, wenn sie ein solches besitzen, zu üben. Die Tiere nun, welche an einem Organisationsplan teilnehmen, zu dem die Augen notwendigerweise gehören, haben ursprünglich solche haben müssen. Da man indessen unter ihnen solche vorfindet, die von diesem Organ keinen Gebrauch machen und bloß noch verborgene und verdeckte Spuren davon haben, so geht klar hervor, daß die Verkümmerung und sogar das Verschwinden dieses Organs die Resultate eines konstanten Nichtgebrauchs desselben sind.“

In manchen Büchern wird hervorgehoben, daß bei blinden Höhlentieren als Ersatz Geruchs- und Tastsinn gut entwickelt sind.

1. Erklären Sie, wie blinde höhlenbewohnende Fische nach der Theorie LAMARCKs entstanden sind! Nehmen Sie dazu das obenstehende Zitat LAMARCKs zu Hilfe!

2. Erklären Sie die Entstehung blinder Fischarten nach der synthetischen Theorie der Evolution!

3. Ist die fehlende Pigmentierung ebenfalls nach der synthetischen Theorie der Evolution zu erklären?

4. Wie würden LAMARCK und DARWIN den gut ausgebildeten Geruchs- und Tastsinn bei Höhlentieren mit ihrer Theorie jeweils erklären? Fertigen Sie zur Beantwortung dieser Frage zwei parallel angeordnete Fließdiagramme an!

Arbeitsblatt 4: Wirkung von Selektions- und Mutationsdruck

Name:	Klasse / Kurs:	Datum:

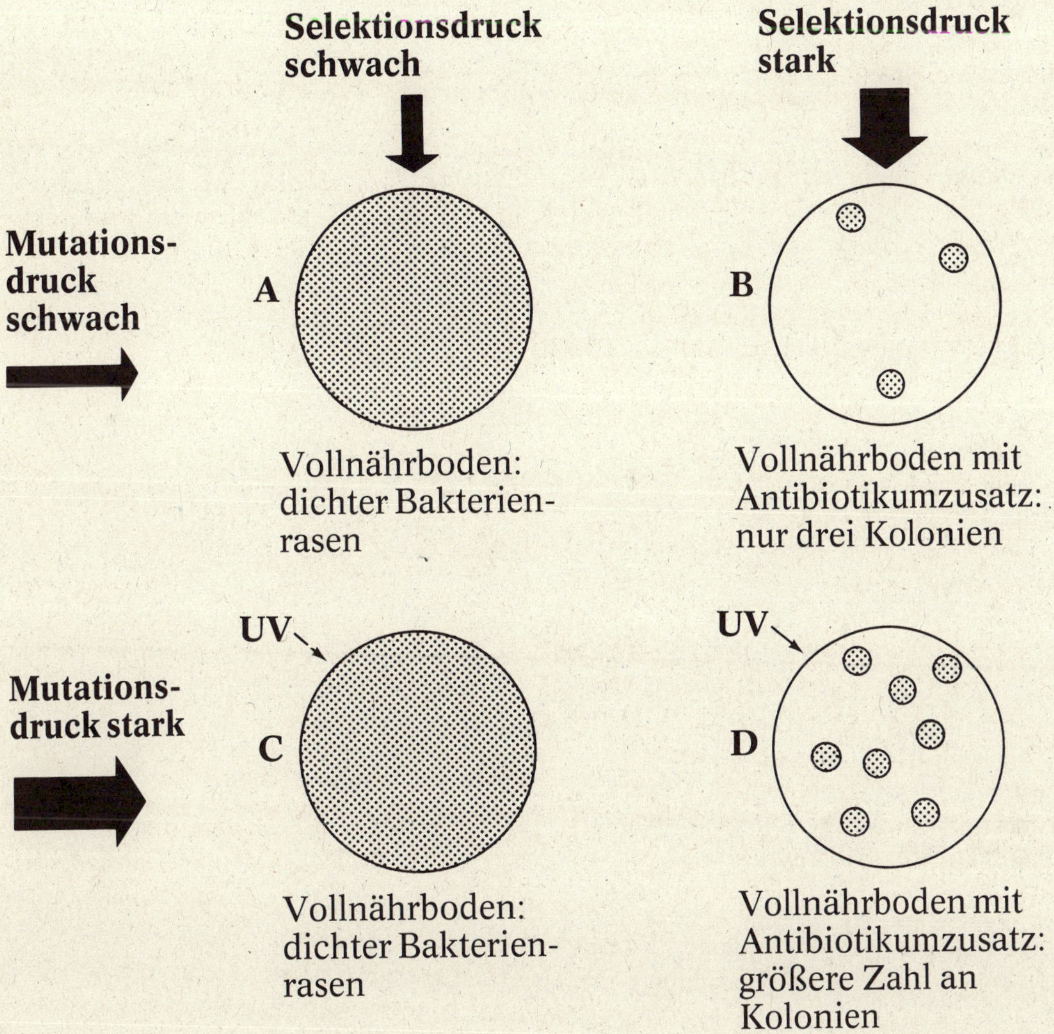

Die Abbildung zeigt ein Experiment, bei dem Coli-Bakterien auf Vollnährböden heranwachsen. Die 4 Petrischalen enthalten alle Vollnährböden, sind aber darüber hinaus unterschiedlichen Bedingungen ausgesetzt.

1. Beschreiben Sie die genauen Versuchsbedingungen anhand der Abbildung!

2. Beschreiben und erklären Sie das Versuchsergebnis! Benutzen Sie dabei die Begriffe Selektionsfaktor, Selektionsdruck und Mutationsdruck!

3. Verdeutlichen Sie in einem Fließschema, wie man sich das Entstehen einer gegen ein Antibiotikum resistenten Bakterienkultur im Zusammenwirken verschiedener Evolutionsfaktoren vorzustellen hat!

Arbeitsblatt 5: Populationsgenetik I

Name:	Klasse / Kurs:	Datum:

In einer Modellpopulation sollen folgende Bedingungen gelten:

Größe der Modellpopulation: 1 000 000
Allelfrequenz p für Merkmal A: 0,999
Allelfrequenz q für Merkmal B: 0,001
Es finden keine weiteren Mutationen statt.
Selektion S1 gegen AA: 30 %
Selektion S2 gegen AB: 0
Selektion S3 gegen BB: 0

Die Berechnung der in jeder Generation auftretenden Genotypen ergibt folgendes Bild:

Relative Häufigkeit der Genotypen

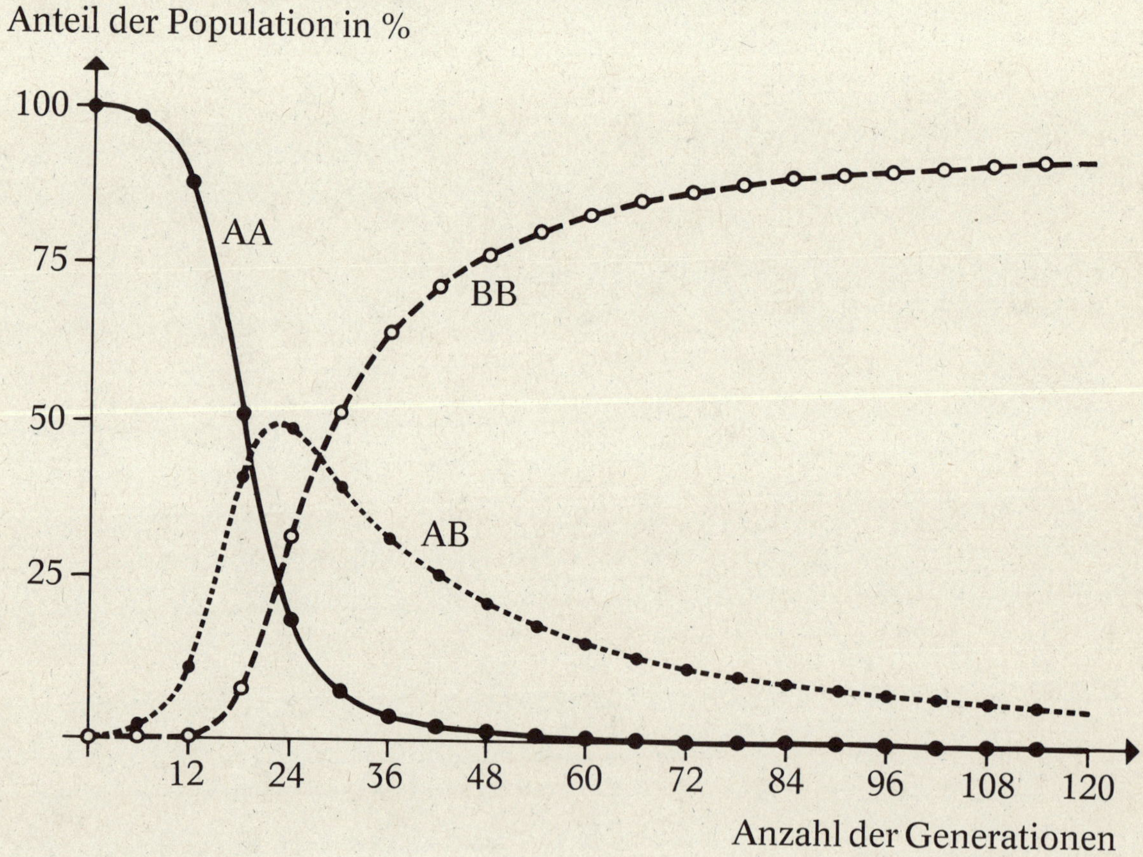

1. Beschreiben und erklären Sie den jeweiligen Kurvenverlauf!

2. Welches Gen ist dominant? Begründen Sie ihre Aussage!

3. Wie groß sind die Allelfrequenzen p und q für die Gene A und B in der 23. Generation (Anteil der Heterozygoten = 50 %)? Begründen Sie ihre Berechnung!

4. Welche Faktoren des Evolutionsprozesses werden durch die Kurvendiagramme verdeutlicht?

Arbeitsblatt 6: Populationsgenetik II

Name:	Klasse / Kurs:	Datum:

In einer Modellpopulation sollen folgende Bedingungen gelten:
Größe der Modellpopulation: 1000
Allelfrequenz p für Merkmal A: 0,999
Allelfrequenz q für Merkmal B: 0,001
Zahl der betrachteten Generationen: 120
Es finden keine weiteren Mutationen statt.
Selektion S1 gegen AA: 30
Selektion S2 gegen AB: 0
Selektion S3 gegen BB: 0

A

Relative Häufigkeit der Genotypen

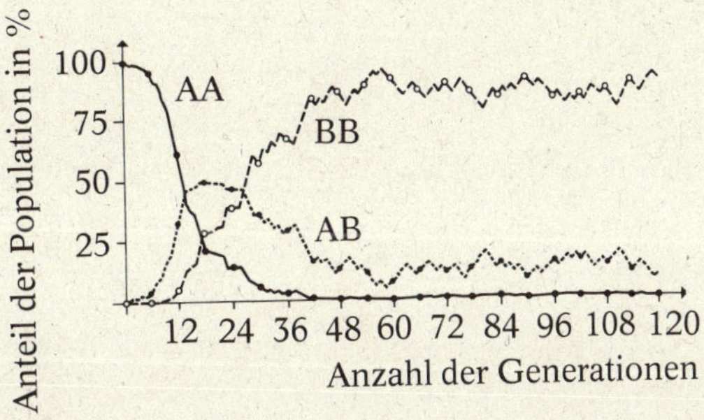

B

Relative Häufigkeit der Genotypen

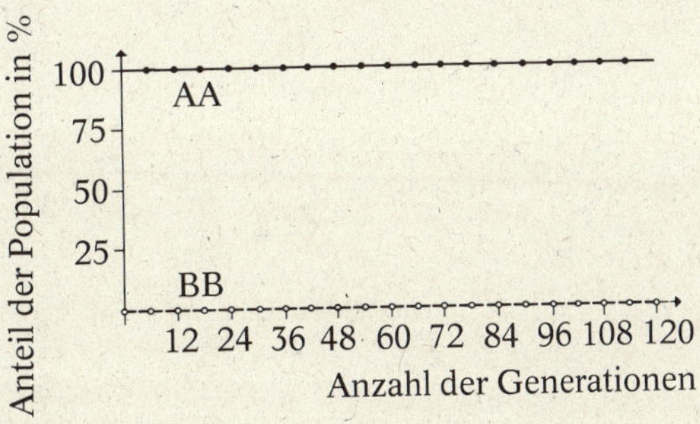

C

Relative Häufigkeit der Genotypen

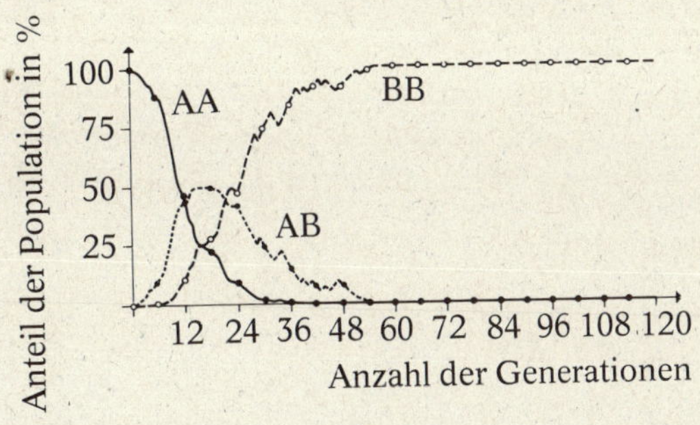

Für die drei Kurvendiagramme gelten dieselben, oben angeführten Bedingungen. Trotzdem ergeben die Simulationsberechnungen bei jedem Durchlauf des Modells unterschiedliche Kurven.

1. Vergleichen Sie die drei Kurvendiagramme und stellen Sie Gemeinsamkeiten und Unterschiede heraus! Begründen Sie Ihre Feststellungen!

2. Warum hat die Kurve B keine Ähnlichkeit mit den beiden Kurven A und C?

3. Welche der verschiedenen Möglichkeiten der Entwicklung einer Population, dargestellt in den Kurvendiagrammen, ist mit höchster Wahrscheinlichkeit unter realen Bedingungen zu erwarten? Begründen Sie Ihre Aussage!

Arbeitsblatt 7: Populationsgenetik III

Name:	Klasse / Kurs:	Datum:

Größe der Modellpopulation: 1000
Allelfrequenz p für Merkmal A: 0,996
Allelfrequenz q für Merkmal B: 0,004
Zahl der Generationen: 120
Es finden keine weiteren Mutationen statt.
Selektion S1 gegen AA: 2
Selektion S2 gegen AB: 0
Selektion S3 gegen BB: 0

A

Relative Häufigkeit der Genotypen

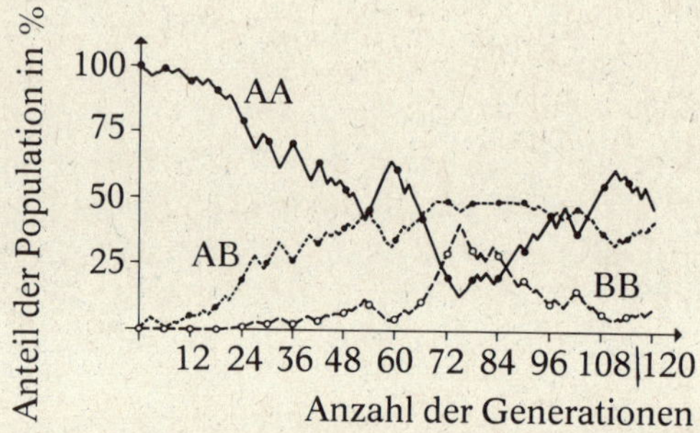

B

Relative Häufigkeit der Genotypen

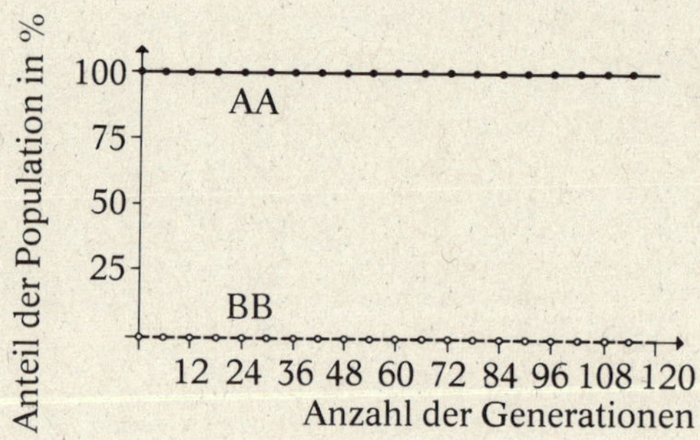

C

Relative Häufigkeit der Genotypen

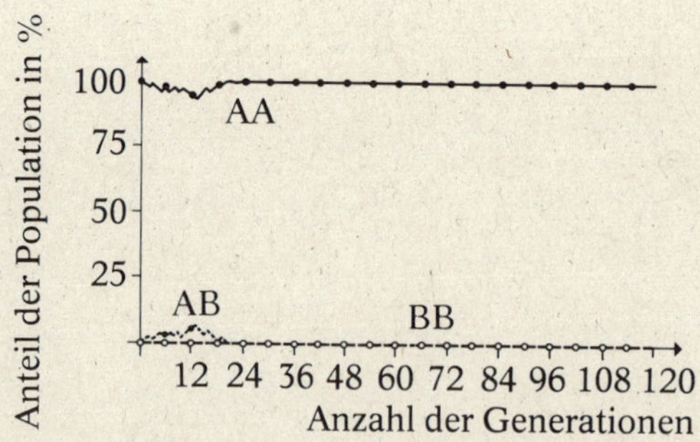

Für die drei Kurvendiagramme gelten dieselben, oben aufgeführten Bedingungen. Trotzdem ergeben die Simulationsberechnungen bei jedem Durchlauf des Modells unterschiedliche Kurven.

1. Vergleichen Sie die drei Kurvendiagramme, und erklären Sie ihren Verlauf!

2. Welche Entwicklung einer Population, dargestellt in den Kurvendiagrammen, hat die geringste Wahrscheinlichkeit, daß sie in einer realen Population auftritt?

3. Wie würden die Kurven verlaufen, wenn die Modellpopulation am Anfang etwa eine Million Individuen umfassen würde?

Arbeitsblatt 8: Populationsgenetik IV

Name:	Klasse / Kurs:	Datum:

In einer Modellpopulation sollen folgende Ausgangsbedingungen herrschen (die Mutationsrate U wirkt über die ganze Simulation!).

Größe der Modellpopulation: 1 000 000
Allelfrequenz p für Merkmal A: 0,500
Allelfrequenz q für Merkmal B: 0,500
Mutationsrate U(A ⟶ B): 3
Rückmutationsrate V(B ⟶ A): 0
Selektion S1 gegen AA: 0
Selektion S2 gegen AB: 0
Selektion S3 gegen BB: 30
Beginn der Selektion bei Generation Nr. 60

Die Berechnung der in jeder Generation auftretenden Genotypen ergibt folgendes Bild:

Relative Häufigkeit der Genotypen

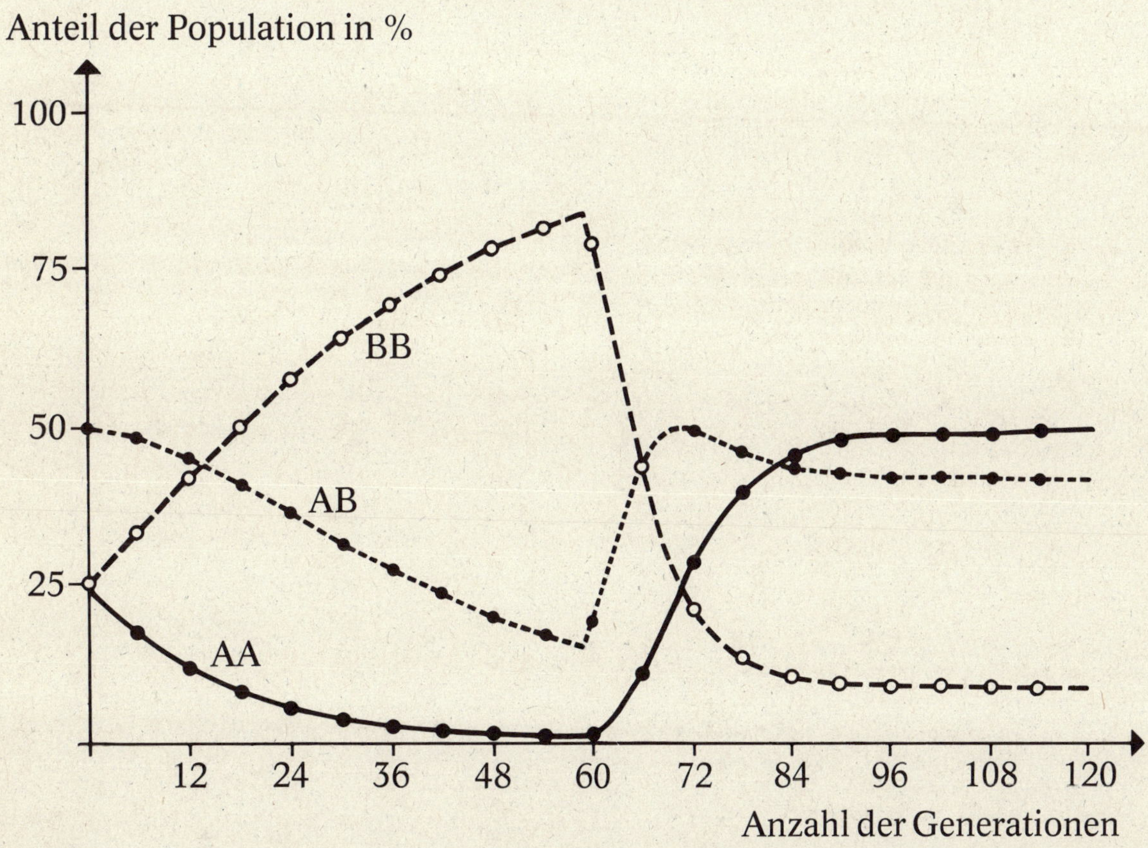

1. Beschreiben und erklären Sie die Kurvendiagramme!

2. Welche Faktoren des Evolutionsprozesses werden an diesem Beispiel besonders deutlich?

4. Chemische Evolution und Anfänge des Lebens
5. Wege der Stammesentwicklung

A. Aufgaben und Versuche

A 1 *Korallen und Einzeller*

Das Vorkommen der Korallenriffe ist auf die tropischen Meere beschränkt, d.h. auf den Bereich von etwa 30° nördlicher Breite und 30° südlicher Breite. In den tropischen Flachwassergebieten sind etwa 15% des Meeresbodens bis in 30 m Wassertiefe von Korallenlebensgemeinschaften bedeckt. Korallentiere sind festsitzende Hohltiere, die vielgestaltige, aus vielen miteinander verwachsenen Polypen bestehende Kolonien bilden. Ihr Körper besteht aus einem sackartigen Schlauch, an dem weit verästelte Fangarme sitzen, mit denen die Tiere Plankton fangen. Mit ihrem Fuß scheiden sie Kalk ab, der in den unterschiedlichsten Gestalten die Korallenriffe bildet. Bei der Bildung der Riffe entwickeln die Korallen eine erstaunliche Produktivität: Sie liegt mit 20t pro Hektar und Jahr etwa bei der Produktionskraft der tropischen Regenwälder oder der C_4-Pflanzen.
Diese erstaunliche Produktivität der Tiere hängt damit zusammen, daß alle riffbildenden Korallen in ihren Zellen einzellige Algen enthalten. In jeder Einzelzelle der Korallentiere sind mehrere Dutzend dieser einzelligen Algen enthalten.

Aufgaben: **a.** Wie nennt man die Lebensgemeinschaft, die hier zwischen Korallen und Algen besteht?
b. Nennen Sie die Vorteile für die Korallen und die Algen bei dieser Form des Zusammenlebens!
c. Warum hat sich diese Form der Zusammenarbeit auf die Korallen beschränkt, d.h. warum gibt es nicht auch andere Tiere, die lebende Algen enthalten?

Lösungshinweis: **a.** Korallen und einzellige Algen leben in einer Endosymbiose.
b. Die Algen betreiben innerhalb der Korallenzellen Photosynthese. Dabei verbrauchen Sie das von den Zellen bei der Atmung erzeugte Kohlenstoffdioxid. Sie liefern molekularen Sauerstoff und Kohlenhydrate, die die Zellen sofort direkt verarbeiten können. Die Algen liegen geschützt in den Korallenzellen. Da die Korallen eine weitverästelte Struktur mit einer sehr großen Oberfläche haben, werden die Algen dadurch in eine optimale Position zum Sonnenlicht gebracht.
c. Die Voraussetzung für die Photosynthese ist der Zugang zum Licht. Die grünen Landpflanzen haben dieses Problem durch die Entwicklung von Einzelblättern gelöst, die eine sehr große Gesamtoberfläche bilden. Diese Voraussetzungen bieten auch die Korallentiere mit ihren weit verzweigten Strukturen. Diese Strukturen kann aber nur ein festsitzendes Tier haben, da sie bei einer freien Ortsbewegung hinderlich wären. Die meisten anderen Tiere sind frei beweglich und können deshalb keine übermäßig große Körperoberfläche entwickeln. Deshalb fehlt der geeignete Platz für photosynthetisch aktive Endosymbionten.

B. Literatur

BÜRGIS: Fangmethoden bei Spinnen, BiuZ 1988, Heft 1, Seiten 16–24

Kommentar: Eindrucksvolle Darstellung der Evolution vom Röhrennetz zum Radnetz. Einzelbesprechung der netzbauenden Spinnen, die auch in Fotos gezeigt werden. Zeichnung eines Spinnenstammbaums auf der Basis der Netzkonstruktionen. Referatthema.

CAIRNS-SMITH: Bestanden die ersten Lebensformen aus Ton?, Spektrum 1985, Heft 8, Seiten 82–91

Kommentar: Theoretische Betrachtungen über Kristallstrukturen als Träger von genetischen Informationen, Evolution von Ton-Genen, Verbindung zur Entstehung von organischen Molekülen. Fotos, Zeichnungen. Unterrichtsvorbereitung, evtl. Referatthema.

DEL PINO: Beutelfrösche, Spektrum 1989, Heft 7, Seiten 86–93

Kommentar: Entwicklungsphysiologie einiger tropischer Laubfrösche, die ihre Eier nicht ins Wasser ablegen, sondern in einer besonderen Tasche tragen. Darstellung der Änderungen des Entwicklungsablaufs, die dabei auftreten. Vergleich mit den Entwicklungen bei höheren Wirbeltieren, konvergente Entwicklungen. Fotos, Zeichnungen. Unterrichtsvorbereitung, Referatthema.

DOSE: Präbiotische Evolution und der Ursprung des Lebens. Ein kritischer Rückblick, ChiuZ 1987, Heft 6, Seiten 177–185

Kommentar: Zusammenfassung der Theorien über die Entstehung der organischen Stoffe und des Lebens, Ursprung der genetischen Information. Formelbilder, Grafiken, ausführliches Literaturverzeichnis. Unterrichtsvorbereitung.

GERHARDT-DIRCKSEN (Hrsg.): Die Evolution der Pflanzen I, Praxis der Naturwissenschaften – Biologie 1985, Heft 7, ganzes Heft

Kommentar: Themenheft zum angegebenen Thema. Überblick über die Evolution der Pflanzen, Pflanzen des Paläophytikums, Lebende Fossilien, Fossilienentstehung, mikroskopisches Arbeiten, erdgeschichtliche Zeitalter. Zeichnungen, Fotos, Tabellen, Stammbäume. Informationsblätter als Kopiervorlagen. Gute Unterrichtsvorbereitung und Referatthemen.

GERHARDT-DIRCKSEN (Hrsg.): Evolution der Pflanzen II, Praxis der Naturwissenschaften – Biologie 1986, Heft 9, ganzes Heft

Kommentar: Themenheft zum angegebenen Thema. Evolution der Gefäßpflanzen, Evolution des Generationswechsels, Evolution eines abgeleiteten Merkmals, Pigmentmuster als Hinweis auf phylogenetische Verwandtschaft, Evolution der Angiospermen. Fotos, Zeichnungen, Tabellen, mehrere Stammbäume, Demonstrationsblätter als Kopiervorlagen, dito Arbeitsblätter, Experimente zur Chromatographie der Blattfarbstoffe. Unterrichtsvorbereitung, Referatthemen.

GLAUBRECHT: Darwin-Finken auf Galapagos, Naturwissenschaftliche Rundschau 1988, Heft 2, Seiten 54–58

Kommentar: Ausführliche Darstellung der Evolution der Darwin-Finken unter Berücksichtigung der Forschungen nach Darwin. Ein Stammbaum, eine Zeichnung, eine Landkarte. Referatthema.

JUNGBAUER (Hrsg.): Adaptive Radiation, Praxis der Naturwissenschaften – Biologie 1985, Heft 3, ganzes Heft

Kommentar: Themenheft zum angegebenen Thema. Adaptive Radiation allgemein, Evolution der Darwin-Finken, adaptive Radiation der Beuteltiere, adaptive Radiation in der Humanevolution. Zeichnungen, Tabellen, Landkarten. Informationsblätter und Arbeitsblätter mit Aufgaben als Kopiervorlagen. Sehr gute Unterrichtsvorbereitungen und Referatthemen.

JUNGBAUER (Hrsg.): Evolution der Wirbeltiere, Praxis der Naturwissenschaften – Biologie 1986, Heft 1, ganzes Heft

Kommentar: Themenheft zum angegebenen Thema. Beginn der Entwicklung der Wirbeltiere, Aussterben der Dinosaurier, Evolution des Kiefergelenks, Evolution der Pferde, Verwandtschaft oder Konvergenz. Zeichnungen, Tabellen, Unterrichtsflußdiagramme, Folienvorlagen und Arbeitsblätter mit Aufgaben als Kopiervorlagen. Gute Unterrichtsvorbereitung und Referatthemen.

KASTING, TOON und POLLACK: Die Entwicklung des Klimas auf den erdähnlichen Planeten, Spektrum 1988, Heft 4, Seiten 46–53

Kommentar: Mathematische Modelle zeigen, daß es außerhalb des Sonnensystems lebensfreundliche Planeten geben kann. Mechanismen der Entstehung von Atmosphären, Beispiele von Mars und Venus. Fotos, Zeichnungen. Unterrichtsvorbereitung, Referatthema.

MANGELSDORF: Der Ursprung des Mais – eine neue Theorie, Spektrum 1986, Heft 10, Seiten 112–119

Kommentar: Ausführliche Darstellung der Evolution einer Kulturpflanze. Fotos, Zeichnungen, Stammbäume. Referatthema.

NANCE, WORSLEY und MOODY: Der Superkontinent-Zyklus, Spektrum 1988, Heft 9, Seiten 80–87

Kommentar: Veränderungen im Erscheinungsbild der Kontinente, Kontinentalverschiebung, Meeresspiegelschwankungen, Klimaänderungen, Periodik dieser Erscheinungen, Einfluß auf die Entstehung des Lebens. Landkarten, Zeichnungen. Unterrichtsvorbereitung.

NIEMITZ: Der Koboldmaki: Evolutionsforschung an einem Primaten, Naturwissenschaftliche Rundschau 1985, Heft 2, Seiten 43–49

Kommentar: Ausführliche Darstellung der Evolution der fossilen und rezenten Tarsiiformes, Beschreibung einer neuen Art, Evolution von Hautleistenmustern, Konvergenzen mit Eulen. Fotos, Zeichnungen, Tabellen, ein Stammbaum. Unterrichtsvorbereitung, Referatthema.

O'BRIEN: Die Abstammung des Riesenpanda, Spektrum 1988, Heft 1, Seiten 42–47

Kommentar: Anschauliche Besprechung der Bärensystematik unter besonderer Berücksichtigung des Riesenpanda. Analogie- und Homologieprobleme, molekulare Uhr, Knochenbau, Chromosomenstrukturen. Fotos, eine Landkarte, Zeichnungen, ein Stammbaum der Bären mit Zeitangaben.

SCHMIDT: Die Erde und das Leben, Praxis der Naturwissenschaften – Biologie 1989, Heft 3, Seiten 1–7

Kommentar: Fragestellungen: Die Erde im Kosmos, die Erde in der Zeit, das Leben auf der Erde, Materielle Grundlagen, Temperatur, Atmosphäre, biol. Information, außerirdisches Leben, philosophische Fragen, didaktische Erwägungen. Unterrichtsvorbereitung.

TAUTZ: Die Replikatordynamik – von der präbiotischen Evolution bis zur Soziobiologie, BiuZ 1988, Heft 3, Seiten 65–70

Kommentar: Ein ordnungschaffendes Prinzip von der präbiotischen Evolution bis zur Soziobiologie. Systemtheoretische und mathematische Betrachtungen, thermodynamisches Gleichgewicht, Entstehung von Makromolekülen, Populationsgenetik, Populationsökologie, Soziobiologie, Spieltheorie. Unterrichtsvorbereitung für letzte Stunden im Semester.

C. Zusatzinformationen –

D. Lösungshinweise zu den Arbeitsblättern

Arbeitsblatt 1: Das MILLER-Experiment

1.

Bestandteile der Apparatur	Uratmosphäre
Gaskreislauf	Die sich bewegende Uratmosphäre (H_2, H_2O, CH_4, NH_3, CO, CO_2, H_2S, HCN)
Elektrischer Lichtbogen	Gewitter in der Uratmosphäre
Gasgemisch	Reaktionsraum in der Uratmosphäre
Spannungsquelle	Gewitterwolken in der Uratmosphäre
Lichtbogen	Blitze
Kühlung (Kühler)	Bildung von Wolken und Niederschlägen
Auffangrohr	Urmeer, Sammelbecken für alle organischen Substanzen (Ursuppe)
Wärmequelle	Sonne und z. T. Vulkanismus, die zum Verdampfen von Wasser aus dem Urmeer führten

2. Lipide, Carbonsäuren, Zucker, Aminosäuren und Nucleinbasen.

Arbeitsblatt 2: Erstellen eines Stammbaumes und
Arbeitsblatt 3: Stammbaum der Entenvögel

Allgemeine Vorbemerkungen:
1. Die Arbeitsblätter 2 und 3 bilden eine Einheit. Das Arbeitsblatt 2 sollte vor dem Arbeitsblatt 3 bearbeitet werden, da das Arbeitsblatt 3 ohne Voraussetzungen fast nicht zu bearbeiten ist. Arbeitsblatt 2, die Erstellung des Wirbeltierstammbaums, ist relativ leicht für die Schüler zu bearbeiten. Es dient zur Übung bestimmter Methoden, die zur Erarbeitung der Lösung von Arbeitsblatt 3 vom Schüler beherrscht werden sollten.

2. Arbeitsblatt 3 stellt eine echte Forschungsaufgabe von KONRAD LORENZ (Stammbaum der Entenvögel auf ethologischer Grundlage) dar, d. h. es handelt sich nicht um „Spielmaterial". Dementsprechend ist die Aufgabe sehr arbeitsaufwendig. Wie in den Lösungshinweisen gezeigt werden wird, erfolgt die Lösung durch Umordnen der Spalten und Zeilen der Tabellen. Dies kann durch mehrmaliges genaues Abschreiben der Tabellen unter Anwendung der neuen Anordnung erfolgen. Die Schüler müssen dabei sehr exakt arbeiten. – Es ist auch möglich, die Tabellen mit dem Fotokopierer zu vergrößern, sie nach Zeilen bzw. Spalten aufzuschneiden und diese Streifen neu zu ordnen.
Die schnellste Methode ist die Verwendung von Datenbankprogrammen oder Tabellenkalkulationsprogrammen. Da an fast allen Gymnasien Computer vorhanden sind, sollte diese Methode ernsthaft in Betracht gezogen werden. Für die Erarbeitung dieser Arbeitsblätter wurde das Datenbankprogramm PC-File 5.0 in Verbindung mit dem Textverarbeitungsprogramm Word 5.0 verwendet. Datenbankprogramme, die als preiswerte Schulversionen erhältlich sind (wenige hundert D-Mark), sind z. B. F&A, Feflex, Data Ease, DataPerfect, Paradox, R:Base for DOS, Nantucket Tools, dbase III und dbase IV. Tabellenkalkulationsprogramme mit Schulversionen sind Lotus 1-2-3, Microsoft Excel, Microsoft Multiplan und Plan Perfect. Programmpakete, d. h. integrierte Systeme, die sowohl ein Datenbankprogramm als auch Tabellenkalkulation und Textverarbeitung enthalten und eine Schulversion anbieten, sind: Open Access II, Smart Ware II und Lotus Symphony.
Mit Hilfe solcher Programme ist es auch leicht, selbst Arbeitsblätter zur Aufstellung von Stammbäumen oder systematischen Gliederungen zu erzeugen. Das Material dazu bieten z. B. die botanischen oder zoologischen Bestimmungsbücher.

Arbeitsblatt 2: Erstellen eines Stammbaums

Vorbemerkung: Zuerst sollte Teil 1 des Arbeitsblattes ausgeteilt werden und ohne die Hilfe von Teil 2 des Arbeitsblattes bearbeitet werden. Da Teil 2 leicht erkennen läßt, daß es sich bei den Lebewesen um die Klassen der Wirbeltiere und ihre Merkmale handelt, würde die Bearbeitung an Hand dieser Kenntnisse erfolgen, und die Forschungsmethode würde nicht ihrem Charakter entsprechend geübt. Erst wenn die Aufgabe des ersten Teils des Arbeitsblattes gelöst ist, wird Teil 2 nachgeliefert und dient dann dem Aha-Erlebnis und der Überprüfung der Ergebnisse.

1. Zuerst wird gezählt, wie häufig in jeder Zeile eine Eins vorkommt. Daraufhin werden die Zeilen nach diesen Summenzahlen der Größe nach geordnet, d. h. sie werden auf kariertem Papier in dieser Reihenfolge neu aufgeschrieben:

Merkmal	Lebewesen	Ba	Bu	Ei	Fe	Gf	Ha	Ka	Kt	Ra	Wa	sum
Ws		1	1	1	1	1	1	1	1	1	1	10
Bk		1	1	1	1	1	1	1	1	1	1	10
E4		.	1	1	1	1	1	.	1	1	1	8
Kl		1	1	1	1	1	.	1	.	1	1	8
Lu		.	1	1	1	1	1	.	1	1	1	8
Ww		1	.	1	1	1	.	1	.	.	1	6
Am		.	1	1	.	.	1	.	1	1	1	6
El		.	1	1	.	.	.	.	.	1	1	4
Ew		1	.	.	1	1	.	1	.	.	.	4
Gw		.	1	.	.	.	1	.	1	1	.	4
Lj		.	.	.	.	.	1	.	1	.	.	2
Js		.	.	.	.	.	1	.	1	.	.	2
Mt		.	.	.	1	1	.	.	.	.	.	2
Fi		.	.	.	1	1	.	.	.	.	.	2

Durch diese Anordnung wird deutlich, welche Merkmale sich für systematische Zusammenfassungen eignen. Es sind die, die nur wenige Nennungen pro Zeile zeigen. Es wird z. B. klar, daß Fe und Gf zusammengehören.

Man ordnet die Spalten nun so, daß bezüglich der Merkmale Gruppen entstehen. Die Schreibarbeit kann über mehrere Schritte, d. h. über mehrere Zwischentabellen gehen, da sich nach jeder neuen Abschrift neue Aspekte ergeben und die endgültige Anordnung immer klarer heraustritt. Das Endergebnis dieses Arbeitsschritts sieht dann so aus:

Merkmal	Lebewesen	Ka	Ba	Fe	Gf	Wa	Ei	Ra	Bu	Ha	Kt	sum
Ws		1	1	1	1	1	1	1	1	1	1	10
Bk		1	1	1	1	1	1	1	1	1	1	10
E4		.	.	1	1	1	1	1	1	1	1	8
Kl		1	1	1	1	1	1	1	1	.	.	8
Lu		.	.	1	1	1	1	1	1	1	1	8
Ww		1	1	1	1	1	1	.	.	.	.	6
Am		.	.	.	.	1	1	1	1	1	1	6
El		.	.	.	.	1	1	1	1	.	.	4
Ew		1	1	1	1	.	.	.	.	.	.	4
Gw		.	.	.	.	.	.	1	1	1	1	4
Lj		.	.	.	.	.	.	.	.	1	1	2
Js		.	.	.	.	.	.	.	.	1	1	2
Mt		.	.	1	1	.	.	.	.	.	.	2
Fi		.	.	1	1	.	.	.	.	.	.	2

Die Anordnung der Lebewesen ist jetzt schon endgültig. Der nächste Schritt ist nur noch kosmetischer Natur:

Man ordnet die Zeilen so an, daß die systematische Zusammengehörigkeit klarer zum Ausdruck kommt:

Merkmal	Lebewesen	Ka	Ba	Fe	Gf	Wa	Ei	Ra	Bu	Ha	Kt	sum
Ws		1	1	1	1	1	1	1	1	1	1	10
Bk		1	1	1	1	1	1	1	1	1	1	10
Kl		1	1	1	1	1	1	1	1	.	.	8
Ww		1	1	1	1	1	1	.	.	.	.	6
Ew		1	1	1	1	.	.	.	.	.	.	4
E4		.	.	1	1	1	1	1	1	1	1	8
Lu		.	.	1	1	1	1	1	1	1	1	8
Mt		.	.	1	1	.	.	.	.	.	.	2
Fi		.	.	1	1	.	.	.	.	.	.	2
Am		.	.	.	.	1	1	1	1	1	1	6
El		.	.	.	.	1	1	1	1	.	.	4
Gw		.	.	.	.	.	.	1	1	1	1	4
Lj		.	.	.	.	.	.	.	.	1	1	2
Js		.	.	.	.	.	.	.	.	1	1	2

Jetzt kann der Stammbaum gezeichnet werden, wobei die Daten der Tabelle in diesen eingearbeitet werden:

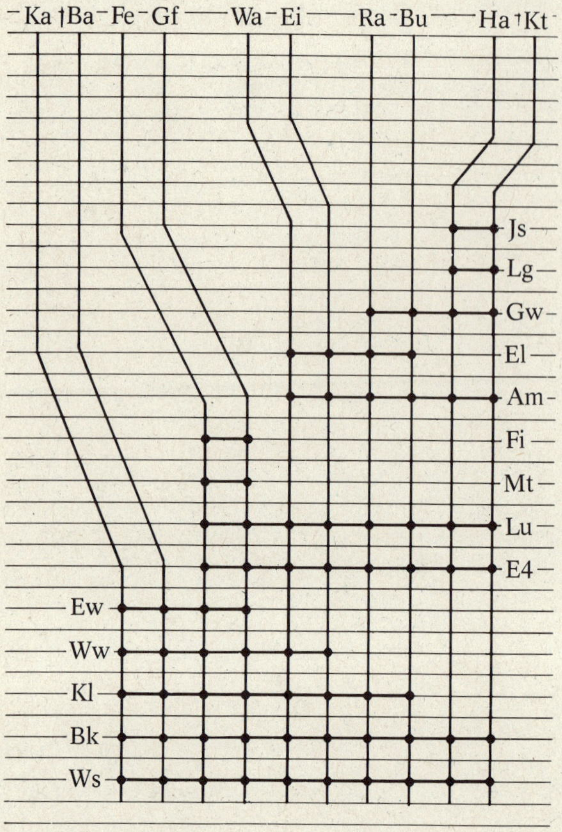

2. Anhand der Erklärung der Abkürzungen wird deutlich, daß es sich hier um jeweils zwei Vertreter der Klassen der Wirbeltiere handelt. Anhand der Zuordnung der entsprechenden Merkmale wird deutlich, ob die Anordnung richtig ist.

3. Die Klassen der Wirbeltiere, die hier geordnet wurden, sind: Fische, Amphibien, Reptilien, Vögel und Säuger.

Arbeitsblatt 3: Stammbaum der Entenvögel

Vorbemerkungen: Die Grundlage dieser Arbeitsblätter ist die Arbeit von KONRAD LORENZ: Vergleichende Bewegungsstudien an Anatinen (1941). Ihr sind die Daten und die Zeichnung des Entenstammbaums entnommen. Die Arbeit enthält eine genaue Beschreibung der hier verwendeten Verhaltensweisen. Aus der Liste der Merkmale wurden die Verhaltensweisen Abf (Abaufbewegung) und Kzh (Kurzhochwerden) gestrichen, da ihre Verteilung lückenhaft ist und die Lösung der Aufgabe dem Schüler unnötig erschweren würde.

1. Für jede Zeile wird die Summe des Auftretens des Merkmals bestimmt. Dann werden die Merkmale nach der Größe dieser Summen geordnet. Die erste Zwischentabelle sieht dann so aus:

Vogelart/ Merkmal	Bah	Brd	Brt	Ckr	Cpf	Gra	Kas	Knä	Kri	Löf	Man	Pfe	Rin	Ros	Rot	Sch	Spi	Sto	Süd	Tür	Sum
Epv	1	1	1	1	1	1	1	1	1	1	1	1	1	1	1	1	1	1	1	1	20
Ant	1	1	1	1	1	1	1	1	1	1	1	1	1	1	1	1	1	1	1	1	20
Knt	1	1	1	1	1	.	1	1	1	1	1	1	.	1	1	1	1	1	1	1	18
Akk	1	1	1	1	1	.	1	1	1	1	1	1	.	1	1	1	1	1	1	1	18
Fs	1	1	1	1	1	.	1	1	1	1	1	1	.	1	1	1	1	1	1	1	18
2st	1	1	1	1	1	.	1	1	1	1	1	1	.	1	1	1	1	1	1	1	18
Ssn	1	1	1	1	1	.	1	1	1	1	1	1	.	1	1	1	1	1	1	1	18
H	1	1	1	1	1	.	1	1	1	1	1	1	.	1	1	1	1	1	1	.	17
Is	1	1	1	1	1	.	1	1	1	1	1	1	.	.	1	1	1	1	1	.	16
Sp	1	.	1	1	1	.	1	1	1	1	1	1	.	.	1	1	1	1	1	.	15
Afs	1	.	1	1	1	.	1	1	1	1	1	1	.	.	1	1	1	1	1	.	15
Ges	1	.	.	1	1	.	1	1	1	1	1	1	.	.	1	1	1	1	1	.	14
Eis	1	.	.	1	1	.	1	1	1	1	.	1	.	.	1	1	1	1	1	.	13
P	1	.	.	1	1	.	1	1	1	1	.	1	.	.	1	1	1	1	1	.	13
Dc	1	.	.	1	1	.	1	1	1	1	.	1	.	.	1	1	1	1	1	.	13
Skh	1	.	1	1	1	.	1	.	1	.	1	1	.	.	1	1	1	1	1	.	13
Hkz	1	.	.	1	.	.	1	1	1	1	.	.	.	.	1	1	1	1	1	.	11
Epf	.	.	.	1	1	.	1	.	1	.	.	1	.	.	.	1	.	1	1	.	8
Kh	.	.	.	1	1	.	1	.	1	.	.	1	.	.	.	1	.	1	.	.	7
Gp	.	.	.	1	.	.	1	.	1	.	.	.	.	.	.	1	1	1	1	.	7
Ls	1	.	.	.	.	.	.	1	.	1	.	.	.	.	1	.	1	.	1	.	6
Op	1	.	.	.	.	.	.	1	.	1	.	.	.	.	1	.	.	.	.	.	4
Gis	.	.	.	1	.	.	1	.	1	.	.	.	.	.	.	.	.	1	.	.	4
Ar	.	.	.	1	.	.	1	.	1	.	.	.	.	.	.	.	.	1	.	.	4
Sz	1	.	.	.	.	.	.	.	.	.	.	.	.	.	1	.	1	.	1	.	4
Ss	1	.	.	.	.	.	.	1	.	.	.	.	.	.	1	.	1	.	.	.	4
He	.	1	.	.	.	1	.	.	.	.	.	.	1	1	.	.	.	.	.	.	4
Kr	.	.	.	1	.	.	1	.	1	.	.	.	.	.	.	.	.	.	.	.	3
Hv	1	.	.	.	.	.	.	.	.	.	.	.	.	.	.	.	1	.	1	.	3
Rr	1	.	.	.	.	.	.	.	.	.	.	.	.	.	.	.	1	.	1	.	3
Trk	.	.	.	.	1	.	.	.	.	.	.	1	.	.	.	1	.	.	.	.	3
Krs	.	.	.	1	.	.	1	.	1	.	.	.	.	.	.	.	.	.	.	.	3
Ia	.	.	.	1	.	.	1	.	1	.	.	.	.	.	.	.	.	.	.	.	3
Pe	.	.	1	.	.	.	.	.	.	.	1	.	.	.	.	.	.	.	.	1	3
Spf	.	.	1	.	.	.	.	.	.	.	1	.	.	.	.	.	.	.	.	.	2
Ns	.	.	.	.	.	.	1	.	.	.	.	.	.	.	.	.	.	1	.	.	2
Pn	.	.	.	.	.	.	1	.	.	.	.	.	.	.	.	.	.	1	.	.	2
Pih	.	.	.	.	.	.	.	1	.	1	.	.	.	.	.	.	.	.	.	.	2
Spi	.	.	.	.	.	.	.	.	.	.	.	.	.	.	.	.	1	.	1	.	2
Swk	.	1	.	.	.	.	.	.	.	.	.	.	.	1	.	.	.	.	.	.	2
Mks	.	.	.	.	.	1	.	.	.	.	.	.	1	.	.	.	.	.	.	.	2
Kd	.	.	.	1	.	.	.	.	1	.	.	.	.	.	.	.	.	.	.	.	2
Bfk	.	.	.	.	.	.	.	1	.	1	.	.	.	.	.	.	.	.	.	.	2
Fz	.	1	.	.	.	.	.	.	.	.	.	.	.	1	.	.	.	.	.	.	2
Ef	.	.	.	.	.	1	.	.	.	.	.	.	1	.	.	.	.	.	.	.	2
Gg	.	.	.	.	.	.	.	.	.	.	.	.	.	.	.	.	1	.	1	.	2

2. Die Spalten werden durch sinnvolles Umsortieren über mehrere Zwischentabellen in folgende Endform gebracht:

Vogelart/ Merkmal	Tür	Brt	Man	Cpf	Pfe	Sch	Kri	Ckr	Kas	Sto	Süd	Spi	Bah	Rot	Knä	Löf	Brd	Ros	Gra	Rin	Sum
Epv	1	1	1	1	1	1	1	1	1	1	1	1	1	1	1	1	1	1	1	1	20
Ant	1	1	1	1	1	1	1	1	1	1	1	1	1	1	1	1	1	1	1	1	20
Knt	1	1	1	1	1	1	1	1	1	1	1	1	1	1	1	1	1	1	.	.	18
Akk	1	1	1	1	1	1	1	1	1	1	1	1	1	1	1	1	1	1	.	.	18
Fs	1	1	1	1	1	1	1	1	1	1	1	1	1	1	1	1	1	1	.	.	18
2st	1	1	1	1	1	1	1	1	1	1	1	1	1	1	1	1	1	1	.	.	18
Ssn	1	1	1	1	1	1	1	1	1	1	1	1	1	1	1	1	1	1	.	.	18
H	.	1	1	1	1	1	1	1	1	1	1	1	1	1	1	1	1	1	.	.	17
Is	.	1	1	1	1	1	1	1	1	1	1	1	1	1	1	1	1	.	.	.	16
Sp	.	1	1	1	1	1	1	1	1	1	1	1	1	1	1	1	.	.	.	.	15
Afs	.	1	1	1	1	1	1	1	1	1	1	1	1	1	1	1	.	.	.	.	15
Ges	.	.	1	1	1	1	1	1	1	1	1	1	1	1	1	1	.	.	.	.	14
Eis	.	.	.	1	1	1	1	1	1	1	1	1	1	1	1	1	.	.	.	.	13
P	.	.	.	1	1	1	1	1	1	1	1	1	1	1	1	1	.	.	.	.	13
Dc	.	.	.	1	1	1	1	1	1	1	1	1	1	1	1	1	1	.	.	.	13
Skh	.	1	1	1	1	1	1	1	1	1	1	1	1	1	.	.	.	.	.	.	13
Hkz	.	.	.	.	.	1	1	1	1	1	1	1	1	1	1	1	.	.	.	.	11
Epf	.	.	.	1	1	1	1	1	1	1	1	.	.	.	.	.	.	.	.	.	8
Kh	.	.	.	1	1	1	1	1	1	1	.	.	.	.	.	.	.	.	.	.	7
Gp	.	.	.	.	.	1	1	1	1	1	1	1	.	.	.	.	.	.	.	.	7
Ls	.	.	.	.	.	.	.	.	.	.	1	1	1	1	1	1	.	.	.	.	6
Op	.	.	.	.	.	.	.	.	.	.	.	.	1	1	1	1	.	.	.	.	4
Gis	.	.	.	.	.	.	1	1	1	1	.	.	.	.	.	.	.	.	.	.	4
Ar	.	.	.	.	.	.	1	1	1	1	.	.	.	.	.	.	.	.	.	.	4
Sz	.	.	.	.	.	.	.	.	.	.	1	1	1	1	.	.	.	.	.	.	4
Ss	.	.	.	.	.	.	.	.	.	.	.	1	1	1	1	.	.	.	.	.	4
He	.	.	.	.	.	.	.	.	.	.	.	.	.	.	.	.	1	1	1	1	4
Kr	.	.	.	.	.	.	1	1	1	.	.	.	.	.	.	.	.	.	.	.	3
Hv	.	.	.	.	.	.	.	.	.	.	1	1	1	.	.	.	.	.	.	.	3
Rr	.	.	.	.	.	.	.	.	.	.	1	1	1	.	.	.	.	.	.	.	3
Trk	.	.	.	1	1	1	.	.	.	.	.	.	.	.	.	.	.	.	.	.	3
Krs	.	.	.	.	.	.	1	1	1	.	.	.	.	.	.	.	.	.	.	.	3
Ia	.	.	.	.	.	.	1	1	1	.	.	.	.	.	.	.	.	.	.	.	3
Pe	1	1	1	-	.	.	.	.	.	.	.	.	.	.	.	.	.	.	.	.	3
Spf	.	1	1	.	.	.	.	.	.	.	.	.	.	.	.	.	.	.	.	.	2
Ns	.	.	.	.	.	.	.	.	1	1	.	.	.	.	.	.	.	.	.	.	2
Pn	.	.	.	.	.	.	.	.	1	1	.	.	.	.	.	.	.	.	.	.	2
Pih	.	.	.	.	.	.	.	.	.	.	.	.	.	.	1	1	.	.	.	.	2
Spi	.	.	.	.	.	.	.	.	.	.	1	1	.	.	.	.	.	.	.	.	2
Swk	.	.	.	.	.	.	.	.	.	.	.	.	.	.	.	.	1	1	.	.	2
Mks	.	.	.	.	.	.	.	.	.	.	.	.	.	.	.	.	.	.	1	1	2
Kd	.	.	.	.	.	.	1	1	.	.	.	.	.	.	.	.	.	.	.	.	2
Bfk	.	.	.	.	.	.	.	.	.	.	.	.	.	.	1	1	.	.	.	.	2
Fz	.	.	.	.	.	.	.	.	.	.	.	.	.	.	.	.	1	1	.	.	2
Ef	.	.	.	.	.	.	.	.	.	.	.	.	.	.	.	.	.	.	1	1	2
Gg	.	.	.	.	.	.	.	.	.	.	1	1	.	.	.	.	.	.	.	.	2

3. Durch geeignetes Verschieben der Zeilen entsteht folgendes Bild:

Vogelart/ Merkmal	Tür	Brt	Man	Cpf	Pfe	Sch	Kri	Ckr	Kas	Sto	Süd	Spi	Bah	Rot	Knä	Löf	Brd	Ros	Gra	Rin	Sum
Epv	1	1	1	1	1	1	1	1	1	1	1	1	1	1	1	1	1	1	1	1	20
Ant	1	1	1	1	1	1	1	1	1	1	1	1	1	1	1	1	1	1	1	1	20
Knt	1	1	1	1	1	1	1	1	1	1	1	1	1	1	1	1	1	1	.	.	18
Akk	1	1	1	1	1	1	1	1	1	1	1	1	1	1	1	1	1	1	.	.	18
Fs	1	1	1	1	1	1	1	1	1	1	1	1	1	1	1	1	1	1	.	.	18
2st	1	1	1	1	1	1	1	1	1	1	1	1	1	1	1	1	1	1	.	.	18
SSn	1	1	1	1	1	1	1	1	1	1	1	1	1	1	1	1	1	1	.	.	18
Pe	1	1	1	.	.	.	.	.	.	.	.	.	.	.	.	.	.	.	.	.	3
Spf	.	1	1	.	.	.	.	.	.	.	.	.	.	.	.	.	.	.	.	.	2
H	.	1	1	1	1	1	1	1	1	1	1	1	1	1	1	1	1	1	.	.	17
Is	.	1	1	1	1	1	1	1	1	1	1	1	1	1	1	1	1	.	.	.	16
Sp	.	1	1	1	1	1	1	1	1	1	1	1	1	1	1	1	.	.	.	.	15
Afs	.	1	1	1	1	1	1	1	1	1	1	1	1	1	1	1	.	.	.	.	15
Skh	.	1	1	1	1	1	1	1	1	1	1	1	1	1	.	.	.	.	.	.	13
Ges	.	.	1	1	1	1	1	1	1	1	1	1	1	1	1	1	.	.	.	.	14
Eis	.	.	.	1	1	1	1	1	1	1	1	1	1	1	1	1	.	.	.	.	13
P	.	.	.	1	1	1	1	1	1	1	1	1	1	1	1	1	.	.	.	.	13
Dc	.	.	.	1	1	1	1	1	1	1	1	1	1	1	1	1	.	.	.	.	13
Epf	.	.	.	1	1	1	1	1	1	1	1	.	.	.	.	.	.	.	.	.	8
Kh	.	.	.	1	1	1	1	1	1	1	.	.	.	.	.	.	.	.	.	.	7
Trk	.	.	.	1	1	1	.	.	.	.	.	.	.	.	.	.	.	.	.	.	3
Hkz	.	.	.	.	.	1	1	1	1	1	1	1	1	1	1	1	.	.	.	.	11
Gp	.	.	.	.	.	1	1	1	1	1	1	1	.	.	.	.	.	.	.	.	7
Gis	.	.	.	.	.	.	1	1	1	1	.	.	.	.	.	.	.	.	.	.	4
Ar	.	.	.	.	.	.	1	1	1	1	.	.	.	.	.	.	.	.	.	.	4
Kr	.	.	.	.	.	.	1	1	1	.	.	.	.	.	.	.	.	.	.	.	3
Krs	.	.	.	.	.	.	1	1	1	.	.	.	.	.	.	.	.	.	.	.	3
Ia	.	.	.	.	.	.	1	1	1	.	.	.	.	.	.	.	.	.	.	.	3
Kd	.	.	.	.	.	.	1	1	.	.	.	.	.	.	.	.	.	.	.	.	2
Ns	.	.	.	.	.	.	.	.	1	1	.	.	.	.	.	.	.	.	.	.	2
Pn	.	.	.	.	.	.	.	.	1	1	.	.	.	.	.	.	.	.	.	.	2
Ls	.	.	.	.	.	.	.	.	.	.	1	1	1	1	1	1	.	.	.	.	6
Sz	.	.	.	.	.	.	.	.	.	.	1	1	1	1	.	.	.	.	.	.	4
Hv	.	.	.	.	.	.	.	.	.	.	1	1	1	.	.	.	.	.	.	.	3
Rr	.	.	.	.	.	.	.	.	.	.	1	1	1	.	.	.	.	.	.	.	3
Spi	.	.	.	.	.	.	.	.	.	.	1	1	.	.	.	.	.	.	.	.	2
Gg	.	.	.	.	.	.	.	.	.	.	1	1	.	.	.	.	.	.	.	.	2
Ss	.	.	.	.	.	.	.	.	.	.	.	1	1	1	1	.	.	.	.	.	4
Op	.	.	.	.	.	.	.	.	.	.	.	.	1	1	1	1	.	.	.	.	4
Pih	.	.	.	.	.	.	.	.	.	.	.	.	.	.	1	1	.	.	.	.	2
Bfk	.	.	.	.	.	.	.	.	.	.	.	.	.	.	1	1	.	.	.	.	2
He	.	.	.	.	.	.	.	.	.	.	.	.	.	.	.	.	1	1	1	1	4
Swk	.	.	.	.	.	.	.	.	.	.	.	.	.	.	.	.	1	1	.	.	2
Fz	.	.	.	.	.	.	.	.	.	.	.	.	.	.	.	.	1	1	.	.	2
Mks	.	.	.	.	.	.	.	.	.	.	.	.	.	.	.	.	.	.	1	1	2
Ef	.	.	.	.	.	.	.	.	.	.	.	.	.	.	.	.	.	.	1	1	2

4. Daraus ergibt sich der LORENZsche Entenstammbaum:

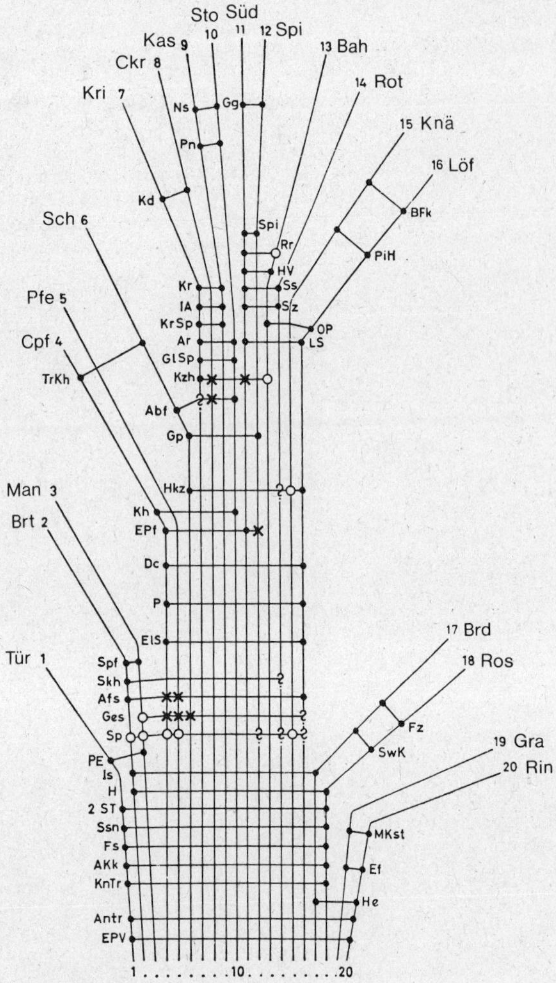

Arbeitsblatt 4: Stammbäume

Stammbaum A ist der historische Stammbaum, den ERNST HAECKEL aufstellte. Er zeigt das ursprüngliche „Stammbaumkonzept", d.h. einen Baum, dessen Stamm und dessen Äste bestimmte Formen aus der Entwicklung der Lebewesen darstellen. Der wesentliche Unterschied zu den beiden anderen Darstellungen ist die Aussage, daß heute lebende Formen Teile des „Stammes" sind. Das bedeutet, daß die davon ausgehenden Äste und die späteren Formen direkte Nachkommen dieser heute lebenden Formen sind. Die Reptilien und Säuger sind zum Beispiel direkte Nachfahren der Amphibien, oder die Ringelwürmer sind die Vorfahren der Gliedertiere.

Stammbaum B ist die exaktere und ausführlichere Darstellung. Sie enthält die Erdzeitalter und macht damit Aussagen über die zeitliche Abfolge der Evolution. Bezüglich der Pflanzen wird dieser Skala eine weitere hinzugefügt, die die vorherrschenden Pflanzenformen der jeweiligen Zeitalter hervorhebt. – Die Dicke der „Stammbaumäste" symbolisiert die Artenmächtigkeit der jeweiligen Form in dem betreffenden Zeitalter. Das wesentliche, besondere Merkmal dieses Stammbaums sind die gestrichelten Linien, die die Äste miteinander verbinden. Nur an zwei Stellen sind Verzweigungen voll durchgezeichnet: Die Verzweigung von Ringelwürmern und Gliedertieren scheint sicher belegt durch eine Form, die dem heute lebenden Wurm Peripatus geähnelt hat, und die Abspaltung der Vögel von den Reptilien ist wahrscheinlich durch eine Form ähnlich dem Archaeopteryx gesichert. Alle anderen Verzweigungen sind nicht hundertprozentig sicher und werden deshalb gestrichelt dargestellt. Dasselbe gilt auch für die praekambrischen Entwicklungsstufen, deren Ursprung sich irgendwo in der Vergangenheit verliert. Über die Aufspaltung hypothetischer, vielzelliger Urlebewesen in Tiere, Pilze und Pflanzen ist bisher so gut wie nichts bekannt.

Arbeitsblatt 1: Das MILLER-Experiment

Name:	Klasse / Kurs:	Datum:

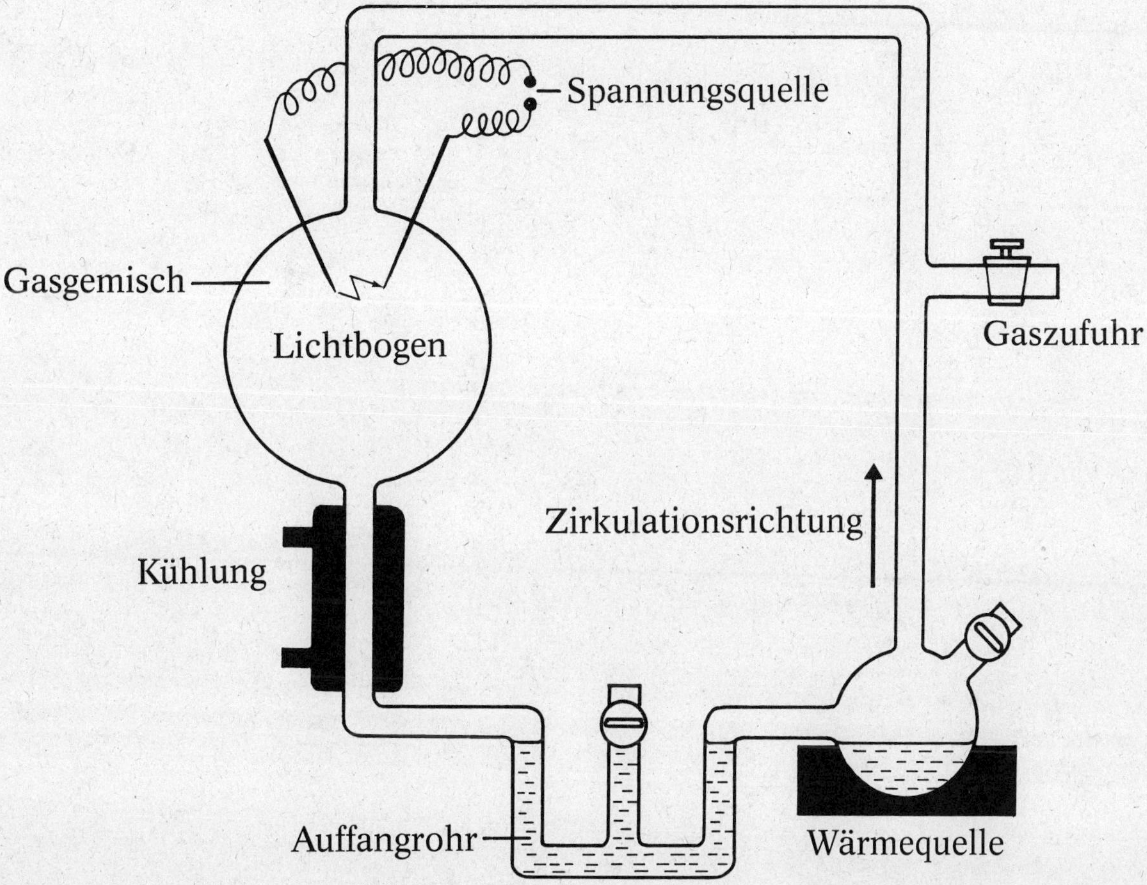

Die Abbildung zeigt schematisch die Apparatur, mit der MILLER 1953 die Bildung von organischen Molekülen in der „Uratmosphäre" simulierte.

1. Analogisieren Sie die Bestandteile der Versuchsapparatur mit den angenommenen Gegebenheiten der Uratmosphäre!

2. Welche Endprodukte konnte MILLER nach Ablauf des Experiments nachweisen?

Arbeitsblatt 2 (Teil 1): Erstellen eines Stammbaums

Name:	Klasse / Kurs:	Datum:

In der Tabelle sind waagerecht zehn Lebewesen aufgeführt. Ihnen sind senkrecht in 14 Spalten Eigenschaften zugeordnet (1 = Eigenschaft vorhanden, . = Eigenschaft nicht vorhanden):

Lebewesen Merkmal	Ba	Bu	Ei	Fe	Gf	Ha	Ka	Kt	Ra	Wa
Am	.	1	1	.	.	1	.	1	1	1
Bk	1	1	1	1	1	1	1	1	1	1
E4	.	1	1	1	1	1	.	1	1	1
El	.	1	1	.	.	.	.	.	1	1
Ew	1	.	.	1	1	.	1	.	.	.
Fi	.	.	.	1	1	.	.	.	.	.
Gw	.	1	.	.	.	1	.	1	1	.
Js	.	.	.	.	.	1	.	1	.	.
Kl	1	1	1	1	1	.	1	.	1	1
Lj	.	.	.	.	.	1	.	1	.	.
Lu	.	1	1	1	1	1	.	1	1	1
Mt	.	.	.	1	1	.	.	.	.	.
Ws	1	1	1	1	1	1	1	1	1	1
Ww	1	.	1	1	1	.	1	.	.	1

1. Ordnen Sie bitte die Zeilen und Spalten so um, daß Gruppen mit gleichen Eigenschaften entstehen! (Gehen Sie dabei so vor, daß Sie zunächst feststellen, wie häufig ein Merkmal auftritt! Stellen Sie häufig auftretende Merkmale in der Reihenfolge in der Tabelle an den Anfang! Dann ordnen Sie die Spalten so an, daß Lebewesen mit gleichen Eigenschaften nebeneinander stehen!) Erstellen Sie dann auf dieser Grundlage der neuen Tabelle einen Stammbaum dieser Lebewesen!

Arbeitsblatt 2 (Teil 2): Erstellen eines Stammbaums

Name:	Klasse / Kurs:	Datum:

Bedeutung der Abkürzungen in Arbeitsblatt:

Lebewesen:
Ba = Barsch
Ka = Karpfen
Fe = Feuersalamander
Gf = Grasfrosch
Wa = Waran
Ei = Eidechse
Ra = Rabe
Bu = Bussard
Ha = Hase
Kt = Katze

Eigenschaften:
Am Embryo mit Amnion
Bk Geschlossener Blutkreislauf
E4 Vier Extremitäten
El Eier an Land
Ew Eier ins Wasser
Fi Vorderextremität mit vier Fingern
Gw Gleichwarm
Js Junge werden gesäugt
Kl Kloake
Lj Lebende Junge
Lu Lungenatmung
Mt Metamorphose
Ws Wirbelsäule
Ww Wechselwarm

2. Überprüfen Sie an Hand der Listen, ob die von Ihnen erstellte Ordnung sinnvoll ist!

3. Ordnen Sie den Gruppen des von Ihnen erstellten Stammbaums systematische Kategorien zu!

Arbeitsblatt 3 (Teil 1): Stammbaum der Entenvögel

Name:	Klasse / Kurs:	Datum:

Die Ethogramme verschiedener Gattungen und Arten der Entenvögel zeigen folgende Eigenschaften (zusätzlich sind auch wichtige morphologische Merkmale eingearbeitet):

Vogelart/ Merkmal	Bah	Brd	Brt	Ckr	Cpf	Gra	Kas	Knä	Kri	Löf	Man	Pfe	Rin	Ros	Rot	Sch	Spi	Sto	Süd	Tür
2st	1	1	1	1	1	.	1	1	1	1	1	1	.	1	1	1	1	1	1	1
Afs	1	.	1	1	1	.	1	1	1	1	1	1	.	.	1	1	1	1	1	.
Akk	1	1	1	1	1	.	1	1	1	1	1	1	.	1	1	1	1	1	1	1
Ant	1	1	1	1	1	1	1	1	1	1	1	1	1	1	1	1	1	1	1	1
Ar	.	.	.	1	.	.	1	.	1	.	.	.	.	.	.	.	.	1	.	.
Bfk	.	.	.	.	.	.	.	1	.	1	.	.	.	.	.	.	.	.	.	.
Dc	1	.	.	1	1	.	1	1	1	1	.	1	.	.	1	1	1	1	1	.
Ef	.	.	.	.	.	1	.	.	.	.	.	.	1	.	.	.	.	.	.	.
Eis	1	.	.	1	1	.	1	1	1	1	.	1	.	.	1	1	1	1	1	.
Epf	.	.	.	1	1	.	1	.	1	.	.	1	.	.	.	1	.	1	1	.
Epv	1	1	1	1	1	1	1	1	1	1	1	1	1	1	1	1	1	1	1	1
Fs	1	1	1	1	1	.	1	1	1	1	1	1	.	1	1	1	1	1	1	1
Fz	.	1	.	.	.	.	.	.	.	.	.	.	.	1	.	.	.	.	.	.
Ges	1	.	.	1	1	.	1	1	1	1	1	1	.	.	1	1	1	1	1	.
Gg	.	.	.	.	.	.	.	.	.	.	.	.	.	.	.	.	1	.	1	.
Gis	.	.	.	1	.	.	1	.	1	.	.	.	.	.	.	.	.	1	.	.
Gp	.	.	.	1	.	.	1	.	1	.	.	.	.	.	.	1	1	1	1	.
H	1	1	1	1	1	.	1	1	1	1	1	1	.	1	1	1	1	1	1	.
He	.	1	.	.	.	1	.	.	.	.	.	.	1	1	.	.	.	.	.	.
Hkz	1	.	.	1	.	.	1	1	1	1	.	.	.	.	1	1	1	1	1	.
Hv	1	.	.	.	.	.	.	.	.	.	.	.	.	.	.	.	1	.	1	.
Ia	.	.	.	1	.	.	1	.	1	.	.	.	.	.	.	.	.	.	.	.
Is	1	1	1	1	1	.	1	1	1	1	1	1	.	.	1	1	1	1	1	.
Kd	.	.	.	1	.	.	.	.	1	.	.	.	.	.	.	.	.	.	.	.
Kh	.	.	.	1	1	.	1	.	1	.	.	1	.	.	.	1	.	1	.	.
Knt	1	1	1	1	1	.	1	1	1	1	1	1	.	1	1	1	1	1	1	1
Kr	.	.	.	1	.	.	1	.	1	.	.	.	.	.	.	.	.	.	.	.
Krs	.	.	.	1	.	.	1	.	1	.	.	.	.	.	.	.	.	.	.	.
Ls	1	.	.	.	.	.	.	1	.	1	.	.	.	.	1	.	1	.	1	.
Mks	.	.	.	.	.	1	.	.	.	.	.	.	1	.	.	.	.	.	.	.
Ns	.	.	.	.	.	.	1	.	.	.	.	.	.	.	.	.	.	1	.	.
Op	1	.	.	.	.	.	.	1	.	1	.	.	.	.	1	.	.	.	.	.
P	1	.	.	1	1	.	1	1	1	1	.	1	.	.	1	1	1	1	1	.
Pe	.	.	1	.	.	.	.	.	.	.	1	.	.	.	.	.	.	.	.	1
Pih	.	.	.	.	.	.	.	1	.	1	.	.	.	.	.	.	.	.	.	.
Pn	.	.	.	.	.	.	1	.	.	.	.	.	.	.	.	.	.	1	.	.
Rr	1	.	.	.	.	.	.	.	.	.	.	.	.	.	.	.	1	.	1	.
Skh	1	.	1	1	1	.	1	.	1	.	1	1	.	.	1	1	1	1	1	.
Sp	1	.	1	1	1	.	1	1	1	1	1	1	.	.	1	1	1	1	1	.
Spf	.	.	1	.	.	.	.	.	.	.	1	.	.	.	.	.	.	.	.	.
Spi	.	.	.	.	.	.	.	.	.	.	.	.	.	.	.	.	1	.	1	.
Ss	1	.	.	.	.	.	.	1	.	.	.	.	.	.	1	.	1	.	.	.
Ssn	1	1	1	1	1	.	1	1	1	1	1	1	.	1	1	1	1	1	1	1
Swk	.	1	.	.	.	.	.	.	.	.	.	.	.	1	.	.	.	.	.	.
Sz	1	.	.	.	.	.	.	.	.	.	.	.	.	.	1	.	1	.	1	.
Trk	.	.	.	.	1	.	.	.	.	.	.	1	.	.	.	1	.	.	.	.

Stellen Sie einen Stammbaum der Entenvögel auf! (Die Erklärung der Abkürzungen können Sie dem 2. Teil dieses Arbeitsblattes entnehmen.)

Arbeitsblatt 3 (Teil 2): Stammbaum der Entenvögel

Name:	Klasse / Kurs:	Datum:

Abkürzungen der Ethogramm-Tabelle:

Bezeichnungen der Entenvögel:

Bah	=	Bahamaente	Poecilonetta bahamensis
Brd	=	Brandente	Tadorna tadorna
Brt	=	Brautente	Lampronessa sponsa
Ckr	=	Chilenische Krickente	Nettion flavirostre
Cpf	=	Chilenische Pfeifente	Mareca sibilatrix
Gra	=	Grau-, Saat-, Bläßgans	Anser als Gattung
Kas	=	Kastanienente	Virago castanea
Knä	=	Knäckente	Querquerdula querquerdula
Kri	=	Krickente	Nettion crecca
Löf	=	Löffelente	Spatula clypeata
Man	=	Mandarinente	Aix galericulata
Pfe	=	Pfeifente	Mareca penelope
Rin	=	Ringel-, Rothalsgans	Branta als Gattung
Ros	=	Rostgans	Casarca ferruginea
Rot	=	Rotschnabelente	Poecilonetta erythrorhyncha
Sch	=	Schnatterente	Chaulelasmus strepera
Spi	=	Spießente	Dafila acuta
Sto	=	Stock-, Fleck-, Schnabelente	Anas als Gattung
Süd	=	Südamerikanische Spießente	Dafila spinicauda
Tür	=	Türkenente	Cairina moschata

Eigenschaften in den Ethogrammen:

2-St	Zweistimmiger Kükenstimmfühlungslaut
Afs	Aufstoßen
Akk	Anatinen-Kükenkleid
Antr	Antrinken
Ar	Aufreißen
Bfk	Blaues Flügelkleingefieder
De	Decrescendoruf der Ente
Ef	Einfarbiges Kükenkleid
Eis	Einleitendes Sichschütteln
Epf	Erpelpfiff
epv	Einsilbiges Pfeifen des Verlassenseins
Fs	Flügelspiegel
Fz	Schwarzweiße und rotbraune Flügelzeichnung der Casarcinen
Ges	Gesellschaftsspiel der Erpel
Gg	geeeeeegeeeeeee-Laut der echten Spießerpel
Glsp	Nach Geschlechtern gleiche Flügelspiegel
Gp	Grunzpfiff
H	Hetzen der Ente
He	Halseintauchen als Paarungseinleitung
Hkz	Hinterkopfzudrehen des Erpels
Hv	Hetzen mit hoch erhobenem Vorderkörper
Ia	Isoliertes, nicht an Kurzhochwerden gekoppeltes Aufreißen
Is	Schütteln als Balz- und Imponiergeste
Kd	Küdick der eigentlichen Krickenten
Hk	Kinnheben
Kntr	Knochentrommel an der Trachea des Männchens
Kr	Krickfpiff
Krsp	Schwarzgoldgrüner Krickentenspiegel
Ls	Lanzettförmige Schulterfedern
Mkst	Mehrsilbiger Kükenstimmfühlungslaut der Anserinen
Ns	Nickschwimmen der Ente
Op	Fehlen des Pfiffs der Erpel
P	Pumpen als Paarungseinleitung
Pe	Zielende Kopfbewegung als Paarungseinleitung
Pih	Pumpen als Hetzbewegung
Pn	Paarungsnachspiel mit Aufreißen und Nickschwimmen
Rr	R-Laute der Ente beim Hetzen und Stimmfühlungslaut
Skh	Seitliche Kopfbewegung der Ente beim Hetzen
Sp	Scheinputzen des Erpels hinter dem Flügel
Spf	Besondere, dem Scheinputzen dienende Federdifferenzierung
Spi	Spießartig verlängerte mittlere Steuerfeder
Ss	Stufiges Steuer
Ssn	Seihschnabel mit Hornlamellen
Swk	Schwarzweißes Kükenkleid
Sz	Schnabelzeichnung mit Firstfleck und hellen Seiten
Trkh	An das Triumphgeschrei erinnerndes Kinnheben

Arbeitsblatt 4: Stammbäume

Name:	Klasse / Kurs:	Datum:

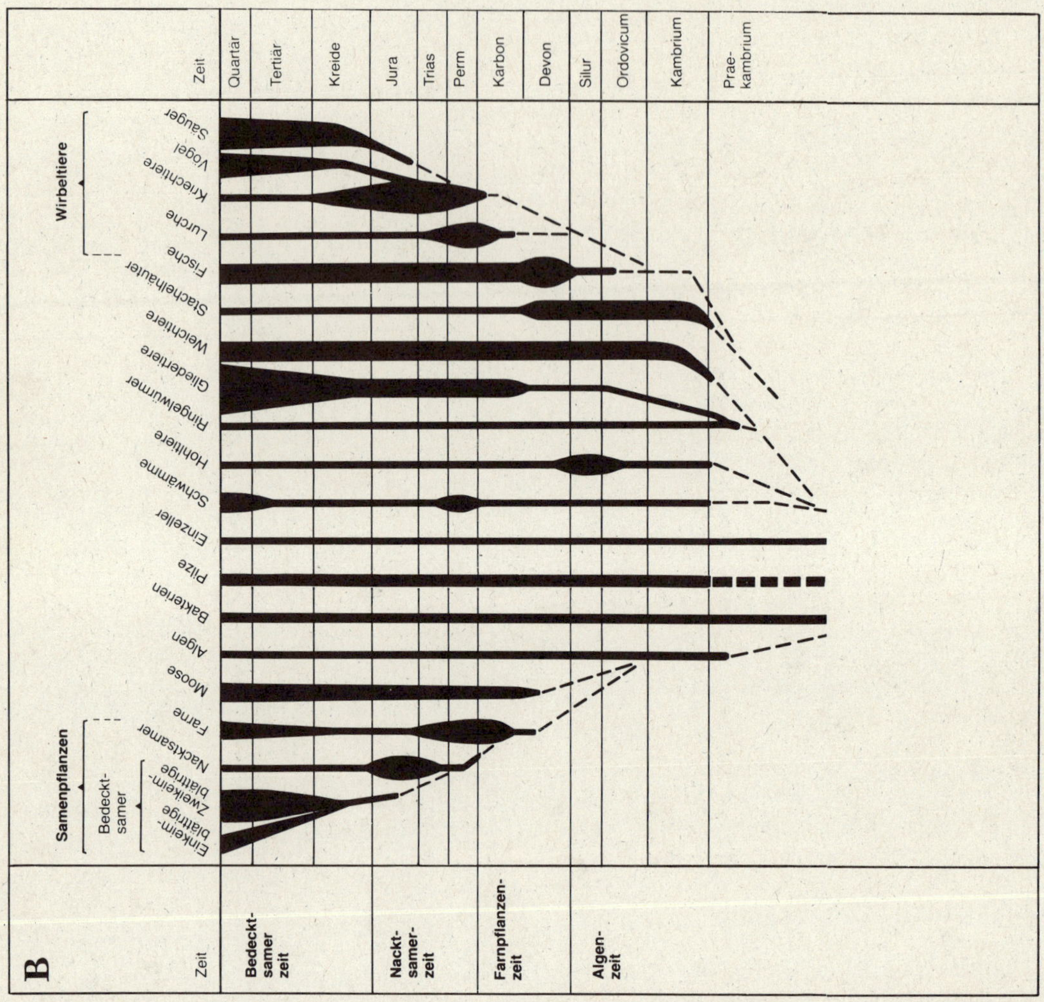

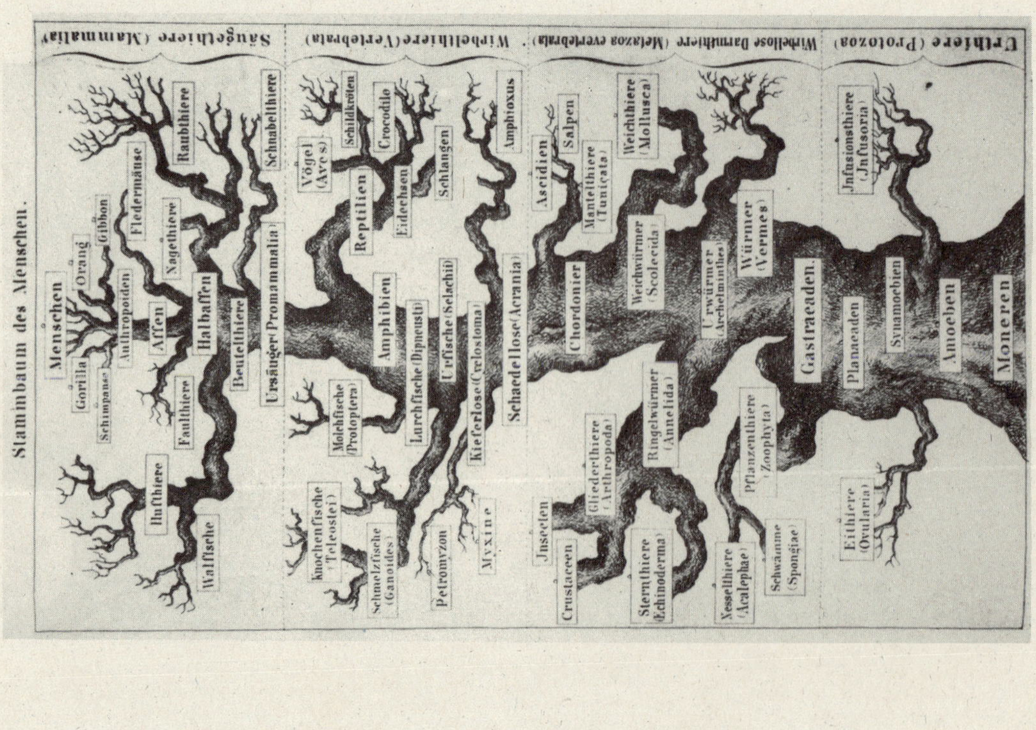

Erklären Sie das Konzept, das hinter diesen zwei Arten von Stammbäumen steht! Was bringen die Autoren durch die jeweilige Anordnung der Stammbäume zum Ausdruck, und wo liegen die Unterschiede?

6. Die Entwicklung des Menschen

A Aufgaben und Versuche

A 1 *Werkzeugbenutzung*

Bei Untersuchungen des Verhaltens der Stachelameise Aphaenogatser rudis wurde folgendes beobachtet: Die Tiere entdecken einen ausgelegten Tropfen zähflüssigen Fruchtsirup. Sie bringen Blattstücke herbei und legen sie auf den Fruchtsiruptropfen. Andere Ameisen des Volkes rücken die Blattstückchen zurecht oder legen sie an anderer Stelle neu auf. Nach etwa einer Stunde werden die mit dem Fruchtsirup überzogenen Blattstücke aufgenommen und in den Bau getragen. Hier wird die Fruchtmasse von anderen Ameisen und von der Königin mit den Mundwerkzeugen von den Blattstücken abgekratzt und gefressen. Auch teilweise zersetzte Nadeln oder Stücke trockenen Erdreichs oder Sandkörnchen wurden so als Transportmittel benutzt
Bei anderen Tieren findet man ähnliche Fähigkeiten: Vom afrikanischen Schmutzgeier ist bekannt, daß er, wenn er ein Straußenei findet, gezielt nach einem passenden Stein sucht und diesen solange auf das Ei schleudert, bis es zerbricht. Dabei steht der Vogel vor dem Ei auf dem Boden. Der australische Bussard benutzt eine ähnliche Methode, er fliegt mit dem Stein in den Fängen zwei bis drei Meter über ein Ei, z.B. ein Kiwiei, und läßt den Stein von oben auf das Ei fallen.
Der Meerotter benutzt ebenfalls Steine, um seine Nahrung zu öffnen. Wenn er hartschalige Beutetiere fressen will, sucht er einen geeigneten flachen Stein auf dem Grund des Meeres. Nach dem Auftauchen schwimmt er auf dem Rücken und schlägt seine Nahrung, z.B. Muscheln, auf den Stein, der auf seinem Bauch liegt, bis die Schale aufbricht.
Bei Affen ist sowohl im Labor wie auch im Freiland häufig die Benutzung von Werkzeugen beobachet worden. Im Labor benutzen sie Brecheisen, um Kisten zu öffnen oder verwenden Schlüssel zum Öffnen von Schlössern. Im Freiland wurde beobachtet, wie Affen Termiten mit Ästchen aus den Nestern holen, wie sie Blätter zum Auftunken von Wasser verwenden oder wie sie sich mit Blättern reinigen. Auch der Gebrauch von größeren Stöcken als Waffe zur Abwehr von Raubtieren wurde beschrieben.
In verschiedenen Versuchen wurden Nahrungsmittel so im Gesichtsfeld von Affen angeordnet, daß sie diese durch einfaches Greifen nicht erreichen konnten. Im Käfig befanden sich Stöcke und Rohre, die aber zu kurz waren, um als Werkzeug zu dienen. Die Affen spielten mit diesen Gegenständen. Nach einiger Zeit steckten sie Röhren und Stangen zusammen und konnten so die Nahrung mit dem längeren Werkzeug erreichen und heranziehen. Teilweise wurden nicht passende Stöcke durch Kauen und Beißen erst zum Zusammenstecken hergerichtet.

Aufgaben: **a.** Fassen Sie zusammen, was allen Beispielen des Textes gemeinsam ist!
b. Welches Beispiel nimmt dabei eine Sonderstellung ein? Begründen Sie Ihre Antwort!
c. Der Werkzeuggebrauch wird gemeinhin als eine Eigenschaft angesehen, die den Menschen von den Tieren unterscheidet. Der Text widerspricht aber dieser These. Nehmen Sie zu dem Problem Stellung!

Lösungshinweis: **a.** Alle Beispiele beschreiben den Werkzeuggebrauch bei Tieren.
b. In allen Beispielen außer dem letzten wird reiner Werkzeuggebrauch beschrieben. Den Tieren ist die Fähigkeit zu der Handlung angeboren, es handelt sich um reines Instinktverhalten. Die Tiere denken nicht über ihre Handlung nach, sie sind sich der Bedeutung des Werkzeugs nicht bewußt. Lernen spielt beim Ausfeilen der Fähigkeit zwar eine große Rolle, das Grundmuster ist aber angeboren. Auch isoliert (soweit das möglich ist) aufgezogene Tiere beherrschen es. – Die Versuche mit den Affen, die Rohre und Stöcke zusammenstecken, zeigen dagegen einsichtiges Verhalten. Die Tiere erkennen beim Spielen Möglichkeiten der Anwendung. Sie konstruieren „im Geist“ ein Werkzeug, stellen es her und wenden es an. Menschenaffen haben die Fähigkeit zur Werkzeugherstellung, die den anderen Tieren fehlt.
c. Die These ist falsch. Werkzeuggebrauch ist kein typisch menschliches Merkmal. In der Paläontologie gilt das Auffinden von bearbeiteten Werkzeugen als Indiz für die menschliche Natur in der Nähe gefundener Primatenknochen. Man nimmt also an, daß Werkzeugherstellung ein menschliches Merkmal ist. Das Indiz ist aber nicht ausreichend, da – wie das Beispiel zeigt – auch die dem Menschen nahe verwandten Menschenaffen diese Fähigkeit in einem gewissen Maße haben. Man nimmt an, daß die Entwicklung dieses Merkmals im Verlauf der Menschwerdung langsam und stufenweise stattfand. Der Entwicklungsabschnitt, in dem das stattfand, war das „Tier-Mensch-Übergangsfeld“. Man könnte sagen, daß sich die Menschenaffen heute auf dieser Stufe befinden.

A 2 *Kommunikation*

„Ich überstieg die Einfriedung und legte mich in den Schatten, um meine müden Glieder auszuruhen, und schlief auch bald ein. Aber könnt ihr euch, wenn ihr meine Erzählung lest, die Überraschung vorstellen, als ich durch eine Stimme aus dem Schlaf geweckt wurde, die mich mehrmals beim Namen rief: ‚Robin, Robin, Robin Crusoe, armer Robin Crusoe! Wo bist du? Wo bist du gewesen?‘“ – Robinson stellt alsbald fest, daß ihn sein Papagei wiedergefunden hat, dem er eben diese Worte früher einmal durch dauerndes Vorsprechen beigebracht hat.

Heute sind einige Vogelarten bekannt, die äußerst lernfähig sind und akustische Informationen mit sehr großer Genauigkeit wiederholen können. Den biologischen Sinn dieser Fähigkeit beschreibt IRENÄUS EIBL-EIBESFELD im „Grundriß der vergleichenden Verhaltensforschung" für das Beispiel des Kolkraben folgendermaßen: „... daß Ehepartner einander mit der gelernten Gesangsstrophe des jeweiligen Partners herbeirufen. Sie benennen gewissermaßen den Vogel nach dem ihm eigenen charakteristischen Gesangsmotiv und verwenden dies einzig und allein, um ihn so herbeizurufen."
Auch für andere Zwecke als den des Herbeirufens gibt es bei Vögeln akustische Signale. Einige sind angeboren, andere wiederum erlernt. KONRAD LORENZ beherrschte z. B. die Sprache der Graugänse „fließend". Wie stark erlernte Bestandteile in den Vogelsprachen eine Rolle spielen, zeigt das Experiment mit Krähen aus Nordamerika, denen man Tonbänder französischer Krähen vorspielte. Die amerikanischen Krähen verstehen keine französischen Krähen. Auf Alarmrufe französischer Krähen hin versammeln sie sich zum Beispiel, anstatt wegzufliegen. Französische Silbermöwen – um ein weiteres Beispiel zu nennen – können mit den Rufen ihrer amerikanischen Artgenossen überhaupt nichts anfangen.

Aufgaben: **a.** Weiß Robinsons Papagei, was er sagt? Begründen Sie bitte Ihre Aussage!
b. Der Mensch lernt seine Sprache in den ersten Lebensmonaten. Es gibt Hinweise darauf, daß er eine spezifische Lerndisposition zum Erlernen von Sprache hat. Man liest zuweilen den Kernsatz: „Neben der gezielten Werkzeugherstellung ist die differenzierte Wortsprache das Hauptmerkmal, das den Menschen von den Tieren unterscheidet." Nehmen Sie zu diesem Satz unter Berücksichtigung des vorgelegten Textes Stellung!
c. Welche Bedeutung hatte die Entstehung der menschlichen Sprache für die Evolution?

Lösungshinweis: a. Robinsons Papagei ist sich der Bedeutung seiner Worte im menschlichen Sinn nicht bewußt. Er wiederholt nur die Lautfolge. Der Papagei hat die gelernten Worte lediglich in sein Lautrepertoire aufgenommen.
b. Der angeführte Satz ist richtig. Kommunikation kommt in vielfältiger Form bei Tieren vor, und auch das Lernen wird mit zunehmender Entwicklungshöhe immer wichtiger. Die Sprachen, die dabei bei Tieren entstehen, bleiben aber auf einem sehr einfachen Niveau stehen. Es handelt sich meist um einfache Zuordnungen von Sinngehalten zu bestimmten Lautkombinationen, die zweckentsprechend angewandt werden. Der Wortschatz ist beschränkt, und die Sinngehalte betreffen einfache, für das Leben unbedingt notwendige Sachverhalte. Die menschliche Sprache ist demgegenüber wesentlich komplexer. Der Mensch verfügt über eine fast unbeschränkte Möglichkeit, Laute zu Wörtern zu kombinieren, wobei den Wörtern Sinngehalte sehr abstrakten Inhalts in ebenfalls unbeschränkter Vielfalt zugeordnet werden können. Diese Komplexität können Tiere nicht bewältigen.

Anmerkung: Eine wichtige Voraussetzung für die Fähigkeit, solche Lautgebilde zu formulieren, ist das BROCAsche Sprachzentrum im Großhirn des Menschen, das die Formulierung sinnvoller Wörter steuert. Es liegt auf der linken Seite des Großhirns etwa in der Mitte unter der Schläfe. Andere Tiere haben dieses Steuerungszentrum nicht und können deshalb die menschliche Sprache nicht sprechen lernen. Deshalb schlug der Versuch fehl, ein Schimpansen-Baby zusammen mit einem menschlichen Baby unter völlig gleichen Bedingungen aufzuziehen mit dem Ziel, ihm so wie dem Menschenkind auch das Sprechen beizubringen. Der Affe kam über unartikuliertes Lallen nicht hinaus.
c. Durch die Fähigkeit, die Information über beliebige Sachverhalte durch formulierte Worte an andere weitergeben zu können, erwarb der Mensch einen Selektionsvorteil, der ihn gegenüber allen anderen Lebewesen hervorhob. Seine Entwicklung beschleunigte sich gegenüber der Evolution der anderen Lebewesen in extremem Maße, so daß sie schließlich das Schicksal der gesamten Erde bestimmte. Wir sprechen deshalb heute von der „kulturellen Evolution", die die biologische Evolution erweitert und fortsetzt.

A 3 *Blauhäher mit Werkzeugen*

In Nord- und Mittelamerika lebt der Blauhäher, ein Vogel mit leuchtend blauem Gefieder. Wissenschaftler der University of Massachusetts beobachteten an in Käfigen gehaltenen Blauhähern folgendes: Die Vögel rissen aus zufällig herumliegenden Zeitungen Papierfetzen heraus, verformten sie und versuchten, mit diesen „Papierwerkzeugen" Futter heranzuholen, das unerreichbar außerhalb des Käfigs lag. Andere Häher tauchten Papierfetzen in ein Wassergefäß und benutzten das angefeuchtete Papier wie einen Schwamm, um fein verteilten Futterstaub aufzuwischen.

Aufgabe: Die gezielte Werkzeugherstellung gilt unter anderem als Kriterium für das Menschsein. Tiere, wie z. B. die Menschenaffen, die Werkzeuge herstellen, ordnet man dem Tier-Mensch-Übergangsfeld zu. Auch der Blauhäher stellt gezielt Werkzeuge her. Befindet sich der Blauhäher im Tier-Mensch-Übergangsfeld?

Lösungshinweis: Der Häher befindet sich nicht im Tier-Mensch-Übergangsfeld. Begründung: Der Begriff TMÜ wurde gebildet, um zu charakterisieren, wie der Mensch über viele Zwischenformen aus seinen tierischen Vorfahren entstanden ist. Er soll ausdrücken, daß es nicht **den** „ersten Menschen" gab, sondern daß sich die Menschwerdung über einen langen Zeitraum erstreckte. In dieser Zeit entstand z. B. das ausgeprägte Großhirn des Menschen, das sich in Wechselwirkung mit der Evolution der von den Vorformen ererbten Greifhände so entwickelte, daß komplexe Handlungen ausgeführt werden konnten. Man kann von einer Coevolution von Hirn und Hand sprechen. Die sich parallel mit dem Menschen entwickelnden Menschenaffen haben dieselben Voraussetzungen – ein gut entwickeltes Großhirn und die Greifhände der Vorfahren –, aber ihre Gehirnentwicklung hat nicht die Höhe der Entwicklung des Menschenhirns erreicht. Sie sind auf der Stufe stehengeblieben, die der Mensch im TMÜ durchlaufen hat.
Dem Blauhäher fehlen dazu alle Voraussetzungen. Sein Gehirn ist ein Vogelgehirn, und er hat keine Hände. Daß es ihm gleichwohl gelingt, einfache Werkzeuge wie eben die Papierinstrumente herzustellen, zeigt, daß sein Gehirn sehr leistungsfähig ist. Auch andere Vögel vollbringen vergleichsweise erstaunliche Intelligenzleistungen. Sie erreichen aber nicht das Niveau der Leistungen der Primatengehirne. Die Entstehung der Fähigkeit der Vögel und Primaten, Werkzeuge herzustellen, ist eine Konvergenzerscheinung. Die Fähigkeiten sind analog, nicht homolog wie bei den Primaten untereinander. Sowohl die Vorfahren der Primaten wie auch die Vorfahren der Vögel bis hin zurück zu den Sauriern haben die Fähigkeit zur bewußten Werkzeugherstellung nicht. Es fehlt also das Homologiekriterium der Verknüpfung durch Zwischenformen.

B. Literatur

ECCLES: Biologische und kulturelle Evolution des Menschen, Naturwissenschaftliche Rundschau 1986, Heft 5, Seiten 195–200

Kommentar: Vertiefender, philosophischer Aufsatz zur Natur und Bedeutung der kulturellen Evolution. Gegenüberstellung von kultureller und biologischer Evolution, zukünftige Entwicklung und moralische Notwendigkeiten für den Menschen. Unterrichtsvorbereitung und Referatthema.

GLAUBRECHT: Eiszeitliches Artensterben mit Domino-Effekt – neue Hypothese, Naturwissenschaftliche Rundschau 1989, Heft 10, Seiten 418–419

Kommentar: Entwicklung einer Theorie über das Aussterben der Großsäuger im Pleistozän. Beurteilung der Rolle des Menschen in diesem Zusammenhang. Kurzreferatthema.

GERHARDT-DIRKSEN, DÖHL und LETHMATE (Hrsg.): Menschenaffen, Praxis der Naturwissenschaften – Biologie 1989, Heft 1, ganzes Heft

Kommentar: Themenheft zum Thema Menschenaffen. Menschenaffen allgemein, Evolutionsökologie der Menschenähnlichen (Hominoida), Sozialstrukturen von Menschenaffen – Versuch einer verhaltensökologischen Deutung, fortschreitende Hirnentwicklung bei Menschenaffen, Verhaltensbeobachtungen an Schimpansen – Ethologiepraktikum im Arnheimer Zoo. Zeichnungen, Tabellen, Soziogramme, Stammbäume, Kopiervorlagen für Folien, Arbeitsblätter und Aufgaben, Aufgabenlösungen, Vorschläge für Unterrichtsabläufe. Sehr ergiebig für die Unterrichtsvorbereitung, Referatthema.

LOVEJOY: Die Evolution des aufrechten Gangs, Spektrum 1989, Heft 1, Seiten 92–100

Kommentar: Ausführliche Besprechung der Entstehung des aufrechten Gangs unter Einbeziehung der Merkmale von „Lucy", ausführliche anatomische Betrachtungen. Fotos, Zeichnungen, Unterrichtsvorbereitung, Referatthema.

LÜNING/STEHLI: Die Bandkeramik in Mitteleuropa: Von der Natur- zur Kulturlandschaft, Spektrum 1989, Heft 4, Seiten 78–88

Kommentar: Ausführliche Darstellung zur Archäologie der Jungsteinzeit in Mitteleuropa. Entstehung der Landwirtschaft, Siedlungen und Architektur, Geräte und Keramiken. Zeichnungen, Landkarten, Fotos. Referatthema.

SCHMIDT: Die Bedeutung der adaptiven Radiation in der Humanevolution, Praxis der Naturwissenschaften – Biologie 1985, Heft 3, Seiten 23–35

Kommentar: Unterrichtliche Aufbereitung des Themas Humanevolution. Kopiervorlagen für Folien, Flußdiagramm des Unterrichtsverlaufs. Unterrichtsvorbereitung.

SCHULZ: Krankheitsmechanismen als Überlebenshilfe in den Fährnissen der Evolution, Naturwissenschaftliche Rundschau 1989, Heft 5, Seiten 169–179

Kommentar: Ausführliche Darstellung der Bedeutung der Krankheit im Evolutionsablauf, Anpassung an Störfaktoren als Wesensmerkmal der Krankheit bei Mensch und Tier, vergleichbare Krankheitsursachen, Sonderstellung der menschlichen Krankheit. Fotos, Tabellen, Zeichnungen. Unterrichtsvorbereitung.

SOMMER: Primaten – Pakte, die der Paarung dienen, GEO-Wissen 1989, Heft 1 (Sex – Geburt – Genetik), Seiten 132–141

Kommentar: Ausführliche Darstellung der Entwicklung des Sexualverhaltens bei Primaten. Vergleiche, Zeichnungen, Fotos. Unterrichtsvorbereitung, eventuell Referatthema.

VAAS: Auf der Suche nach der Ursprache, Naturwissenschaftliche Rundschau 1989, Heft 10, Seiten 397–400

Kommentar: Gut verständliche Darstellung des Problems der Entstehung der Sprachen der Menschen und der Forschungsmethoden auf diesem Gebiet. Unterrichtsvorbereitung und Referatthema.

WALKER/TEAFORD: Die Suche nach Proconsul, Spektrum 1989, Heft 3, Seiten 102–113

Kommentar: Ausführliche Darstellung der Fundgeschichte und der Bedeutung des Proconsul als letztem gemeinsamen Vorfahren von Menschenaffen und Menschen unter Berücksichtigung der letzten Funde. Fotos, Zeichnungen, Landkarten, Tabellen, ein Stammbaum. Referatthema.

WUKETITS: Soziobiologie und Evolution des Menschen, BiuZ 1985, Heft 1, Seiten 16–23

Kommentar: Zusammenfassende Darstellung der Konzepte der Soziobiologie, Evolution des Menschen unter soziologischem Aspekt, Soziale und kulturelle Evolution. Referatthema.

C. Zusatzinformationen –

D. Lösungshinweise zu den Arbeitsblättern

Arbeitsblatt 1: Schädelvergleiche

1.
A Schimpanse
B Erwachsener Mensch
C Australopithecus
D Homo erectus

2. A: Schimpanse: Ausgeprägte Eckzähne, die ineinander greifen, starker Unterkiefer mit großen Ansatzflächen für Kaumuskulatur, starkes Jochbein, Schnauzenbildung im Gesichtsschädel, Überaugenwülste, relativ kleines Gehirn, fliehende Stirn und fliehender Unterkiefer.
B: Erwachsener Mensch: Keine besonders hervorgehobenen Eckzähne, keine Schnauzenbildung, Unterkiefer vorspringend, hohe Stirn, keine Überaugenwülste, sehr große Schädelkapsel, kleiner Unterkiefer und dünnes Jochbein.
C: Australopithecus: Sehr stark ausgeprägter Unterschädel mit Schnauzenbildung und sehr großen Ansatzflächen für Kaumuskulatur, starke Jochbeine, relativ geringes Schädelvolumen, fliehende Stirn und fliehendes Kinn, keine besonders hervorgehobenen Eckzähne.
D: Homo erectus: Schnauzenbildung nicht so stark ausgeprägt, aber fliehendes Kinn, starke Jochbeine und große Ansatzflächen für Kaumuskulatur, keine besonders hervorgehobenen Eckzähne, Überaugenwülste, fliehende Stirn.

Arbeitsblatt 2: Stammbaum des Menschen

1. u. 3.

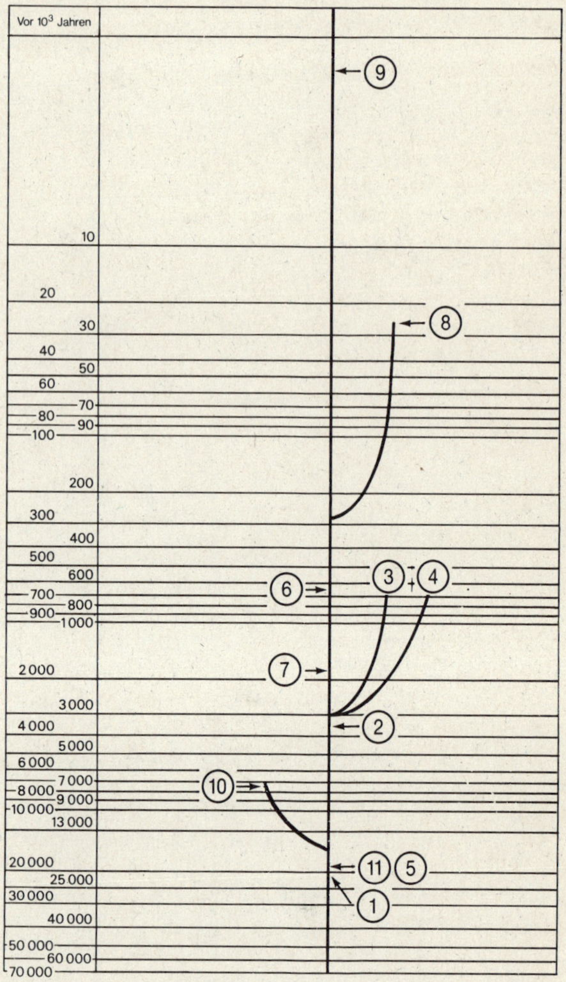

2. Die Skala hat einen logarithmischen Maßstab, d.h. nicht die wahren Jahreszahlen sind dargestellt sondern ihr Logarithmus. Dadurch wird es möglich, große Zeiträume auf geringem Raum darzustellen, wobei die Zahlen mit zunehmender Größe immer mehr zusammenrücken.

Arbeitsblatt 1: Schädelvergleiche

Name:	Klasse / Kurs:	Datum:

A

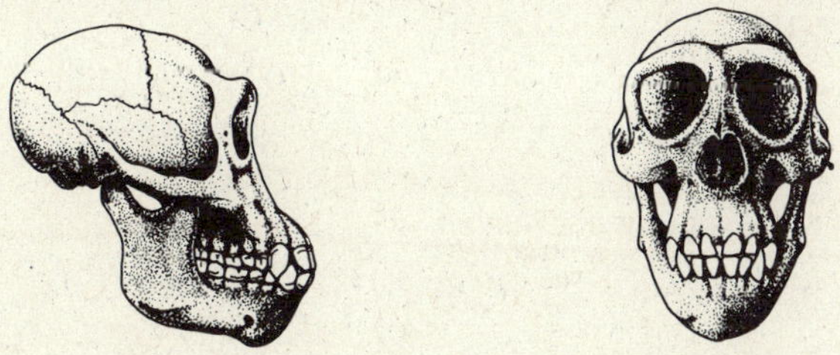

B

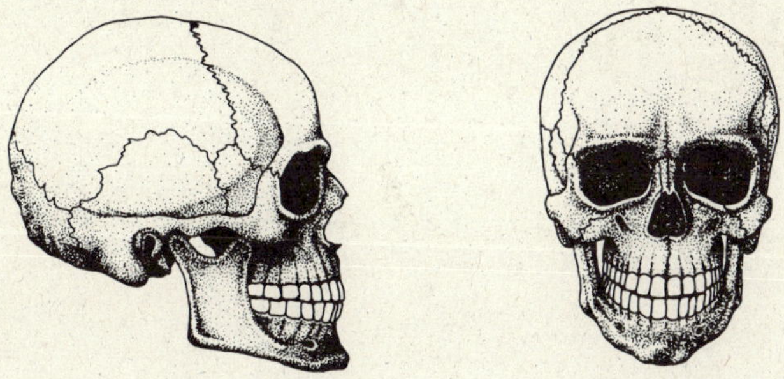

C

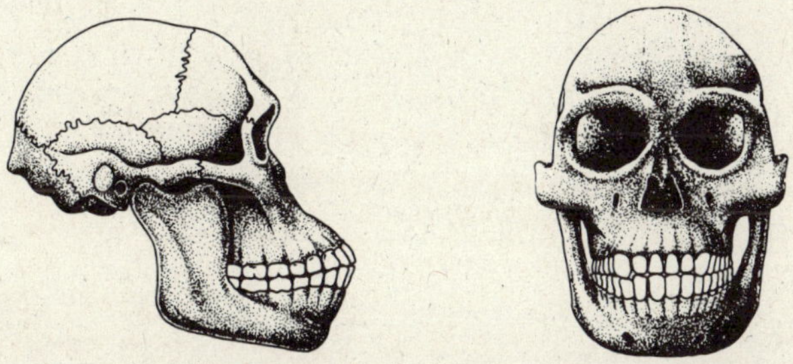

D

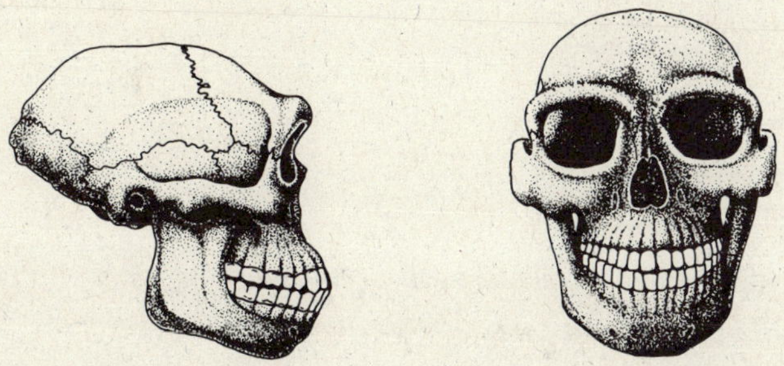

1. Ordnen Sie die abgebildeten Schädel jeweils einem der folgenden Begriffe zu: Australopithecus, erwachsener Mensch, Gorilla, Homo erectus, neugeborener Mensch, Schimpanse, Spitzhörnchen!

2. Stellen Sie für jede Form die charakteristischen Merkmale zusammen!

Arbeitsblatt 2: Stammbaum des Menschen

Name:	Klasse / Kurs:	Datum:

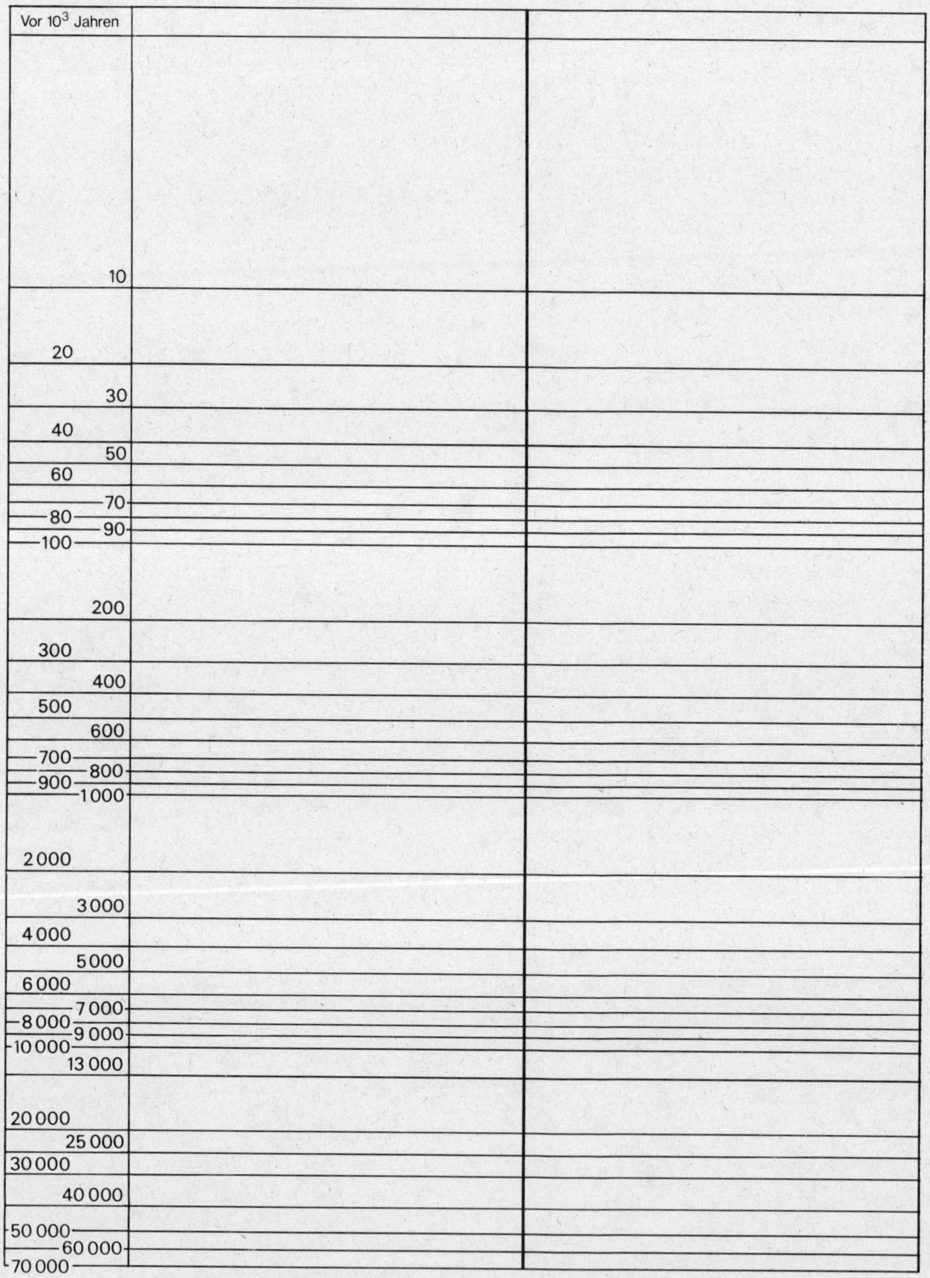

① Aegyptopithecus, ② Australopithecus afarensis, ③ Australopithecus africanus, ④ Australopithecus robustus, ⑤ Dryopithecus, ⑥ Homo erectus, ⑦ Homo habilis, ⑧ Homo sapiens neanderthalensis, ⑨ Homo sapiens sapiens, ⑩ Ramapithecus, ⑪ Proconsul.

1. Erstellen Sie anhand des gegebenen Materials einen Stammbaum des Menschen! Tragen Sie bei der entsprechenden Zeit die Zahlen der Fossilien ein, und weisen Sie mit einem Pfeil auf die zutreffende Zeitlinie hin!

2. Erklären Sie die Zeitskala! Warum wurde diese Form der Darstellung gewählt?

7. Kontroversen über die Evolutionstheorie

A. Aufgaben und Versuche –

B. Literatur

ANONYM: Hat sich der Mensch entwickelt, oder ist er erschaffen worden, Wachtturm Bibel- und Traktat-Gesellschaft, Deutscher Zweig e. V., Wiesbaden 1968, 187 Seiten

Kommentar: Stark weltanschaulich geprägte, streng an der Bibel onientierte Darstellung der Entstehung des Menschen, Beurteilung der Evolutionstheorie unter diesem Gesichtspunkt.

BADASH: Der lange Streit um das Alter der Erde, Spektrum 1989, Heft 10, Seiten 120–126

Kommentar: Historische Darstellung der Altersvorstellungen und Datierungsmethoden in der Geologie, radiometrische Altersbestimmung. Referatthema.

GISH: Fossilien und Evolution, Hänssler-Verlag, Neuhausen-Stuttgart 1982, 174 Seiten

Kommentar: Geschlossene Darstellung einer kreationistischen Theorie der Entstehung der Lebewesen.

JUNKER/SCHERER: Entstehung und Geschichte der Lebewesen, Weyel Lehrmittelverlag, Gießen 1988, 275 Seiten

Kommentar: Lehrbuch für die Oberstufe des Gymnasiums mit dem Ziel, der Evolutionstheorie eine auf der Schöpfungsgeschichte beruhende Gegenposition entgegenzustellen.

KAHLE: Evolution – Irrweg moderner Naturwissenschaft? Moderner Buch Service, Bielefeld 1984, 200 Seiten

Kommentar: Ausführliche Auseinandersetzung mit der Evolutionstheorie mit dem Ziel, diese zu widerlegen.

MAHNER: Kreationismus – Inhalt und Struktur antievolutionistischer Argumentation, Pädagogisches Zentrum Berlin, Berlin 1986, 100 Seiten

Kommentar: Auseinandersetzung mit kreationistischen Vorstellungen auf evolutionstheoretischer Grundlage. Als Arbeitshilfe für Lehrer konzipiert.

MAYR: Die Darwinsche Revolution und die Widerstände gegen die Selektionstheorie, Naturwissenschaftliche Rundschau 1989, Heft 7, Seiten 255–265

Kommentar: Allgemeine, historische und philosophische Besprechung der Evolutionstheorie, Auseinandersetzung mit Argumenten gegen die Evolutionstheorie.

SCHEVEN: Daten zur Evolutionslehre im Biologieunterricht, Hänssler-Verlag, Neuhausen-Stuttgart 1982, 132 Seiten

Kommentar: Bilddokumentation verschiedener Fossilien und Formen von Lebewesen mit dem Ziel, die Evolutionstheorie zu widerlegen.

C. Zusatzinformationen –

D. Lösungshinweise zu den Arbeitsblättern

Arbeitsblatt 1: Widerlegung teleologischer Vorstellungen

1. Beschreibung des Experiments: Proben einer stark verdünnten Bakterienkultur werden daraufhin überprüft, ob sie antibiotikaresistente Mutanten enthalten. Dazu streicht man jeweils eine Probe auf einem Nährboden mit Antibiotikum und einem ohne Antibiotikum aus. Nach dem Bebrüten zeigen sich Kolonien auf dem Nährboden ohne Antibiotikum, der mit Antibiotikum ist leer. Die Bakterienkultur ist also frei von antibiotikaresistenten Mutanten.
Von der so überprüften Bakterienkultur werden 40 ml entnommen und auf zwei Ansätze zu je 20 ml verteilt. Ansatz a wird in einem Kulturgefäß weiterkultiviert. Ansatz b wird in 40 Kulturgefäße zu je 0,5 ml verteilt. Diese werden ebenfalls weiterkultiviert. Danach werden von Ansatz a 40 Portionen auf antibiotikahaltige Nährböden ausgestrichen. Von jeder der 40 Kulturen aus Ansatz b wird eine Probe auf antibiotikahaltigem Nährboden ausgestrichen. Es existieren jetzt also 80 Kulturen, 40 aus Ansatz a und 40 aus Ansatz b. Nach dem Bebrüten der Nährböden werden die entstandenen Kolonien ausgezählt. Ansatz a zeigt, daß auf allen Nährböden ungefähr die gleiche Anzahl von Kolonien entstanden ist. Die Nährböden von Ansatz b zeigen ein stark fluktuierendes Ergebnis (daher Fluktuationstest), d.h. die auf den Nährböden entstandenen Kolonien sind unterschiedlich zahlreich.

2. Das Experiment zeigt, daß die Entstehung antibiotikaresistenter Formen nicht durch das Antibiotikum induziert wurde. Argumentation: Alle Kulturen stammen von einer mutantenfreien Kultur ab. Ansatz a und Ansatz b wurden gleichlange kultiviert und bebrütet. Wenn das Antibiotikum die Entstehung der resistenten Mutanten induzieren würde, d.h. wenn die Mutationen erst auf den Nährböden entstünden, wäre die Zahl der resistenten Kolonien auf jedem Nährboden etwa gleichgroß. Die Bakterien würden „sich" also an das Antibiotikum anpassen, ihre Entwicklung liefe auf das Ziel hin, gegen Antibiotika resistent zu werden.

Tatsächlich aber sind nur die Koloniezahlen von Ansatz a etwa gleichgroß, während die von Ansatz b variieren. Die antibiotikaresistenten Mutanten sind zufällig während der Kultivierung in den Einzelkulturen entstanden. In jedem Kulturgefäß finden die Mutationen zufallsbedingt früher oder später statt. So enthält jedes Gefäß von Ansatz b mehr oder weniger Mutanten, je nachdem, ob die Mutationen schon am Anfang oder erst am Ende der Kultivierungszeit auftraten. Daher variieren die Zahlen in Ansatz b. Auch in Ansatz a haben zu einem bestimmten Zeitpunkt Mutationen stattgefunden. Da die Mutanten aber gleichmäßig in der Kulturlösung verteilt sind, aus der die Proben für die Ausstriche entnommen wurden, sind die Koloniezahlen auf den Nährböden etwa gleichgroß.

Die resistenten Mutanten waren also schon vorhanden, als die Proben auf die antibiotikahaltigen Nährböden ausgestrichen wurden. Sie waren „präadaptiert“, d. h. schon angepaßt, ehe die Umweltänderung eintrat, die alle nichtresistenten Formen ausrottete.

Das Experiment bestätigt die Aussagen der Evolutionstheorie, die als Motor der Evolution zufällig auftretende Mutationen bezeichnet, die erst dann eine Bedeutung bekommen, wenn die Selektion an dem betreffenden Merkmal angreift. Eine zielgerichtete Entwicklung oder eine positive, gezielte Veränderung von vererbbaren Eigenschaften durch die Umwelt findet nicht statt.

Arbeitsblatt 1: Widerlegung teleologischer Vorstellungen

Name:	Klasse / Kurs:	Datum:

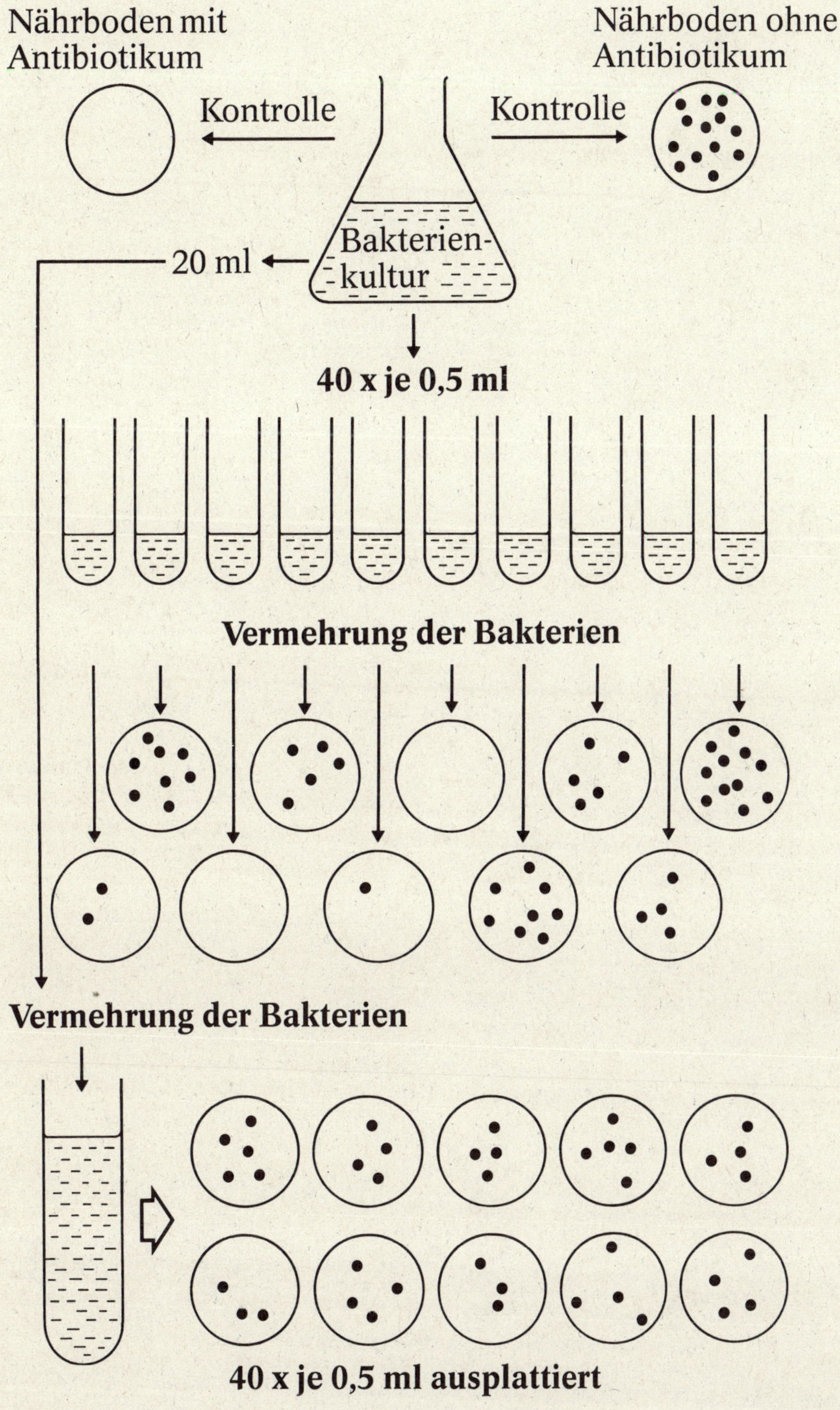

1. Beschreiben Sie das abgebildete Experiment!

2. Welche Bedeutung hat das Experiment bezüglich teleologischer Vorstellungen zur Entwicklung von Lebewesen?

Überblick über das System der Lebewesen

1. Geschichte der biologischen Systematik
2. Methoden der Systematik
3. Das System der Organismen

A. Aufgaben und Versuche

A 1 *Verwandtschaftsbeziehungen des Beutelwolfs*

Der etwa hundegroße Beutelwolf war vor der europäischen Besiedlung in Australien weit verbreitet, heute ist er auf dem Festland ausgerottet. Man vermutet, daß auf der Insel Tasmanien auch heute noch einige Exemplare dieses größten räuberischen Beuteltiers leben. Die stammesgeschichtliche Stellung des Beutelwolfs war bis vor kurzem ungeklärt: Manche Wissenschaftler sahen eine enge Beziehung zu den südamerikanischen Opossum-Arten, andere zu australischen Raubbeutlern.

In der Fachzeitschrift „Nature" steht dazu folgendes:
Cloning wolf
Mitochondrial DNA samples from museum specimens of the extinct Australian marsupial wolf have been sequenced. Comparison of the sequence with that of living marsupials shows that the marsupial

wolf is more closely related to other Australian marsupial carnivores than to those of South America. The marsupial wolf is therefore an example of convergent morphological evolution with South American carnivorous marsupials as well as to true wolves.

Aufgaben: Geben Sie anhand des Berichts aus der Fachzeitschrift „Nature" an, wie mit Hilfe der DNA-Sequenzierung die Verwandtschaftsbeziehung des Beutelwolfs geklärt wurde! Vergleichen Sie mit der Methode der DNA-Hybridisierung!

Lösungshinweis: Von Museumspräparaten des Beutelwolfs hat man aus Zellresten die Mitochondrien-DNA isoliert, vermehrt und sequenziert. Diese Sequenz wurde mit entsprechenden Sequenzen von DNA-Proben von Raubbeutlern aus Australien und Südamerika verglichen. Dabei zeigte sich eine größere Übereinstimmung zwischen dem Beutelwolf und den australischen Raubbeutlern als zu den südamerikanischen Beuteltieren.

Bei der DNA-Hybridisierung werden artverschiedene Kern-DNAs – also sehr lange DNA-Abschnitte – gemischt und die Schmelzpunkte bestimmt. Die Mitochondrien-DNA ist sehr klein; im vorliegenden Fall des Beutelwolfs umfaßt sie 219 Basen. Hier wird die gesamte Sequenz bestimmt und mit den anderen Mitochondrien-DNA-Sequenzen verglichen.
(Literaturhinweis: Nature *340*, Nr. 6233, S. 465–466 [1989])

A 2 *Die Chloroplasten von Euglena*

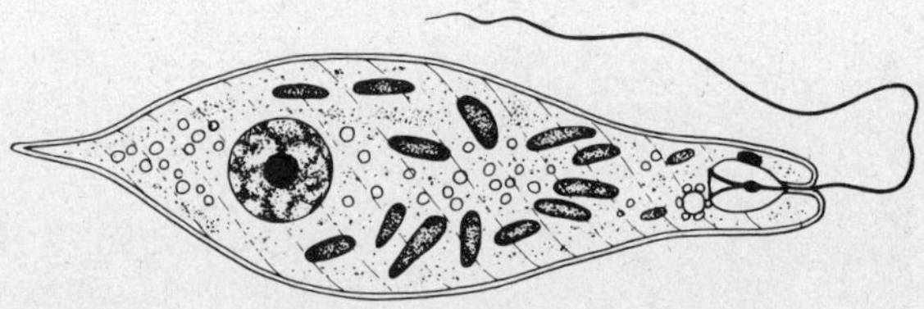

Euglena ist ein photosynthetischer Einzeller, den man früher zu den Grünalgen gestellt hat. Er hat keine Zellwand und ist in der Ernährung trotz Photosynthese auf die Zufuhr einiger organischer Stoffe angewiesen. Euglena besitzt Chloroplasten, die zwar denen der Grünalgen ähnlich sind, als Besonderheit aber drei Hüllmembranen besitzen.

Aufgabe: Welche Merkmale sprechen gegen die Einordnung von Euglenen bei den Pflanzen? Welchen Ursprung könnten die Chloroplasten haben?

Lösungshinweis: Einzelligkeit, Fehlen einer Cellulose-Zellwand und teilweise Heterotrophie sprechen gegen die Einordnung im Pflanzenreich. Die Euglena-Chloroplasten könnten aus endosymbiontischen Grünalgen hervorgegangen sein, dabei ist die Cytosemembran erhalten geblieben.

Anmerkung: Zerstört man z.B. durch UV-Licht die Chloroplasten, so kann bei ausreichender Zufuhr organischer Verbindungen Euglena dennoch gut in Kultur gehalten werden.

B. Literatur

AX, P.: Das Phylogenetische System. Gustav Fischer, New York und Stuttgart, 1984

Kommentar: Anhand konkreter Beispiele, vor allem aus dem Wirbeltierbereich, werden die Prinzipien der phylogenetischen Systematik erläutert.

HENNIG, W.: Phylogenetische Systematik. Paul Parey, Berlin und Hamburg, 1982

Kommentar: HENNIG – die englische Originalfassung erschien 1966 – ist der „Vater“ der modernen Systematik. Er stellt die theoretischen Grundlagen der phylogenetischen Systematik dar.

MARGULIS, L. / SCHWARTZ, K.: Die fünf Reiche der Organismen. Spektrum der Wissenschaft, Heidelberg 1990

Kommentar: Ein hervorragend illustriertes Buch, in dem alle Stämme der fünf Reiche vorgestellt werden. Dabei wird in der Regel pro Stamm eine Text- und eine Abbildungsseite gestaltet.

PAULUS, H.: Einheit und Vielfalt der Lebewesen. Studienbrief für Biologielehrer C 4. DIFF Tübingen 1978

Kommentar: Der Studienbrief bringt eine anschauliche Diskussion des Artbegriffes unter Einbeziehung historischer Fakten.

PAULUS, H.: Methoden der Systematik. Studienbrief für Biologielehrer C 5. DIFF Tübingen 1978

Kommentar: Der Studienbrief führt an Hand einiger zoologischer und botanischer Beispiele in die Methodik der Systematik ein, wobei das Auffinden von Homologien im Vordergrund steht.

WILLMANN, R.: Die Art in Raum und Zeit. Paul Parey, Berlin und Hamburg, 1985

Kommentar: Eine interessante Darstellung zur Geschichte des Artbegriffes mit intensiver Diskussion der verschiedenen Ansätze.

C. Zusatzinformationen –

D. Lösungshinweise zu den Arbeitsblättern

Arbeitsblatt 1: Das System der Tiere bei ARISTOTELES und bei LINNÉ

1. ARISTOTELES unterscheidet mit Bluttieren und Blutlosen zwei große Tiergruppen, die dann in weitere Untergruppen eingeteilt werden. LINNÉ nennt sechs Tierklassen, wobei die ersten vier den Bluttieren ARISTOTELES entsprechen.

2. ARISTOTELES charakterisierte die Tiergruppen nach Lebensweisen (z.B. Wasser- und Landbewohner; eierlegend oder lebendgebärend) und nach äußeren Körpermerkmalen (z.B. fußlos, zweifüßig oder vierfüßig; behaart/beschuppt/beschalt). LINNÉ nimmt als Hauptkriterium die Farbe und die Temperatur des Blutes für die Einteilung der Tiere. Zur weiteren Differenzierung werden unterschiedliche Merkmale wie lebendgebärend/eierlegend, lungenatmend/kiemenatmend, Fühlergliederung herangezogen.

3. Die Einteilung der „Wirbeltiere“ hat bis auf die Zusammenfassung der Amphibien und Reptilien auch heute in den natürlichen Systemen Bestand. Die Gruppe „Vermes“ dagegen ließ sich nicht halten, hier waren verschiedene, nicht näher miteinander verwandte Tierstämme zusammengefaßt.

Anmerkung: Zur Beantwortung der Frage kann der hintere Innendeckel des Schülerlehrbuches mit herangezogen werden.

Arbeitsblatt 2: DNA-Hybridisierung

1. Der Stammbaum 3 ist korrekt: Mensch und Schimpanse stehen sich am nächsten, dann folgen der Gorilla und der Orang-Utan. Beim Stammbaum 2 wäre der Gorilla näher mit dem Menschen verwandt als der Schimpanse. Im Stammbaum 1 wären Mensch, Gorilla und Schimpanse Schwesterarten, die untereinander gleich nah verwandt sind.

2. Schimpanse und Gorilla stehen sich stammesgeschichtlich genauso nah wie Mensch und Schimpanse.

Arbeitsblatt 3: Sonderstellung der Archaebakterien

Die Archaebakterien zeigen typische Merkmale der Prokaryonten wie eine geringe Zellgröße, das Fehlen von Kernhülle, Mitochondrien und anderen Organellen und den Besitz von 70 S Ribosomen. Auf Grund dieser Ähnlichkeit der Zellstruktur kann eine enge verwandtschaftliche Beziehung zwischen Archaebakterien und den übrigen Prokaryonten angenommen werden.
Von den übrigen Prokaryonten unterscheiden sich aber die Archaebakterien einerseits durch spezifische Merkmale, die z.T. einzigartig im Organismenreich sind, wie z.B. der Ether-Lipide der Zellmembran. Andererseits zeigen Archaebakterien mit der Startaminosäure Methionin und in der Antibiotikaempfindlichkeit Übereinstimmungen mit den Eukaryonten. Es gibt Wissenschaftler, die daher von drei Prokaryonten-Gruppen in der frühen Evolution ausgehen: Archaebakterien, Urkaryonten als Vorläufer der Eukaryonten und Eubakterien i.w.S.

Arbeitsblatt 4: Homologienforschung an Herz-Kreislauf-Systemen rezenter Wirbeltiere

1.

Merkmale	Fische	Amphibien-larve	Amphibien (adult)	Reptilien	Vögel	Säugetiere
Anzahl der Herzkammern	2	3	3	3	4	4
Herzscheidewand	fehlt	fehlt	fehlt	teilweise vorhanden	vorhanden	vorhanden
Blutart in der Hauptkammer	venös	venös	venös/ arteriell	venös/ arteriell	arteriell	arteriell
Atmungsorgane	Kiemen	Kiemen/ Lungen	Lungen/ Haut	Lungen	Lungen	Lungen
wechsel-/ gleichwarm	wechselwarm	wechselwarm	wechselwarm	wechselwarm	gleichwarm	gleichwarm

2.

Knochenfische	Amphibien	Reptilien	Vögel	Säugetiere
1. Kiemenbogengefäß	Kopfarterie	Kopfarterie	Kopfarterie	Kopfarterie
2. Kiemenbogengefäß	Aortenbogen	linke bzw. rechte Aortenwurzel)	Aorta (rechte Aortenwurzel)	Aorta (linke Aortenwurzel)
3. Kiemenbogengefäß	Aortenbogen (Rückbildung)	fehlt	fehlt	fehlt
4. Kiemenbogengefäß	Lungenarterie	Lungenarterie	Lungenarterie	Lungenarterie

3. Mit dem Übergang vom Wasser- zum Landleben wird die Kiemenatmung auf Lungenatmung umgestellt. Damit ist eine Umstellung des Herz-Kreislauf-Systems verbunden. Das Herz wird dreikammrig. Durch Falten- und Klappensystem wird erreicht, daß die Lungenarterie vorwiegend venöses und der Aortenbogen mehr arterielles Blut erhält. Bei den Amphibien reichen die beschriebenen Veränderungen aber nicht aus, um den Körper ausreichend mit Sauerstoff zu versorgen. Durch die Hautatmung muß dem Körper zusätzlich Sauerstoff zugeführt werden. Bei den Reptilien wird venöses und arterielles Blut durch die teilweise ausgebildete Herzscheidewand noch besser voneinander getrennt. Das aus der linken Herzhauptkammer entspringende Gefäß wird zur rechten Aortenwurzel. Aus der rechten, venösen Herzkammer entspringen die linke Aortenwurzel und die Lungenarterie. Die beiden Aortenwurzeln vereinigen sich zur Aorta, so daß das Blut gemischt wird. Durch die Verbesserung des Herz-Kreislauf-Systems und durch eine verbesserte Lunge (größere Oberfläche) kommen die Reptilien, entsprechende Temperaturbedingungen vorausgesetzt, ohne Zusatzatmung aus.

4. Die Gefäße der verschiedenen Wirbeltiere lassen sich auf die Kiemenbogengefäße der Fische zurückführen. Von den ursprünglich sechs Kiemenbogengefäßen, wie sie bei rezenten Haien noch vorkommen, sind bei den rezenten Knochenfischen nur noch vier vorhanden. Von den Fischen bis zu den Säugetieren erfolgt eine Umwandlung von drei Kiemenbogengefäßen zu Kopfarterie, Aorta und Lungenarterie. Diese Gefäße lassen sich also auf die gleiche Grundform zurückführen. Sie sind deshalb als homolog anzusehen. Die Amphibienlarven verdeutlichen die Übergänge von den Fischen zu den Amphibien. Während die vier Kiemenbogengefäße denen der Knochenfische gleichen, stimmt der Aufbau des Herzens mit dem der adulten Amphibien überein. Der Vergleich weist zusätzlich daraufhin, daß auch die Wirbeltierherzen homolog sind. Die untersuchten Phänomene lassen sich durch die Annahme gemeinsamer Vorfahren erklären.

5. Bei den Vögeln und Säugetieren treten in der frühen Embryonalentwicklung Kiemenbogengefäße, die denen der Fische entsprechen, auf. Ebenso entsprechen in diesem Embryonalstadium die Herzen weitgehend denen der Fische. Nach der „biogenetischen Grundregel" von HAECKEL spiegelt sich in der Ontogenie eines Lebewesens seine Phylogenie wider. Die Vorgänge in der Embryonalentwicklung können als Beweis für die Richtigkeit der vorgenommenen Homologisierungen angesehen werden. Homologien und Rekapitulationen von alten Strukturen werden durch die Annahme gemeinsamer Vorfahren verständlich.

Arbeitsblatt 1: Das System der Tiere bei ARISTOTELES und bei LINNÉ

Name:	Klasse / Kurs:	Datum:

ARISTOTELES (um 384–322 v. Chr.):

- Tiere
  - **Bluttiere**
    - Lebendgebärende Vierfüßer (≙ *Säugetiere)*
    - Eierlegende Vierfüßer (+ Fußlose) (≙ *Kriechtiere, Lurche)*
    - Befiederte Zweifüßer, eierlegend (≙ *Vögel)*
    - Luftatmende Fußlose im Wasser (≙ *Wale)*
    - Kiemenatmende Fußlose im Wasser (≙ *Fische)*
  - **Blutlose**
    - Weichtiere, Füße am Kopf (≙ *Kopffüßer)*
    - Vielfüßige Weichschaltiere (≙ *Krebse)*
    - Fußlose Schalentiere (≙ *Muscheln, Schnecken)*
    - Vielfüßige Kerbtiere (≙ *Insekten, Spinnen, Tausendfüßer)*

LINNÉ (1735):

- Tiere
  - **Mammalia:** rotes, warmes Blut, lebendgebärend (= Säugetiere)
  - **Aves:** rotes, warmes Blut, eierlegend (= Vögel)
  - **Amphibia:** rotes, kaltes Blut, lungenatmend (= Kriechtiere und Lurche)
  - **Pisces:** rotes, kaltes Blut, kiemenatmend, (= Fische)
  - **Insecta:** weißes Blut, gegliederte Fühler (= alle Kerbtiere)
  - **Vermes:** weißes Blut, ungegliederte Fühler (= diverse Wurmgruppen)

1. Was sind die wesentlichen Unterschiede der beiden Systeme?

2. Welche Kriterien für die Einteilung der Tiere benutzt ARISTOTELES, welche LINNÉ?

3. Worin unterscheidet sich die Einteilung durch LINNÉ von heutigen Systemen?

Arbeitsblatt 2: DNA-Hybridisierung

Name:	Klasse / Kurs:	Datum:

Beim Erwärmen verändert isolierte DNA ihre Raumstruktur: Es werden die Wasserstoffbrükkenbindungen gelöst, und die DNA liegt dann in Einzelsträngen vor. Dieses sogenannte Schmelzen erfolgt bei menschlicher DNA bei einer Temperatur von 88,2 °C. Auch die DNA-Schmelzpunkte von Schimpanse, Gorilla und Orang-Utan liegen bei diesem Wert. Den Schmelzpunkt kann man durch Messen der veränderten UV-Absorption der einsträngigen DNA bestimmen. Beim langsamen Abkühlen kann geschmolzene DNA wieder die Doppelhelixstruktur einnehmen. Gibt man geschmolzene DNA artverschiedener Organismen zusammen, so erfolgt beim Abkühlen die Rückbildung der Doppelhelix aus Hybrid-DNA. Dabei ist die Doppelhelix bei erneutem Schmelzen um so beständiger, je mehr gleichartige Basenpaare vorhanden sind. Derartige Hybridisierungsversuche mit der DNA des Menschen und der Menschenaffen ergibt folgende Ergebnisse:

A.

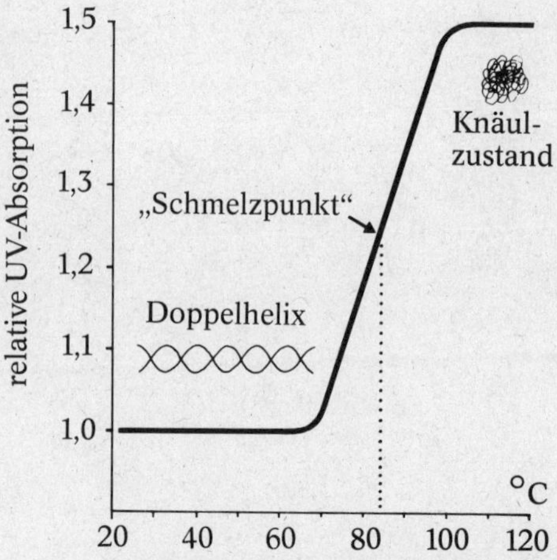

Schmelzkurve der DNA

Schmelzpunkte der Mensch-Menschenaffen-Hybrid-DNA

Mensch/Schimpanse 86,4 °C

Mensch/Gorilla 85,8 °C

Mensch/Orang-Utan 84,6 °C

C.

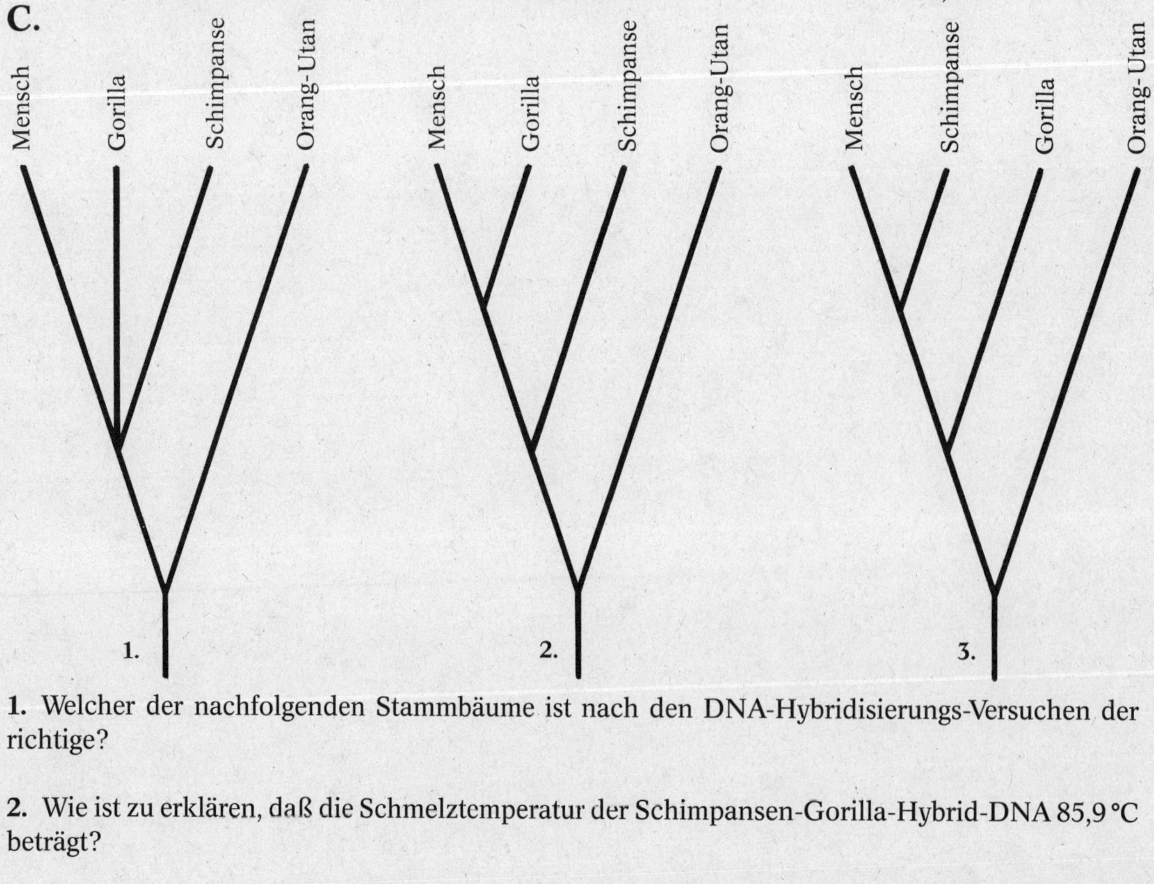

1. Welcher der nachfolgenden Stammbäume ist nach den DNA-Hybridisierungs-Versuchen der richtige?

2. Wie ist zu erklären, daß die Schmelztemperatur der Schimpansen-Gorilla-Hybrid-DNA 85,9 °C beträgt?

Arbeitsblatt 3: Sonderstellung der Archaebakterien

Name:	Klasse / Kurs:	Datum:

		Archaebakterien	Eubakterien (i. w. S.)	Eukaryonten
Zellgröße (Länge)		etwa 1 Mikrometer	etwa 1 Mikrometer	etwa 10 Mikrometer
subzelluläre Organellen		nicht vorhanden	nicht vorhanden	vorhanden
Kernhülle		nicht vorhanden	nicht vorhanden	vorhanden
Zellwand		viele Typen, keiner enthält Muraminsäure	viele Varianten eines Typs, alle enthalten Muraminsäure	keine Zellwand bei tierischen Zellen, ansonsten viele Typen
Membran-Lipide		Ether mit verzweigten Ketten	Ester mit geraden Ketten	Ester mit geraden Ketten
Aminosäure der als Starter dienenden Transfer-RNA		Methionin	Formylmethionin	Methionin
Ribosomen: Größe der Untereinheiten		70 S 30 S, 50 S	70 S 30 S, 50 S	80 S 40 S, 60 S
Antibiotika	Empfindlichkeit gegen Chloramphenicol	unempfindlich	empfindlich	unempfindlich
Antibiotika	Empfindlichkeit gegen Anisomycin	empfindlich	unempfindlich	empfindlich
Antibiotika	Empfindlichkeit gegen Kanamycin	unempfindlich	empfindlich	unempfindlich

Führen Sie Gründe für die Einordnung der Archaebakterien bei den Prokaryonten an! Welche Besonderheiten sprechen hingegen für eine Ausgliederung und eine Dreiteilung der Organismen in Archaebakterien, Eubakterien i. w. S. und Eukaryonten?

Arbeitsblatt 4 (Teil 1): Homologienforschung an Herz-Kreislauf-Systemen rezenter Wirbeltiere

Name:	Klasse / Kurs:	Datum:

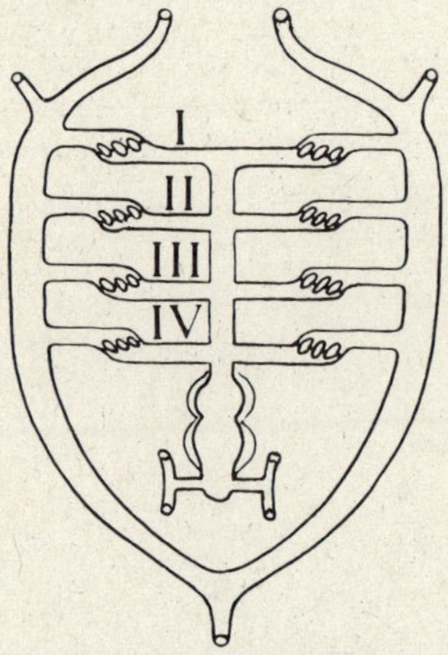

Knochenfisch

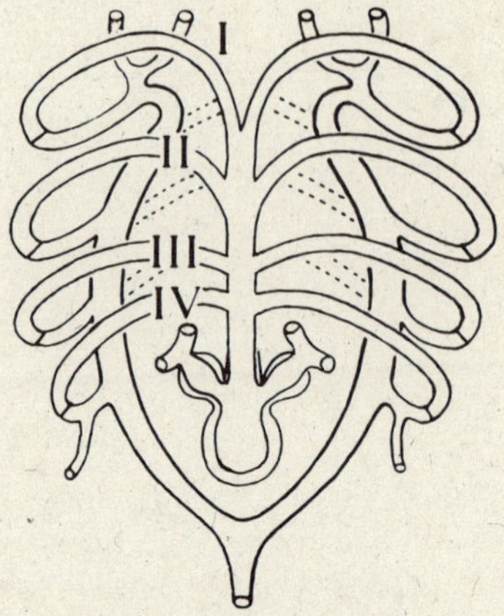

Amphibienlarve

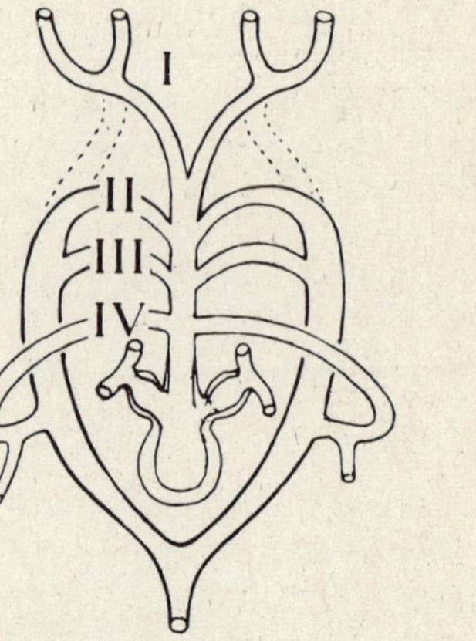

Amphibium (adult)

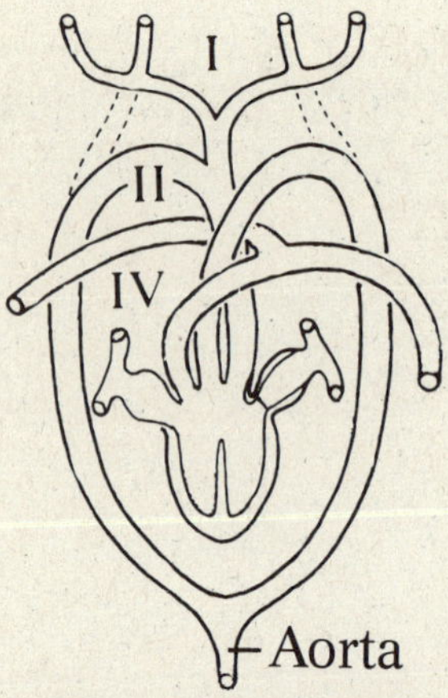

Reptil (Krokodil)

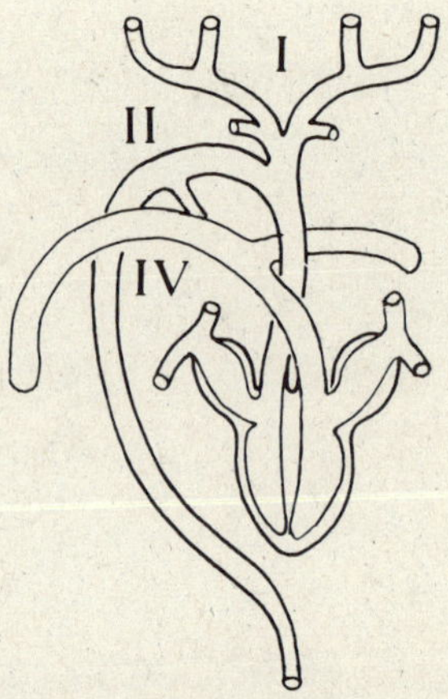

Vogel

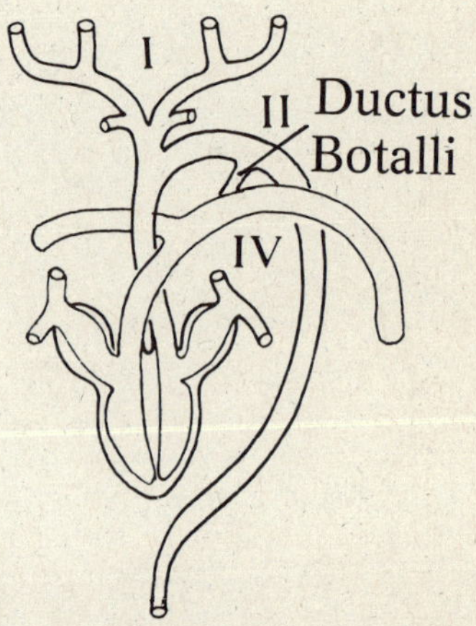

Säugetier

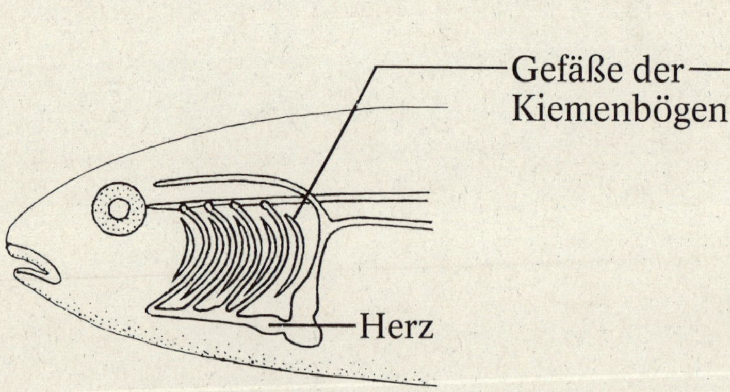

Fisch

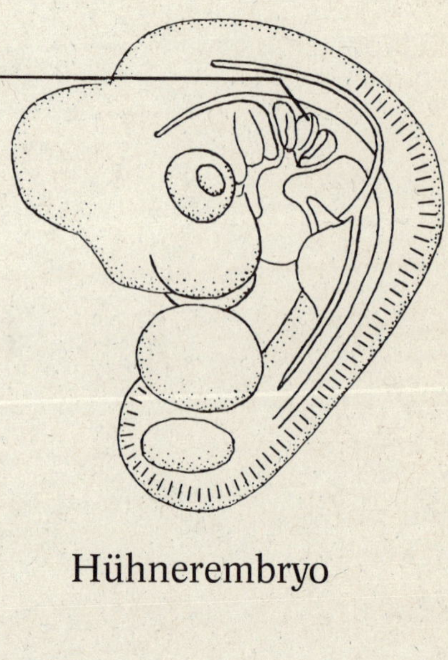

Hühnerembryo

Arbeitsblatt 4 (Teil 2): Homologienforschung an Herz-Kreislauf-Systemen rezenter Wirbeltiere

Name:	Klasse / Kurs:	Datum:

1. Stellen Sie mit Hilfe der Abbildungen die tabellarisch aufgeführten Merkmale der verschiedenen Wirbeltiergruppen zusammen!

Merkmale	Fische	Amphibienlarve	Amphibien (adult)	Reptilien	Vögel	Säugetiere
Anzahl der Herzkammern						
Herzscheidewand						
Blutart in Herzhauptkammer (venös, arter.)						
Atmungsorgane						
wechsel- o. gleichwarm						

2. Homologisieren Sie die vier noch vorhandenen Kiemenbogengefäße der Knochenfische mit den Arterien der übrigen Wirbeltiergruppen!

Knochenfische	Amphibien	Reptilien	Vögel	Säugetiere
1. Kiemenbogengefäß				
2. Kiemenbogengefäß				
3. Kiemenbogengefäß				
4. Kiemenbogengefäß				

3. Leiten Sie aus den Abbildungen die Leistungsfähigkeit der Herz-Kreislauf-Systeme der verschiedenen Wirbeltiergruppen ab!

4. Erklären Sie die festgestellten Unterschiede phylogenetisch!

5. Erläutern Sie mit Hilfe der beiden unteren Abbildungen (Teil 1 des Arbeitsblattes) die biogenetische Grundregel! Ziehen Sie die biogenetische Grundregel zur Unterstützung der vorgenommenen Homologisierungen heran!

Literaturverzeichnis

Fortpflanzung und Entwicklung

1. **Ungeschlechtliche und geschlechtliche Fortpflanzung**
2. **Entwicklung bei Mensch und Tier**
3. **Entwicklung bei Pflanzen**
4. **Die inneren und äußeren Faktoren der Entwicklung**
5. **Hormone**

BLECHSCHMIDT, E.: Vom Ei zum Embryo, Rowohlt-Verlag, Reinbeck

BUTTERFASS, TH.: Wachstums- und Entwicklungsphysiologie der Pflanze, Quelle & Meyer Verlag, Heidelberg, Wiesbaden

DANZER, A.: Fortpflanzung – Entwicklung – Entwicklungsphysiologie, Quelle & Meyer Verlag, Heidelberg, Wiesbaden

EDE, D. A.: Einführung in die Entwicklungsbiologie, Georg Thieme Verlag, Stuttgart, New York

EMSCHERMANN, P.: Entwicklung, Herder Verlag, Freiburg

FALKENHAUSEN, E., und GOEDEKE, K.: Entwicklungsbiologie im Unterricht, Aulis Verlag Deubner & Co., Köln

FIORONI, P.: Allgemeine und vergleichende Embryologie der Tiere, Springer-Verlag, Berlin, Heidelberg, Wien

HADORN, E., u. WEHNER, R.: Allgemeine Zoologie, Georg Thieme Verlag, Stuttgart, New York

HAUPT, W.: Bewegungsphysiologie der Pflanzen, Georg Thieme Verlag, Stuttgart, New York

HESS, D.: Entwicklungsphysiologie der Pflanzen, Herder Verlag, Freiburg

KNUSSMANN, R.: Vergleichende Biologie des Menschen, Gustav Fischer Verlag, Stuttgart

LANGMANN, J.: Medizinische Embryologie, Georg Thieme Verlag, Stuttgart, New York

PFLUMM, W.: Biologie der Säugetiere, Paul Parey Verlag, Hamburg

RAZEK, H. A.: Atlas der Embryologie (Bildband und Tabellenband), Ferdinand Enke Verlag, Stuttgart

ROMER, A. S., u. PARSONS, T. S.: Vergleichende Anatomie der Wirbeltiere, Paul Parey Verlag, Hamburg

SCHARF, K.-H., u. WEBER, W.: Fortpflanzung und Entwicklung, Schroedel Schulbuchverlag, Hannover

SEIDEL, F.: Entwicklungsphysiologie der Tiere I und II, Sammlung Göschen, Band 1162 und 1163, Walter de Gruyter & Co, Berlin

SILBERNAGEL, S., und DESPOPOULOS, A.: dtv-Atlas der Physiologie, Deutscher Taschenbuch Verlag, München

STARCK, D.: Embryologie, Georg Thieme Verlag, Stuttgart

STRASBURGER, E.: Lehrbuch der Botanik für Hochschulen, Gustav Fischer Verlag, Stuttgart

THEWS, G., MUTSCHELER, E., und VAUPEL, M. A.: Anatomie, Physiologie, Pathophysiologie des Menschen, Wissenschaftliche Verlagsgesellschaft, Stuttgart

Regelung und Steuerung

1. **Reiz und Reaktion**

FRANK, H.: Kybernetik – Brücke zwischen den Wissenschaften, Umschau Verlag Breidenstein, Frankfurt am Main

HASELOFF, W.: Grundfragen der Kybernetik, Colloquium Verlag, Berlin

HOFSTATTER, D. R.: Gödel, Escher, Bach. Ein Endloses Geflochtenes Band, Klett-Cotta Verlag, Stuttgart

KURZROCK, R.: Systemtheorie, Colloquium Verlag, Berlin

ROSNAY, J.: Das Mikroskop, Deutsche Verlags-Anstalt, Stuttgart

STEINBUCH, K.: Automat und Mensch, Springer-Verlag, Berlin, Heidelberg, Wien

THEWS, G., MUTSCHELER, E., und VAUPEL, M. A.: Anatomie, Physiologie, Pathophysiologie des Menschen, Wissenschaftliche Verlagsgesellschaft, Stuttgart

2. **Die Nervenzelle**
3. **Nervensystem**

KAHLE, W., LEONHARDT, H., und PLATZER, W.: Taschenatlas der Anatomie, Deutscher Taschenbuch Verlag, München

MSD SHARP & DOHME GmbH (Hrsg): MSD-Manual der Diagnostik und Therapie, Urban & Schwarzenberg Verlag, München

PSCHYREMBEL, W.: Klinisches Wörterbuch, Walter de Gruyter Verlag, Berlin

RAYNER, C.: Der Mensch – Die Wunder und Rätsel unseres Lebens, Edition Colibri AG, Bern

SCHREIBER, H. (Hrsg): Der Mensch – eine phantastische Reise durch den Kosmos in uns, Geo, Gruner + Jahr, Hamburg

SILBERNAGEL, S., und DESPOPOULOS, A.: dtv-Atlas der Physiologie, Deutscher Taschenbuch Verlag, München

4. **Informationsverarbeitung im Nervensystem**

ECCLES, J.: Das Gehirn des Menschen, Piper Verlag, München

ERNST, B.: Abenteuer mit unmöglichen Figuren, Taco Verlag, Berlin

ERNST, B.: Der Zauberspiegel des Maurits Cornelius Escher, Taco Verlag, Berlin

ESCHER, M. C.: Graphik und Zeichnungen, Moos Verlag, München

KURZROCK, R. (Hrsg): Hirnforschung und Psychiatrie, Colloquium Verlag, Berlin

KURZROCK, R. (Hrsg): Das menschliche Gehirn, Colloquium Verlag, Berlin
MARFELD, A. F.: Kybernetik des Gehirns, Rowohlt Verlag, Hamburg
MEYER, H. H. (Hrsg): Seelische Störungen, Umschau Verlag Breidenstein, Frankfurt am Main
MÖRICKE/BETZ/MERGENTHALER: Biologie des Menschen, Quelle & Meyer Verlag, Heidelberg, Wiesbaden
OESER, E., und SEITENBERGER, F.: Gehirn, Bewußtsein und Erkenntnis, Wissenschaftliche Buchgesellschaft, Darmstadt
PASSERON, R.: René Magritte, Taschen Verlag, Köln
SCHOBER, H., und RENTSCHLER, I.: Optische Täuschungen in Wissenschaft und Kunst, Moos Verlag, München
SUTHERLAND, S.: Das menschliche Bewußtsein, Christian Verlag GmbH, München
VESTER, F.: Denken, Lernen, Vergessen, Deutsche Verlags-Anstalt, Stuttgart
VESTER, F.: Phänomen Streß, Deutsche Verlags-Anstalt, Stuttgart

5. Sinnesorgane

DRÖSCHER, V. B.: Magie der Sinne im Tierreich, Deutscher Taschenbuch Verlag, München
KLEBE, I. und J.: Durch die Augen in den Sinn, Aulis-Verlag Deubner & Co., Köln

6. Komplexe Vorgänge im Nervensystem

KEIDEL, W. D.: Kurzgefaßtes Lehrbuch der Physiologie, Georg Thieme Verlag, Stuttgart
SCHMIDT, R. F.: Grundriß der Neurophysiologie, Springer-Verlag, Berlin, Heidelberg, Wien

7. Reizbarkeit bei Pflanzen

STRASBURGER, E.: Lehrbuch der Botanik für Hochschulen, Gustav Fischer Verlag, Stuttgart

Verhaltensbiologie

1. Methoden der Verhaltensforschung

2. Angeborenes Verhalten

3. Erworbenes Verhalten

4. Verhaltensweisen von Tier und Mensch

APFELBACH, R., und DÖHL, J.: Verhaltensforschung, Gustav Fischer Verlag, Stuttgart
AXELROD, R.: Die Evolution der Kooperation, R. Oldenbourg Verlag, München
BONNER, J. T.: Kultur-Evolution bei Tieren, Paul Parey Verlag, Hamburg, Berlin
DAWKINS, R.: Das egoistische Gen, Springer-Verlag, Berlin, Heidelberg, Wien
EIBL-EIBESFELDT, I.: Die Biologie des menschlichen Verhaltens, R. Piper Verlag, München
EIBL-EIBESFELDT, I.: Grundriß der vergleichenden Verhaltensforschung, R. Piper Verlag, München
EIBL-EIBESFELDT, I.: Krieg und Frieden, R. Piper Verlag, München
EIBL-EIBESFELDT, I.: Liebe und Haß, R. Piper Verlag, München
EIBL-EIBESFELDT, I.: Menschenforschung auf neuen Wegen, Verlag Fritz Molden, Wien
EWERT, J.-P.: Neuro-Ethologie, Springer-Verlag, Berlin, Heidelberg, Wien
FOSSEY, D.: Gorillas im Nebel, Droemersche Verlagsanstalt Th. Knaur Nachf., München
FRANCK, D.: Verhaltensbiologie, Georg Thieme Verlag, Stuttgart
FRICKE, H. W.: Bericht aus dem Riff, Deutscher Taschenbuch Verlag, München
FRISCH, K. von: Aus dem Leben der Bienen, Springer-Verlag, Berlin, Heidelberg, Wien
GOODALL, J.: Wilde Schimpansen, Rowohlt-Verlag, Reinbeck
HASSENSTEIN, B.: Verhaltensbiologie des Kindes, R. Piper Verlag, München
IMMELMANN, K.: Einführung in die Verhaltensforschung, Paul Parey Verlag, Hamburg, Berlin
IMMELMANN, K. (Hrsg.): Verhaltensentwicklung bei Mensch und Tier, Paul Parey Verlag, Hamburg, Berlin
IMMELMANN, K. (Hrsg.): Verhaltensforschung, Kindler Verlag, München
IMMELMANN, K.: Wörterbuch der Verhaltensforschung, Kindler Verlag, München
IMMELMANN/SCHERER/VOGEL/SCHMOOCK: Psychobiologie, Gustav Fischer Verlag, Stuttgart
KÖHLER, W.: Intelligenzprüfungen an Menschenaffen, Springer-Verlag, Berlin, Heidelberg, Wien
KOENIG, O.: Kultur und Verhaltensforschung, Deutscher Taschenbuch Verlag, München
KREBS, J. R., und DAVIES, N. B.: Öko-Ethologie, Paul Parey Verlag, Hamburg, Berlin
KREBS, J. R., und DAVIES, N. B.: Einführung in die Verhaltensökologie, Georg Thieme Verlag, Stuttgart
KUMMER, H.: Sozialverhalten der Primaten, Springer-Verlag, Berlin, Heidelberg, Wien
KURTH, G., und EIBL-EIBESFELDT, I.: Hominisation und Verhalten, Gustav Fischer Verlag, Stuttgart
LAWICK-GOODALL, H. und J. van: Unschuldige Mörder, Rowohlt-Verlag, Reinbeck
LAMPRECHT, J.: Verhalten, Herder Verlag, Freiburg
LEICHT, W.: Tiere der offenen Kulturlandschaft, Band 1 und 2, Quelle & Meyer Verlag, Heidelberg, Wiesbaden
LORENZ, K., und LEYHAUSEN, P.: Antriebe tierischen und menschlichen Verhaltens, R. Piper Verlag, München
LORENZ, K.: Er redete mit dem Vieh, den Vögeln und den Fischen, Deutscher Taschenbuch Verlag, München
LORENZ, K.: So kam der Mensch auf den Hund, Deutscher Taschenbuch Verlag München
LORENZ, K.: Über tierisches und menschliches Verhalten, Band 1 und 2, R. Piper Verlag, München
LORENZ, K.: Vergleichende Verhaltensforschung, Deutscher Taschenbuch Verlag, München
LORENZ, K.: Die Rückseite des Spiegels, R. Piper Verlag, München
LORENZ, K.: Der Abbau des Menschlichen, R. Piper Verlag, München

LORENZ, K.: Das Jahr der Graugans, R. Piper Verlag, München

MCFARLAND, D.: Biologie des Verhaltens, VCH Verlagsgesellschaft, Weinheim

MEIER, H. (Hrsg.): Die Herausforderung der Evolutionsbiologie, R. Piper Verlag, München

MERKEL, F. W.: Orientierung im Tierreich, Gustav Fischer Verlag, Stuttgart

NACHTIGALL, W. (Hrsg.): Verhaltensphysiologischer Grundkurs, VCH Verlagsgesellschaft, Weinheim

RENSCH, B.: Gedächtnis, Begriffsbildung und Planhandlungen bei Tieren, Paul Parey Verlag, Hamburg, Berlin

SCHERER/STAHNKEWINKLER (Hrsg.): Psychobiologie, Deutscher Taschenbuch Verlag, München

SOMMER, V.: Die Affen, Geo, Gruner + Jahr, Hamburg

SPEKTRUM DER WISSENSCHAFT: Biologie des Sozialverhaltens, Spektrum der Wissenschaft, Heidelberg

STOKES/IMMELMANN: Praktikum der Verhaltensforschung, Gustav Fischer Verlag, Stuttgart

TEMBROCK, G.: Grundriß der Verhaltenswissenschaften, Gustav Fischer Verlag, Stuttgart

TINBERGEN, N.: Instinktlehre, Parey, Berlin

WAAL, F. de: Unsere haarigen Vettern, Harnack, Verlag, München

WAAL, F. de: Haarige Diplomaten, Harnack Verlag, München

WICKLER, W., und SEIBT, U. (Hrsg.): Vergleichende Verhaltensforschung, Hoffmann und Campe Verlag, Hamburg

WICKLER, W., und SEIBT, U.: männlich – weiblich, Hoffmann und Campe Verlag, Hamburg

WICKLER, W., und SEIBT, U.: Das Prinzip Eigennutz, Hoffmann und Campe Verlag, Hamburg

ZIMEN, E.: Der Wolf, S. Fischer Verlag, Frankfurt am Main

Evolution

1. Entwicklung des Evolutionsgedankens

DARWIN, CH.: Die Entstehung der Arten durch natürliche Zuchtwahl, Übersetzung Carl W. Neumann, Reclam-Verlag, Leipzig

DARWIN, CH.: Reise um die Welt – 1831–36, Erdmann Verlag

FLAD-SCHNORRENBERG, B.: Die Entdeckung des Lebendigen, Taschentext 80, VCH Verlagsgesellschaft, Weinheim

HEBERER, G.: Charles Darwin und sein Werk, Kosmos, Franckh'sche Verlagsbuchhandlung, Stuttgart

LAMARCK, J.: Zoologische Philosophie, Deutsch von Heinrich Schmidt, Kröner Verlag, Leipzig

SCHMITZ, S.: Charles Darwin, Leben, Werk, Wirkung, Hermes Handlexikon, ECON Verlag, Düsseldorf, Wien

WUKETITS, F. M.: Evolutionstheorien, Wissenschaftliche Buchgesellschaft, Darmstadt

2. Argumente für die Evolutionstheorie

3. Mechanismen und Gesetzmäßigkeiten der Evolution

ANGERMANN, H. und VOGEL, G.: dtv-Atlas zur Biologie, Deutscher Taschenbuch Verlag, München

BILS, W., und DÜRR, G.: Übungsaufgaben und Antworten zu Kernthemen des Biologieunterrichts auf der Sekundarstufe II, Quelle & Meyer Verlag, Heidelberg, Wiesbaden

BÖHME, H., HAGEMANN, R., und LÖTHER, R.: Beiträge zur Genetik und Abstammungslehre, VEB Volk und Wissen, Berlin

CZIHAK, G., LANGER, H., und ZIEGLER, H.: Biologie, Springer-Verlag, Berlin, Heidelberg, Wien

DÜNCKMAN, M., und SCHULZ, W.: Ursachen der Evolution, Deutsches Institut für Fernstudien an der Universität Tübingen

FRIDAY, A. und INGRAM, D. S.: Cambridge-Enzyklopädie BIOLOGIE – Organismen, Lebensräume, Evolution, VCH Verlagsgesellschaft mbH, Weinheim 1986

FUTUYAMA, D. J.: Evolutionsbiologie, Birkhäuser Verlag, Basel

HAKEN, H., und HAKEN-KRELL, M.: Entstehung von biologischer Information und Ordnung, Wissenschaftliche Buchgesellschaft, Stuttgart

HAUBOLD, H., und KUHN, O.: Lebensbilder und Evolution fossiler Saurier, Neue Brehm-Bücherei 509, Ziemsen Verlag, Wittenberg-Lutherstadt

HAUBOLD, H.: Saurierfährten, Neue Brehm-Bücherei 509, Ziemsen Verlag, Wittenberg-Lutherstadt

HOFF, P., MIRAM, W., und MULL, G.: Abstammung des Menschen, Schroedel Schulbuchverlag, Hannover

HOFF, P., und MIRAM, W.: Evolution, Schroedel Schulbuchverlag, Hannover

KÄMPFE, L.: Evolution und Stammesgeschichte der Organismen, Gustav Fischer Verlag, Stuttgart

KRUMBIEGEL, W.: Fossilien, Sammeln, Präparieren, Bestimmen, Auswerten, VEB Deutscher Verlag für Grundstoffindustrie, Leipzig

KUHN, O.: Die Tierwelt des Solnhofener Schiefers, Brehm-Bücherei 318, Ziemsen-Verlag, Wittenberg-Lutherstadt

LEXIKON DER BIOLOGIE, Herder Verlag, Freiburg, Basel, Wien

MIRAM, W., und SCHARF, K.-H.: Biologie heute SII, Schroedel Schulbuchverlag, Hannover

OSCHE, G.: Evolution, Herder Verlag, Freiburg

REMANE, A.: Kurzes Lehrbuch der Zoologie, Gustav Fischer Verlag, Stuttgart

SIEWING, R. (Hrsg.): Evolution, Gustav Fischer Verlag, Stuttgart

STARCK, D.: Vergleichende Anatomie der Wirbeltiere (3 Bände), Springer-Verlag, Berlin, Heidelberg, Wien

THENIUS, E., und HOFER, H.: Stammesgeschichte der Säugetiere, Gustav Fischer Verlag, Stuttgart

THENIUS, E.: Versteinerte Urkunden, Springer-Verlag, Berlin, Heidelberg, Wien

VOGEL, G., und ANGERMANN, H.: dtv-Atlas zur Biologie, Bd. 1–3, Deutscher Taschenbuch Verlag, München

4. Chemische Evolution und Anfänge des Lebens

5. Wege der Stammesentwicklung

6. Die Entwicklung des Menschen

DITFURTH, H. von: Der Geist fiel nicht vom Himmel, Hoffmann und Campe Verlag, Hamburg
LEAKEY, R. E., und LEWIN, R.: Wie der Mensch zum Menschen wurde, Hoffman und Campe, Hamburg
LORENZ, K., und WUKETITS, F. M.: Die Evolution des Denkens, R. Piper Verlag, München
LORENZ, K.: Die Rückseite des Spiegels, R. Piper Verlag, München
MOHR, H.: Natur und Moral, Wissenschaftliche Buchgesellschaft, Stuttgart
OESER, E., und SEITELBERGER, F.: Gehirn, Bewußtsein und Erkenntnis, Wissenschaftliche Buchgesellschaft, Stuttgart
SACHSE, H.: Anthropologie der Technik, Friedr. Vieweg u. Sohn Verlagsgesellschaft, Wiesbaden
UNSÖLD, A.: Evolution kosmischer, biologischer und geistiger Strukturen, Wissenschaftliche Verlagsgesellschaft, Stuttgart
VOLLMER, G.: Evolutionäre Erkenntnistheorie, S. Hirzel Verlag, Stuttgart

7. Kontroversen über die Evolutionstheorie

GISH, D. T.: Fossilien und Evolution, Hänssler-Verlag, Neuhausen-Stuttgart
JUNKER, R., und SCHERER, S.: Entstehung und Geschichte der Lebewesen, Weyel Lehrmittelverlag, Gießen
KAHLE, H.: Evolution – Irrweg moderner Wissenschaft?, Moderner Buch Service, Bielefeld
MAHNER, M.: Kreationismus, Pädagogisches Zentrum, Berlin
SCHEVEN, J.: Daten zur Evolutionslehre im Biologieunterricht, Hänssler-Verlag, Neuhausen-Stuttgart

Überblick über das System der Lebewesen

1. Geschichte der biologischen Systematik

2. Methoden der Systematik

3. Das System der Organismen

AX, P.: Das Phylogenetische System, Gustav Fischer Verlag, Stuttgart
HENNING, W.: Phylogenetische Systematik, Paul Parey Verlag, Hamburg, Berlin
MARGULIS, L., und SCHWARTZ, K.: Die fünf Reiche der Organismen, Spektrum der Wissenschaft, Heidelberg
MARTENSEN, H. O., und PROBST, W.: Farn- und Samenpflanzen in Europa, Gustav Fischer Verlag, Stuttgart
PAULUS, H.: Einheit und Vielfalt der Lebewesen, Studienbrief für Biologielehrer C 4, DIFF, Tübingen
PAULUS, H.: Methoden der Systematik, Studienbrief für Biologielehrer C 5, DIFF, Tübingen
WILLMANN, R.: Die Art in Raum und Zeit, Paul Parey Verlag, Hamburg, Berlin